21世纪大学文科教材

复旦博学·哲学系列

陈金华◎著 应用伦理学引论

YINGYONGLUNLIXUEYINLUN

复旦大學出版社

www.fudanpress.com.cn

目　　录

第一章 伦理学概述

一、伦理学是什么

1. 伦理学是关于道德的学问

在西方，伦理学的历史源远流长，其源头可以追溯到最古老的史诗与神话。在西方文化中，"道德"（moral）原指风俗、习惯，也含有规范、原则、品质及善恶评价的意思。古代伦理学家研究"我们应该有怎样的行为？""我们为什么这样行为？"的问题，试图从理论上构建一种指导人们如何行为的规范体系。亚里士多德认为，道德是关乎人的行为实践价值（好与坏、善与恶、美德与邪恶、正当与不当等等）的学问，道德生活是一种"善生活"或曰"好生活"（good life），伦理学就是研究至善的科学。

在中国古代，"伦理"和"道德"在辞源上有其特定的内涵。"伦"和"理"最早并不是一个专有名词，而是两个词。《礼记·乐记》把"伦"和"理"联用："乐者，通伦理者也。"之后，伦理一词就被广泛使用。许慎在《说文解字》中解释说："伦，从人，辈也，明道也；理，从玉，治玉也。"从词源含义上看，"伦"是指一种辈分、等第、秩序、人际关系的意思；"理"是指条理、道理的意思。伦理含有分类条理、规则规范的意思。至于"道"和"德"，《说文》曰："道，所行道也。""道"表示事物运动变化的规律或人们在处事、做人、交往中必须遵循的社会行为准则、规矩、规范。"德"即"得"，朱熹说："德者，得也，行道而有得于心者也。"意指人们认识"道"、遵循"道"，而养成一种品质。"德"意味着内得于己——"以善念存诸心中，使身心互得其益"，外施于人——"以善德施之他人，使众人各得其益"。所以，道通天地，德藏于己。最早把"道"与"德"作为一个概念使用的是荀子，他在《劝学》篇中说："故学至乎礼而止矣，夫是之谓道德之极。"意思是说，如果做任何事情都能按"礼"的规定，就达到了道德的最高境界。由此，我们可以把"道德"阐释为：人们由于遵守了行为规则而使自身获得某种内在的属性和品质，如信念、情感、品格、精神境界等。

一般认为,伦理学是关于道德的学问,或曰,伦理学是关于什么是善或什么是恶、人们应当如何行为的学问。自古以来,伦理学是哲学的一个分支学科,是对人类道德生活进行系统思考和研究的学科,因而伦理学也被称为道德哲学或道德学。马克思主义认为,道德是调整人与人之间、个人与社会之间的行为规范的总和,是由社会经济决定的并反映社会存在的社会意识形式之一,是一种通过社会舆论、良心信念、风俗习惯来实现的评价标准,道德是一种内在于人的需要并体现人类主体精神自律的意识。

伦理学是一门理论学科、规范学科、实践学科、价值学科,总是离不开对人的行为的分析和评判。譬如,同样是吸烟行为,最初作为一种生活习惯是没有什么伦理问题的,因为这是一种自然而然的、习以为常的生活内容。如果当某人被检查出患有肺癌的时候,他再一如既往的我行我素,继续"抽烟",从伦理上看,就不合理了,因为抽烟有碍于疾病治疗,有害于健康;如果某人在公共场所(如车厢、电影院、会议室等)旁若无人地抽烟,那就不道德了,因为他的行为使人被动吸烟,影响别人的健康;如果某人在法律规定的禁烟区(如加油站)吸烟,那就有可能因为触犯法律而受到罚款处理。可见,伦理学对"吸烟"行为的分析,包含了价值判断、理论分析、规范要求和实践指导,探讨人的行为的正当性、合理性、道德性、合法性问题,要求人的行为合情、合理、合法,利己又利人。

综上所述,不难发现,"伦理"与"道德"亦有细微差异:伦理的核心是正当与不当,而道德的核心是善恶与好坏;伦理的评价是是非、真伪,其规范带有强制性,是一种他律,具有普遍性、双向性,而道德的评价是好坏、善恶,其规范带有自觉性,是一种自律,具有独特性、单向性;伦理是一种手段,是一种最基本的价值,而道德是一种目的,是一种超越性的价值。

2. 道德的起源

道德的起源是由各种因素交互作用的结果,其中主要包括生物因素、心理因素和社会因素的相互作用。

第一,道德起源的生物因素。达尔文最早揭示了道德起源的生物学基础——动物的合群性本能。合群性本能既有基因遗传的因素,也有个体后天在群体生活中获得的因素。人类所特有的道德品行,产生于人类这种动物所具有的合群性本能即社会本能。因为,人类的祖先——类人猿在自然进化中获得了"群居性"这个社会属性,即众所周知的"人是高度社会化了的动物"。可以说,"种种社会性的本能——而这是人的道德组成的最初的原则——在一些活跃的理智能力和习惯影响的协助之下,自然而然地会引向'你们愿意人怎样待你们,你们也要怎样待人'这一条金科玉律,而这也就是道德的基础了"①。人类祖先的合群性本能虽然只有生物学的意义,但对于像人类祖先这样的动物的生存却极为重要。人类的社会联系正是从这种合群性本能中升华出来的。而劳动的发展不仅需要而且必然使人这种群体的社会联系越来越广泛,越来越密切,"随着完全形成的人的出现而产生了新的因素——社会"②。

第二,道德起源的心理因素。原始社会蒙昧时期,生产力水平极端低下,原始人类的智力水平还处在朦胧阶段,面对自然界,原始人类不仅不知道其中奥秘,而且总是感到无能为力。自然界被原始人类想象成一种神秘的力量,时时刻刻在威胁着人类。在自然灾害面前,原始人类感到恐惧和忧虑,进而将一些自然物作为本氏族的祖先或亲族加以崇拜,也就是图腾崇拜。根据人类学家的分析,建立图腾崇拜的目的是试图借此抵抗和控制自然并力图使自然秩序化。然而,图腾崇拜产生后,它往往以巫术、祭礼等神秘的方式引发原始人类的惧怕心理和敬畏感。伴随图腾崇拜的产生也出现了诸多禁忌,这些禁忌限制了原始人的盲目欲念和冲动,强化了行动的一致性,从而为基本的生活秩序提供了保证。图腾崇拜通过各种祭礼仪式强化了个体与氏族之间的联系,使人类祖先的动物合群性本能具有了强烈的社会性,从而使人类祖先在获得食物和抵御猛兽的过程中,更加重视群体成员之间的分工和合作,最终形成借助制造和使用工具进行物质生活资料的生产劳动。

在生产劳动中,人们认识到自己同他人、集体的关系,并反思自己的行动及其结果是否有利于群体的协作。可以说,反思是人的自我意识的开始。自我意识的产生和发展使人从动物界分离出来并使人越来越远离动物界,也使人改造客观世界的劳动建立在人对自然界的了解以及意识到自己和周围人的关系的基础上。

面对极端恶劣的自然条件,原始人类只好相互依靠、相依为命以获得个人生存和发展的条件。这就必然使个体对他生活于其中的社会共同体产生某种依赖并导致对社会共同体的认同。这种对社会共同体的认同与自我意识使人形成某种程度的归属感,将自己归属于某一群体,并对其产生一定依存心理的情感体验。

个体的归属感包含了敬畏感。敬畏感是在个体知觉到外在戒律对种族以及个体生存和发展的必要性后而引发的一种道德情感。共同体既是个体成员的利益所系,又是个体消除或减少恐惧感、形成归属感所依赖的对象,因而个体对这

---

① 　达尔文:《人类的由来》,潘光旦、胡寿文译,商务印书馆,1983 年,第 190 页。
② 　《马克思恩格斯选集》,第三卷,人民出版社,1972 年,第 517 页。

一共同体必然产生敬畏之情。正是这种归属感和敬畏感,使原始人类必然把个人需要视为原始集体的共同需要,或者把原始集体的需要视为自己的需要,从而把个人同集体不可分割地联系起来。由此可见,在与自然抗争过程中所产生的恐惧感以及在此基础上形成的对社会共同体的归属感和敬畏感乃是人类道德得以产生的心理动因。

第三,道德起源的社会因素。马克思主义认为,生产劳动是道德产生的社会基础和决定因素。从人类祖先利用自己加工制作的第一件工具来获取生产资料满足自己生存需要时起,人就开始脱离动物。马克思说:"一当人们自己开始生产他们所必需的生活资料的时候(这一步是他们的肉体组织所决定的),他们就开始把自己和动物区分开来。"①在生产劳动中,人不仅使自己的形体、结构发生了根本变化,形成了人的手足、大脑和感觉器官,为人成为道德的主体创造了自然条件,而且使人能够意识到自己活动的环境和对象,了解自然界和自己的需要,并根据自己的需要来安排自己的活动;从而使个人不仅意识到自己的存在和利益,而且也意识到他人和群体的存在和利益。人既按照他的本性即他的需要的主体尺度来对待自然界,同时又以对象的客观尺度即自然规律来改造自然界。于是,在原始氏族内部便逐步形成了比较明确的调整个人与群体关系的要求,即个人对群体利益应当怎样不应当怎样的行为准则,并通过群体的舆论使之趋于稳定。这样,人们在自己的内心产生了维护群体利益的义务感和荣辱观念,从而使自己成为道德的主体。

生产劳动不仅创造了道德的主体,而且构成了道德发生发展的动力。马克思说:"孤立的一个人在社会之外进行生产……就像许多个人不在一起生活和彼此交谈而有语言发展一样,是不可思议的。"②在进行物质生产过程中,人们相互之间的交往、协作和帮助,以及人的生产带来的交换和分配,使人与人之间必然形成一种社会关系。随着劳动分工的产生和剩余产品的出现,个人在劳动中的地位和作用逐渐地被凸显出来,个人的利益观念和追求也逐渐产生了。于是产生了个人同与之相互交往的他人和群体之间的利益矛盾。在这种情况下,道德规范作为调整利益关系的手段就不可避免地产生了。一方面,劳动活动必然使原始群体为了维持自身的存在而需要保持以前那种群体的和谐统一;另一方面,劳动活动又使个人为了实现自己的利益和发展而不得不依赖于这一群体的存在和统一。道德调整就是基于利益矛盾而发生的个人和社会群体这两种相互联系又相互区别的需要的产物。

---

① 《马克思恩格斯全集》,第 3 卷,人民出版社,1960 年,第 42 页。
② 《马克思恩格斯全集》,第 12 卷,人民出版社,1965 年,第 734 页。

综上,道德是人类在社会生活中为了调整人们之间以及个人与社会之间的关系,依靠内心信念、社会舆论和传统习惯所维系的行为规范的总和。道德以善与恶、正义与非正义、公正与偏私、诚实与虚伪、荣誉和耻辱等作为评价标准,并逐步形成一定的习惯和传统以指导或控制人们的行为。道德作为一种概念,是人类在长期的社会物质生产和生活实践中逐步形成和发展起来的。其中,生产劳动和社会分工是道德产生和发展的根本条件,社会关系和人际交往是道德形成的客观条件,人的自我意识的形成和发展是道德产生和发展的主观条件。

3. 道德的功能和作用

道德是社会进步的基础,没有道德的社会就是蒙昧野蛮的动物社会。没有道德的人,就是没有是非观念,没有任何同情心、正义感的人,其行为与畜生无异。可以说,道德的起源蕴含着道德的功能。道德的功能就是道德对人类自身生存发展和完善的功效及意义。道德源于人的社会生活需要,又服务于人的社会生活需要。人性中有许多冲动与欲望,驱使人们做出许多破坏社会关系的越轨行为,为了矫正和防治这种行为,人们需要道德规范的约束。道德所追求的是人的本性的不断改善,谁放弃对自己人性的道德规范,谁就是在放弃自己成为人的权力。"没有道德,人类不可能达到它的目的,道德是一个绝对必要的条件。"[1]道德对人来说,起着不可代替的行为指南的作用,使人能够在社会生活中有效地识别方向和确定人在世界中的地位,唤醒人的自觉性和积极性,并通过目标、准则、禁令、评价、理想的体系调整人们的行为。道德意识具有帮助人们认识自我与人生,确立人生的目的和意义的效能;道德规范具有协调个人与群体关系的功能;道德行为具有促进个人和社会利益发展的倾向,不断完善人性,实现人的价值的功用。

道德是人们在社会生活中形成的各种行为规范的总和。道德的发展史表明,道德一开始就是一种调整个人利益与群体利益的行为规范,道德的崇高和价值就在于它是共同利益的维护者,它要使个人利益与他人利益、社会利益协调一致。道德是人的一切行为的最基本的准则,人类社会的一切制度都以此为基础并接受它的检验与指导。

从实际功能来看,道德具有调节、规约、命令、导向、教育、激励等功能。道德调节是整个社会调节系统中的重要部分,通过社会舆论、良心、信念、风俗、习惯、榜样感化和思想教育等手段,使人们形成善恶观念、情感意志、内心信念,自觉地

---

[1]　弗兰克·梯利:《伦理学概论》,何意译,中国人民大学出版社,1987年,第183页。

履行对他人和社会的责任和义务,实现社会关系的协同。社会舆论作为一种控制社会生活的现实力量,具有无孔不入的渗透性,它造成某种道德氛围,无形地控制和影响每个社会成员的言行。对个人来说,荣辱感是一种强大的力量,每个人都需要人际交往,需要名声、荣誉和尊重,社会舆论唤醒人们的良知和羞耻感、内疚感,通过荣辱褒贬的评价影响人的行为,促使人在道德上扬善驱恶,从而达到自我控制和社会控制的目标。道德调节比较灵活、多样,不仅有舆论说服、赞同的形式,而且有良心的自我评价形式,使人问心无愧或者受到良心的谴责。当个人利益与他人利益、社会利益发生矛盾时,作为有道德觉悟的个人,作出让步或牺牲是一种值得肯定的道德行为。道德的规约是通过人对自己的行为做出自觉自愿的自我制裁而实现的,这是道德功能不同于法律强制、宗教制裁的独特之处。道德作用表现为内心的命令、舆论的压力和传统习俗的束缚,通过评价等方式来指导和纠正人们的行为和实际活动。道德调节的尺度是"应当怎样",而不是"是怎样";是以"应该不应该"来调节人们的行为,由此使它表现出规劝和引导的特点。可见,社会舆论、传统习惯和内心信念是道德调节所赖以发挥作用的力量。

道德还有命令导向功能。近代以来,自律主义的道德取代了他律主义的道德,但并没有否定道德的命令功能。康德的伦理学凸显道德之为绝对命令的特质。在康德看来,绝对命令是最高的道德原则,它排除一切感性经验和主体的偏好、兴趣、利益欲求等,纯粹出自理性对规律的尊重。绝对命令的实质在于肯定道德法则的普遍性,以唤起人们对道德法则的敬畏和自觉遵从。马克思主义认为,道德的基础是人类精神的自律。这种自律恰恰证明了人对道德要求和命令的自觉理解、把握与遵守。道德是人以评价和命令的方式来把握现实的一种手段,它通过把周围社会现象区分为善恶、正义和非正义来实现,通过道德向人提出要求和命令,人又以对道德要求和命令作出回答与奉守来实现。道德命令是由人类所特有的良心与义务这种心理机制来维持的,良心要求人们行善嫉恶。而义务则要求人诚实,履行自己的责任,保持自己的荣誉和尊严。道德命令功能的实现,表现为反映社会道德生活的价值准则转化为个人内心隐秘的命令、良心的召唤和义务的呼声,表现为道德参与人们内心世界的改造与完善。

道德还有教育和激励的功能。道德能够通过评价、激励等方式,营造社会舆论,形成社会风尚,树立道德榜样,塑造理想人格,培养人们的道德观念、道德品质和道德行为。道德教育的特殊任务是把某种价值体系、行动与观念的准则注入个人意识中,使其形成相应的道德信念和道德品质,从而使个人在道德上自我调节和自我监督。道德教育是双向的教育,每个人既是教育者,又是受教育者。道德教育面向整个社会,面向一切人,而且任何人的信念、品质以及自我调节能力的形成都不是一次完成的,也不是一成不变、一劳永逸的。道德教育强调把对人的严格要求和对人的个性、愿望的尊重相结合,激发人改变和完善自己、改变和完善社会的热情,促进人与社会的和谐发展。

　　道德体现着人类对"应有"的追求,具有激励功能。这种功能既可以通过外在的社会机制实现,也可以通过人们内在的心理机制实现。前者包含着道德理想、道德榜样和道德批评三个因素,后者包括人们道德上的成就感、认同感、尊严感、荣誉感等要素。道德理想体现一定的社会道德规范体系的要求,激励人们向往、追求并力图实现完美人格的高尚品德和精神面貌。道德榜样是道德理想的具体化,它集中体现了理想人格的至善品德。道德批评运用大众传媒等形式揭露、谴责社会道德生活中的恶行,以达到抑制恶行的目的或激发善行的目的。道德上的成就感表现为使自己成为完善人格的强烈愿望。认同感是对自己能追求的价值目标的深刻理解,是一种自我肯定性的情感和行为态度。尊严感是人们对自己的社会价值和道德价值的一种自我意识,是人们追求肯定自己成就的一种心理意向;荣誉感则是人们对自己的社会价值和道德价值的社会评价的主观感受,常常表现为道德行为的真正动因。

　　作为一种特殊的社会意识形态,道德对社会发展和治国理政具有重要作用。孔子明确地把德治放在第一位,把法(刑)治放在第二位。他说:"道(导)之以政,齐之以刑,民免而无耻;道之以德,齐之以礼,有耻且格。"①孟子继承并发挥了孔子的"德主刑辅"思想,突出强调实施德政的重要性,认为只有实行德治,重礼义教化,方能统一天下②。既"隆礼"又重法的荀子,主张先礼后法,先教后刑③。董仲舒用阴阳学说阐释"德主刑辅"思想,提出"天道之大者在阴阳。阳为德,阴为刑,刑主杀而德主生"④,主张"圣人之政,不能独以威势成政,必有教化"⑤。因此,要"大德而小刑"⑥。汉朝开国之初,刘邦自恃"居马上得天下",陆贾劝谏刘邦说:"居马上得之,宁可以马上治之乎?""文武并用,长久之术也"⑦。而汉宣帝所说的"汉家自有制度,本以霸王道杂之",则表明"德(王道)主刑(霸道)辅"的思想已转化为统治者的治国方略。唐太宗李世民认为:"德礼为政教之本,刑罚为政教之用,犹昏晓阳秋相须而成者也。"⑧伟大的革命先行者孙中山一方面创立

---

① 《论语·为政》。
② 见《孟子·公孙丑上》。
③ 见《荀子·富国》。
④ 《汉书·董仲舒传》。
⑤ 《春秋繁露·为人者天》。
⑥ 《春秋繁露·阳尊阴卑》。
⑦ 《史记·陆贾列传》。
⑧ 《贞观政要·择官》。

"五权宪法",一方面强调:"有了很好的道德,国家才能长治久安。"民国初年,梁启超力倡"新民之道",主张"民德"是占第一位的。在他看来,对中国"数千年之道德""不可不深长思也","我国民所最缺者,公德其一端也"。"吾中国道德之发达,不可谓不早",然而,"偏于私德,而公德阙如"。"无公德则不能团,虽有无量数束身自好、廉谨良愿之人,仍无以为国也"。因此,梁启超主张学习西方的"新伦理",即"社会伦理""国家伦理",也就是培植和增进国民的公德意识。梁启超特别看重的就是:"公德之大目的,既在利群,而千万条理即由是生焉。"他声言:"新民说"诸论"皆可以'利群'二字为纲,以一贯之者也"。

不难发现,中国封建社会之所以能够长期延续与发展,原因固然很多,但与其"德主刑辅""霸王道杂之"的治国理念不无关系。古代思想家关于道德作用的论述对我们今天理解"以德治国"方针具有启迪和借鉴意义。

二、伦理学的体系及其理论形态

1. 伦理学的逻辑体系

现代西方伦理学将伦理学的体系划分为四种类型。第一种是描述性的伦理学,也就是通常所说的伦理学史,其任务在于对某一特定的文化共同体历史上存在着的道德定律与价值系统进行纯经验意义上的描述,并分析特定的地理气候环境、宗教文化传统及经济发展水平对某种道德意识的形成与演变所产生的影响。第二种是规范性伦理学,其任务在于探索为了实现"好的生活"所应遵循的正确的道德行为的准则。第三种是元伦理学,其任务在于分析道德对话的语言与逻辑,研究伦理论证的方法。第四种是应用伦理学,这是 20 世纪 60 年代末才开始形成的一门新兴学科,其任务是对现实社会中不同领域出现的重大问题作伦理分析,并为解决这些问题创造一种对话的平台,形成相应的社会共识。在上述四种伦理学体系中,还可以将描述伦理学、规范伦理学、元伦理学视为理论伦理学,而把应用伦理学视为实践伦理学。

自古以来,伦理学主要研究人们实践领域(即道德实践)的一般性问题。古代主要关注的是人的德性(或美德),着重研究什么是德性和怎样才具有德性;近现代则主要关注人的行为,着重研究什么行为是正当的和怎样才使行为正当。尽管古代和近现代伦理学研究的侧重点有明显的不同,但都是基于某种理论的前提(如某种人性论或神学理论)引申出伦理学的原则,并试图以这些原则来指导人们的生活,而不怎么关注人们的实际生活问题。所以,规范伦理学一直占据着主导或统治地位。直到 19 世纪末,伦理学与"规范伦理学"是同一概念。1903 年摩尔发表《伦理学原理》,宣告了另一种伦理学即元伦理学的诞生。此后,元伦理学一直是西方伦理学的主流。

元伦理学是在对规范伦理学的反思、批判、追问中产生的,规范伦理学和应用伦理学不仅是元伦理学的前提、基础和来源,而且是元伦理学的目的和归宿。所谓元伦理学,就是指以伦理学自身作为研究对象的研究。元伦理学的基本问题是:① 道德判断的性质问题;② 道德判断是主观的还是客观的;③ 如果道德判断是客观的,那么客观性的来源是什么;④ 道德知识是否是一种科学知识。对这些问题的不同回答,出现了当代西方元伦理学的几个流派,比如:道德实在论;道德相对主义(道德虚无主义和表现主义都属于道德相对主义);神意论(认为必须从神的命令来解释道德判断的来源和性质问题);自然主义(把道德属性等同于自然属性);直觉主义,等等。

我们还可以根据历史演变的顺序,将元伦理学主要流派及其发展划分为三个阶段,即以摩尔、普里查德、罗斯、尤因等为代表的直觉主义;以罗素、维特根斯坦、维也纳学派、艾耶尔、史蒂文森等为代表的情感主义;以图尔敏、赫尔等为代表的规定主义的思想流派。从学科定位上说,元伦理学要求在更广阔的视野中,在更高的层次上,反思、追问实践伦理学理论的根本性前提与可能性基础,探究、审查实践伦理学理论的合理性、有效性。

可以说,自从出现了元伦理学,伦理学就从一种独断的教化,提升为一种具有自我反思、自我批判、自我否定的机制的科学。然而,元伦理学由于只重视语言与逻辑分析,将伦理学这样一门具有浓厚生活气息的实践科学,变成了一种形式化、专业化、"学院化"的"学问",因而在很大程度上忽视了伦理学的实践品格,偏离了伦理学的人学本性,具有不可否认的局限性。随着二战以后的一系列尖锐问题的凸显,客观上要求给予回答并立即做出正确的抉择与行动。20 世纪 60 年代以来,元伦理学开始衰落,代之而起的,一方面是理论的规范伦理学的重新崛起;另一方面则是应用伦理学和美德伦理学的兴起。

2. 价值论、义务论、德性论

现代伦理学可以分为价值论、义务论、德性论三大板块。在哲学上,价值论与本体论、认识论研究回答不同的问题,三者的逻辑关系呈现为:本体论回答的问题是:"什么是存在? 什么存在着? 怎样存在?";认识论回答的问题是:"人是否能够和如何知道世界及万物的存在?";价值论回答的问题是:"世界万物的存在及其认识对于人的意义如何?"

一般认为,伦理学是关于价值的学问。西方哲学家大都有将伦理学泛化的传统，认为伦理学覆盖的领域广阔无边，比较注重实证和应用的研究。价值论是一个最基础的理论领域，它可以表现或应用于其他方面。那么，价值论究竟是研究什么的呢？《简明不列颠百科全书》第 1 卷写道："价值学（axioloyy）通常称为价值（value）的理论，是关于最广义的善或价值的哲学研究。一方面，它赋予价值这个术语以广泛的含义；另一方面，它为经济的、道德的、美学的以及逻辑的这些通常相对地孤立考虑的各种各样问题，提供统一的研究。"其实，"价值"这一概念最初用于经济学，指物品的用途或交换的数值，后来逐渐被引用到社会生活的各个领域，成为一个普遍的概念。马克思指出："'价值'这个普通的概念是从人们对待满足他们需要的外界物的关系中产生的。"①换言之，价值是人（主体）的需要与满足人的需要的外界物（客体）之间的一种关系。价值的本质在于：它是现实的人同满足其某种需要的客体属性之间的一种关系，即通过主体的创造性活动而生成的关于主体和客体之间的意义关系。在价值关系中，主体是起主导作用的一方。当我们说到价值时，总是相对主体而言的，孤立的、单独的事物本身无所谓价值。马克思主义的价值观，是建立在科学的实践观基础上的，是我们理解各种价值现象的钥匙。只有通过社会实践，在人同事物相互作用的过程中，人们才能发现客观事物及其属性对自己的实际意义，并自觉地建立起同客观事物之间现实的价值关系。同时，只有通过社会实践活动，人们才能实际地发现和掌握关于客观事物的属性的使用方式，使客观事物有益于人的那些方面，以为人所需要的形式为人所占有，亦即使它们的价值得以实现。

价值是一个极为普遍的概念，社会生活的一切领域都存在价值问题。价值是客体满足主体需要所具有的用途和积极作用。价值的主体可以是个人，也可以是社会、集团、阶级、民族，以至整个人类。一种客体总是具有多方面的属性，能满足主体的不同需要，因而也就具有多方面的价值。例如一只杯子，它可以用来喝水，因而具有茶杯的价值；它也可以用来装东西，因而具有容器的价值；它还可能是件工艺品，因而具有观赏的价值；等等。主体的需要因人因环境而异，所以不同的人对同一客体或同一个人对不同的客体往往会形成不同的价值关系。客体的属性和功能及主体的需要都将在实践中不断地得到开拓和扩展。这些就是价值问题之所以特别复杂的根本原因。

由于人的需要是多方面的（人不仅有物质生活方面的需要，而且有精神生活方面的需要），各种物质的和精神的现象的属性也是多方面的，因此，就客体的属性满足主体的不同需要而言，价值可分为物质的、经济的、科学的、道德的、美学

① 《马克思恩格斯全集》，第 19 卷，人民出版社，1960 年，第 406 页。

的、法律的、政治的、文化的和历史的价值,等等。价值是主体对客体属性的一种评价和应用,总是同人的需要、利益、兴趣、愿望密切相关的。不同的人对利害、是非、善恶、美丑等往往有不同的评价标准。物质生活条件变化了、发展了,人们的价值标准和所追求的价值目标或早或晚发生相应的变化。

伦理学的价值论是研究、追问人的行为的对错、是非、好坏、善恶、利害、优劣、正义与邪恶、正当与不正当等问题的根源。考察近现代人类文明所走过的历程,不难发现,许多问题都与价值观密切相关。现代文明存在着过分刺激和鼓励追求实利的根本性缺陷,并由此导致许多不良后果,使人类整体面临日益严重的生存危机和个体面临日益严重的生存压力。现代性限制了人们的眼界,使人们看不出现代文明的深重危机。因此,突破现代性的局限,摆脱人类社会的危机,亟需进行一次价值观念的革命。伦理学价值论力图对人类面临的各种问题进行诊断和治疗,并以此为契机,把伦理学所形成的理念、原则和准则延伸到现实生活,给人类如何生存提供基本的规范和总体的导向。价值论深切关注人类生存的问题:

(1) 关注人类生存的目的。尤其关注个人生存在世界上究竟是为了占有更多的资源(包括金钱、财富、权力、地位、名誉等),还是为了生活的美好(包括事业成功、家庭幸福和个性发展等)这一根本问题。

(2) 关注个人生存的社会。比如,社会(包括群体、政府和国家)应该具有什么样的目的、使命和结构才能成为普遍幸福所需要的社会? 政府在实现公民幸福方面具有什么职能和作用? 什么样的价值体系、社会制度和政府是幸福社会所需要的? 公民的主人地位意味着什么? 社会怎样确保公民的主人地位? 如果全体公民都是自由、平等的主人,那么,如何保证社会整体和谐的实现?

(3) 关注个人生存的世界。例如,什么样的世界才是适合人生幸福及其所需要的? 国家在世界中应处于什么地位、应发挥什么作用? 怎样保证多元主体的世界成为和平的、公正的、合作的,而不是战乱的、强权的、侵略的?

(4) 关注个人生存的自然。譬如,什么样的自然界是能给人类带来最大的福利而造成最小的伤害的,或者说人类幸福所需要的自然是什么样的自然? 在当代自然环境遭到严重破坏的情况下,人类还应该不应该把自己作为自然的主人? 如果应该,那么应该怎样重新认识和规定人类在自然中的主人地位?

义务论是建立在价值论之上的关于人的行为规范的理论。所谓义务,就是应当、责任、使命的意思,道德义务就是人们应当怎样行为和生活的道德要求和道德观念。人总是处在一定社会关系中的人,其行为必须遵循一定的社会规范、规则、准则、原则、规章、制度。从这个意义上说,义务论是研究规则的理论。义务论在规范伦理学中具有非常重要的地位,实际生活中人们离不开"行为规则",犹如"红绿灯"是保障道路交通秩序一样,义务论是维护社会秩序,保障人们权益的必要手段。

　　道德义务是从人们所处的社会关系中产生的，不管个人是否意识到，客观上必然会对他人、对集体、对社会负有一定的使命、职责和责任。道德义务大致包括两大类：一是对他人的义务，即对自己的家庭、亲属、朋友、同事等应尽的责任，如我国宪法规定的父母抚养教育未成年子女的义务、成年子女赡养扶助父母的义务。二是对社会的义务，即对祖国、民族、集体等应尽的责任，如我国宪法规定的公民必须遵守和应尽的基本义务有：维护国家统一和民族团结；遵守宪法和法律，保守国家秘密，爱护公共财产，遵守劳动纪律，遵守公共秩序，遵守社会公德；维护祖国的安全、荣誉和利益；保卫祖国、依法服兵役和参加民兵组织；依法纳税。在社会生活中，那些看似纯粹的自然义务也越来越变成社会义务了，比如说，"抚养孩子"作为一种本能或者"母爱"本性，也变为一种法定的义务和责任，"生儿育女"从属于个人私事也变成法定的"夫妻双方计划生育的义务"。当然，法律上的义务与权利具有不可分割的联系，履行法律义务同享受法律权利是相辅相成的，没有权利就无所谓义务，没有义务也就没有权利。每一个法律关系的参加者都可能同时享受权利和承担义务。例如在买卖合同中，买受人有取得一定物品为自己所有的权利，同时有付给货款的义务；出卖人则有把一定物品转移给买受人的义务，同时享有取得货款的权利。

　　康德的义务论强调，人尽义务是天经地义的。他相信当人进行某一行动时，总是依据某个一般原则而行动的。例如，"若任何人作出承诺，那么他必定要守诺言。"只有信守诺言，行为体现了上述规则了，行为才算是好的或善的行为，即使这些行为带来伤害，也是好的。所谓的"道德律令在我心中，即使天塌下来也在所不辞"，反映了实践理性的至善理想。

　　西方规范伦理学，无论是边沁的功利主义，还是康德的义务论，都是以规则为核心的理论，无法解决由于现代性问题所带来的心灵无序和德性的边缘化。德性伦理学家认为，在古代伦理学中，品德（德性）是道德哲学中的核心，与某个源头——比如说，上帝或善的理念——保持接触，对于完整存在是至关重要的，而现代规范伦理学重视正确的行为，排斥作为道德生活中的品德的重要性。在资本逻辑和工具理性冲击下，美德遭受空前未有的挑战和质疑。"在整体已然'平面化'和'同质化'的现代社会里，追求'卓越'、'崇高'和'圆满'的美德人生已经被普遍视为是一种过度理想主义的'道德乌托邦'式的价值吁求，严重脱离现代社会和现代人的生活方式和生活经验。"①人们谈论价值理性和人文关怀被认为是不合时宜的，被讥讽为迂腐的形而上学或者虚幻的宗教意识，现代性成了

① 万俊人：《美德伦理的现代意义——以麦金太尔的美德理论为中心》，《社会科学战线》2008 年第 5 期。

"残简断片"的时代。吉登斯指出:"在晚期现代性的背景下,个人的无意义感,即那种觉得生活没有提供任何有价值的东西的感受,成为根本性的心理问题。"①奥伊肯说,"倘若人不能依靠一种比人更高的力量努力去追求某个崇高的目标、并在向目标前进时做到比在感觉经验条件下更充分地实现他自己的话,生活必将丧失一切意义和价值。"②麦金太尔强调指出:"理性是计算性的,它能够确定有关事实和数学关系的真理,但仅此而已。所以在实践领域,它只能涉及手段。对于目的,它必须保持缄默。理性甚至不能拒斥怀疑论(如笛卡尔所坚信的);从而,根据帕斯卡尔的观点,理性的重要功绩在于认识到我们的信念最终建立在自然、风俗和习惯的基础之上。"③"工具理性"至多能告诉我们什么样的目的是不能追求的,但并不能告诉我们什么样的目标是应该追求的。如同GPS,虽然它能准确告诉我们在哪里,但却不能告诉我们该去哪儿。所以,赫斯特豪斯说,"德性伦理学的复兴来自人们日益对义务论和功利论的不满"④。

德性论是研究人的道德品性如何形成的理论,即美德伦理。德性就是指人的品性、品德和人格,是道德追求的最高层次或最高目标。德性的形成离不开下列几个因素或环节的相互关系。

第一,道德品质和道德规范的关系。道德品质是一个人在长期的道德实践中逐渐形成的并通过其思想意识和行为方式表现出来的稳定的道德倾向和品质特征,是一定社会的道德规范在个体身上的体现。道德规范在德性的培养和训练过程中起着导向和调节作用。道德规范是一定社会对人们的行为提出的基本要求和准则,是人立身处世、待人接物的根本原则,也是评价行为是非善恶的标准。人们在社会生活中的道德选择、道德评价、道德教育及道德修养等道德活动都是在它的支配下并围绕着它而进行的。道德品质的培养和锻炼,也是在一定的道德规范的指导下进行的。道德品质具有巩固和强化道德规范的功能。德性深深地植根于人们的思想意识中,并已成为人们的日常行为习惯。道德品质能使人们在冲突和困难境地下,自觉地选择某种符合道德规范的行为;同时,它还有助于人们达到对某种道德规范的自觉履行、自愿遵守的"慎独"境界。

第二,道德品质和道德行为的关系。道德品质是在道德行为的基础上产生并通过它来体现的。德性是一系列德行的集合或总和,一旦形成了德性,它又反过来对德行具有指导和支配作用。德性的形成要经过一个由道德认识到道德实

① 安东尼·吉登斯:《现代性与自我认同》,赵旭、方文译,三联书店,1998年,第9页。
② 奥伊肯:《生活的意义与价值》,万以译,上海译文出版社,1997版,第41页。
③ 麦金太尔:《追寻美德》,宋继杰译,译林出版社,2003年,第69页。
④ Rosalind Hursthouse, *On Virtue Ethics*, London: Oxford University Press, 1999.

践,由道德观念到道德信念,由道德行为到道德习惯的发展过程。其中,道德习惯的形成是德性形成的关键环节。毛泽东曾说过,一个人做点好事并不难,难的是一辈子做好事。倘若一个人真的一辈子做好事了,那么他就是一个高尚的、完美的、有德性的人。

第三,道德品质和道德教育的关系。社会的道德教育是以道德规范为行动指南,对人们进行持续不断的教育和训练,培养并形成人的道德品质。当下,面对社会经济成分、组织形式、就业方式、利益关系和分配方式多样化的趋势,面对世界范围各种思想文化的相互激荡,必须加强道德教育和建设。广泛持久地在全体公民中进行道德理想、道德信念、道德规范、道德传统教育,大力普及道德知识,引导人们树立科学的世界观、人生观、价值观,尤其要以社会公德、职业道德、家庭美德、个人品德为着力点。

第四,道德品质和道德修养的关系。德性的形成也是个体自我道德教育——修养的结果。道德修养本质上是一种自我改造、自我陶冶、自我解剖的活动。通过对自己内心世界及其行为的反省、检查,吐故纳新,培养新的道德情感和道德信念。道德修养能够不断提高一个人自身的道德认识能力,增强自身道德意志,使社会的道德原则规范真正在个体的思想和行为中固定下来,不断超越自我和完善自我。

3. 道义论与功利论

伦理评价的理论形态主要包括道义论与功利论。关于道德义务,历史上有几种类型。宗教伦理学从神的意志方面来规定道德义务的本质,把道德义务说成是神赋予人们的神圣使命。理性主义者从人的先验理性来看待道德义务的本质,把道德义务说成是理性的声音、理性的直观。快乐主义(或幸福主义)则从人的欲望、人的快感的本能来界定道德义务的本质,把道德义务说成是人自身的某种需要的产物。康德的道德义务论强调人的行为的纯洁性,把道义视为先天综合的、自明自证的和至高无上的,道德判断的标准只在于行为的动机,即只在于善良意志,因而道德义务的命令就成为人的道德行为的绝对命令。"绝对命令"可表述为,一个行为是道德的,当且仅当该行为准则能够普遍化,而一个准则能够普遍化,当且仅当每个人都能按照该准则行动;你的行动,要把你自身的人性和其他任何人身上的人性,在任何时候都永远看作是目的,决不能只看作是手段。康德说:"有两种东西,我们愈时常、愈反复加以思维,它们就给人心灌注了时时在翻新、有加无已的赞叹和敬畏:头上的星空和内心的道德法则。"①可见,

① 康德:《实践理性批判》,关文运译,商务印书馆,1960年,第164页。

康德的义务论是一种"为义务而义务"的理论。

效果论的义务论认为,假如你作出承诺,那么守诺言的义务构成了你的行事的一个道德考虑。如果没有其他的义务压倒它,它便成为一个最终义务。假如有其他义务压倒守诺言这个义务,那么你不守诺言也是道德上容许的。例如,急救老人的义务要比准时赴约的义务更重要。罗斯认为在某种情况中,哪一个义务成为终定义务,最后要诉诸直觉决定。在效果义务论者看来,道德原则有三个特征:其一,道德原则是自明的;其二,道德原则构成一个多元的集合,当中并没有一个最高的总原则,将其他原则统辖在一起;其三,道德原则并不是绝对的,每一个原则在某一特定的情况中,都可以被其他原则压倒。

与道义论相反,功利论(或目的论)认为,人应该做出能"达到最大善"的行为,所谓最大善的计算必须依靠此行为所涉及的每个个体之苦乐感觉的总和,快乐与痛苦是能够换算的。能增加最大快乐值的即是善,反之即为恶。边沁和穆勒都认为:人类行为的唯一目的是求得幸福,所以对幸福的促进就成为判断人的一切行为的标准。假设你驾驶一辆自己无法使其停下来的火车,即将撞上前方轨道上的 5 个检修工人,他们根本来不及逃跑,除非你改变轨道,但是,备用轨道上却有 1 个人,那么,你会选择牺牲哪一方? 是否可以通过牺牲这一个人的生命而拯救另外五个人? 对此窘境,道义论与功利论有不同选择。道义论者如康德明确主张,对一个行为的评价根据,只能是他的"善良意志"及动机的纯洁性。一个行为之所以被称为善的,能够有道德上的价值,唯一的根据,就是因为它是从善良意志出发的。而功利论者认为一切行为的道德价值,最主要的是要看它能否对人们产生快乐和幸福,即产生对行为者有利的效果。功利主义者一般都否认动机在道德评价中的作用。

不难看出,在道德评价问题上,道义论(义务论、动机论)和功利论(效果论、目的论)各持一端,相互对峙,形成伦理学的两大理论形态。但是,在马克思主义看来,义务是一种高度的道德责任感,是他律性与自律性的统一。马克思主义既反对单纯效果论,也反对单纯动机论,主张动机和效果的辩证统一。人的行为总是包括从一定动机出发,去达到一定目的的努力。动机是个体在行为前的欲望、动机、意图、情感、信念、理想的综合,是行为的思想动因和出发点。效果是指一个人的行为所产生的客观结果。在伦理学上,当它与动机联系起来考察时,主要指一个道德行为在特定场合下所造成的后果,即由动机出发所达到的一种对他人或社会有益或有害的客观事实。动机是属于主观方面的范畴,效果是主观见之于客观的活动及其结果。在道德行为评价中,时常遇到动机和效果不一致的情况,如好动机产生坏效果,坏动机产生好效果。在这种情况下,我们应该如何进行评价呢? 首先要充分重视实践的检验作用。人的任何道德行为,都是在对客观事物认识基础上的实践活动。动机不但在实践中产生、发展,而且在实践中受到检验。其次要强调,一切道德行为的最终目的都是为了达到好的效果。一切从恶的动机出发的行为,包括所谓歪打正着的行为,都不能认为是道德的行为。

4. 伦理学研究的基本问题

理论伦理学主要包括以下这些问题的研究:关于道德的起源、本质及其发展规律的研究,关于道德遗产的继承和批判关系的研究,关于物质生产和科技发展对道德发展的研究,关于市场经济和道德进步的关系问题研究,如,"物质文明发展了,精神文明就自然而然地发展吗?""'仓廪实则知礼节,衣食足则知荣辱'是否具有普遍必然性?""人的知识愈多、智慧越深,是否其思想觉悟和道德品德就愈高?""社会越是文明,人类越是退化吗?";理论伦理学还包括一系列道德规范与道德范畴的研究,比如,关于幸福、义务、良心、荣誉、节操等范畴的研究,关于公与私的关系、生与死的关系、苦与乐的关系、义与利的关系、荣与辱的关系、善与恶的关系、正义与邪恶的关系、怜悯与忌妒的关系等的研究。其中下列几个问题属于伦理学研究的基本问题。

第一,关于善与恶的问题。善与恶是伦理学的首要的基本问题。对善恶问题的研究有助于对其他问题,诸如"义利问题""公私问题""欲理问题"的理解和把握。人们生活中的每一件事情都离不开好坏是非善恶的价值判断。只有当人们知道了什么是善,什么是恶,才能扬善抑恶。然而,善与恶的问题并不是一个简单的问题。事实上,善恶问题无论在理论上还是在实践上都是一个错综复杂的问题。光是对善或恶的界定,思想家们的看法就不尽相同。"唯理论"以理性为根本来界定善的含义,设想人类将会按照一个完美的秩序展开其活动,最后达到一个完美的至善境界。柏拉图的"远远高出本质之上"的"实在"、康德的"绝对命令",都是这种带有先验的假设性质的理性主义观点。快乐主义以苦乐感情为根本来界定善的含义,把快乐当作人生的唯一目的,如德谟克里特就认为"快乐就是生活的目标"。亚里士多德认为"善就是幸福,那是灵魂的一种活动",把善定义为灵魂或意志的活动,属于主观的感受,缺少客观的规定性,因而这种善恶的标准也是存疑的。弗罗姆认为,"对人有好处的谓之善,对人有害的谓之恶","对人道主义伦理学来说,善就是肯定生命,展现人的力量;美德就是对自身的存在负责。恶就是削弱人的力量,罪孽就是人对自己不负责任"。这种对善恶的理解似乎更加接近马克思的观点。

所谓"善"就是满足人们需要及其形式的合理性。这种满足需要是从人本身出发的,而不是把人设想成被动的动物。所谓"合理性",既是指满足需要的客观必然性,又是指满足需要的形式的客观合理性,具体地说,就是在社会中个人需要的满足不能损害他人的利益。休谟在其《人性论》中曾提出"自然的德"和"社会的德"两个概念,着眼点就是主体和社会两方面,而且善的评价一定要置于具体的历史背景和社会条件。

"恶"是与"善"相对的东西。只有在与善的对比中才能看到恶,反之亦然。没有一个无善的恶的世界,也没有一个无恶的善的世界。善中有恶、恶中有善。在社会生活中,一个人往往表现出来的是矛盾统一体,常常是毁誉参半,功过相伴。因此在进行道德评价时,千万不能简单化、走极端。善与恶在一定条件下可以相互转化。无数个体的恶可以转化为总体的善。如吸烟,对人对己都说不上是一件好事。可是迄今为止,世界上没有一个国家准备全面禁止吸烟,其中一个原因就是政府可以从中取得税收。又如,个体杀人可能是恶,让别人去杀人更有可能是恶,但组织人到战场上去杀死那些侵略者,恶就转化为善。宽恕是一种善德,但要是宽恕一个十恶不赦的罪犯,就不能说是善德了。孝敬父母是善,但因孝敬父母而将自己的孩子活埋,如《二十四孝》中所讲的"郭巨埋儿",就是恶。这样的孝敬,封建时代一直当作善,到五四时期,就成了恶。没有人公开说核武器是好东西,它使人类濒临毁灭的边缘,但它对制止世界大战的爆发可能有一定的作用。而全世界范围内的核裁军就有可能彻底消灭这种可怕的东西,把人类从毁灭的边缘拉回来。而核裁军正是核发展到一定阶段的产物。可见,善恶只能在具体境遇中进行判断,一切抛开具体条件的善的教条,恶的禁律,都没有意义。善恶是互相贯通的,赫拉克利特曾言:"善与恶是一回事",扬善有利于抑恶,惩恶本身意味着扬善。因此,在社会生活中,我们应该做到扬善与惩恶并举。

第二,关于义与利的问题。"义利"问题是伦理学研究的一个重要问题,亦是我国传统道德中的一个重要问题,中国哲学史上有过"义利之辨"。在春秋战国时期,社会处于转型阶段,孔子目睹当时许多人追逐私利,表现出种种罪恶,提出了"重义轻利"的思想:"君子喻于义,小人喻于利。"[①]孟子也提出:"仁义而已矣,何必曰利","放于利而行,多怨"[②]。其实儒家并不是完全把义利对立起来,孔子曾说治民要先"利之",孟子也不是一概否定利,他讲义利之辨是针对那些只顾私利的君主的,而不是针对所有的人。他承认"无恒产者无恒心",所以主张要先"制民之产",使老百姓无衣食之忧,也是"先利之"。儒家的基本观点是以义节利,反对"为富不仁"行为,强调"大道之行,天下为公"。墨家视"兼相爱"为大义,但同时主张"交相利",主张义利统一。法家更是主张禁"私行"而兴"公利",充分利用"利"的杠杆,以赏罚来驱使人们的行动。春秋战国时期,许多思想家把限制

① 《论语·里仁》。
② 《孟子·梁惠王》。

个人的私欲当作拯救社会的真理。可是到了宋代,理学家把义利完全对立起来。朱熹认为,人们只能言义,不能言利。离开利去谈义,陷入伪善。在封建社会,重义轻利、存义去利的义利观占据主导地位,影响人们的思维方式和日常生活。

"义利"问题是社会生活中的普遍问题,"谋利"和"崇义"是两种根本的价值取向。所谓"义"泛指道义,一般指称道德原则、道德规范、精神生活、精神文明、整体利益等;所谓"利"泛指功利,一般指称物质生活、物质利益、物质文明、个体利益等。义利关系一般地展现为道义与利益、道德与经济、精神生活与物质生活、精神追求与物质追求、整体利益与个体利益等之间的关系。在义利取向上,有的人主张"重义轻利",有的人主张"重利轻义",有的人主张"义利并重",有的人主张"义利双弃",有的人主张"先义后利",等等。从个体与他人或个人与社会的关系上看,"义利之辨"表现为整体利益与个体利益、社会价值与自我价值、义务与权利、贡献与索取等之间的关系及其价值判断和价值选择。

义与利的关系是对立统一的关系。义者,就是合理性,就是道义。但义不能抽去利而存在,去掉利的义是抽象的义,是口惠而实不至的虚情假义。封建社会中的"存天理,灭人欲","正其谊不谋其利,明其道不计其功",是虚伪的、反人性的。从义离不开利这个意义上说,"利"就是善。同样,如果不择手段地牟取"不义之财",如当今社会存在的贪污受贿、抢劫盗窃、走私贩毒、坑蒙拐骗等,那就是"为富不仁"的恶了。利要有义来加以节制,只有按道而行才是义,常言说"君子爱财,取之有道"。

马克思主义从来不主张将"义"和"利"割裂开来、对立起来。利是义的基础,"人们奋斗所争取的一切,都同他们的利益有关"。社会生产就是为了满足劳动者的利益,承认劳动者利益合理合法,满足人们需要,不仅是生产的最终目的,也是生产发展的必要手段。那种离开利益的道义是行不通的。我国社会主义初级阶段的根本任务就是发展生产力,说到底就是为了满足人民群众的不断增长的物质生活和文化生活的需要,实现最广大人民群众的根本利益,这就是最大的功利。同样,马克思主义也反对那种"重利轻义""见利忘义""唯利是图"的错误言行。比如,为了牟利而乱砍滥伐、乱捕滥捞、破坏环境、贻害子孙,是一种有害的、恶的行为。那种唯利是图、见利忘义、不讲义务、不尽责任的行为,是不道德的。虽然人们都在追求利益,但是利益却有小利与大利、短期利益与长期利益、局部利益与整体利益之分。因小利、短利而损害大利、远利属于恶;而小利、短利与大利、远利相统一,属于善。马克思主义的义利观要求我们,坚持尊重个人合法权益与承担社会责任相统一,鼓励人们通过诚实劳动和合法经营获取正当的物质利益,充分尊重公民个人合法利益,引导每个公民自觉履行宪法和法律规定的各项义务,积极承担自己应尽的社会责任。

第三,关于实然与应然的问题。所谓"实然"是指客体的存在状态,所谓"应然"是指主体的道德理想状态,或者说,对人们行为所提出的道德要求。道德要求不仅是一种实然性的规范,也是一种理想性的规范。换言之,道德规范既是对现实生活状况的反映,也是对理想生活的憧憬和向往。这里需要探讨的问题是,实然性的存在是否线性地、机械地决定了应然性的要求? 反之,应然性的道德规范和理想追求是否完全由实然性的存在状况规定的? 比如,人的生命存在首先要解决吃饭问题,吃喝活动是由人的生命本能决定的活动,它构成了人的生命存在的前提。但是,我们能否由此得出"活着就要吃饭,吃饭就是为了活着"的结论呢? 事实上,我们一要吃饭,二要发展;吃饭为了活着,但活着不仅仅为了吃饭。无论在历史上,还是在现实生活中,不难发现,为了追求崇高的理想和道德境界,常常有废寝忘食、忍饥挨饿,甚至在关键时刻宁死不屈或舍生取义的人物。正如裴多菲的诗歌所言:"生命诚可贵,爱情价更高,若为自由故,两者皆可抛。"由此可见,应然性的道德规范和理想追求源于并且超越于实然性的存在状况。

"实然与应然"的关系也是一种"事实与价值""理性与德性""知识和美德"的关系。科学研究强调尊重客观事实、尊重生活实际,坚持用科学理性和科学态度来反映事物的本来面貌,并揭示事物或事实的本质和规律,科学以理性、求真、求实为特点。而价值判断更多反映人的主体需要,重视人的发展和要求。什么是好的、合理的,应该倡导和提倡什么等,均属于价值取向、价值判断问题。近代以来,科学主义的流行导致了事实与价值、科学与人文的分离和对立。从根本上说,人文价值是整个人类文化所体现的最根本的精神和内在灵魂,它以追求真、善、美等崇高的价值理想为核心,以人的自由全面发展为终极目的,它包含了科学的理性、艺术的完美、道德的至善、思维的深邃和知识的广博,是一种崇高的文化精神。人文价值是一种普遍的人类自我关怀,表现为对人的尊严、价值、命运的维护、追求和关切,对一种全面发展的理想人格的肯定和塑造。现代人文精神涵盖以下要素:对于人的命运,人存在的意义、价值和尊严,人的自由与解放,人的发展与幸福有着深切的关注;珍视人的完整性,反对对人的生命和心灵的肢解与割裂;承认并自觉守护人的精神的神秘性和不可言说性,拒斥对人的物化与兽化,否弃将人简单化、机械化;尊重个人的价值,追求自我实现,重视人的超越性向度;崇尚"自由意志和独立人格",对于人的心灵、需要、渴望与梦想、直觉与灵性给予深切的关注;内心感受明敏、丰富、细腻与独特,并能以个性化的方式表达出来;重视德性修养,具有自我反思的意识和能力;具有超功利的价值取向,乐于用审美的眼光看待事物;具有理想主义的倾向,追求完美;具有终极关切和宗教情怀,能对于"我是谁,我们从哪里来,又要到哪里去"一类的问题作严肃的追问;承认并尊重文化的多样性,对于差异、不同、另类甚至异端,能够抱以宽容的态度；能够自觉地守护和实践社会的核心价值，诸如公平与正义。

毫无疑问，理性是一种德性，特别是道德的选择，离不开理性的思考。德性的选择应该是源于和合于理性的选择。如果没有充分的理性力量，就不能进行审慎的选择，就会导致真假不明、是非不清、善恶不分、利害不辨，从而就不可能形成完满的德性，也不可能产生普遍的德行。当然，理性并不能涵盖全部德性。德性作为人的优秀品质，也制约着理性。没有德性的参与，人们就会滥用理性的能力，达到邪恶的目的。因此，有理性而没有德性的人，不可能使其行为活动成为造福于人类的德行。德性作为人的一种优秀品质，应该是"理性"与"善意"的完满统一。在现实生活中，有的人德才是兼备的，有的人德才是分离的。这里，"德"是指人的品格修养，"才"是指人的学问才能。一个道德高尚的人，对社会负有更大责任，要求自己掌握的才学也更多；一个人才学越高，所明事理就越多，这有利于其道德的培养。苏格拉底说过"知识就是美德"，说明知识智力与道德品质之间互相联系。科学和智慧本身就是人们追求的目标。一群病人，最需要的不是心地善良的同情者，而是能够解除他们痛苦的医生。掌握科学知识，是立身和服务社会的手段。所以，有德无才，人难成完人；有才无德，人必成恶人；德才兼备，人方成大人；仁义礼智，仁义为先。

第四，关于道德本体论与道德工具论的问题。在讨论道德根源与道德本质问题时，始终存在着两种不同理论，即道德本体论与道德工具论。所谓道德本体论是指一种以道德为目的，认为道德本身就具有内在价值和目的善的道德理论；所谓道德工具论是指一种以道德为某种更高目的的手段，认为道德只具有外在价值和手段善的道德理论。

伦理学的这两种理论的区别主要表现在：首先，道德本体论认为道德是人之所以为人的内在规定性，人的价值和人生的意义就在于遵循并追求道德，道德自身即具有至高的价值，是人必须孜孜不倦地追求、信守并躬行践履的；而道德工具论认为人生最高或终极的价值在道德之外或道德之上，道德是人达到某种更高或至高目的的工具或手段，道德只具有工具或手段的价值，并不是最高或终极的价值。其次道德本体论肯定道德的内在价值和目的价值，主张为道德而道德，要求纯化道德动机；而道德工具论只承认道德的外在价值和手段价值，主张"为某个更高或至高的目的而讲道德"，蕴含"实现某个更高或至高目的不需要讲道德时，则可以不讲道德"的因素。再次，道德本体论主张从人的内在道德理性去寻找判断道德行为的价值标准，看重人对道德本身的态度和意向，在道德评价上往往与道义论吻合或持动机论的立场；而道德工具论主张以外在的非道德价值作为判断道德行为的价值，特别看重行为的效果或功用，在道德评价上往往与功利论吻合或持效果论的立场。最后，道德本体论只承认道德自身的内在价值和至上价值,而其他一切价值相对道德价值来说都是从属的、派生的,因此可以说是一种价值一元论,有道德绝对主义倾向;而道德工具论认为道德不仅不具有至高或终极的意义,相反还是从属于其他目的价值的,因此可以说是一种价值多元论,有道德相对主义倾向。

一般认为,中国伦理学传统的主流是道德本体论,而西方伦理学传统的主流是道德工具论。由于中国传统伦理中的道德本体论倾向,导致了在人性观上的性善论倾向,道德原则上的整体主义传统,道德功能上的道德中心主义等;相反,由于西方伦理学史上的道德工具论传统,导致了人性论上的自然主义倾向,道德原则中的个人主义传统,道德功能论上的以法律为主体,以道德为补充的观念。

中国从先秦儒学到宋明理学直到近代儒家士大夫都一直秉持道德本体论,即在宇宙论问题上,将道德或道德化了的"理""心"视为宇宙本体,在道德与人的关系问题上,把道德视为既超越于人的需要、利益的东西,又是一切人文价值的最高标准,人成为道德的工具或体现物,在道义与功利关系问题上,强调道义的至上性和超功利主义等。春秋战国时期,一些人野心勃勃,四处征伐;一些人醉生梦死,贪得无厌。孔子提出"克己复礼,天下为仁焉",号召人们克制自己的欲望,以符合周礼。在儒家看来,道德之礼是超越人之需要的绝对存在,而个体在礼面前只有相对的意义。当礼与人发生矛盾时,人的一切言行都要以礼为准,即孔子所谓的"四勿",对其自身的需要应加以严格克制,所谓"君子谋道不谋食""君子喻于义,小人喻于利"①"正其谊不谋其利,明其道不计其功"②就是这种道德本体论的体现。宋代理学家提出"存天理,灭人欲"的命题,既是一种伦理上的绝对命令,又是立法的依据。然而,苏轼在其《苏氏易传》中针锋相对地指出:"人欲当处就是天理。"后来陆王心学以心反理,王夫之则提出了"天理寓于人欲之中"的思想,而戴震则揭示封建道德的"以理杀人"的实质。可见,"理欲之辩"实质是道德本体论与道德工具论的分歧。所谓"欲"就是人的欲望及物质需要,所谓"理"就是满足需要的社会秩序,体现在诸如道德、法律、政治等形式中。凯恩斯曾把人的需要分为两种:"人类的需要可能是没有边际的,但大体能分作两种——一种是人们在任何情况下都会感到必不可缺的绝对需要,另一种是相对意义上的能使人们超过他人,感到优越自尊的那一类需求。第二种需要,即满足人的优越性的需要,很可能永无止境……但绝对的需要不是这样。"按这种划分,人的第一种需要到任何时候都是正当的,但第二种需要的满足则有可能转化为恶。人的欲望不是恶,人的多余的欲望有可能导致恶。理的产生原本是为了规

① 《论语·卫灵公》《论语·里仁》。
② 《汉书·董仲舒传》。

范人的欲望,最终也是为了满足人的欲望。对人的欲望的必要压抑,可以说是人类文明发展的不可避免的代价。但是随着经济发展和社会进步,人的欲望将不断获得满足。人具有与生俱来的七情六欲,这是正当的要求,本不是恶。人的正当的欲望是推动社会向前发展的动力之一。当然,如果人欲横流、欲壑难填,出现不择手段满足欲望,或损人利己、损公肥私、以邻为壑情况,那就必然会走向恶,需要用"理",即道德和法律规约限制人的欲望。

与道德本体论不同,道德工具论认为道德在本体上是合乎需要和目的的从属性的存在,是源于道德领域以外的经验世界(如人的需要)并为之服务的手段工具,这种思想早在古希腊时期就存在了,如智者普罗泰戈拉提出"人是万物的尺度",伊壁鸠鲁提出"快乐是天生的最高的善,而美德是获得快乐的手段"。严格意义上的道德工具论伦理学是随着近代资本主义的诞生而最终确立并形成体系的。特别是到了19世纪,密尔成了道德工具论的集大成者,他把道德工具论概括为三个要点:其一,人们及其快乐是道德的目的,道德之所以成为必需,就是因为能满足人们的需要,给人们带来快乐;其二,人们的需要是道德产生的根本目的,而理性的权衡是道德形成的必要途径;其三,习惯遗传可以使正义等道德原则异化为目的,而通过道德哲学的辨析,则能够将正义原则本身还原为人们的利益与社会的需要。显然,"道德是为了人而产生,但不能说人是为了体现道德而生存"①。

在我国,长期以来,在不少人眼里,公就是善,私就是恶,总以种种名义限制个人的私利,把个人的私欲看成是洪水猛兽,即使贫困不堪也大讲特讲"大公无私""斗私批修""狠斗私字一闪念"。实践证明,这种做法理论上是荒谬的,实践中是有害的。其实,公与私的关系不是非此即彼、善恶分明的关系。公不等于善,私不等于恶。对于人类来说,公是必不可少的。有了公,才有可能成就私。保卫国家的安全,兴办公共事业,保护生态环境,有利于维护社会秩序和个人的正当权利。离开了这种公,私利就无从谈起。从社会角度来看,无数个人都为自己的私利而努力,正是这些为私利的活动,支撑了整个社会的运行。资本家为了追求利润最大化,客观上促进了社会经济的发展。在我国,鼓励、引导个体、私营等非公有制经济发展,客观上满足了人们多样化的需要。所以,公的目的不是为了公字本身,而是为更多人的私。离开个人的私,抽去每个人的私而成就的公,是一个无实际意义的公,是虚伪的公。无私之公,难成其公;灭私成公,荒谬绝伦。邓小平说过:"我们提倡按劳分配,承认物质利益,是要为全体人民的物质利

---

① 弗兰肯纳:《善的求索——道德哲学导论》,黄合伟等译,辽宁出版社,1987年,第247页。

益而奋斗。每个人都应该有他一定的物质利益,但是这决不是提倡抛开国家、集体和别人,专门为自己的利益而奋斗,决不提倡各人都向'钱'看。我们从来主张,在社会主义国家中,国家、集体和个人的利益在根本上是一致的。"

不难发现,无论是道德本体论,还是道德工具论,都不是一种理想的道德理论,它们各有长短利弊,二者都含有将道德的目的性和手段性割裂开来的情形。道德本体论常常把人的物质欲望和功利幸福同道德对立起来,似乎道德的追求必须以牺牲人的物质欲望和功利幸福为条件,道德天生就是反功利反幸福的。这种理论同权威主义和绝对主义的道德观互为表里,互相确证,而权威主义和绝对主义的道德观完全有可能扼杀人的个性和现实幸福,否定功利效果的真正意义和价值。道德本体论将人绝对置于道德的宰制与统治之下,使人纯粹成为道德目的的工具,道德外化于人、高出于人之上并成为人生存的唯一目的,是道德本质的严重异化,它只能使道德成为被人所嫌憎怨恨的东西,遭到人的无情反对和抛弃。

道德工具论认为道德的合理性及其价值就在于促成非道德目的的实现,这些非道德目的常常表现为世俗生活的功名利禄、富贵荣华、幸福快乐、舒适安逸等。在道德工具论者眼里,功利幸福这些非道德目的的价值远远高于并优于道德本身的价值,道德应当成为人们谋利计功或追求人生幸福的工具或手段,为人们追求功利和幸福进行价值论证和伦理辩护是道德发挥作用的主要方式。如果不能促成这些非道德目的的实现,道德的存在就是多余的或不必要的。历史的发展往往以私欲为杠杆,曼德维尔提出"私恶即公利"命题,坚持历史主义标准,而不是道德主义尺度。他说:"我们在这个世界上称之为恶的东西,不论道德上的恶,还是身体上的恶,都是使我们成为社会生物的伟大原则,是毫无例外的一切职业和事业的牢固基础、生命力和支柱;我们应当在这里寻找一切艺术和科学的真正源泉,一旦不再有恶,社会即使不完全毁灭,也一定要衰落。"①道德工具论突显了人的功利、幸福和权利,并使其具有目的和至上价值的性质和意义,对人的个性的发展、潜能的释放以及社会经济文化的发展,都具有鲜明的进步性。然而,随着道德工具论在整个社会支配地位的确立,并且日趋普遍泛滥,真正道德的追求受到奚落和嘲笑,整个社会的道德质量和道德水平普遍下降,人为物化的现象有增无减,消费主义、享乐主义和实用主义盛行,神圣的价值不复存在,人们精神空虚,自我迷失,个人完全成了自己物质欲望的奴隶,变成了一种纯粹的经济动物和消费动物。显然,道德工具论的无限扩张或蔓延,并不能真正地提升

---

① 转引自《马克思恩格斯全集》,第26卷,人民出版社,1972年,第416—417页。

和弘扬道德,推动人类道德文明的进步。

由此可见,道德本体论与道德工具论的不足之处在于未能理顺人与道德的关系,在"人是道德的工具"还是"道德是人的工具"这一问题上各执一端。其实,对人来说,道德是目的与手段的统一。作为目的,道德无疑是人所应当追求和向往的,自有其神圣性和崇高性。道德充实人的内在心灵,提升人的精神境界,确证人的价值和伟大。作为手段或工具,道德无疑是人所应当利用和把握的,自有其本身的功利性和实用性。道德可以造成和谐的人际关系,使整个社会生活公正有序。

马克思主义认为,人既是目的又是手段。"(1) 每个人只有作为另一个人的手段才能达到自己的目的;(2) 每个人只有作为自我目的(自我的存在)才能成为另一个人的手段(为他的存在);(3) 每个人是手段,同时又是目的,而且只有成为手段才能达到自己的目的,只有把自己当作自我目的才能成为手段。"[①]人作为道德的主体,总是能够表现出对道德的批判性审视、创造性利用和辩证性理解,彰显出道德的工具性;同时,作为道德的客体,人也有自己服从自己所订立的目标和规范的需要,自己服从自己的"立法"本质上是人自己服从自己的目的,是人的自我完善的表征和确证,彰显出道德目的性。

三、应用伦理学的兴起、研究对象及其价值原则

1. 应用伦理学兴起的背景

应用伦理学是一门发展最为迅速、最具生命力的新兴学科。应用伦理学的产生,导源于伦理学本身发展的内在逻辑,也是实践中需要解决大量的伦理问题的必然结果。应用伦理学最先起源于美国,随后传播到欧洲及世界各地。

元伦理学从狭义上讲是分析哲学在伦理学领域的一种表现形式,它不研究某一行为、某一规则及规则的标准在道德上的善恶内蕴,而仅仅关注道德陈述的语言形式及道德词汇的意义,关注对道德概念与判断的内涵与逻辑的分析。其结果,必然是将事实问题与语言问题混为一谈,用后者消解了前者,走进了与实质性的道德和政治问题,与现实生活严重脱节的死胡同。元伦理学的失效自然为应用伦理学的产生提供了一个重要的契机。与此同时,美国 20 世纪 60 年代

---

① 《马克思恩格斯全集》,第 46 卷,人民出版社,1979 年,第 196 页。

末期政治文化氛围的变迁及科技的迅速发展所导致的一系列社会挑战,也为应用伦理学的诞生创造了重要的实践前提。从 70 年代起,在美国出版了大量的探讨政治、社会、科技领域中各种各样的道德问题的论著,1971 年罗尔斯《正义论》的发表,是哲学界出现的向实践哲学转向的一个重要标志,之后出现了《哲学与公共事务》杂志。与此同时,一系列由哲学家组建的应用伦理问题研究中心也纷纷成立,如 1969 年建立的"哈斯丁(Hastings)社会、伦理与生命科学研究所",1976 年在华盛顿建立的"哲学与公共政策中心",同年在麻省建立的"经济伦理中心",1977 年在特拉华大学建立的"价值研究中心",等等。

　　应用伦理学虽起源于美国,但从 20 世纪 80 年代后半叶起便在欧洲大陆兴盛起来,成为英美与欧洲大陆伦理学界共同的研究对象。从伦理学本身的发展状况来看,尽管按照从亚里士多德、经过托马斯·阿奎那直至休谟的伦理学发展传统,理论伦理学与实践伦理学并非表现为截然分明的两个领域,然而从近代开始,欧洲哲学的特点就是强调普遍的规则与原则及其抽象的论证。伦理学的研究将所有的道德思想都设定在一个以绝对命令或有用性原则为基点的由论据构成的等级系统之中,仅依据该系统的演绎结构,就可以直接或间接地产生所有相关的道德判断,并保证这些道德原则与判断的有效性,依靠它们就可以解决所有的道德问题。这样一种规范伦理学在欧洲一直到 20 世纪 70 年代都占据着支配的地位。然而后来,这种规范伦理学却遭遇到了严重的危机:伦理规范的普遍化要求一直都未能实现,将伦理规范通过演绎的方式转换成重要的行为准则的尝试,也一直没有成功,这种状况人们再也无法容忍下去了。于是出现了马尔夸特(Odo Marquard)的"告别原则""告别规范"的呼吁,出现了以里特尔(J. Ritter)及其学派为代表的新亚里士多德主义试图回归西方伦理学源头的努力,其目的就在于改变理论与实际严重脱节的状况,寻求实践的明智,使伦理学能够为人们的现实行为提供可行的方案。

　　与此同时,20 世纪七八十年代有关原子能利用的讨论,80 年代关于核威慑的伦理问题的争论,以及后来出现的与全球人口爆炸及未来人类的命运相关的生态问题的争论,关于堕胎、安乐死及"体外受精"的伦理问题的争论,关于基因工程的伦理问题的争论,关于全球普遍伦理问题的争论等,均表明近代以来的规范伦理学在当代社会中出现的一系列新的伦理问题面前可以说是束手无策,因此伦理学本身要想保持其生命力和体现其应有的价值,就必须发生一场变革,必须离开纯粹规范伦理的立场,研究现实的社会问题,探讨技术伦理、科学伦理、生命伦理、伦理法典、伦理委员会等课题,从而在某种程度上实现向应用伦理学的过渡。于是,从 80 年代后半期起,有关应用伦理学的论著在欧洲大量出现。1987 年瑞士的圣伽伦(St. Gallen)经济与社会科学高等学校设立了欧洲第一个经济伦理讲座教授的职位。马堡大学"应用伦理学研究中心"、哥廷根"医学伦理科学院"、图宾根大学"科学伦理中心"、波恩"科学与伦理研究所"、波鸿大学"医学伦理中心"、苏黎世大学"伦理中心"、萨尔茨堡大学"应用伦理研究所"、欧洲生命医学伦理网络、欧洲企业伦理网络及欧洲科技发展后果之研究科学院等也纷纷成立。

2. 应用伦理学的研究对象及其特点

应用伦理学是研究如何运用道德规范去分析解决现实生活中具体的、有争论的道德问题的学问。应用伦理学是现时代一系列崭新的实践问题所引起的，这些问题的新颖性向传统的道德理论的适用范围与解决问题的能力提出了挑战，因此，应用伦理学直面现实的理论反思，能帮助人们明辨复杂情境中的善恶是非。应用伦理学的研究决不意味着传统理论对社会实践的简单应用，而是意味着一种新的理论模式及权衡机制，它要求以不同的道德理论与规范的总体为背景，以最基本、最普遍、最本质性的道德主导原则为基础，基于不同的情况对不同的可能性进行权衡，从而寻求在既定条件下、在既定的行为情境下的最好的结果。

当代应用伦理学所应对的社会实践问题远远超出了传统伦理学的理论视野，它在道德规范的生成、塑造与改进的进程中彰显创造性特质，表现在对规范中所包含着的一些关键性的概念，应用伦理学需要根据实践的发展重新进行解释与定义。比如，传统的道德理论所理解的道德共同体非常狭窄，它只包括理性的、有自主行为能力的人，而将人类胚胎、婴儿、精神病患者、未来人等都排除在外了，殊不知后者也同样需要我们的道德关护。虽然应用伦理学的研究离不开伦理学基本理论的指导，但它不是对伦理学基本理论及其基本原则的"直接而简单"的应用，它不把被应用的"知识"或"原则"当作某种具有终极权威性的、神圣不可改变的东西。在道德生活日益复杂化、民主化、多元化和全球化的时代，传统伦理学的基本理论已无法解释现实的某些道德问题，传统伦理学的基本原则也无力给现实的许多道德抉择提供明确的指示；甚至有时，同一个伦理原则会给处于道德困境的人们发出相互矛盾的指令，使人无所适从。因此，应用伦理学的出现，正是为了弥补传统的伦理学理论的不足，给人们的道德抉择提供具体而有效的指导。

事实上，应用伦理学不只是应用现有的伦理学理论和伦理原则，它还参与这些理论和原则的创造。应用伦理学的一个重要特点就是：在民主化、多元化和全球化的时代，就某些具体而重要的规范问题，在不同的伦理学理论或伦理原则之间寻求"重叠共识"。因此，我们要根据相关的事实、根据对不同抉择的后果的判断、根据人们的道德认知程度、根据以往的判例等对普遍原则加以充实或修改。对普遍原理的这种充实和修改是由对实践中的道德问题的考量决定的,应用伦理学所寻求的那些道德规范是从实践中产生的。简言之,应用伦理学的任务并不在于寻求正确的原则,而在于对现存的不同立场进行调节从而达成共识或最终的无可争辩的基本原则。因而应用伦理学不仅体现着一种新的理论模式,而且还代表着一种新的道德实践的行为程序。

应用伦理学的兴起,是为了回应社会各个领域(如医学、经济、政治、生态、科技、国际关系等)所涌现出的各种亟待解答而相应的法律又无明确或正确的规定的前沿性问题提出的挑战,因而就有了医学伦理、生命伦理、经济伦理、政治伦理、生态伦理、科技伦理、两性关系伦理、媒体伦理、国际伦理等应用伦理学的诸多分支学科。这些学科的研究对象与传统的职业道德的研究对象有时从表面上看是交叉重叠在一起的,无论是应用伦理的不同分支学科还是各种职业道德,作为实践哲学,它们都关注具体的社会实践中的伦理道德问题,因此它们的研究范围是相通的,它们的探究视角往往复杂地交织在一起,在个别情况下它们的研究内容也会出现互相渗透的情形,难以被清晰地划分、区别开来。但是,实际上是有明显区别的。

首先,从发展线索上看,职业道德拥有着悠久的历史(如医师道德),它是伴随着社会各种不同的职业的出现而产生的,随着各种职业的成熟和稳定,相应的职业道德的内容与规范也就得到了同步的发展。而当代应用伦理学则是20世纪60年代末至70年代初才形成的一门新兴学科,它所应对的问题是新颖的,一般而言远远超出了传统的职业道德的适用范围。

其次,从内容上看,职业道德是通过将普遍的道德理论与原则直接应用到具体的社会实践领域中去,从而形成的与不同的职业之独特的任务相对应的特殊的责任、义务及行为规范。职业道德可以表现为较规范的由行业协会制定的职业伦理法典、守则、公约或条例。职业道德的内容一般而言却都是明确的、稳定的,是与非,对与错,一目了然、无可争议。况且,不同行业的职业道德在内容上也有共同性:比如,不得伤害自己的服务或研究对象,要尊重其隐私等基本权益;对所有服务对象应一视同仁,平等、公正相待;对工作应精益求精、认真负责;等等。而应用伦理学所关注的却是不同职业领域中的道德悖论与伦理冲突:其中绝大部分的问题是体现着新旧价值观念冲突或现有的道德规范冲突的两难选择;或者就是那类并非一定要作出非此即彼之抉择,而是需对不同的利益进行平衡考量的问题;或者就是社会现实中涌现出的诸如核能是否安全、转基因作物是否安全等崭新课题,旧的道德理论对之闻所未闻、束手无策。应用伦理学关注的问题以及思考这些问题的视野都超出了职业道德的范围。像堕胎、安乐死、克隆人、死刑与惩罚的合法性及其限度、言论自由与对情色作品的适当管理、同性恋、企业的伦理责任、动物的道德地位、环境污染与生态失衡等问题,都不只是某个特殊的职业所面对的问题,也不是任何一种职业伦理学能够单独解决的。

最后,职业伦理学的使命是如何把人们已经达成共识的道德观念付诸实践,应用伦理学的使命则是帮助人们就重大而充满争议的道德问题达成共识。应用伦理学的一个重要特点就在于关注伦理冲突与道德悖论、探究道德难题:例如,雇员应尽最大努力履行对雇主的契约,从而保障自己与家人的利益,但当雇主的利益与社会的福祉发生冲突而无又无法协调且雇主行为并无违法之时,雇员应以何方为优先考量(涉及企业伦理、媒体伦理、政治伦理等)? 又如,记者应有向社会公开真相的义务与责任,但当此行为对于相应的当事人意味着一种极大的伤害之时,正确的选择是满足广大社会公众的知情权的需求还是对个别当事人进行保护(媒体伦理)? 再如,医生对病人讲真话的原则(关涉病人的知情权)与对病人避免伤害的原则之间的冲突(医学伦理);科学家追求科学真理、从而提升整个人类知识水平的崇高责任与对作为实验对象的人之个体不得伤害的义务之间的冲突。

此外,应用伦理学还要帮助人们反思并评估那些历史悠久的职业伦理传统的合理性,帮助人们克服并抛弃那些过时的、过于僵化的职业伦理传统(如某些"潜规则")。可见,应用伦理学研究的课题并不是凭借简单的道德直觉与洞见,也不是直接参照职业道德守则就可以解决的,而是需诉诸一种复杂的理性的权衡机制,即通过组建相应的伦理委员会进行协商讨论以求得答案。应用伦理学的研究离不开具体的案例,离不开对特定情境中的道德冲突与道德悖论的分析。应用伦理学借助对特定抉择的相关事实背景的理解来解释相关的伦理原则,又根据相关的伦理原则来解释抉择的事实背景。在解释有关的伦理原则时,应用伦理学要吸纳道德哲学的有关智慧;在解释有关的事实背景时,应用伦理学家要与相关领域的科学家和专家相互合作。

总之,应用伦理学所研究的问题一般具有充满争议、带有强烈的规范色彩、与道德实践紧密相关、与制度安排和法律建构密不可分等特点。应用伦理学的使命就是要提供一个公共平台,使利益相关的各方就这些充满争议的问题表达自己的观点,使各种观点能够透过公共理性的运用,实现有效的对话交流和商榷沟通,以就有争议的问题达成共识。

3. 应用伦理学的基本原则

应用伦理学重视"自主""公正""责任""尊严""正义""自愿"等基本范畴的内涵,重视研究一些具有普遍的道德权威性的核心价值原则,其中包括:自主原则、公正原则、责任原则、尊重原则、不伤害原则、普遍正义原则、自愿允许原则、系统整体原则、历史比较原则、多维反思原则、理性选择原则,等等。从表面上看,不伤害原则、自主原则、公正原则、责任原则、尊重原则的内容非常简单,然而这些却是所有道德哲学、伦理理论共通的东西,是所有道德哲学学派都能赞同的最基本的道德原则。

应用伦理学重视研究核心价值原则,尽管这并不是一件轻而易举的事情。由于现代社会是原子式的个体与族群的聚集体,个体与个体、族群与族群之间,都存在着各自不同的生活方式及价值系统,这样,对于任何一种道德信念,都可能会有相反的意见;对于任何一种解决问题的方案,都可能会有另外一种选择。因此,道德的权威及有效适用性便来源于人与人之间达成的共识。理性论证基础上的共识是一种旨在达到主体间的相互理解的交往行为的结果,是在没有外在强制因素影响的对话中,通过对论证与反驳的权衡,依靠理性的信服力建构起来的。

自主原则涉及具有理性判断能力的行为主体,体现了对拥有自主能力的人的自主意志的尊重。从道德上看,任何人都是其自身的目的,每个人都在意自己的生命历程与生活质量。因此我们的决断与行为要设身处地地为他人的处境与利益着想,关注与维护他人的生命与权益,尊重其自主意志,充分顾及对他人福祉的影响。当然,自主原则并不适用于那些没有自主能力的人类胚胎、胎儿、婴儿、精神病患者、植物人和未来人,并不能够体现对这类人的利益的尊重。例如在克隆人问题上,如果遵从自主原则,则结果或许是所有参与决策的拥有理性判断能力及自主意志的人都会赞同克隆人类,因为这一行为对现已活着的人有利;假如自主原则是道德的唯一标准,那么克隆人类的行为便自然是合乎道德的了。由此可见,在涉及未来人类及潜在的或无自我意识的人类个体时,自主原则的合法性与权威性便会受到质疑。因此,自主原则并不是道德性的唯一标准,也不是道德的唯一源泉。

尽管人们将"不伤害原则"看成是作为诸如"自主""公正""责任""尊严""尊重人权"等应用伦理学基本范畴之底蕴的最核心的价值原则,但正如所有其他伦理学原则那样,不伤害原则在实际应用中也必须得以特殊化、具体化,才能应对应用伦理中的道德悖论、伦理冲突。如在堕胎问题上,若孕妇要求堕胎,则禁止堕胎便会对孕妇造成伤害;而允许堕胎,又会对胎儿造成伤害。在这样的问题上,就不能仅仅诉诸不伤害原则,而必须对这两种伤害的情形进行分析与权衡,寻求一个最为合理的解决方案。

由于应用伦理学是由不同学科组成的学科群(如生命伦理学、经济伦理学、环境伦理学、医学伦理学、基因工程伦理学、生态伦理学、科技伦理学、政治伦理学、国际关系伦理学、两性关系伦理学、媒体伦理学、动物伦理学等），这些不同学科所依据的知识背景、它们所关注的问题域、它们所追求的价值理念都有很大的差异，因此，需要在应用伦理学各学科之间寻找共同的哲学基础或研究方法。在知识生产高度专业化和信息大爆炸的时代，应用伦理学各领域的专家更加需要彼此之间进行有效的交流和沟通。坚信普遍赞同或共识是伦理规范的合法性与权威性的必要条件，而要达到赞同或共识，就必须诉诸理性的对话。通过论据的交流达成共识，对持有不同立场与论据的合理性进行权衡，对可能产生的行为后果进行道德评估，体现了民主原则在伦理学中的应用。

总之，应用伦理学具有双向反思的品质，其任务不在于寻求某种作为绝对知识的、可以解释一切的终极的道德真理体系，而是在社会价值多元化条件下，努力探讨具有普遍约束力的道德规范，并力求确定道德对话和商谈的合理程序，对现存的不同立场进行协调从而谋求道德共识。应用伦理学的研究既是理论性、思想性的，又是直面现实的、实践性的。

四、应用伦理学研究的现实意义

1. 应用伦理学研究的指导价值

20 世纪 90 年代初，应用伦理学在我国兴起并形成研究热潮，至今方兴未艾。应用伦理学研究的目的在于：根据伦理学的一般价值原则和基本行为准则，解答社会生活中出现的各种具体问题，提供适合不同领域实际需要的具有规范性、可操作性的价值原则和行为准则。无疑，应用伦理学研究对我国经济发展和社会进步具有重要的指导价值。

第一，以人为本的价值原则。"以人为本"，作为当代伦理学的根本理念和原则，得到了普遍承认，但是在社会生活领域，不尊重人的自由和基本权利、人的异化现象普遍存在，"以人为本"原则并没有全面得到落实，鉴于此，应用伦理学研究有助于人们确立以人为本的理念。

第二，普遍幸福的价值原则。尽管现代文明繁荣昌盛，但世界上还存在着大量的饥饿、战争、恐怖、犯罪、社会不公等问题。应用伦理学要研究如何应对各种破坏和损害普遍幸福原则实现的问题，如何使普遍幸福理念在一切社会活动中得到充分体现和全面贯彻。

第三，社会和谐的价值原则。随着民主进程的加快，自主的个体怎样才能在自由平等的前提下互利、合作，彼此和谐地生活，亦成为应用伦理学研究的问题。

针对现实社会生活中存在的极端利己主义、拜金主义、官僚主义等严重问题,应用伦理学致力于克服各种破坏社会和谐问题的对策性研究,研究如何使社会和谐的要求体现于制度安排和政治决策之中。

第四,协调发展的价值原则。人类如何坚持全面(经济、社会、文化、环境等)、持续(当代和未来)、协调(相互促进)发展,克服片面、短视、偏颇的社会行为,如何制定并确保人类的活动促进健康协调发展的机制,而不是阻碍或破坏这种机制,这也是应用伦理学必须回应的问题。

总之,面对市场经济的发展,经济伦理开始为个人和企业的合理谋利行为进行道德辩护,并结合企业伦理探讨企业在追求利润的同时如何担负自己的社会责任;面对经济增长和工业发展带来的生态破坏,环境伦理开始探讨能否为自然生态增加一道道德屏障;面对试管婴儿、器官移植等引起的道德疑难,生命伦理试图在微观层面捍卫人的尊严和权利;面对电脑网络的普及应用所带来的种种新问题,计算机伦理开始探讨网络道德;面对科技进步所带来的物质丰富和负面效应,科技伦理开始探讨科技是至善的事业还是一柄"双刃剑"。可见,应用伦理学在我国现代化建设中具有越发凸显的地位和作用。

2. 道德建设的内容与方针

道德建设一般包括以下几方面内容:第一,道德的核心和原则。在社会主义市场经济条件下,坚持"以为人民服务为核心,以集体主义为原则",这是社会主义道德的根本要求和根本原则。发展社会主义市场经济与为人民服务不是互相抵触的。为人民服务不仅是对共产党员的政治素质和道德素质的基本要求,同时也是全社会范围良好道德风尚的表现。作为一种伦理原则,社会主义的集体主义认为只有在集体中,个人的积极性和创造性才能得到最充分的发挥,既强调社会利益的至上性,又重视发挥个人活力的重要性;既强调社会利益高于个人利益,又重视最大限度地保障个人的正当利益;既强调个人的所为要受集体利益的约束,又重视尽量发挥个人的能动作用,尊重个人的尊严,发展个人的个性,实现个人的价值。

第二,道德规范的层次性。道德是在一定社会、一定地域、一定人群及其共同的生活实践中形成的行为规范和习惯力量,不同的生产方式、社会经历、文化传统、社会习俗造成不同的道德风貌和道德水平。无论是道德教育,还是道德建设都需要讲层次性,既要有崇高的思想道德要求,又要有最起码的道德要求,在大力宣扬英雄模范、优秀党员高风亮节的同时,也要大力倡导大众文明人格,把先进性要求与广泛性要求有机联系起来。道德教育需要榜样的力量,英模人物、优秀党员、先进分子具有崇高的道德境界,他们大公无私,毫不利己,一心奉献,助人为乐,宣扬他们的动人事迹,弘扬其崇高思想,是道德教育的重要内容。一切共产党员特别是领导干部必须努力向他们学习,身体力行,成为道德高尚的人。同时,充分考虑群众道德发展状况,考虑群众思想觉悟与接受程度,树立让人觉得可信、可亲、可敬、可学的老百姓榜样,注重提高公民的道德意识,培育公民的道德情感,使之内化为行为规范。对普通群众来说,认真履行公民的义务,有良心、有正义感,遵纪守法,安分守己,应该说已是非常难能可贵的了。

第三,加强多层面的道德教育。首先是加强社会公德教育。社会公德是全体公民在社会交往和公共生活中应该遵循的行为准则,涵盖了人与人、人与社会、人与自然之间的关系。在现代社会,公共生活领域不断扩大,人们的相互交往日益频繁,社会公德在维护公众利益、公共秩序,保持社会稳定方面的作用更加突出,成为公民个人道德修养和社会文明程度的重要表现。无论从道德规范体系的结构层次来说,还是从道德规范体系不同的结构要素对人们的要求来说,社会公德都是处于最低层次的,也是敬业精神、奉献精神、牺牲精神等更高道德境界的基础。因此要倡导以文明礼貌、助人为乐、爱护公物、保护环境、遵纪守法为主要内容的社会公德,鼓励人们在社会上做一个好公民。

其次是加强职业道德教育。职业道德是所有从业人员在职业活动中应该遵循的行为准则,涵盖了从业人员与服务对象、职业与职工、职业与职业之间的关系。随着现代社会分工的发展和专业化程度的增强,社会对从业人员职业观念、职业态度、职业技能、职业纪律和职业作风的要求越来越高。倡导以爱岗敬业、诚实守信、办事公道、服务群众、奉献社会为主要内容的职业道德,鼓励人们在工作中做一个好建设者。

再次是加强爱情婚姻家庭道德教育。家庭美德是每个公民在家庭生活中应该遵循的行为准则,涵盖了夫妻、长幼、邻里之间的关系。家庭生活与社会生活有着密切的联系,正确对待和处理家庭问题,共同培养和发展夫妻爱情、长幼亲情、邻里友情,不仅关系到每个家庭的美满幸福,也有利于社会的安定和谐。倡导以尊老爱幼、男女平等、夫妻和睦、勤俭持家、邻里团结为主要内容的家庭美德,鼓励人们在家庭里做一个好成员。

最后是加强个人品德教育,特别是党员干部的道德教育。中国共产党是由先进分子组成的,是社会主义事业的领导核心,党员干部是否具有优良品德关乎党的立党之本、执政之基、力量之源。我们的政府是人民的政府,人民政府的根本职责是全心全意为人民服务,党员干部要做到清正廉洁,恪尽职守,不辜负人民的殷切期望。加强党员干部个人品德教育,树立正确的世界观、人生观和价值观,有利于形成良好的党风和社会风气。因此,党员干部应具有良好的品德,包括仁爱慈善、正直无私、忠诚守信、勤勉节俭、谦虚公正等品德,"全党同志特别是领导干部要讲党性、重品行、做表率",这是凝聚党心民心的巨大力量,可以改进党风、促进政风、带动民风的发展。

第四,道德实践的可操作性。加强道德建设必须坚持以下方针:

(1)坚持道德建设与市场经济相适应,充分发挥市场经济机制的积极作用,不断增强人们的自立意识、竞争意识、效率意识、民主法制意识和开拓创新精神,在实践中确立与市场经济相适应的道德观念和道德规范。坚持尊重个人合法权益与承担社会责任相统一,保障公民依法享有政治、经济、文化、社会生活等各方面的民主权利,引导公民自觉履行宪法和法律规定的各项义务,积极承担自己应尽的社会责任。坚持注重效率与维护公平相协调,使每个公民既有平等参与机会,又能充分发挥自身潜力,实现自身价值。

(2)坚持继承优良传统与弘扬时代精神相结合,继承中华民族几千年形成的传统美德,发扬党的优良传统,积极借鉴世界各国道德建设的成功经验和文明成果,使道德建设既体现优良传统,又反映时代特点,始终充满生机与活力。

(3)坚持把先进性要求与广泛性要求结合起来。积极鼓励一切有利于国家统一、民族团结、经济发展、社会进步的思想道德,引导人们在遵守基本道德规范的基础上,不断追求更高层次的道德目标。坚持道德教育与社会管理相配合,普及道德知识和道德规范,帮助人们加强道德修养。同时,建立健全有关法律法规和制度,把道德建设融于科学有效的社会管理之中,综合运用教育、法律、行政、舆论等手段,更有效地引导人们的思想,规范人们的行为。

3. 道德与法律的有机统一

道德与法律、德治与法治的关系,也是应用伦理学研究的重要内容之一。大致说来,道德与法律的关系是一种对立统一的辩证关系。从本质上看,道德是内在的"自律",法律是外在的"他律";从调整行为范围看,道德调整的范围比较广泛,而法律调整的范围比较狭窄;从规约人的行为看,道德主"内",是人的自觉性的要求,法律主"外",是社会的强制性的规定;从抑制犯罪来看,道德治"本",法律治"标",道德"扬善抑恶",法律"惩恶扬善",道德是一种目的,法律是一种手段;从功能实现方式看,道德依靠社会舆论,依靠人的良知、信念和传统习惯来维系,在社会生活中是一种强大的约束力量,而法律依靠国家的权威性和强制性,保证社会生活有序化,对人们利益关系的调节和社会秩序的维护具有强大的效力。

道德与法律作为上层建筑的重要组成部分,都是维护社会秩序、规范人们思想和行为的重要手段,它们相辅相成、相互补充、相得益彰、相互促进。道德是法律的精神基础,法律是道德的最基本体现;道德通过教育手段着力约束人的动机,法律通过强制手段着力约束人的行为;道德以其说服力和劝导力提高社会成员的思想认识和道德觉悟,道德所要求的不仅仅是人的外部行为,它还要求人们行为动机的高尚、善良,法律以其权威性和强制手段规范社会成员的行为,法律着重要求的是人的外部行为的合法性,单纯的思想不是法律调整的对象;道德是法律的基础,公民道德素养的提高,是增强法治观念、遵守法制准则的重要前提,法律是道德的保证,法治的健全,有利于规范人的行为,维护社会正义。

在治理国家中,道德与法律是不可分割的重要手段,二者好比鸟的双翼,缺一不可。社会道德风尚的形成、巩固和发展,要靠教育,也要靠法制。从本质上说,道德是人类精神的自律。道德是人类文明程度的标志,道德教育与建设可以使人性得以提升或升华。因此,我们应该积极探索把"德治"与"法治"结合起来的具体途径。加强道德建设,以道德的说服力和劝导力来提高公民的文化道德素质,引导和帮助人们牢固树立爱国主义、集体主义和社会主义思想,掌握和确立科学知识、科学思想、科学方法、科学精神,为社会稳定创造良好的道德氛围。提高人民群众的道德素质,使人们自觉地扶正祛邪,扬善惩恶,从而有利于形成追求高尚、激励先进的良好社会风气,促进整个民族素质的提高。

在道德教育中,要启迪人们的道德觉悟,激励人们的道德情感,强化人们的道德意志,提高人们的荣辱观念,从而使人们在内心中形成道德行为的内在动因。道德是人性的一种本质规定,它与人的存在直接同一,是社会发展和人性完善的价值目标;道德的劝导性、自律性、为善性,不仅提升人的主体性,而且节约社会执法成本;道德的人格力量,具有感召力和信服力。与此同时,要坚持不懈地加强法治建设,运用立法、执法、司法、法制宣传等手段,把外在的法律条文转化为公民自觉自愿遵循的规范规则。通过法治的权威性和强制手段来规范社会成员的行为,净化社会风气,形成良好道德风尚,最大限度地确保社会稳定和国家长治久安。比如,对见义勇为等先进行为给予物质的和精神的奖励,可以培育良好的社会风尚;依法打击制造假冒伪劣商品活动,可以促进职业道德;依法惩处虐待老人行为,可以促进家庭美德的培育。

第二章　人性与伦理

一、人性伦理研究概述

1. 西方思想家对"人性"的探索

人性就是"人的本性""人的天性""人的特性""人的禀性""人的属性""人的本质",是人之区别于动物、人之为人的本质属性。斯芬克斯之谜引出"人是什么?"的思考,得出"人一半是天使,一半是野兽"的结论。古希腊哲学家普罗泰戈拉提出"人是万物的尺度,是存在的事物存在的尺度,是不存在的事物不存在的尺度"的著名命题,强调人的主观能动性,高扬了人的主体地位。苏格拉底认为人之所以为人,不在于人有感觉或感官欲望,而在于人有灵魂、有思想、有追求道德的善。亚里士多德明确提出"人是一个有理性的动物",理性是人和动物根本区别的标志。他还说"人类在本性上,也是一个政治动物"。人是社会动物,人的本质就是要联合起来组成国家,而国家的目的是为了人的至善。

文艺复兴时期的人文主义者强调人的本性在于人的自然属性。针对基督教以禁欲主义为道德戒条,以天堂和来世为精神寄托,人文主义者鲜明地强调现世生活的意义,大胆地提出追求尘世幸福是符合人的本性的。同时,他们歌颂人的伟大,赞扬人的价值,提倡尊重人的意志自由与个性发展。莎士比亚唱出了对人的尊严和价值的赞美诗:"人是多么了不起的一件作品!理想是多么高贵!力量是多么无穷!仪表和举止是多么端正,多么出色!论行动,多么像天使!论了解,多么像天神!宇宙的精华!万物的灵长!"人文主义者强调以人性反对神性,以人道主义反对神道主义,以理性反对蒙昧主义,以个性解放反对封建等级制度,这对资本主义生产方式的兴起和资产阶级反封建的思想解放运动起着积极的促进作用。

马基雅弗利提出人的本性是生而具有的、永恒不变的属性,认为只要是人,不管过去、现在还是将来都必然具有自私自利的共同本性。人是一个有情欲的动物,这种情欲就是追求自己的快乐、幸福、荣誉和物质利益,尤其是追求财富和权力的满足。霍布斯从机械唯物主义的角度提出了人是一种"自然物体"的观点，认为人生来就具有普遍的自私利己的自然本性，这种自然本性支配着人的思想和行动，决定人的社会生活。人生的目的就是追求物欲，满足物质的享乐。斯宾诺莎受到霍布斯思想的影响，从自然神论的角度提出人是自然的一部分，人的本性是由自然(上帝或神)决定的。自然的本性就是人的本性，而人的本性就是自私自利、自我保存的本性，这种本性是普遍存在、共同具有的合乎自然规律性的。对人来说，凡是有利的，都不会等闲视之，人人都是两利相权取其大，两害相权取其轻，这是一条深入人心的、永恒的真理或公理即普遍规律。

法国启蒙运动冲破了神学世界观的束缚，用无神论和唯物主义的自然观考察人。他们提出"天赋人权"论，认为人不是上帝创造的，而是从自然界中发展出来的；人的权利是人生来就有的。认为人不仅生而自由，而且生而平等，人有追求幸福和享乐的权利。他们把人的本质归结为自由、平等、追求幸福，并认为这是天赋的，永远不变的人的本性。爱尔维修认为，人天生就有自我保存、趋利避害、趋乐避苦的本性，这种"自爱"的本性是普遍存在的永恒不变的。霍尔巴赫接受这一思想，主张"自我保存"是人的本性。人作为自然生物，其生理机能和本能使人具有趋乐避苦、自爱自保的本性。人就是一个有理性和能判断并力求自我保存和追求幸福的生物。深受法国唯物主义影响的费尔巴哈对这种把人的本性归结为自然本性的思想进行了概括和综合。他以人本主义哲学为基础，提出人是自然界的产物，人的本质是人作为一个由血肉、欲望、精神而组成的自然物所具有的自然属性。他用自然属性来解释人的一系列的特性，得出人的本质就是把许多人纯粹自然联系起来的生物学和生理学的属性。

与此不同，笛卡儿不赞成把人的本性归结为人的身体的欲望或某种感觉特性，认为这种特性不能把人与动物根本区别开来。他提出"我思故我在"命题，强调人的本质不在于人的肉体欲望，而在于人有思想。斯宾诺莎在笛卡儿的"人的本质是思想"的基础上，进一步论述思想的本质是自由的观点。康德提出"人为自然立法"的命题，全面地剖析了人的认识能力、实践能力和鉴赏能力，突出了人作为认识主体的能动作用。同时，康德以自由为核心，以人为目的，建立起一个完整的真善美的哲学体系，透彻地解答了人的本质、人生的价值和人格尊严。他明确指出人的趋乐避苦、追求物质欲望的本性只能是动物的本性。人按照自然本性追求的幸福是恶的，不合乎道德。只有按照理性的命令行动才是善的，合乎道德的。先验的并具有普遍必然性的理性是人的真正本性。人的本质就在于他自己立法，自己遵守，自己是自己的主人。所以，人是理性的存在，而不是感性的存在。人因受理性自身创立的法则支配而具有绝对的价值和至上的尊严。黑格尔赞同康德关于自由是人的本质的看法，认为，"人的本质是精神"，而"精神的实体、本质是自由"。他强调只有精神才是人的真正本质,而精神的真正形式则是能思维的精神。若没有思想或精神,则人无异于禽兽。认为,个人的道德、个人的价值和尊严只有通过他物、通过社会国家才能表现出来,才能实现。

不难发现,近代关于人性或人的本质的探索,批判了封建专制主义和宗教神学对人的否定,解放了人们的思想,为资产阶级革命起到舆论先导作用。然而,不可否认,由于片面的思维方式和唯心史观,近代思想家不可能科学地解决人性本质问题。他们的共同缺陷是脱离人的社会实践活动,抓住人性的某一个片面并将其绝对化、抽象化,因而不能科学地揭示人性及其发展的客观规律。他们所揭示的人的本性即自由、平等、追求幸福等是抽象的,在现实中是软弱无力、难以实现的。他们把人的本性看成天赋的、永恒不变的,脱离了后天的生活实践,最终滑向唯心主义和形而上学。马克思、恩格斯在批评费尔巴哈时说,他们"从来没有看到现实存在着的、活动的人,而是停留于抽象的'人',并且仅仅限于在感情范围内承认'现实的、单个的、肉体的人',也就是说,除了爱与友情,而且是观念化了的爱与友情外,他不知道'人与人之间'还有什么其他的'人的关系'"①。

2. 马克思关于"人的本质"的阐释

马克思认为,人不是神创造的,而是由动物进化来的,人是自然界的一部分,因而人直接地是自然存在物,具有自然属性。但仅仅这样理解人还不够,人是通过劳动创造出来的。"一当人开始生产自己的生活资料的时候,这一步是由他们的肉体组织所决定的,人本身就开始把自己和动物区别开来。"②人首先必须进行生活资料的生产,然后才有人的生存,才有人的理性和意识。劳动是确定人之为人的真正的本质特征。马克思说:"劳动这种生命活动、这种生产生活本身对人说来不过是满足他的需要即维持肉体生存的需要的手段。而生产生活本来就是人类生活。这是产生生命的生活。一个种的全部特性、种的类特性就在于生命活动的性质,而人的类特性恰恰就是自由的自觉的活动。"③

马克思研究并阐释人性及人的本质问题,具有多维视角:首先,马克思把人的需要看作人的活动的内在动力,揭示了人的本质的逻辑前提。他说:"在现实世界中,个人有许多需要","他们的需要即他们的本性"④。其次,马克思从人的需要的实现手段上揭示了人的本质,指出"自由自觉的活动恰恰就是人的类的特性"⑤,正

---

① 《马克思恩格斯选集》,第一卷,人民出版社,1995年,第78页。
② 同上书,第67页。
③ 《马克思恩格斯全集》,第42卷,人民出版社,1979年,第96页。
④ 《马克思恩格斯全集》,第3卷,人民出版社,1960年,第326、514页。
⑤ 马克思:《1844年经济学—哲学手稿》,刘丕坤译,人民出版社,1979年,第50页。

是生产劳动，才实现了人与自然的物质交换，满足了人的需要，促进了人的发展。最后，马克思从实现人的需要的生产劳动的现实性上揭示了人的本质，指出："人的本质并不是单个人所固有的抽象物。在其现实性上，它是一切社会关系的总和。"①人的本质在于人的社会属性，这是人与动物相区别的本质属性。

马克思关于人的本质"在其现实性上，是一切社会关系的总和"的论断，具有丰富的内涵，具体地说：第一，人的本质在于人的社会性。现实的人总是在一定生产关系下从事物质生产的人。个人都是现实中的个人，"也就是说，这些个人是从事活动的，进行物质生产的，因而是在一定的物质的、不受他们任意支配的界限、前提和条件下活动着的"②。由于人的生产劳动总是在一定的社会关系中进行的，所以，从根本上说，人的本质就在于他的社会关系，而不是"胡子、血液、抽象的肉体的本性"，不是一种内在的、无声的、把许多个人纯粹自然地联系起来的共同性。一个人是什么样的，具有什么样的本质、品性，从根本上说，不取决于人的机体状况，而取决于人的社会关系。只有从人的社会联系，从人的社会生活出发，才能揭示人与动物的区别，才能揭示人与人的差别。

第二，人的本质不是先天固有的，而是在后天社会生活和社会实践中形成的。人的本质不应到人的天性中寻找，而应当从他们在生产活动中结成的一切社会关系中去寻找。决定人的本质的社会关系包含着多方面的复杂的层次，不仅有经济关系、物质关系、血缘关系，而且有文化关系、法律关系、伦理关系、思想关系，等等。其中经济关系即生产关系是最基本的社会关系，它是其他社会关系形成和发展的根源和基础。

第三，人的本质是具体的、历史的，而不是凝固不变的抽象物。随着人的实践活动和社会关系的变化，人的本质也会发生变化。马克思指出，人是什么样的，他们具有什么样的本质，既和他们生产什么相一致，又和他们怎样生产相一致。马克思在批驳边沁时指出："假如我们想知道什么东西对狗有用，我们就必须探究狗的本性。这种本性本身是不能从'效用原则'中虚构出来的。如果我们想把这一原则运用到人身上来，想根据效用原则来评价人的一切行为、运动和关系等等，就首先要研究人的一般本性，然后要研究在每个时代历史地发生了变化的人的本性。"③不难看出，马克思大致区分了人性的两种情形，即"人的一般本性"和"变化的人的本性"。前者是指大自然赋予人的潜能素质及其各种灵肉属性，如饮食、居住、睡眠、性交等需要、欲望及思维意识等属性，这些本性是人普遍

---

① 《马克思恩格斯选集》，第一卷，人民出版社，1972年，第18页。
② 《马克思恩格斯选集》，第一卷，人民出版社，1995年，第71—72页。
③ 《马克思恩格斯全集》，第23卷，人民出版社，1972年，第669页，重点号为引者所加。

具有的恒定而抽象的规定,贯穿于人的生命存在和发展的始终。后者是指作为社会存在物的人基于生产劳动所形成的与动物相区别的具体属性,它是"人的一般本性"在一定历史条件下以特定的社会文化形式表现出来的本性,如"饮食男女"等本性在不同社会条件下有着不同的发展程度和表现样式。马克思不仅重视人性中那些相对稳定的东西,而且更强调在社会生产劳动和历史发展过程中不断变化发展的东西。认为要考察人是怎样的,人的本质和普遍特性是怎样的,就不能"从其耳垂或某种不同于动物的另一特征中引申出来",而要"从其现实的历史活动和存在来加以观察"。可见,突出人性的历史变化,并把历史看作人通过生产劳动不断改变"人类本性"的历史,这是马克思人性思想的重要特色。

3. 伦理学对人性与道德问题的探讨

人性问题是伦理学研究的本原性问题。休谟认为,"一切科学对于人性总是或多或少地有些关系,任何学科不论似乎与人性离得多远,它们总是会通过这样或那样的途径回到人性。即使数学,自然哲学和自然宗教,也都是在某种程度上依靠于人的科学;因为这些科学是在人类的认识范围之内,并且是根据他的能力和官能而被判断的"①。伦理学作为人类精神构建的基础性学问,离不开对人性问题的探索。这种探索首先必须考察人性与伦理的关系问题,因为这是伦理学研究的基本问题之一。作为人类一切精神探索的基点,人性探索为解答各种伦理问题提供了事实依据和人性原则。

一般来说,人性探索涉及两个层面的问题,一个是人性的事实判断,即人性状况是什么的问题,一个是人性的价值判断,即人性表现应该如何的问题。人性是人的生命存在的内在属性,属于实然性领域。作为人类普遍的共同的本性,可以说,人性在丰富人的生活内涵、实现人的生活目的方面具有不可或缺的地位和作用。作为人的生命存在的内在属性,人性必然通过生命行动得以展开并表现为一定的行动结果,于是人们用善恶之道德尺度对此进行衡量和评判,这就有了"人性善",或者"人性恶"之结论,进而提出"人性该如何"的价值要求。由此引出一个值得探讨的问题:人性与道德,孰先孰后? 或曰:"道德是从人性中推演出来的",还是"人性是从道德中推演出来的"? 究竟是否存在"人性本善"或"人性本恶"的事实?

众所周知,人性属于实然的事实状况怎样的领域,贯穿于人的生命活动及其结果之中,构成了应然性判断的前提和基础。比如,生命活动所产生的结果是

---

① 休谟:《人性论》,关文运译,商务印书馆,1983 年,第 6—7 页。

"损己利人"的,那么这一活动就会获得无私奉献和自我牺牲的判断,从而获得了善的道德评价;反之,如果这一活动所产生的结果是"损人利己"的,即使行动者本人获得了利益和好处,同时损害了他人或群体甚至社会的利益,那么这一活动就会获得损人利己和损公肥私的判断,从而获得了恶的道德评价。由此可见,生命活动及其人性表现结果如何直接影响行动的性质及价值判断,若生命活动及其结果体现了利害的等同性,则是善,若体现了利害的非等同性,则可能是恶的,也可能是善的。善恶概念属于道德价值判断,实际上是一种应然性要求。应然性要求源于实然性存在。人性与生命同生同在,这一事实规定了人性不属于道德领域,但却构成了道德的基石和价值判断的依据。道德的判断必须以人的生命活动为绝对前提,同时必须以人的生存行动所产生的相应结果为根本依据,决不能以所谓的先在的道德观念推论出人性的善恶,说什么"人性本善"或"人性本恶"。

人性作为人的生命存在,由两个要素构成,即人的自然本性和人的文化本性。自然本性是人作为自然生命诞生之时天赋的物性内容,与生俱来,不可改变,虽然它的表现形态可能改变;文化本性是后天生成的,可以改变和再造。在人性的内涵结构中,其本源是自私利己,构成人性的终极生命本质:以自私利己为基本点,以利己与利他、爱己与爱他之对立统一倾向为核心。利欲是生命的原动力,是人性的本源,人性的肆意张狂是利欲膨胀之展开,人性的困顿萎缩是利欲受挫之体现。人获得生命的同时获得了人性,因此,必须以人性为依据并按照人性的方式来塑造人自己。人性内涵结构规定了人性展开之善恶与美丑的方向。利欲适度则视为人性之善美,利欲失当则视为人性之丑恶,前者属人性展开之正面方向,后者属于人性展开之负面方向。

可见,人性展开之方向是人性获得伦理观照并生成道德意义的依据。道德是运用善恶之标准来评价人性展开及其结果所获得的价值评价,道德评价属于人性该如何的领域,体现了人性发展的要求和方向。因为人性本身蕴含了个体利益与群体利益、"为己利他"与"为他利己"的矛盾,蕴含了自我倾向和他者倾向,所以,善恶之道德评价标准来源于人性内涵结构的矛盾的具体展现。虽然应然性要求源于实然性存在,但是应然性要求往往超越于实然性存在。人性体现的是人的类本质,人与人之间不仅存在利益关系,还存在着多种社会关系,例如情感关系、信仰关系等,而这些层面的关系并非可以简单地归结为"利害关系"。利益未必是具体的、有形的、实惠的,它也可以是抽象深远的,甚至是深奥玄妙的。你可以说舍生取义、杀身成仁,既是为国家民族利益,也是为自己的理想信念,但这种行为所体现的人性光辉已不是"利益"二字能够囊括的,它更多体现的是人对人自身的一种超越。

二、人性的结构及其伦理

从结构上看,人性一般可分为自然属性、社会属性和精神属性三个层面,构成了人性的有机系统。其中,自然属性是人性的生成和发展的前提,生产劳动是人性的本质属性,是决定其他属性的基础并作为最终动力推动人类及社会历史的发展,社会关系是联结人的需要和人的活动的现实形式,精神思维等属性则是人性的重要特征。

1. 人的自然属性与伦理

马克思指出:"任何人类历史的第一个前提无疑是有生命的个人的存在,因此第一个需要确定的具体事实就是这些个人的肉体组织,以及受肉体组织制约的他们与自然界的关系。"①人的自然属性就是由肉体组织决定的各种官能属性,主要包括以下内容。

第一,人的生物生理属性,包括遗传基因、生理结构、组织机能等。人的生物特性和肉体特性是人性的物质基础。过去我们不很重视从生物基因层面上研究人的行为及活动,不知道人的哪些行为属于天性(如憨傻痴呆愚),哪些行为属于后天产生的(如知识、能力、智慧),也不清楚人的身体构造及其属性如何影响人的行为方式,不明白为什么人特别是男性具有暴力倾向性②,更不了解人性究竟能否得到改造和完善。"人类基因组研究"就是要揭示人的生命之同化和异化、遗传和变异、生老病死及行为方式同基因之间的内在关系,有助于我们在生物基因层面上更好地理解和把握人的行为及活动的根源,从而更深刻、更清晰地透视人的本性。

第二,自我保存的本能。古人云:"民以食为天,地为万物之本。"吃喝需要是人类生存和发展的基础。任何一个社会只有首先解决温饱问题,才有可能存在和发展。"仓廪实则知礼节,衣食足则知荣辱"③,人的吃喝温饱问题是道德产生的基础。生物生理特性决定了人的自我保存的本能。诸如衣食住行、睡眠休息等防卫自保本能是人免于危险或避免危害的需要,穿着是为了避免损伤,保护身体健康;居住是为了避免风雨严寒,获得安全保障;睡眠是为了恢复体力精力,保

---

① 《马克思恩格斯选集》,第一卷,人民出版社,1972年,第24页。
② 参考赵鑫珊:《战争背后的男性荷尔蒙》,江西人民出版社,2007年。
③ 《管子·牧民》。

持身心发展。这些需要的实现方式无不涉及伦理问题,如,人的穿戴需要如何产生?我们可以穿戴什么?怎样的穿戴才是合乎道德规范的?穿戴源于劳动过程的保护身体,气候变化的防寒保暖,心理发展的羞耻感,审美展示和个性发展,都蕴含伦理关照,关乎人格尊严。同样,居住和睡眠需要也存在道德关怀问题:我们的住房结构安全吗?房屋设计符合人体工程学吗?室内装修符合环保要求吗?住处环境卫生干净吗?工作和休息时间安排合理吗?闲暇时间利用是否有利于人的身心发展?等等。

第三,性欲和情欲的本能。性欲及性行为对人类生存、世代延续和社会发展具有重要意义。性行为的意义和目的表现在:首先,生儿育女,繁衍后代,这是人类自身繁衍和发展的需要。其次,追求快乐,满足人自己肉体的或情感的快乐欲望。最后,表达爱情,性行为是男女相爱的深沉亲密的表达方式,在男女相爱中实现奉献。

人是一个有"七情六欲"的动物,其情欲主要表现在母爱、性爱、物欲、占有欲、贪欲、私欲等方面。人的欲望是客观存在的自然现象,满足人的欲望也是天经地义的。怎样对待人的欲望?如何满足人的欲望?古今中外的思想家存在着不同的看法,持有不同的态度,表现出不同的道德判断标准。

禁欲主义认为人的欲望特别是肉体欲望是一切痛苦和罪恶的根源。它要求人们克制自己的情欲,拒绝物质生活享受,放弃一切欲望,并以此作为人生理想。中世纪基督教宣扬,人必须绝对服从上帝的安排,听天由命,逆来顺受,自甘屈辱,怯懦驯服,禁欲克己,蔑视一切物质享受,只有这样才能救赎原罪,拯救灵魂,进入天国,实现来世的幸福。宋明理学家提出"圣贤千言万语,只是教人明天理,灭人欲"[①]。意思说,维护社会的仁义礼智规范,就要去除各种物质生活欲望。显然,禁欲主义否定了人的自然生理需要及欲望。

与此相反,快乐主义把人看作是自然的生物,强调人生的目的在于追求快乐。人文主义者认为人的七情六欲支配人的一切思想感情和行动,任何人为的力量都无法束缚和取消它。一切满足感官享受的东西都是道德的,反之就是不道德的。爱拉斯谟认为,人的情欲高于理性,人生的目的就是感官享乐,就是毫无顾忌地寻欢作乐,把感官享乐作为判断道德上善恶的标准。中国的《列子·杨朱》强调"恣耳之所欲听,恣目之所欲视,恣鼻之所欲向,恣口之所欲言,恣体之所欲安,恣意之所欲行",认为人生就是"为美厚尔,为六色尔""丰屋美服,厚味姣色"。"尽一生之欢,穷当年之乐",放荡纵欲,及时行乐,这样才能成为"真人"。显然,"享乐哲学一直只

---

① 《朱子语类》卷十二。

是享有享乐特权的社会知名人士的巧妙的说法","一旦享乐哲学开始妄图具有普遍意义并且宣布自己是整个社会的人生观,它就变成了空话"①。

　　不难看出,禁欲主义和享乐主义都未能正确对待人的欲望。从伦理上说,我们既反对"禁欲",又反对"纵欲",而是主张"节欲"。人的自然属性是人类普遍存在的共同属性。作为共同人性,它是任何时代人的生命活动的基本需要。"人来源于动物界这一事实已经决定人永远不能完全摆脱兽性,所以问题永远只能在于摆脱得多些或少些,在于兽性或人性的程度上的差异。"②在现实社会,人的自然属性往往通过人的社会属性得以实现。比如人的吃喝饮食,动物只是因饥饿的刺激而作出的本能反射,并通过用利爪和尖牙撕食生食的方式来满足饥饿;而在人那里,总是通过一定的社会方式即利用火烤、刀切、筷夹、宴会等形式来实现。人的吃喝不仅以自然物填饱肚子为满足,而且经过加工烹调,讲究色香味形、食品种类、饮食方式和营养状况。因此,"用刀叉吃熟肉来解除的饥饿不同于用手、指甲和牙齿啃生肉来解除的饥饿"③。人的食品生产和享用是社会性的,是农业、工业和艺术性的活动。又比如,人和动物都有繁衍后代的需要,但人的繁衍需要的满足是在婚姻制度中实现的。性欲表现为男女间的爱情,并通过婚姻家庭这种社会形式来实现。正如马克思指出的,人们的"吃、喝、性行为等等,固然也是真正的人的机能。但是,如果使这些机能脱离人的其他活动,并使它们成为最后的和惟一的终极目的,那么,在这种抽象中,它们就是动物的机能"④。人的两性关系不仅是每一时代人们现实生活的生产和再生产的一个重要组成部分,而且是衡量整个人类文明化程度的重要标志。因为如何对待"两性关系"以及如何实现这种自然关系,这是人和动物相区别的分野,同时也是评价一个人品性及文明水平的标准。马克思说道:"男女之间的关系是人和人之间最自然的关系。因此,这种关系表明人的自然的行为在何种程度上成了人的行为,或者人的本质在何种程度上对人说来成了自然的本质,他的人的本性在何种程度上对他说来成了自然界。这种关系还表明,人具有的需要在何种程度上成了人的需要,也就是说,别人作为人在何种程度上对他说来成了需要,他作为个人的存在何种程度上同时也是社会存在物。"可见,人的性行为不是纯粹的动物性行为,而是通过一定的婚姻家庭等社会形式表现出来的,其中渗透着一定的情感的、道德的、精神的、文化的因素。

————————

①　《马克思恩格斯全集》,第3卷,人民出版社,1960年,第489页。
②　《马克思恩格斯选集》,第一卷,人民出版社,1972年,第140页。
③　《马克思恩格斯选集》,第二卷,人民出版社,1972年,第95页。
④　《马克思恩格斯全集》,第42卷,人民出版社,1982年,第94页。

2. 人的社会属性与伦理

从某种意义上说,人既是自然的存在物,具有生物特性或动物性,又是社会的存在物,具有社会性和文化性。马克思在分析劳动力价值构成时,把人的需要划分为人的肉体存在的需要和人的社会存在的需要。他写道:"劳动力的价值由两种要素所构成,一种是纯生理的要素,另一种是历史的或社会的要素。……工人阶级为要保持和再生产自己,为要延续自己肉体的生存,就必须获得自己生活和繁殖所绝对必需的生活资料……除了这种纯粹生理的要素以外,劳动力的价值还取决于每个国家的传统生活水平。这种生活水平不仅包括满足生理上的需要,而且包括满足由人们赖以生息教养的那些社会条件所产生的一定需要。"①这里"纯生理的要素"意指人的吃、穿、住、性等自然需要,而"历史的或社会的要素"意指人的教育、培训、文化、精神等社会性需要。从理论上分析,人的自然性因素是社会性因素的基础,而社会性因素是自然性因素的升华。

现实的具体的人总是表现为人的自然性需要和社会性需要互相规定、融为一体。如果说吃喝、性行为在动物那里是以纯粹的生理本能需要的方式表现的话,那么在人身上就不是纯粹的自然性需要了,而是通过一定的社会方式表现出来的并符合一定的社会规范和文化形式。在生产劳动基础上,人的需要呈现出从低级到高级,从单一到复杂的历史进程。人不仅有满足吃、穿、住、行、性行为等的自然性物质需要,而且有满足诸如爱情、正义、道德、审美等的社会性精神性需要。恩格斯指出:"人类的生产在一定的阶段上会达到这样的高度:能够不仅生产生活必需品,而且生产奢侈品,即使最初只是为少数人生产。这样,生存斗争……就变成为为享受而斗争,不再是单纯为生存资料斗争,而是也为发展资料,为社会地生产发展资料而斗争。"②是否满足人的需要,是评价一切社会制度优劣的重要标准。私有制基础上的异化劳动导致人的本质的异化,把本来体现人的本质需要的自由自觉的劳动变成了身不由己的不能满足人的需要的动物活动。共产主义是私有制的扬弃和人性异化的复归,是"最无愧于和最适合于他的人类本性"的社会。

第一,自由自觉的活动是人与动物的本质区别。马克思说:"自由自觉的活动恰恰就是人的类的特性。"③人的生命活动和动物的生命活动有本质差异,"动物是和它的生命活动直接同一的。它没有自己和自己的生命活动之间的区别。

① 《马克思恩格斯全集》,第 16 卷,人民出版社,1972 年,第 164 页。
② 《马克思恩格斯全集》,第 34 卷,人民出版社,1972 年,第 163 页。
③ 马克思:《1844 年经济学—哲学手稿》,刘丕坤译,人民出版社,1979 年,第 50 页。

它就是这种生命活动。人则把自己的生命活动本身变成自己的意志和意识的对象。他的生命活动是有意识的。这不是人与之直接融为一体的那种规定性。有意识的生命活动直接把人跟动物的生命活动区别开来。"①这就是说,动物的活动是本能的活动,而人的活动是自觉的活动。这种"自觉活动"就是生产劳动,是人与动物的根本区别所在。"诚然,动物也进行生产,它也为自己构筑巢穴或居所,如蜜蜂、海狸、蚂蚁等所做的那样。但动物只生产它自己或它的幼仔所直接需要的东西;动物的生产是片面的,而人的生产则是全面的;动物只是在直接的肉体需要的支配下生产,而人则甚至摆脱肉体的需要进行生产,并且只有在他摆脱了这种需要时才真正地进行生产;动物只生产自己本身,而人则再生产整个自然界;动物的产品直接同它的肉体相联系,而人则自由地与自己的产品相对立。动物只是按照它所属的那个物种的尺度和需要进行塑造,而人则懂得按照任何物种的尺度来进行生产,并且随时随地都能用内在固有的尺度来衡量对象;所以,人也按照美的规律来塑造物体。"②马克思在研究人的本质时,抓住"生产劳动"这个根本特性,指出:"可以根据意识、宗教或随便别的什么来区别人和动物。一当人们自己开始生产他们所必需的生产资料的时候(这一点是由他们的肉体组织所决定的),他们就开始把自己和动物区别开来。"③人和动物相区别的属性特征丰富多样,如社会性、理性、意识、语言、思维能力等,但只有"生产劳动"才是人和动物相区别的根本属性,并且是人的其他属性和特征产生和发展的基础和前提。不仅如此,生产劳动也是社会存在和历史发展的基础和动力,"历史不过是追求着自己目的的人的活动而已"④。

生产劳动是一种社会性的活动,事实上总是借助于一定的社会形式并通过一定的社会关系进行。想象存在着离群索居的单个人的孤立活动是不可思议的。从历史发展看,正是由于人的社会性的活动才使人类从动物界提升出来;正是由于人的"群的联合力量"才"弥补了个人防卫能力的不足",战胜了豺狼野兽的进攻,克服了自然界的艰难险阻;正是由于人的分工、交往、协作等社会关系才使生产力不断发展和提高,社会历史不断进步,人类不断完善;正是由于群体环境才使每个人有可能接受教育,开发智力,吸取知识,提高能力。

总之,生产劳动是人的生命存在以及物质和精神生活的源泉,它不仅满足人们的衣、食、住、行、用等方面的物质需要,而且满足人们的科学、艺术、审美等方

---

① 马克思:《1844年经济学—哲学手稿》,刘丕坤译,人民出版社,1979年,第50页。

② 同上书,第50—51页。

③ 《马克思恩格斯全集》,第1卷,人民出版社,1956年,第24—25页。

④ 《马克思恩格斯全集》,第2卷,人民出版社,1957年,第118—119页。

面的精神需要。离开生产劳动,生命的存在和社会历史的发展将是不可想象的。"整个所谓世界历史不外是人通过人的劳动而诞生的过程。"①

第二,社会关系与物质利益。马克思认为,"人并不是抽象的栖息在世界以外的东西。人就是人的世界,就是国家、社会"②。针对费尔巴哈把人的本质看成是"一种内在的、无声的、把许多个人纯粹自然地联系起来的共同性"观点,马克思指出现实的人的本质"不是人的胡子、血液、抽象的肉体的本性,而是人的社会特质"③。"社会特质"是指"群居的、结伴的、合作的、社交的"意思。尽管,一般动物也有"社会性"行为,如蚂蚁和蜜蜂就有明确的分工和极为复杂的社会组织,某些动物的交尾策略、利他、保护后代等也具有集体协作的性质。但是,人类是最高等的动物和最聪明智慧的生命形式,生来具有比动物更高级的社会性行为。"我们的猿类祖先是一种社会化的动物,人,一切动物中最社会化的动物,显然不可能从一种非社会化的最近的祖先发展而来。"④

人的社会关系是人存在和发展的充分必要条件。离开了一定的社会关系,无论是个体的生命养育和保障,还是个体的心智开发和成长,都将是不可想象的。"我们越往前追溯历史,个人,从而也是进行生产的个人,就越表现为不独立,从属于一个较大的整体:最初还是十分自然地在家庭和扩大成为氏族的家庭中;后来是在由氏族间的冲突和融合而产生的各种形式的公社中。……人是最名副其实的政治动物,不仅是一种合群的动物,而且是只有在社会中才能独立的动物。孤立的一个人在社会之外进行生产——这是罕见的事,在已经内在地具有社会力量的文明人偶然落到荒野时,可能会发生这种事情——就像许多个人不在一起生活和彼此交谈而竟有语言发展一样,是不可思议的。"⑤

社会关系是生产劳动从而也是人的存在和发展的必要条件。生产劳动过程离不开人们之间的分工、协作、交往、联合等社会关系,而作为社会关系核心的生产关系既是生产劳动的产物也是生产劳动的条件。生产劳动过程不仅包含了人与自然的相互关系,而且也是人与人之间的相互关系。"为了进行生产,人们便发生一定的联系和关系;只有在这些社会联系和社会关系的范围内,才会有他们对自然界的关系,才会有生产。"⑥古往今来父母子女关系、血缘亲属关系一直被视为神圣的关系,这种关系总体上隶属于生产关系并随之发展而发展。马克思

① 《马克思恩格斯全集》,第42卷,人民出版社,1979年,第131页。
② 《马克思恩格斯选集》,第一卷,人民出版社,1972年,第1页。
③ 《马克思恩格斯全集》,第1卷,人民出版社,1956年,第270页。
④ 《马克思恩格斯选集》,第三卷,人民出版社,1972年,第510页。
⑤ 《马克思恩格斯全集》,第46卷,上册,人民出版社,1979年,第21页。
⑥ 《马克思恩格斯选集》,第一卷,人民出版社,1972年,第362页。

指出:"每日都在重新生产自己生命的人们开始生产另外一些人,即增殖。这就是夫妻之间的关系,父母和子女之间的关系,也就是家庭。这个家庭起初是唯一的社会关系,后来,当需要的增长产生了新的社会关系,而人口的增多又产生了新的需要的时候,家庭便成为(德国除外)从属的关系了。"①分工关系也是物质生产劳动的前提条件,是生产关系形成和发展的基础。只要人类社会存在着,就必然有这种关系,人类社会发展了,这种关系必然变化。从原始的自然分工(性别差别)到后来的社会分工(行业区别)一直到现代分工(专业化要求),无不表明分工关系是同物质资料的生产劳动相辅相成的,相得益彰的。

分工意味着协作和合作,由此增强了人类的力量,扩大了社会关系,并为人类抵御各种自然灾害和防御各种毒蛇猛兽的侵犯创造了条件。早期人类及其个体之所以能够在险恶的环境下生存下来,不是因为人有牛之利角,虎之锐爪,龟之硬壳,鹿之捷足,而是因为人有群体的联合力量。恰如恩格斯所说:"为了在发展过程中脱离动物状态,实现自然界中的最伟大的进步,还需要一种因素:以群的联合力量和群体行动来弥补个体自卫能力的不足。"②不仅如此,以分工为基础的协作和合作也推动了生产力的发展,不仅为满足人的物质需要提供了丰富的资料,而且为人的智力能力的发展提供了优越的条件。马克思认为,未来社会将是使一切人都能在相互合作中获得和谐的自由的发展的联合体。他说:"只有在集体中,个人才能获得全面发展其才能的手段,也就是说,只有在集体中才可能有个人自由。……在真实的集体的条件下,各个个人在自己的联合中并通过这种联合获得自由。"③

可见,无论是生产、劳动、分工,还是协作、合作、联合,都是以一定社会关系为前提的,反之也促进了社会关系的丰富发展。这种丰富性,除了上述的关系外,还有诸如邻里关系、朋友关系、师生关系、种族关系、阶级关系、国家民族关系等社会关系。特别是阶级和国家关系的存在使得社会关系变得越来越纷繁复杂。

第三,文化规范性是人的社会性存在的重要标志。文化一开始就是社会的产物,是出于人类交往活动和人性需要而产生出来的。人的社会性存在除了感性的社会物质生活条件以外,还具有非常重要的观念性、精神性的文化条件。这种文化是生产劳动的实践活动的产物,是基于个体活动的群体经验的凝结,是社会关系尤其是交往关系的共同观念体系。从发生学上看,文化是生产劳动和社会关系的产物,是人类为自身存在和发展所创造出的一个精神观念的世界,这种

---

① 《马克思恩格斯选集》,第一卷,人民出版社,1972年,第32页。
② 《马克思恩格斯选集》,第四卷,人民出版社,1972年,第29页。
③ 《马克思恩格斯选集》,第一卷,人民出版社,1972年,第82页。

世界既是人类认识并改造自然的成果,又是人的本质力量及人性需要的外在表现。

交往活动形成了社会关系和社会共同体,产生了用以协调社会关系和调节社会生活的文化规范,具体表现为风俗、习惯、道德、伦理、法律、制度等。这种文化规范随着社会发展转而成为活生生的独特的社会存在形式,成为人的社会性存在的条件。从一定意义上说,人是文化性动物,文化标志着人与动物的重大区别。动物仅仅是一种自然性存在,而人却是一种社会文化性存在。人通过有意识有目的的实践活动,通过自身的抽象的理性思维能力建造了一个动物社会根本没有的、唯独人类特有的含有风俗习惯、行为规则、价值观念、宗教信仰、法律制度、伦理规范等的文化世界。文化规范性意味着每个人从一生下来就处在这种文化环境中并深受它的影响。各种文化规范性因素的交互作用之总和形成了一种每个人生活在其中的文化模式,每个人的衣、食、住、行等社会生活无不反映了这种文化模式的要求。可以说,一个人的成长过程就是受这种文化环境的熏陶感染过程,即把自身的自然性存在转变为社会性存在,并按照这种文化规范性建立起自己应有的行为规范。

作为文化规范性之一的道德规范充分表征人和动物的区别。因为只有人才需要对行为及其结果追问“好”或“坏”、“善”或“恶”,而动物主要是受生物本能的支配自发行动,从来不计后果。道德规范的产生既是人性需要的体现,又是一定社会关系的反映;既是人们社会生活正常化、有序化必需遵守的规则条件,又是社会历史和社会关系进一步发展的指南。道德规范并不是永恒不变的,事实上,它将随生产劳动及社会关系的变化发展而变化发展。最初的生产劳动产生了最初的文化规范,这些文化规范把不同的秩序、模式、规范印在日常生活上使其具备条理性,调节着人们与外界环境的关系;后来的生产劳动使得原来的文化规范不再完全适应新的人性需要和新的社会关系,于是出现了新的文化规范代替旧的文化规范,从而促进社会关系和人的社会生活的更高发展。总之,文化规范性源于人性需要并且是人性进一步发展的形式。

3. 人的精神属性与伦理

人之为人的重要特征还包括人具有一系列精神属性,大致有如下因素。

第一,人的理性能力。自古以来人们就说“人是理性的动物”。古希腊赫拉克利特把人和动物的区别归结为“人人都禀赋认识自己的能力和思想的能力”,“思想是人人所有的”。亚里士多德把人不同于动物的特点概括为“人具有‘理性灵魂’,是理性的动物”。近代哲学家笛卡尔强调“我思故我在”,康德宣扬“人的理性为自然界立法”,都凸显了人超越于动物的理性思维能力的重要性。毫无疑问,人具有理性、能够思维并能运用语言符号创造文化,这是人和动物相区别的重要特征。人的理性思维是人的精神意识活动的最高形式,它以观念的理论的形式反映并构造关于外部世界的精神世界。语言作为"思想的直接现实"①,是人类不同于动物的重要特征。无论是声音语言、动作语言,还是文字语言、符号语言(如数学语言、数理逻辑语言以及独特的密码、标记、暗号、点字法等),从本质上说都是用来交流思想、传递信息、抒发感情、表达感受的手段。"思想、观念、意识的产生最初是直接与人们的物质活动,与人们的物质交往,与现实生活的语言交织在一起的。"②由于语言是一个有意义的符号系统,既凝聚了人类经验和智慧的成果,又表现了人类精神文化的积淀,因此,人掌握并运用一种语言意味着进行特定的思想交流和社会交往,意味着学习特定的经验知识和继承特定的文化成果。每一个人从诞生起与其说是处在现实的物质关系中,毋宁说是处在观念的社会文化环境中,也就是说,每个人面对的是社会的风俗、习惯、伦理规范、道德规则、传统观念、法律制度等意识观念的东西。每个人的成长过程可以说是学习、把握、遵循或修改、补充、完善这些观念的文化的东西的过程。总之,人的存在和发展离不开以语言文字为形式的符号系统,离不开借助理性思维对外部世界进行反映和创造的过程以及对观念世界的接受和更新。人只有在创造文化的活动中才能成为真正有意义的人,也只有生活在文化世界中才能获得真正的自由。

第二,人的主体性是人和动物区别的主要标志。心理学家马斯洛说:"精神生命是人的本质的一部分,从而,它是确立人的本性的特征,没有这一部分,人的本性就不完满。它是真实自我的一部分,人本身的一部分,人的族类特性的一部分,完满的人性的一部分。"③从发生学上看,人的意识、精神能动性并非是天生具有的,尤其是它的丰富多样的精神属性更是在人的实践活动及社会关系的发展过程中逐渐产生发展的。人的存在和发展决不是像外物和动物那样被动的、消极的、本能的、盲目的、自发的存在,相反,是一种主动的、积极的、自觉的、能动的、自为的存在。毛泽东指出:"一切事情是要人做的……做就必须先有人根据客观事实,引出思想、道理、意见,提出计划、方针、政策、战略、战术,方能做得好。思想等等是主观的东西,做或行动是主观见之于客观的东西,都是人类特殊的能动性。这种能动性,我们名之曰'自觉的能动性',是人之所以区别于物的特点。"④"人离

---

① 《马克思恩格斯选集》,第三卷,人民出版社,1972年,第525页。
② 《马克思恩格斯选集》,第一卷,人民出版社,1972年,第30页。
③ 马斯洛:《人的潜能和价值》,林方译,华夏出版社,1987年,第223—224页。
④ 《毛泽东选集》,第2卷,人民出版社,1991年,第477页。

开动物愈远,他们对自然界的作用就愈带有经过思考的、有计划的、向着一定的和事先知道的目标前进的特征。"①人在实践活动中对外部自然界事物的内部联系及规律的认识和把握并用它来为自己的目的服务,满足自身的需要。人的主体性还表现为从事创造性活动。人不仅创造了一个对象世界,而且创造了主体自身;不仅创造了"周围的感性世界"(作为工业和社会状况的产物和世世代代活动的结果),而且创造了"整个世界历史"(作为人的劳动而诞生的过程及自然界对人说来的生成过程),并且根据人的需要能动地创造世界上原先不曾存在的东西。"自然界没有制造出任何机器,没有制造出机车、铁路、电报、走锭精纺机等等。它们是人类劳动的产物。"②总之,"人离开狭义的动物愈远,就愈是有意识地自己创造自己的历史。"③不但要成为自然界的主人,还要成为社会的主人,这便是人的主体性存在的确证。

第三,人的情感与美感。情感是人的精神属性的重要成分,是主体对客体是否符合自己的需要所作出的一种心理反应。人的活动总是经过思虑或带有激情的活动,激情、热情作为人的精神力量体现了人的活动的能动性和主动性。通过感情的交流,传递了思想信息,产生了情感共鸣,协调了行为方式,促进了社会关系发展,从而观照了人的本质力量。

社会关系和人际交往的复杂性带来了人的情感表现形式的多样性,既有对父母的恩情、对落难者的同情、对异性的爱情,又有对故乡的思念之情、对往事的怀旧之情、对国家的眷恋之情。尤其是男女之间的爱情是自从有人类以来就存在的并被认为是永恒的人性之一。爱情是男女之间社会交往的一种形式,是完整的生物、心理、美感和道德体验。爱情表现了人能够根据一定的社会原则和准则来权衡并调整自己的行动,并且在两性交往中获得一种热烈而愉快的情感体验。尽管人类爱情也有其生物生理基础,有其性本能的驱动,但是爱情就其实质而言已经超出了动物性本能的范围。人把性的交往(包括性交)的目的变成肉体和精神的一种享受,而不考虑繁殖的因素,甚至把两性关系仅仅看作纯粹的精神性的体验和享受。爱情是动物性欲本能的升华,是人的本质异于动物本质的一种体现。爱情融进了社会道德因素,它引导一对男女去建立牢固的婚姻家庭形式并表现出为了保持爱而愿意作出自我牺牲的精神和巨大的道德力量。

"人非草木孰能无情""爱美之心人皆有之"。情感和美感都是人的本质力量的自我观照。什么是美? 美感的本质是什么? 怎样理解人类的共同美感? 自古

---

① 《马克思恩格斯选集》,第三卷,人民出版社,1972年,第516页。
② 《马克思恩格斯全集》,第46卷,下册,人民出版社,1979年,第219页。
③ 《马克思恩格斯选集》,第三卷,人民出版社,1972年,第457页。

以来人们一直在思考探索这些问题。马克思认为,美是人的本质力量的对象化。美感是人特有的心理感受和精神体验,它是建立在生产劳动基础上并随人的本质力量的发展而产生的。人的自我意识使人能在外界对象中直接观照自己,认识自己,思考自己并实现自己的本质力量(如理想、情感、愿望、需要、能力、智慧等)。人通过欣赏鲜花的绚丽色彩、婀娜的风姿、勃勃生机观照人的社会生活和精神理想。人的审美活动是从对象中感受到自己的智慧、才能和聪明,在情感上得到愉悦和满足。"动物只是按照它所属的那个物种的尺度和需要来进行塑造,而人则懂得按照任何物种的尺度来进行生产,并且随时随地都能用内在固有的尺度来衡量对象;所以,人也按照美的规律来塑造物体。"①这种美的规律就是人把客观事物本身所具有的规律性同人的主观目的性相统一的规律,也就是真与善、合规律性和合目的性相统一的规律。不同时代、民族和阶级对审美对象有着共同美感。从客体上看,有些对象的属性及形式,如小巧、和谐、对称、平衡等具有共同的"形式美感",有的自然景观如长城、金字塔等具有共同的"自然美",还有一些文艺作品如莎士比亚的戏剧、贝多芬的音乐、罗丹的雕塑等具有共同的"艺术美"。从主体上看,人们对一些具有比较久远的、广泛影响的、普遍的人生经验的社会现象往往容易引起共鸣产生美感,如亲子间的母爱、男女间的爱情等等。同时社会历史的发展形成了人们内心精神和审美意识的积淀,因而具有全人类的审美共同性。

三、有关人性的伦理问题

人性的伦理研究涉及两个层面的问题,一个是"人性是什么"的事实判断,另一个是"怎样看待人性"的价值判断,由此引申出其他一系列人性伦理问题的研究。

1. 关于人性的善与恶问题

关于人的本性是善还是恶的问题,历来争论不休。中国历史有"性善论"与"性恶论"之辩。《礼记·礼运篇》中说"饮食男女,人之大欲存焉"。告子提出"生之谓性""食色,性也"。孔子曰:"人者仁也,人而不仁非人也。""一日克己复礼,天下归仁焉。"孟子认为人性本来是善的,"人之性善也,犹水之就下也,人无有不

---

① 马克思:《1844 年经济学—哲学手稿》,刘丕坤译,人民出版社,1979 年,第 50—51 页。重点号为引者所加。

善,水无有不下。"人性之善主要表现为人皆有恻隐之心、羞恶之心、恭敬之心和是非之心。"仁义礼智,非由外铄我也,我固有之也。"与此相反,荀子主张"人之性恶也,其善者伪也。"人人都有"眼好色、耳好声、口好味、心好利"的本性,只有经过教化,才能去恶从善。不难发现,关于"人的本性究竟是善的还是恶的",这种提法本身是难以成立的。无论"性善"还是"性恶"说,都是一种形而上学的思维方式的表现。那么,究竟怎样看待人性的善与恶呢?

第一,人性的善恶问题是一个只有在社会关系中才能产生的价值判断问题,离开一定的社会关系就无法判断人性的善与恶。人们总是在社会生活中根据在一定社会历史条件下形成的行为准则来区分善与恶,并用善恶观念作为道德评价的尺度来衡量人们的行为。人的天性或本能的行为,本身无所谓善或恶,如新生婴儿碰到母亲的乳头就拼命地吮吸。只有当人的自然行为与别人发生关系并触及他人利益时,才会发生道德上的善恶问题。比如,一个人为了自己的生存而抢夺别人的食物,这种行为就是恶的。所以,人们总是在社会生活中根据一定社会的道德观念来判断和评价人的行为的善与恶。换言之,善恶好坏问题是一定社会历史条件下发生的问题,根源于社会关系和物质利益。

第二,随社会历史的发展和社会关系的变化,用来衡量行为善恶的标准也会不断变化。道德评价的尺度常常因时、因地、因人而迥然不同。比如,原始社会曾经出现诸如杀婴、食人、杂婚、乱交等现象,这种现象在当时并没有被看成是罪恶的,相反,被当作是合理的,是善的,因为这种现象在特定的历史条件下有利于人的生命存在和人类社会存在。马克思认为,人的社会关系是判断人的善恶性的重要标准,这种社会关系在阶级社会里表现为强烈而鲜明的阶级性,从而对人的善恶的评价无不打上阶级的烙印。每个人都是一定的阶级关系和阶级利益的承担者,"阶级决定他们的生活状况,同时也决定他们的个人命运,使他们受它支配"[①]。因此,每个社会、每个阶级都有自己的善恶标准,"善恶观念从一个民族到另一个民族,从一个时代到另一个时代变更得这样厉害,以致它们常常是互相直接矛盾的"[②]。

第三,从历史和现实上看,尽管人类还处于自身发展的不完善阶段,可供人们生存和发展的资源还相当匮乏,但是,总的来说,人性状况不是离恶更近,而是在向善迈进。基于对人性的洞见,人们越来越强调人性化原则,开展人性化教育、人性化管理、人性化经营、人性化服务、人性化设计,尊重人的身体和生理机能发展规律,遵循人的心理发生发展规律,根据人的年龄、性别、身心特点满足人

---

① 《马克思恩格斯选集》,第一卷,人民出版社,1972 年,第 61 页。
② 《马克思恩格斯选集》,第三卷,人民出版社,1972 年,第 132 页。

的物质和文化需要,让每个人获得成就感、安全感、尊严感,更舒服、更美好、更自由、更幸福地生活。

2. 关于人性假设之思考

西方哲学史上有不少思想家对人性的实然状况及其倾向的判断并不那么令人乐观,比如,柏拉图说,"人类的本性将永远倾向自私,逃避痛苦,追求快乐而无任何理性";亚里士多德说,"不敢对人类本性提出过奢的要求";马基雅维利认为人有自私心和贪欲,"只要他们一有机会,就总要依这种恶之本性行事","人性易变、恶劣","为达到目的可以不择手段";霍布斯认为人生来就具有普遍的自私利己的本性,在自然状态下,"人与人的关系像狼与狼一样";爱尔维修认为,人天生具有自我保存、趋利避害、趋乐避苦、自私自利的本性,追求利益是天经地义的;费尔巴哈说,"人的自爱利己的本性和追求感官的享受是道德的来源和基础",等等,基于这种判断,自然引出一些有关人性的假设。

休谟提出了"人人应当被假定为无赖"原则,认为人是"理性的谋私动物",制度设计难以排除人"恶"的动机,也不能克服人"恶"的本性,只能借助于"无赖原则"的假设,来防范控制人的行为,减少"无赖"行为的发生。虽然这一假设实际上是不真实的,但在现实生活中应当被视为有用的,至少有利于理性的制度安排。作为休谟的朋友和学生,亚当·斯密提出了"经济人假设",他说:"我们每天所需的食料与饮料,不是出自屠户、酿酒家或烙面师的恩惠,而是出于他们自利的打算。"[1]认为人的自私自利是市场经济产生和发展的条件和动力,正是出于谋利的需要,人们才不断扩大生产,降低成本,促进生产力的发展。当然,自私自利的"经济人"因受到"看不见的手"的操作,有可能给社会发展带来负面影响,因此需要有"道德情操"的管控,以克服或限制消极影响。

美国大法官霍姆斯提出了"坏人理论"假设。他认为,了解法律性质的关键,最好是从一个坏人的角度出发。"如果你只想知道法律而非其他什么,你必得将人当作一个只在乎法律知识允许其得以预测之物质后果的坏人,而非一个好人,其秉依冥冥中良心制裁的训谕,懂得自己行为的理由,不论其为法律或非法律的理由。""坏人具有如同好人一般多的理性,希冀避免与公共权力冲突。"[2]所谓"坏人"是指一个不同于好人的、不受良知约束的人,他只关心法律会给他带来什么样的物质后果。基于"坏人假设",人是靠不住的,在权力、地位、金钱、荣誉、情

---

[1] 亚当·斯密:《国民财富的性质和原因的研究》(下卷),郭大力、王亚南译,商务印书馆,1974年,第27页。

[2] 霍姆斯:《法律之道》,许章润译,载《环球法律评论》2001年秋季号,第322—323页。

色等的诱惑面前,连总统都是靠不住的。为了禁止坏人做坏事,让坏人做不成坏事,有必要设计出一套完备的法律制度以防止其作恶。电影《华尔街》揭示了"贪婪"的本性,主人公盖柯为贪婪本性辩护,说道:"贪婪是好的,贪婪是对的,贪婪是有用的,贪婪可以厘清一切,披荆斩棘直捣演化的精髓。贪婪就是一切形式之所在。对于生活要贪婪,对于爱情,对于知识……贪婪激发了人类向上的动力。"在他看来,贪婪意味着"热情的追求",意味着追寻金钱、知识、美好生活,意味着不顾一切甚至不择手段。法律就是一套对付不择手段牟利的"坏人"的规则制度。

不言而喻,上述各种假设对理解和把握人类社会还是具有借鉴意义的。

第一,从经济角度看,"人性自私"是制度设计的逻辑前提。哈耶克说,从好人假定出发,会设计出坏制度;从坏人假定出发,会设计出好制度。这里,坏人对应的是自私自利的人,好人对应的是大公无私的人。"坏人假设"已被无数事实证明具有合理性。比如拿分蛋糕来说,如何达到公平合理呢? 如果采取"好人假设",即假设大家都是"好人",都有大公无私品德,怎么分都不会有问题。如果人群中有好人、也有坏人,或者都是坏人,分配就不那么简单了,必须采取"坏人假设",制定合理分配规则,如"切蛋糕者最后拿"规则。如果切蛋糕者首先拿,他可能拿最大的份额,这样别人就会吃亏,就会出现不公平、发生矛盾。如果切蛋糕者最后拿,为了使自己不吃亏,他会尽量把蛋糕切得平均一点。"切蛋糕者最后拿"规则规范了切蛋糕者的行为,通过程序正义来实现实质正义。

为什么会出现"三个和尚没水喝"? 因为假设的是和尚吃斋念佛无私心杂念,所以实行了"挑多挑少一个样"的坏制度,其实好吃懒做、心怀杂念的花和尚也是存在的。为什么我国改革开放前实行"大锅饭式"的平均主义分配制度? 因为我们假定人都是好人,不论是官是民,都是大公无私、克己奉公的,"干多干少一个样、干好干坏一个样、干与不干一个样",结果是大家都不肯多干,劳动生产率越来越低,产品质量越来越差,经济越来越缺乏活力,人民生活越来越贫穷。只有到了落实"联产承包责任制"、实行"缴够国家的、留足集体的、剩下都是自己的"政策后,农业生产才发生根本改变并取得辉煌成就。为什么会大获成功呢? 关键是承认了农民个人的私利,调动了农民的积极性。

由此可见,假定自私自利的"坏人"存在是制度设计的逻辑前提。经济学并不指望人们成为"道德楷模",也不诉诸道德说教。经济制度的功能在于尽可能明确地界定不同个人之间的利益边界,规范人们的行为,减少损人利己、损公肥私的事情。这样,每个人都在明确的界限内最大限度地发挥创造性,追求利益最大化,整个社会的利益也随之实现最大化。好制度的力量来自"坏人假设",虽然不一定大家都是"坏人",但是只要有一个坏人存在,就要有制度存在,否则这个

"坏人"做了坏事不受到惩罚,下一个人就会学着也去做坏事,结果就是"劣币驱逐良币",世风日下,道德沦丧,好人也变成了坏人。设计好制度的目的是为了保护好人,维护人的正当利益。否则,德性成了有德之人的重负,缺德成了无德之人的通行证。

第二,从法律上看,霍姆斯的"坏人理论"假定,构成了法律的基础,也是法律的渊源。霍姆斯认为,"坏人是一个非道德的、不受良知制约的人"[①]。道德对没有良知的人来说是不存在的。因为有不道德的坏人的存在,所以需要法律。从根本上说,法律就是一套对付坏人的规则制度。制定法律涉及对人性的认定,假定人性恶,有坏人,会做坏事,为了禁止坏人做坏事,让坏人做不成坏事,需要制定法律规则。比如,人会出尔反尔,背信弃义,所以要规定诚实信用,签订合同,承担违约责任;人会损人利己,谋财害命,所以要规定损害赔偿,罚当其罪。如果把人性假定为善,把人看作好人,不会做坏事,比如,不会背信弃义、出尔反尔、损人利己、谋财害命,那就没有必要制定法律规则了。然而,现实生活证明,如果没有法律,每个人都可能是坏人,从而我们的社会就不可能有秩序,人们的利益就不可能得到维护。增强"坏人意识",就是增强法律意识,常言说,"害人之心不可有,防人之心不可无",时刻意识到有坏人会做坏事,才能用法律防范坏人、保护自己。如果信奉"好人意识",势必使人放松警惕,盲目轻信,结果往往是上当受骗、深受其害。

第三,从政治上看,"人性假设"也是建立国家政权、设计政治制度、加强权力制约的重要依据。霍布斯认为国家是"利维坦",是"凶恶的巨兽",洛克认为国家是"必要的恶",潘恩认为国家是一个强权组织,是侵犯公民权利、破坏社会自由的"祸害",阿克顿说,"不受制约的权力必然导致腐败"。基于这些认识,西方有了"三权分立"和"权力制约"的政治制度设计。

孟德斯鸠提出了"权力滥用"的理论假设。他认为"权力是一种怪现象,总有一种超越出它自身的范围而发展的本能倾向,权力总是追逐自身的增值,并且认为权力喜欢自己是一个目的而不是一个手段"[②];指出"一切有权力的人都容易滥用权力,这是万古不变的一条经验,有权力的人们使用权力一直到遇有界限的地方才休息"[③];因此,"从事物的性质来说,要防止滥用权力就必须以权力约束权力"。可见,权力不仅与公众切身利益密切相关、具有影响及控制他人作为的力量,更有可能成为谋取私利的手段,必须加强制度设计,通过制度安排、法律手

---

① 霍姆斯:《法律之道》,许章润译,载《环球法律评论》2001年秋季号,第323页。
② 孟德斯鸠:《论法的精神》,上卷,张雁琛译,商务印书馆,1995年,第154页。
③ 同上书,第154页。

段,给予权力及其拥有者以必要的限制、制约和约束。

权力与腐败的内在联系是由"人性弱点"决定的。美国宪政学家麦迪逊在《联邦党人文集》中说:"如果人都是天使,就不需要政府了。如果是天使统治人,就不需对政府有任何外来的或内在的控制了。在组织一个人统治人的政府时,最大的困难在于必须首先使政府能管理被统治者,然后再使政府管理自身。毫无疑问,依靠人民是对政府的主要控制;但是经验教导人们,必须有辅助性的预防措施。"①在麦迪逊看来,人不是天使,正因为如此,人需要政府;政府起源于人,由人组成的政府也不是天使,人的本性也是政府的本性,必须有外在的制约和控制。

经济学家布坎南提出"寻租"理论,认为在某种制度环境下,政府及其官员同样扮演"经济人"角色,具有利己动机,这种利己动机与经济租金因素相结合就产生了"寻租活动"。这种活动为官员提供了运用权力谋取私人经济利益的机会。可以说,腐败实质上就是政治权力与经济财富的交往,寻租活动是权力腐败的根源。根治权力腐败,必须依靠建立各种制度体系,加之有效监督。柏拉图曾指出:"一个国家法律处于从属地位,这个国家就可能没有了权威或一定要覆灭。如果一个国家的法律在官吏之上,这个国家就会获得诸神的保佑和赐福。"邓小平在论及党和国家领导体制改革时说道:"我们过去发生的各种错误,固然与某些领导人的思想、作风有关,但是组织制度、工作制度方面的问题更重要。这些方面的制度好可以使坏人无法任意横行,制度不好可以使好人无法充分做好事,甚至会走向反面。……不是说个人没有责任,而是说领导制度、组织制度问题更带有根本性、全局性、稳定性和长期性。这种制度问题,关系到党和国家是否改变颜色,必须引起全党的高度重视。"②这一精辟论述深刻地表明:制度建设是防范"坏人作恶"的撒手锏。

第四,从伦理上看,"人性假设"有利于人们对复杂多变的人际关系保持清醒的头脑和理性的态度。诚如亚里士多德所说:"不敢对人类本性提出过奢的要求。"西方社会认为"人性本恶",人总是有缺点和易犯错误,所以设计出了一整套的监管、法律、分权、制衡制度。虽然"坏人假设"难免存在缺陷,甚至在面对具体个人时以"有错推定"可能带来尴尬局面,比如,当你应聘工作时被要求"请证明未有犯罪记录"等。但是,这是不得已的必要的假设。相比之下,"好人假设"可能会带来更严重的后果。相信"人性本善",把希望寄托在"道德人"身上,如中国人一直盼望"圣人""清官""明君"为民做主,以为政府官员都是大公无私的、为民

---

① 汉密尔顿等:《联邦党人文集》,程逢如、在汉、舒逊译,商务印书馆,1980 年,第 264 页。
② 《邓小平文选》,第 2 卷,人民出版社,1994 年,第 89 页。

服务的,没有任何自己的私利,用不着对权力进行制约和监督,可是结果往往是事与愿违,独断专行,愚弄百姓,贪污腐化,祸国殃民。历史证明,通向地狱的道路常常是善良愿望铺成的。

其实,"好人"与"坏人"都是相对而言的。现实中的人,不能说都是坏人,也不能说都是好人,不能说这个人完全是坏人,也不能说完全是好人,每个人兼有好的方面和坏的方面,好人可能有时或有些事情上是坏人,反之亦然。好制度设计的秘诀在于,只要有一个坏人,或者,只要好人有一时一事可能是坏人,那么就应秉持"坏人假设",即使现实中可能多数人是好人,或者多数时候是好人,也要这样做。对人性持悲观态度的美国政治家如杰斐逊、汉密尔顿、华盛顿等人在制度设计中竭力主张扩大法律规范的范围,尽量缩小伦理道德调整的空间。如同宗教的"原罪说"那样,每个人生来都是有罪的,所以一生都在赎罪,只有赎清了罪恶,才能死后进入天堂。

3. 关于人性的异化及其改造问题

所谓"异化",是指在发展过程中由于自己的活动及其结果所带来的被否定、支配和压制的状况。在私有制社会,异化现象具有普遍性,表现在:经济上的剥削和奴役,政治上的公民权利和公共权力的"主仆"颠倒,思想上受某种观念的束缚、禁锢和控制,技术应用上的负面效应,生活中的兄弟阋墙、弑父杀母,等等。马克思认为,在雇佣劳动制下,人性的异化主要表现为劳动异化:第一,劳动者同劳动产品相异化。劳动者创造的财富愈多,自己就愈贫困,他创造的价值愈多,自己的价值就愈低。"劳动为富人生产了珍品,却为劳动者生产了赤贫。劳动创造了宫殿,却为劳动者创造了贫民窟。劳动创造了美,却使劳动者成为畸形。"[1]第二,劳动者同劳动本身相异化,即劳动者不是自由地支配自己的劳动,而是被迫地、被强制地从事劳动。劳动者在劳动中"不是肯定自己,而是否定自己,不是感到幸福,而是感到不幸,不是自由地发挥自己的肉体力量和精神力量,而是使自己的肉体受到损伤,精神遭到摧残"[2]。第三,劳动者同自己的类本质相异化。由于劳动者的劳动异化为外在的、强制的劳动,人的劳动变成单纯的谋生手段,因而劳动者就与人的本质相异化。第四,人与人的关系相异化,即无产阶级与资产阶级的对立。劳动者与占有劳动产品和劳动的人相异化,产生了资本家对工人的剥削、压迫关系。

由于劳动异化,人的本质亦发生异化。客观社会资源的有限性,以及每个人

---

[1] 马克思:《1844年经济学—哲学手稿》,刘丕坤译,人民出版社,1979年,第46页。
[2] 同上书,第47页。

发展状况的差异性,致使人性欲望的表现复杂多变。一个人是什么样的,具有什么样的本质、品性,从根本上说,不是取决于人的机体状况,而是取决于人的社会关系。人的社会性在私有制社会中突出地表现为阶级性。在现实生活中,人并不是作为纯粹的个人而存在,而是作为某一阶级的成员存在的。阶级关系本质上是物质利益关系,决定着人们的生活状况,制约着人们对善恶性的不同判断。不同阶级及其个人对自由、平等、公平、正义、幸福、善恶等有着不同的看法,甚至是截然对立的看法。从历史上看,人性常常蒙上了兽性的阴影,达到惨无人道、灭绝人性的地步。比如,我们控诉侵华日军的暴行是"兽性大发"、罪恶滔天,谴责战争贩子希特勒是"衣冠禽兽"、十恶不赦,揭露残暴的犯罪分子是"人面兽心"、伤天害理,等等。在文艺作品中,经常有反映人性与阶级性复杂纠结的情节,比如,一个母亲发现孩子当了叛徒和汉奸,非常气愤和憎恨,情急之下拔出手枪把孩子打死了,表现出母亲的大义灭亲的阶级性,然而,当母亲缓过神来,意识到杀死了自己的亲骨肉,又情不自禁地扑到孩子身上嚎啕大哭,表现出阶级性和母爱本性的冲突。又如关于《雷雨》中的周朴园对鲁妈的感情是真情实感还是虚情假意的争论。人性的复杂性还表现在,现实生活中,既有"趋利避害、趋乐避苦、自私自利、自我保存、好逸恶劳、喜新厌旧"的一面,又有"大公无私、乐善好施、舍己救人、舍生取义"的一面。有的人比较自私、利己,有的人比较无私、利他,更多的人表现为"利己与利他""自爱与怜悯"的统一。如今,人性、党性、人民性、阶级性、个性等范畴含义及其关系得到重新诠释和阐发,体现了社会的变迁和价值观念的嬗变。

人性不是一成不变的,通过社会实践和教育改造,人性可以重新塑造,得到升华。鉴于"专制制度必然具有兽性,而且和人性是不相容的"状况[①],马克思主张进行无产阶级社会主义革命、推翻资产阶级反动政权,消灭一切人剥削人、人压迫人的社会制度,实现全人类解放。从人的本质上看,固然人性有着自私和自利的倾向,但人类毕竟不是一般的动物。事实上,我们的命运并非完全由基因决定,我们所拥有的由自私的基因所赋予的神经系统完全可以帮助我们逃离困境。人类具有主观能动性,拥有文明和教育,在满足基本生理需要的基础上有着对美好生活的追求,以及对道德完善的追求。正如查德·道金斯在《自私的基因》中所说,"让我们设法通过教育把慷慨大度和利他主义灌输到人们头脑中去吧!因为我们生来是自私的,让我们懂得我们自私的基因居心何在。因为这样我们至少可以有机会去打乱它们的计划,而这是其他物种从来未能希望做到的"。自私

[①] 《马克思恩格斯全集》,第1卷,人民出版社,1956年,第414页。

的基因不会思考,也不关心道德,但由这些基因所创造的人类不仅能思考、有思想,而且可以通过社会实践以及道德法律摆脱无声无息的自私基因的控制。亚历山大·汉密尔顿曾指出:"人总是要追求其个人私利的,要改变人性,就像要阻挡自私的情感的狂流一样困难,聪明的立法者也应该巧妙地通过改变河道而对其加以引导,并在可能的情况下将其引向公共利益方向。"①从根本上说,法律是一种外在的强制性手段,道德是一种内在的自觉性要求,两者相辅相成,协同作用,共同发挥改造人性的功能。纵观历史,人类的自私贪婪与道德法律的交锋从来都没有停止过。贪婪是魔鬼,是洪水猛兽,会吞噬我们的灵魂,撕碎我们的心灵和肉体,但法律和道德总在遏制人的永无止境的自私贪婪本性。"整个历史也无非是人类本性的不断改变而已。"②

除了刚性的法律制度外,道德教化在改造人性中起着至关重要的作用。"如果你既没有敬畏上帝的神学传统,又丢失了自己的伦理道德传统,我们所看到的就只能是肆无忌惮的贪污腐败,肆无忌惮的草菅人命,肆无忌惮的掠夺以及目无法制。在这种情况下,高效率的秩序何以可能?"③法律是道德的底线,法律规范蕴含道德的善的要求,不然,法律就是恶法。道德教化可以激发人性之善良,促进德性之修养,提升道德之境界,实现文明之目标。道德教化可以促使人们从"自然人"走向"经济人",从"社会人"走向"道德人"。虽然从根源上看,任何人的生活都依赖于复杂的肉体组织(如眼、耳、鼻、舌、身、脑),并且必然地通过物质对象(如生活资料和劳动产品)来表现,精神生活离不开一定社会关系和物质条件的基础,但是,从人类发展趋势上看,像爱情、友谊、正义、审美、理想等精神性生活将成为人的生活发展的目的。

"人性的改造和发展"可以从以下几方面理解:第一,人的潜能素质的充分开发,使之展现为人特有的体力、感觉能力、智力、思维能力、情感意志力、审美能力、自由创造力等。第二,人的自由自觉创造性活动的实现,人不仅认识和把握了自然界规律,成为自然界的主人,而且也摆脱了社会生活条件方面的种种支配和控制,成为社会的主人。第三,人的本质力量的普遍确证。"人不仅在思维中,而且以全部感觉在对象世界中肯定自己。"④"人以一种全面的方式,也就是说,作为一个完整的人,把自己的全面的本质据为己有。人同世界的任何一种属人的关系——视觉、听觉、嗅觉、味觉、触觉、思维、直观、感觉、愿望、活动、爱——总

---

① 哈耶克:《通往奴役之路》,王明毅等译,中国社会科学出版社,1997年,第129页。
② 《马克思恩格斯选集》,第一卷,人民出版社,1972年,第138页。
③ 丁丁:《人类合作秩序的起源与演化》,《社会科学战线》2005年第4期。
④ 马克思:《1844年经济学—哲学手稿》,刘丕坤译,人民出版社,1979年,第79页。

之，他的个体的一切官能，正像那些在形式上直接作为社会的器官而存在的器官一样，是通过自己的对象性的关系，亦即通过自己同对象的关系，而对对象的占有。"①第四，人和自然及社会和谐发展，融为一体。

马克思为我们描绘了人性发展的美好图景，到了共产主义社会，新的社会分工代替了旧式分工，即全自动化的操作方式代替了旧的手工操作方式，从而为人的全面发展创造了条件；随着生产力的高度发展，自由时间越来越多，人们可以利用充裕的自由时间来充分发挥自己的一切爱好、兴趣、才能、力量、感情等；人的劳动成为人生的第一需要并达到自由、自觉、自主、自乐的程度。在未来社会，"生产力或一般财富从趋势和可能性来看的普遍发展成了基础，同样，交往的普遍性，从而世界市场成了基础。这种基础，是个人全面发展的可能性。"②任何人都没有特定的活动范围和固定的职业，每个人都可以随自己的心愿在任何社会部门内自由地发展。"今天干这事，明天干那事，上午打猎，下午捕鱼，傍晚从事畜牧，晚饭后从事批判。"③总而言之，共产主义是"以每个人的全面而自由的发展为基本原则的社会形式"④，"共产主义是私有财产即人的自我异化的积极的扬弃，因而也是通过人并且为了人而对人的本质的真正占有；因此，它是人向作为社会的人即合乎人的本性的人的自身的复归，这种复归是彻底的、自觉的、保存了以往发展的全部丰富成果的"⑤。

① 马克思：《1844 年经济学—哲学手稿》，刘丕坤译，人民出版社，1979 年，第 77 页。
② 《马克思恩格斯全集》，第 46 卷，人民出版社，1979 年，第 36 页。
③ 《马克思恩格斯全集》，第 3 卷，人民出版社，1960 年，第 37 页。
④ 《马克思恩格斯全集》，第 23 卷，人民出版社，1972 年，第 649 页。
⑤ 马克思：《1844 年经济学—哲学手稿》，刘丕坤译，人民出版社，1979 年，第 73 页。

第三章　婚恋与伦理

一、性 与 伦 理

性学（Human Sexuality 或 Sexology）是一门对性进行综合性研究的学科。从马克思的《1844 年经济学—哲学手稿》到恩格斯的《家庭、私有制和国家的起源》，可以看到马克思恩格斯对性问题的研究和论述。恩格斯指出："根据唯物主义观点，历史中的决定性因素，归根结蒂是直接生活的生产和再生产。但是，生产本身又有两种。一方面是生活资料即食物、衣服、住房以及为此所必需的工具的生产；另一方面是人类自身的生产，即种的蕃衍。"①生活资料的生产是通过人类的生产劳动进行的，而人类自身的生产（即种的蕃衍）是通过人类的性行为实现的。"两种生产"是互相联系、互相渗透、互相影响、互相制约的。19 世纪下半叶，性问题受到心理学家的关注和研究。1886 年克拉夫特·埃宾出版了《性心理病》一书，这是现代性心理学研究的开端。蔼理斯在那个性压制最厉害、清教徒之风最盛行的维多利亚女王时代，勇敢地开展性学研究，从 1896 年到 1928 年先后出版了《性心理学研究》七大卷，成为性心理学的创始者。德国医学家布洛赫在 1906 年首先提出了"性科学"一词，并在 1907 年出版了《我们时代的性生活》，1912 年主编《性学手册大全》。他和赫希菲尔德、摩尔等人一起为性教育、性改革而斗争。20 世纪以来，对性学作深入研究的首推心理学家弗洛伊德，他在 1905 年出版了《性学三论》，把"性欲"视为精神分析学说的核心内容。与此同时，美国的性科学家开始着重于性解剖学研究和性行为的描述。迪金森 1933 年出版了《人类性解剖学》，金赛根据大规模的、详尽的有关性行为的调查分析，在 1948 年出版了《人类男性的性行为》和《人类女性的性行为》。华生着重于性反应的实验室研究，使性科学终于冲破了最顽固的思想樊篱。从此，要求男女平等、婚姻自由、进行科学的性教育、采取避孕手段、保障妇女权利等成为性改革运

---

① 《马克思恩格斯选集》，第四卷，人民出版社，1972 年，第 2 页。

动的主流。

1. 性学研究的意义

性学是一门新兴的介于多种学科之间的边缘学科。性生理学从人的生理结构角度研究性问题,包括从静态层面研究人体生殖系统,从动态层面研究人体生理发展,如男性和女性的第一特征、第二特征以及在发育过程中产生的一些生理障碍。性生物医学从遗传基因角度研究生殖、优生、性状特征以及性病、艾滋病、精子库、试管婴儿、克隆技术、性功能障碍等问题。性心理学研究两性差别、性发育过程以及性生活过程中所产生的心理变化。性伦理学探讨"什么样的性行为才是合乎道德的"问题,研究诸如贞操、通奸、试婚、婚外恋、未婚先孕、人工流产、性观念、性规范及其教育等问题。性社会学着重研究人类性行为的社会属性,以及人类性行为和社会发展之间的相互作用和相互影响的关系,包括性习俗、同性恋、性罪错、性骚扰、变性术、强奸、娼妓、性贿赂、色情现象以及人口与计划生育问题。性文艺学研究性描写、人体艺术、人体模特儿、人体彩绘、人体摄影、色情文艺等问题。性哲学从总体上研究人类的两种再生产、人类的婚姻家庭历史、性欲与文明、性解放与人的全面发展等问题。毋庸置疑,性学研究对人的发展和社会进步具有重要的价值和意义。

第一,性学研究有利于个人的身心健康,形成文明的、科学的生活方式。性生活是人类生活的重要内容。古人云:"食、色,性也。""饮食男女,人之大欲存焉。"现代科学证明,人从幼儿时期就有性意识,这种性意识到青春期迅速增强,结婚以后付诸实践。人的一生都伴有性意识和性行为。性学研究有利于人们克服愚昧无知行为,使性生活方式更文明、更健康、更科学。

第二,性学研究有利于家庭夫妻生活的幸福美满。夫妻关系是家庭关系的核心,而性关系在夫妻关系中占有重要地位。性生活不仅能满足夫妻生理上的需要,而且能满足夫妻之间心理上的需要。鉴于夫妻性生活不科学引发性疾病的后果,夫妻性生活不协调导致家庭夫妻感情恶化以至于离婚,性学研究有利于人们自觉地认识和调节夫妻关系,提高夫妻性生活的质量,形成良好的和睦相处的幸福愉快的家庭关系。

第三,性学研究有利于维护社会稳定,促进人的全面发展。鉴于我国封建思想观念根深蒂固,性行为神秘化、贞操观念过分强烈等现象,加强性学研究有利于革除陈腐的性观念,树立科学的性观念。加强性教育有利于确立性责任感和性道德感,防止性罪错,维护社会稳定有序和安定团结。同时,性学研究有助于人们认识性行为的社会本质,用正确的态度来对待性行为,既不是禁欲主义,也不是纵欲主义,而是文明、健康、科学的性生活方式,促进人的全面发展。

2. 性行为的分析

在正常情况下,每个人都有性欲望和性行为要求,都要恋爱、结婚、生儿育女,享受性生活的乐趣。所谓性行为,是指同人的性器官有关的行为,涵盖纯粹个人的性行为以及男女两性之间的性行为,包括边缘性性行为(如性吸引、性爱慕、眉目传情等)、过程性性行为(如拥抱、接吻、爱抚、调情等)和目的性性行为(性交)。性行为具有普遍性、重要性、长期性、隐蔽性、排他性、严肃性和差异性等特征。

性行为常常表现为私人性和公众性两个方面。性行为不仅是个人的行为(如自慰属于私人行为),而且在大多数情况下是一种社会的行为。一方面,性行为具有个体性和私密性。只要符合道德规范及法律规定,性行为就是男女两性之间的一种私事,别人无权打听、指责和干涉。另一方面,性行为涉及男女两性关系并且有可能产生新的生命,从而具有社会性。有的性行为,比如,露阴癖、性虐待、性骚扰、强奸等直接影响社会公众并造成危害。因此,就其实质而言,性行为具有社会公众性,不能仅仅视为纯属个人的私事。

人的性行为的动机和目的是什么? 一般认为,有以下几种情形:第一,性行为是为了繁衍后代。生儿育女作为性行为的基本目的,是任何社会普遍接受的法则,是正常的、正当的和道德的。第二,性行为是为了追求快乐。寻欢作乐,只要是合情合理合法,也是无可厚非的。第三,性行为是为了表达爱情。性行为是男女相爱的深沉亲密的表达方式。通过性行为来表现爱情,一般认为仅限于夫妻之间,若超出这一范围则是不可取的。上述性行为的动机和目的不是相互排斥的,而是相互包含的。随着科技的发展,性行为的生育和享乐功能将会被取代,唯一剩下的是性行为的表达爱情的功能。

在文明社会,人的性行为总是受到社会的、历史的、文化的、道德的和精神的因素影响。首先,人类性行为的表现形式受社会经济发展水平的制约。在原始社会,群婚杂交是普遍现象。后来,当人们认识到,近亲婚配带来畸形、孱弱的后代时,禁忌开始出现,禁止父母辈和子女辈的性交,以后又限制兄弟姐妹间的性交。其次,社会文化的发展水平对于人类性行为的影响也是十分明显的、直接的。人类的性行为作为一种文化现象,不仅指性生活通过许多礼仪、规矩、习俗等方式表现,受许多科学知识的指导(如性卫生知识、优生避孕知识等),而且要受到社会道德观念的支配、社会制度的约束和意识形态的影响。最后,人的思想意识与文明程度支配着性行为的方式和性质。不同的人,由于思想观念和道德面貌不同,性行为的目的、动机、要求、途径和方式也不同。一般来说,结婚是满足性要求的最正常的方式,即把性行为限制在夫妻的范围之内。但是,有些人却通过婚前性行为、婚外性行为、强奸、诱奸等手段来满足性要求。有些人的性行为完全出自生育的目的(如"租妻""借种"等);有些是为了某种政治目的和政治需要(如古代的"和亲"、贵族之间的政治联姻等);有些是出自经济目的,最明显的是卖淫;有些是为了炫耀自己的富豪身份(如古代大官僚、大地主以"妻妾成群"来显示身价)。由此可见,不同的性行为方式反映出人的思想意识、道德面貌和文明程度。

3. 性行为的观念及其评价原则

人类性行为观念经历了一个漫长的发展过程。在原始社会,人们对性行为的认识处于蒙昧状态,表现在对人的自然机体的神秘感以及对性的崇拜。据考证,祖先的"祖"字右边的"且"就是男性生殖器的象形。佛教的宝塔、埃及的古代石柱、西方的雄鸡头部雕塑,都是男性生殖器偶像的变化形式。自从出现了私有制,父系社会取代了母系社会,男子把妻子和子女都视为自己的私有财产,尤其对妻子的贞操严格管控。恩格斯在《家庭、私有制和国家的起源》中,生动地描述了普遍存在的性禁锢现象,至少在亚洲各城市,还用阉人来监视妇女。欧洲中世纪,基督教义明确地将性与"罪孽""兽欲"等同起来,号召全体教徒像避瘟疫一样地来避免性生活。教会把男女性行为看成是十分邪恶、淫秽、肮脏、下流的事情,将性交减到最低限度,视为"必要的罪过"。在中国封建社会,"性交"被认为是个肮脏的字眼,是不登大雅之堂的,甚至是"诲淫诲盗"的,把性生活看成是一种羞耻、见不得人的事。① 在夫妻性生活方面,妇女被视为男子发泄性欲的工具,所谓"娶来的老婆买来的马,任我骑来任我打"。封建道德观念提倡"男女授受不亲",规定了"男女不同席,不共食",社会存在着对性的禁锢以及对女性躯体的神秘观念,严重阻碍社会进步发展。鲁迅在 20 世纪初期,从性道德的角度批判了封建礼教,强调要剥去罩在性问题上神秘的外衣,还它自然的本来面目。他说:"生物的个体,总免不了老衰和死亡,为继续生命起见,又有一种本能,便是性欲。因性欲才有性交,因性交才发生后裔,继续了生命,所以……性交也就并非罪恶,并非不净……夫妇……性交是常事,却以为不净;生育也是常事,却以为天大的大功。人人对于婚姻大抵先天带着不净的思想,亲戚朋友中有许多戏谑,自己也有许多羞涩,直到生了孩子,还是躲躲闪闪,怕敢声明。"鲁迅认为,"要风化好,是在解放人性,普及教育,尤其是性教育,这正

---

① 俗话说:"床上夫妻床下客",在床上,夫妻不论怎样亲密恩爱都可以;下了床,就要规规矩矩,否则就要被人笑话。古代的道家在和妻子性交以前,先要祈祷一番,说什么"为后也,非为色也",似乎这种事十分肮脏,但是为了生育后代,不得已而为之。

是教育者所当为之事。"①

　　性观念的演变表明,人的性行为总是需要并且应该遵循社会的行为规范和道德原则。当代社会,用来评价人的性行为的道德规范和原则主要包括:第一,生命价值原则。性行为不仅要有利于人类的繁衍,确保新生命的遗传素质的质量,而且要有利于生命安全和身体健康。为此,应该尽量避免不合理的性行为方式以及不符合道德规范的性行为关系,预防性传播疾病,以实现优生优育的目的。现在被列为性病的有梅毒、淋病、软下疳、艾滋病、尖锐湿疣、生殖器疱疹、非淋菌性尿道炎等。性病是一组传染病,主要通过性接触而传染,对人类健康危害极大。从预防性病的角度来看,避免性行为导致性病传播是性道德的基本原则。必须采取措施杜绝卖淫、嫖娼、性犯罪、性滥交等现象,防止性病传播蔓延。

　　第二,自觉自愿原则。所谓"自觉"是指男女双方的有意识有目的,所谓"自愿"更多的是指女方自愿。无论从生物属性或社会属性上看,男性在性行为过程中大多处于主动和进攻地位,因此,性行为应该建立在男女双方自觉自愿原则基础上。在性行为中,男方不仅要满足自己生理和心理上的性需要,也应顾及女方的意愿和需要。把握性行为的自愿原则,需要注意下列几种情形。① 没有恋爱、婚姻关系的双方,如违反自愿原则,就构成了强奸行为;② 包办婚姻、买卖婚姻产生的性行为之所以不道德,也因为它违背自愿原则;③ 未婚男女出于交易目的的考虑,而随便进行性交,虽是"自愿",也违反了性道德原则;④ 就是自由恋爱而结成的夫妻,如果丈夫违背妻子意愿,强行与妻子发生性关系,以现行的道德标准来说,也违反了善良、公正、自由和诚实的原则,是不道德的。在这种情况下,自愿与否是判断性行为合法性、道德性的重要标准。

　　第三,善良无伤原则。这一原则是指男女之间的性行为不应损害自己或对方的身心健康,不应伤害其他人的幸福,不应损害后代的健康,不应危害社会的安定发展。据此,婚外性行为,如通奸,尽管某人与"第三者"有某种感情,也符合"自愿"原则,但却违背了"善良无伤"原则,因为他(她)伤害了自己的妻子(或丈夫),倘若未婚先孕,对自己、对孩子都是极大的伤害,也给社会安定带来不良影响。除非履行法律程序,经法院裁决或协议离婚,再结婚,否则,婚外性行为是一种不道德的行为。至于其他的婚外性行为,如卖淫嫖娼,则会将性病传染给自己的妻子或子女,使其成为性疾病传播的无辜受害者,显然也违反了"善良无伤"原则。

　　第四,平等相爱原则。单纯的"自愿",如卖淫与嫖妓,由于没有爱情,也是不道德、不合法的;出于某种原因,如抵偿债务、报恩,或为了某种不正当的目的,尽

① 鲁迅:《坟·我们现在怎样做父亲》。

管也是"自愿"的,但由于没有爱情,也是不道德的;在缺乏性爱的性行为中,尽管没有造成明显的伤害,由于没有爱情,因而这只是一种低级的、冲动型的性行为而已。可见,性爱不是单指性交,它是性行为中躯体的感受与心理的感觉的有机融合。为求单纯肉体上的一夜之欢的性交,只是为了满足性欲的动物本能而已。只有具有爱情的性行为,才符合性道德原则。

现代的爱情观同单纯的性欲,同古代的爱是根本不同的,其基本内容主要有:"第一,它是以所爱者的互爱为前提的,在这方面,妇女处于同男子平等的地位,而在古代爱的时代,决不是一向都征求妇女同意的。第二,性爱常常达到这样强烈和持久的程度,如果不能结合和彼此分离,对双方来说即使不是一个最大的不幸,也是一个大不幸;仅仅为了能彼此结合,双方甘冒很大的危险,直到拿生命孤注一掷,而这种事情在古代充其量只是通奸的场合才会发生。最后,对于性交关系的评价,产生了一种新的道德标准,不仅要问:它是结婚的还是私通的。而且要问:是不是由于爱情,由于互相的爱而发生的?"①由于婚姻以爱情为基础,男子一生中将永远不会用金钱或其他社会权力手段去买得妇女的献身,而妇女除了真正的爱情以外也永远不会再出于其他某种考虑而委身于男子,或者由于担心经济后果而拒绝委身于她所爱的男子。这种新型的婚姻关系,标志着人类历史上真正合乎道德的婚姻关系的诞生。

4. 有关性行为的伦理问题

(1) 关于婚前性行为的道德问题

婚前性行为是指没有配偶关系的男女之间发生的性行为。不可否认,婚前性行为已成为一个较为普遍的社会现象。在一项"你对婚前性行为的看法"的问卷调查中,有48.3%的大学生认为婚前性行为"纯粹属于个人私事",有15.8%的大学生认为"性爱是爱情的升华",有5.8%的大学生认为婚前性行为"是不应压制的人的本能",有8.6%的大学生认为婚前性行为"无所谓"。若将上述数字加起来,有78.5%的学生持宽容或赞成的态度。相比之下,只有17.3%的大学生认为婚前性行为"有悖于社会道德规范",有4.2%的大学生认为婚前性行为"有害于男女双方身心健康",若将这两个数字相加,只有21.5%的大学生保持正统的道德标准。可见,大学生对婚前性行为采取了比较开放和宽容的态度。

一般说来,婚前性行为的特点是双方自愿进行,不存在暴力逼迫现象;没有法律保证,不存在夫妻之间应有的义务和责任。

---

① 《马克思恩格斯选集》,第四卷,人民出版社,1972年,第73页。

造成婚前性行为较为严重的原因主要有：第一，青年人随着生理的成熟，强烈的性冲动需要投射。青春期性激素分泌，对某些行为的启动和追求可以起到生物学上的催化作用，如女子月经初潮的提早及男子青春期的提前都加速了年轻人的性觉醒。第二，一些社会因素在大学生性行为中也起着推波助澜的作用。比如，电影、电视、录像、流行歌曲、刊物等文学艺术的潜移默化，性自由思潮、色情文化的影响。此外，社会对女性性活动越来越采取任其自然发展的态度，也为她们追求感官快乐创造了条件。第三，性行为并不单纯地取决于生理原因和社会原因，还有一个不可忽视的心理因素。在各种心态的诱使下，有的人认为恋爱时发生性关系属于个人的自由，别人无权干涉。

不可否认，婚前性行为会引发严重后果：第一，婚前性行为容易导致过早怀孕和生育，损害女性身心健康，给女性带来极大的痛苦和困难；若有私生子，则会给无辜的孩子带来人格尊严的伤害。因人工流产引起大出血、子宫穿透伤、感染甚至死亡的例子并不罕见。第二，过早的性行为给女生学习和生活带来极大麻烦。由于婚前性行为没有法律保证，常常导致一方以谈恋爱为名玩弄另一方，不仅破坏正常的恋爱关系，而且会带来严重的犯罪感和复仇心理，把对某一异性的仇恨变成了对一切异性的仇视。这种复仇的变态心理不仅毁了自己，更造成了巨大的社会问题。第三，婚前性行为会引发性乱交和性滥交，其直接后果容易感染、传播性病，不仅危害生命安全和身体健康，而且破坏了良好的社会风气。

鉴于此，应该加强性道德教育，充分认识婚前性行为的危害，用理智战胜冲动，以性道德规范来约束性行为。

（2）关于"性解放"和"性自由"问题

关于人类性行为发展趋势是越来越受到约束、限制，还是越来越实现解放、自由，这是一个需要具体分析的问题。一般来说，"性解放""性自由"含有以下意思：其一，破除性行为的神秘感，对性器官、性生活抱有科学的坦诚的态度。其二，夫妻双方在性生活中交换意见，相互配合，获得最大满足，实现夫妻性生活幸福美满。其三，只要相爱，男女双方就可以过性生活，"试婚"反映了这种观念，如果男女双方对性生活都感到满意，那么就办理结婚手续，如果感到不满意，就分道扬镳。其四，性行为绝对自由，纯属个人私事。只要是成人，自己愿意，就可以随意发生性关系，任何人都无权干涉，连法律也无权干涉，也不应受传统道德观念和风俗习惯的限制。

不难发现，关于"性解放""性自由"的第一和第二种含义是合理可取的，有利于消除性的神秘感，普及性科学知识，促进夫妻性生活和谐。而第三和第四种含义则值得商榷。尤其是随心所欲的"性自由"不仅助长了放荡不羁的享乐主义，而且是不负责任的行为。不管怎么说,人的性行为关系到当事人的幸福以及下一代人的健康成长。因此,一定要严肃慎重,认真负责。

关于人的性生活究竟是允许充分自由,还是应该受到限制的问题,伦理学研究呈现两种不同的观点。

一种观点主张允许有充分的性自由,认为:第一,性自由是个人自由的重要内容。只要他们是成人,自己愿意,其行为没有极大地或直接地危害其他社会成员,就应当有为所欲为的自由。第二,性生活不应受传统道德观念和风俗习惯的限制。因为性生活是自愿的成人之间的私事,所以,触犯公众趣味、破坏风俗习惯本身并不是阻止他人行动的理由。第三,在性生活方面并没有任何绝对明确的形式。既然人们的情感和欲望各不相同、各有特点,那么,只要他们不危害他人,就应该允许他们尽可能享受最大的性表现自由,如同性恋者之间的性生活、一夫多妻或一妻多夫关系。第四,性自由的倡导者认为,并没有铁证表明,如果允许一定范围内有较多的性自由,就会导致强奸、乱伦和性虐待等侵犯行为。相反,在一些国家,例如丹麦色情文艺完全合法,并未引起犯罪率上升。色情文艺可以解除性压抑,加深人们的相互尊重,改善婚姻、家庭生活。

另一种观点认为:第一,性自由违反传统的宗教神学道德的"绝对"。像色情文艺、同性恋、婚外性生活、手淫、非一夫一妻婚姻这样的"变态"性行为,会破坏我们的家庭和社会结构,最终会毁灭婚姻制度。第二,如果允许性自由势必引起多米诺效应,将不可避免地导致犯罪行为。不管怎么说,色情文艺会激起人们的性欲,迫使他们寻找发泄的途径,因而会引起犯罪。第三,如果允许较多的性自由,就会破坏我们的社会及其所维护的一切美好、庄严的事物,诸如家庭、婚姻的尊严、爱情(不是淫欲)、人体的尊严、对妇女和男人的尊重。第四,性自由触犯公众趣味和违反风俗习惯的标准。只有异性性关系是可以接受的,而同性恋是不可接受的;只有一夫一妻的婚姻是可以接受的,而一夫多妻的婚姻或一妻多夫的婚姻是不可接受的,如此等等。

二、爱情与伦理

"爱情"一词在拉丁文里叫"厄洛斯"(eros),意为性欲或性交。希腊神话中出现的手拿弓箭赤身裸体的小爱神,就叫厄洛斯。严格说来,"厄洛斯"只是"性爱"的同义词,还不是现代意义的爱情。所谓爱情,是指男女之间特有的、真挚的、高尚的感情,换言之,爱情是一种男女双方在平等的条件下形成的彼此仰慕、相互爱悦、渴望对方成为自己终身伴侣的最强烈、深沉、稳定、专一的感情。

1. 爱情的本质

自古以来,关于爱情究竟是肉体之爱还是精神之爱的问题,一直是人们关注和探讨的问题。大致有两种不同的看法:一种是超理性主义观点,认为爱情是一种丝毫不带有兽性的高尚的精神活动。著名的"柏拉图式的爱"就是指非肉体的精神结合。斯多葛学派将"柏拉图式的爱"引向基督教禁欲主义,认为人的本性在于灵魂,而灵魂即理性,也就是神。顺应理性而生活,关键在于禁绝欲望,顺应神而生活就是至善。另一种是自然主义观点,完全用性本能定义男女之间的爱情。庸俗纵欲主义者宣称:"食欲付诸实践叫吃饭,性欲付诸实践叫爱情。"罗素认为爱情的本质是自然的"性欲"。"杯水主义"认为,满足性欲的要求,就像喝一杯水那样简单和平凡。这些论调完全抹杀了爱情中的精神因素,把爱情和肉欲混为一谈,看不到人类爱情中为动物所不具备的道德、情感、美感成分。

马克思认为,爱情包含自然属性和社会属性。对爱情的渴望和对异性的欲求是以人的生理发育到性成熟为前提的,这是爱情产生的自然基础。但是爱情的本质属性不在于它的自然性,而在于它的社会性。爱情是一种由自然关系连接起来的人与人之间最亲密的特殊的社会关系,是历史的、具体的,是随着社会的发展而不断向前发展的。恩格斯说,现代的性爱,同古代人的单纯的性要求,同厄洛斯[情欲],是根本不同的。爱情是人们彼此间以相互倾慕为基础的关系,是以一种丰富的、不断变化的社会方式进行的,是男女双方在思想情感、趣味、气质等方面的共鸣与倾慕。马卡连柯说,爱情不能单纯地从动物的性的吸引力培养出来,爱情的爱的力量只能在人类的非性欲的爱情素养中存在。一个青年,如果不爱他的父母、同志和朋友,他就永远不会爱他所选来作他妻子的那个女人。他的非性欲的爱情范围愈广,他的性爱也就愈高尚。爱情是一种比性生活高尚无比的感情,是人类的一种复杂、圣洁、崇高的道德。它激发人的进取心和创造热情,深刻地反映人的思想境界、道德品质。总之,"不应该把精神和肉体分开,把梦想和现实分开,这会导致人的本质的变态,导致扼杀生命。……爱情,这不单是延续种属的本能,不单是性欲,而是融合了各种成分的一种体系,是男女之间社会交往的一种形式,是完整的生理、心理、美感和道德体验。只有人才有完备的爱的感情。""爱情的内容是丰富的、无穷尽的,它是冲动和意识的仙境,是性欲和精神渴求的神奇融合。"①爱情"把人的自然本质和社会本质联结在一起,它

---

① 基里尔·瓦西列夫:《情爱论》,赵永穆等译,三联书店,1984年,第50页。

是生物关系和社会关系、生理因素和心理因素的综合体,是物质和意识多面的、深刻的、有生命力的辩证体。"①

2. 爱情的特征

第一,爱情的平等性和互爱性。爱情是男女双方在自主自愿的条件下建立的真挚感情,真正的爱情是以所爱者的互爱为前提的。所谓互爱,是指男女双方既是爱者又是被爱者,既是爱情的主体,又是爱情的客体,二者的爱必须是双方发自内心的、自觉自愿的,二者在地位上是完全平等的,不存在依附和占有关系。爱情不是私欲,不等同于同情和怜悯,也不是单方面的一厢情愿。男女双方互相爱慕,平等相待,彼此尊重,爱情才能健康发展。

第二,爱情的纯洁性和专一性。自古以来爱情就是一种令人神往的、不断追求的、神圣而纯洁的精神力量。人的一生都在追求一份恒久的、真挚的、轰轰烈烈的爱情。爱情在人们的思想观念里就是美好的东西,是两性在精神和肉体上的共鸣。爱情的纯洁性既不是古希腊哲学家柏拉图所理解的那样,爱情与性欲无关,是男女精神上的相互依恋,也不是英国哲学家罗素所认为的那样,爱情的根源是性欲,爱情的目的就是为了满足性的需要。爱情不是游戏,不是一时的冲动。爱情,绝对不是依附于别的什么东西,比如门第、财富、权力等。它拥有属于它自己的特性,比如浪漫、温存、体贴,只要一个眼神就可以达成的默契,由对方的出现带来的怦然心动……爱情的专一性,就是指一个人在同一时间里只能有一个性对象。除非男女双方尚未确立爱情关系,彼此均有选择的余地,一旦确立了爱情关系,就应该在感情和性关系上保持忠贞专一。当然,爱情的排他性并不意味着对其他人际关系的排斥,包括同异性建立和发展友谊。

第三,爱情的强烈性和持久性。男女双方一旦真诚相爱,其感情可以强烈到不顾一切的地步。这种强烈性是爱情持久性的重要基础。爱情的持久性意味着爱情所包含的感情因素和义务因素不仅存在于恋爱过程,而且存在于婚后夫妻生活和家庭关系之中。科学实验表明,生理上的所谓"爱情激素"并不会在人体内持续很长时间,女性的表现稍好些(一年),而男性只有可怜的 6 个月,这为我们提出了一个严肃的问题:"海枯石烂"真的只是镜花水月?其实,爱情是一种精神生活。尽管生理发育的成熟是爱情的内在动因,但决不是唯一的、决定性的动因。爱情中精神的成分是爱的出发点和归宿。所谓"爱情激素"的作用是在没有精神鼓励条件下,维持对唯一异性的强烈好感,充其量不过是一种激素。科学研

---

① 基里尔·瓦西列夫:《情爱论》,赵永穆等译,三联书店,1984 年,第 42 页。

究表明：爱情不是光靠生物生理激素就能维持下去的，爱情还需要精神的浇灌，注重思想情感的交流，不断注入新的内容，这样才能保持永远相爱如初。总之，爱情是一种精神生活，爱一个人意味着不可推卸的责任。每一天都是爱情的新起点，关键在于你如何发现和创造爱情。

第四，爱情的社会性和历史性。爱情是男女之间互相爱慕之情，是一种崇高的情感，是性爱、友谊、理想和义务等各种因素交织在一起的精神生活。现实生活中，爱情总是通过社会形式得以实现，并受一定社会伦理道德规范制约。基里尔·瓦西列夫在其《情爱论》中说："爱情的深刻基础是由生物因素（性欲，延续种族的本能）和社会因素（社会关系，两人的审美感受和伦理感等）构成的。"完美的人生离不开成功的事业与美满的爱情（以及随之建立的婚姻家庭）。爱情与事业犹如车之两轮、鸟之双翼，爱情需要人们奉献热情与真诚，事业需要人们辛勤耕耘与创造，两者都是人生非常重要的方面，没有了爱情，人的心灵就显得空虚；没有了事业，人生就显得荒芜。

3. 有关爱情的伦理问题

（一）男女相爱靠什么？

关于青年男女相爱的因素，或曰男女择偶的标准，主要有以下几种类型：

（1）以貌取人，即看重对方的容貌，如长相像"演员"、身材像"模特"、体质像"运动员"之类。爱美之心人皆有之，想找一个漂亮的对象，无可厚非，的确，容貌给人以愉悦感。但是，如果把容貌视为唯一因素，那就不是"爱情"了，而是"爱色"了。如果只是以貌取人，一旦"春尽红颜老"，会不会"花落人亡两不知"？所以，男女爱情不应建立在美色基础上，而应该有更多的理想一致、品德相合、情趣相近、性格相容的因素，否则，"以色事人者，色衰而爱弛"。

（2）以才取人，即看重一个人的知识、能力、才华、本领、智力、智慧、学历、学位、职称等因素。这些因素是一个人内在价值的显现，也是社会评价一个人成功与否的重要尺度，它为甜美爱情和幸福婚姻奠定牢固基础。

（3）以财取人，看重的是对方的金钱财富。诚然，在恋爱和婚姻关系中，不考虑一定的财力和经济条件是愚蠢的，但如果把眼睛只盯在金钱上也是危险的，这里需要确立对金钱的正确态度。

（4）以权取人，看重对方的职位和权力，这是一种"官本位"意识和封建等级观念，是一种困于权势的卑俗之见，是不可取的。

（5）以德取人，强调以纯洁的爱情为基础，注重高尚的情趣和健康的交往，尊重各自的自由选择，尊重对方人格，真诚相待，忠贞专一，信守承诺，担当责任。

（6）以情取人，即注重人的情感、情趣、情调、情操、兴趣、爱好、志趣、理想、性格、气质、个性等思想感情因素,毕竟爱情是男女之间建立在生理、心理基础上的,相对稳定和亲密的情感体验,所谓"情投意合""志同道合",往往是恋爱成功的关键。

综上所述,真正的爱情应该是把自己的一切包括幸福都奉献给你所爱的人,而不是把别人的美貌、财物、权势据为己有。休谟认为爱是由三种不同的情感结合发生的:由美貌发生的愉快感觉;肉体上的生殖欲望;浓厚的好感或善意。所以,择偶标准应强调男女平等,看重真挚纯洁的感情,注重德才兼备,追寻志同道合的伴侣,这样才能获得幸福爱情、美满婚姻和完美人生。

(二)恋爱是一种游戏吗?

有人说,爱情是一种缘分,是一种刹那间的心理感觉,如火的爱情,燃烧得迅速、猛烈,却往往很短暂、也容易熄灭,它燃烧的是激情、是爱的欲火,往往缺少爱的理智与清醒。有人说,爱情是一种幻想,是一种心智的博弈,不必当真;甚至说:男女之爱是一种游戏,"不求天长地久,但求曾经拥有"。在市场经济条件下,有些人把爱情当作肉体享受与快乐的工具,宣扬"不求天长地久,只求一时占有""一夜情胜过百日恩",完全抛弃了感情与责任。虽说爱情是可遇不可求的,但爱情更需要耐心寻找、热烈追求、认真对待、精心呵护的。如水的爱情,虽然没有如火的爱情燃烧得迅猛,但它却静静地流淌、长流不息。爱情不仅仅是一种情分,心智的博弈,更是一种责任和义务。对于青年来说,树立正确的恋爱观至关重要。恋爱失败不是一生失败,但恋爱观失败,一生的恋爱都会失败。男女恋爱的前提是双方平等、相互尊重,彼此间要以诚相待,忠贞专一,恋爱对象的挑选应以共同的理想志趣做基础,而不是为了满足暂时的生理或心理需要;恋爱过程中应互敬互助、真诚相待,注重精神的生活,情感的交流,心灵的沟通。要纠正性意识中的偏差,建立健康的性意识,树立起正确的道德观念和法制观念,正确进行两性间的交往,正确处理爱情和友谊的关系。应将恋爱化作激励机制,督促自己进取向上,要格调高尚、行为端庄、含蓄文明、自尊自重,给对方以清新愉快的感受。

(三)爱是情还是性?

爱究竟是什么?是情?还是性?情与性到底是什么关系?柏拉图认为,爱是男女精神上的相互依恋,将爱者的情感完全融化在对爱的人的关怀中。只有心灵之爱(而不是肉体之欲)才是人类真正的爱情。罗素认为,性欲是爱情产生的根源。爱情的目的也就是为了性欲的满足。马克思认为"爱情是人的自然属性和社会属性的统一"。爱情是男女两性在互爱基础上产生的渴望在肉体上和精神上融为一体的强烈的倾慕之情。

究竟怎样理解"情"与"性"的关系?"爱就是性",还是"爱中有性"?应该说,爱情是存在于男女两性之间的一种崇高的情感,是男女之间基于生命繁衍和确保身心最大快慰而产生的相互倾心和追求的生理和社会的综合现象。弗洛姆在其著名的《爱的艺术》中讲述,爱情的内容主要涉及生物因素、精神因素和社会因素三个方面。生物因素是指爱情产生于男女之间,异性相吸的本能使人产生性欲,从而具有与之相互结合的强烈愿望;精神因素指爱情是一种高尚的情操,健康的爱情会愉悦身心,使人产生美好的心理体验;社会因素是指爱情是社会现象,一方面受社会道德、法律、规范的制约,另一方面还将涉及养儿育女,传宗接代的社会功能。因此,爱情由生理、心理、社会伦理三个要素组成。柏拉图式的精神恋爱否认性在爱情中的地位,认为真正的爱情是超性欲的,超功利的,因而把爱情与性生活相分离。其实,性是爱情的一个基本要素,具有不可替代的地位。但是,爱并不等同于性。罗素把爱情仅仅归于性冲动或性生活,片面夸大了性在爱情中的作用,排斥了异性之间的情感、思想方面的关系。把人的爱情仅仅等同于动物的雌雄交配,是一种庸俗的爱情观。爱情本质上是一种认知行为,是真正把握人性之最深刻精髓的唯一办法。一对恋人、一对夫妻如果没有思想感情为基础,只有性欲,那么可以想象他们的关系是不可能持久的,也不可能获得真正的幸福。

(四)婚前进行财产公证是对爱情的亵渎吗?

对社会出现的"财产公证""恋爱合同""契约婚姻"等现象,人们有不同看法。有人表示赞许,认为男女之间的关系应该是平等的。在传统观念中,女性在爱情和婚姻中往往处于弱势地位,女性敢于签署合同表明女性独立人格的成熟。也有人表示疑义,认为如果恋爱双方彼此都没有信任可言,那爱情也就失去了意义。也有人认为,将恋爱和婚前的财产和感情赋予契约的形式确定下来,与社会道德和公共价值观念相冲突。随着市场经济的发展与西方价值观念的影响,爱情和婚姻已经受到各种格式化的契约、协议、合同、证书的冲击。在"财产公证""恋爱合同""契约婚姻"的基础上,用白纸黑字最大限度地维护自己在婚恋中的利益、保护自己不受损失,是缺乏自信心的表现。或许是一种非理性的无奈选择。情感是一种心理活动,一个男人或女人是否继续爱一个人,实际上很难受合同约束的。现代人的婚姻真正需要的是尊重、互信和奉献①。

---

① 有一则笑话说:我去 ATM 取钱,前面有一对夫妻。妻子对丈夫说:"我要输密码了,你走开",丈夫退到一边去了。我心想,这女人好强势啊,说明女人管账啊! 只听到滴滴三声过后,妻子转身对丈夫说:"好了,我输完了,该你输后三位了"! 哎呦,我去,真开眼! 原来是互相制约互相监督呵······高! 还没等我反应过来,就见丈夫稳稳上前,先输入了 3 次退格键······然后输入了 6 位密码······我整个人都呆了,高手啊,真是魔高一丈。谁能保证婚内一定是互相信任的?

三、婚姻家庭与伦理

1. 婚姻的本质

婚姻是由一定时代的社会制度和法律所认可的男女两性相结合的社会形式。人达到一定年龄,随着生理机能的日趋成熟,自然会产生求偶心理和求偶行为。对于男女两性来说,婚姻既是一种自然的生理上的需要,也是一种社会的心理上的需要。婚姻关系总是受到社会的、历史的、文化的、道德的和精神的因素影响。根据达尔文的"性选择"理论,人类性行为的进化表现在人类女性发情期的消失,这样,女性就能够在任何时候性交,中间也不需要周期性的间隔,并且可以从容地按更高的标准来选择自己的伴侣[①]。这对人类在量上繁殖和质上提高具有不可估量的重要意义。随着社会政治、经济、文化生活的发展,性行为的内容、含义和表现形式不断地发生变化。人类婚姻关系的发展经历了一个从杂交状态到群婚形式再到对偶婚形式最后发展到一夫一妻制婚姻的漫长过程。

原始人成群地居住在山洞里,使用最粗陋的石器捕捉鸟兽,茹毛饮血,过着简单的生活。在两性关系上是血亲杂交,即性交不受任何限制,不分辈分、血统,可以随意进行,性冲动能随时得到满足,人们既没有羞耻心,也没有什么性爱之感。婚姻制度起源于两性关系的禁例,即排除了父母与子女之间的通婚,实行群婚制。群婚制有两种形式——血缘群婚和班辈婚,前者适应于内婚制,后者适应于外婚制。恩格斯说:"婚姻集团是按照辈数来划分的:在家庭范围以内的所有祖父和祖母,都互为夫妻;他们的子女,即父亲和母亲,也是如此;同样,后者的子女,构成第三个共同夫妻圈子……兄弟姊妹的关系,在家庭的这一阶段上,也包括相互的性交关系,并把这种关系看作自然而然的事。这种家庭的典型形式,应该是一对配偶的子孙中每一代都互为兄弟姊妹,正因为如此,也互为夫妻。"马克思也指出:"在原始时代,姊妹曾经是妻子,而这是合乎道德的。"[②]后来,当发现近亲繁殖、同胞性交给后代体力和智力上造成严重退化,于是开始限制兄弟姐妹间的血缘群婚,实行两个集团之间的班辈婚,即一群直系、旁系兄弟同另一群不是姊妹的女子通婚,孩子只知其母,不知其父,家庭成员有一个共同的女祖先。恩格斯说:"如果说家庭组织上的第一个进步在于排除了父母和子女之间相互的

---

① 详见达尔文 1871 年发表的《人类起源与性选择》。
② 《马克思恩格斯选集》,第四卷,人民出版社,1972 年,第 31、32 页。

性交关系,那么,第二个进步就在于对于姊妹和兄弟也排除了这种关系。"①在这个阶段,错辈间的性交已被认为可耻和不允许的。社会对于同胞兄弟姊妹之间的性交关系进行道德上的谴责,人们逐步确立了同母所生的子女之间不许有性交关系的道德观念。

人类进入母权制社会,出现了对偶婚制。男女在或长或短时期内成为配偶,同居分居的自由度增大。对偶婚的缔结是以方便和需要为基础的,一个个对偶家庭住在一起,形成一个大规模的集体家庭。由于在这种婚姻关系中,主夫与主妻之间能够保持较长时期的同居关系,所以有可能发展夫妻之间的性爱,使得父亲有可能确认自己的子女。对偶婚突出了自行追求配偶,重视性的直觉,加强了性关系上的隐蔽性,从而使性关系具有了一定的排他性和嫉妒性。随着私有财产出现,对偶婚逐渐过渡到一夫一妻制的婚姻形式。恩格斯指出:"一夫一妻制的产生是由于,大量财富集中于一人之手,并且是男子之手,而且这种财富必须传给这一男子的子女,而不是传给其他任何人的子女。"②"当父权制和一夫一妻制随着私有财产的分量超过共同财产以及随着对继承权的关切而占了统治地位的时候,婚姻的缔结便完全以经济上的考虑为转移了。"③所以,一夫一妻制是作为女性被男性奴役、两性矛盾冲突的开始,是对妇女而不是对男子的一夫一妻制。恩格斯指出:"虽然英雄时代的希腊妇女,比文明时代的妇女更受尊敬,但归根结蒂,她对于男子说来仍不过是他的婚生的嗣子的母亲,他的主要的管家婆和女奴隶的总管而已,他可以随意纳这些女奴隶为妾,而且事实上也是这样做的。"然而,一夫一妻制毕竟是人类婚姻家庭制度的一个进步,其道德意义在于,它要求排除杂乱的两性关系,要求夫妻间保持忠贞专一的性生活,它标志着人类对自己的性生活提出了更为严格的限制,为个人性爱创造了条件。综上可见,人类"这三种婚姻形式大体上与人类发展的三个主要阶段相适应。群婚制是与蒙昧时代相适应的,对偶婚制是与野蛮时代相适应的,以通奸和卖淫为补充的一夫一妻制是与文明时代相适应的"④。人类婚姻的起源和发展在本质上是社会性的。没有社会的禁例、规范、习俗,就没有人类的婚姻。道德因素构成了婚姻关系的本质特征,从而使婚姻制度成为社会制度的一部分。

2. 婚姻和爱情

在人类历史上,男女两性之间的结合源于性冲动,种的蕃衍则是这种性冲动

---

① 《马克思恩格斯选集》,第四卷,人民出版社,1972 年,第 33 页。
② 同上书,第 71 页。
③ 同上书,第 75 页。
④ 同上书,第 70—71 页。

的产物。婚姻和爱情不是同时发生的,爱情的产生比婚姻晚得多,并且,爱情一经产生又不是始终和婚姻紧密相连的,常常出现没有爱情的婚姻和没有婚姻的爱情的分离情形。婚姻总是一定时代的婚姻,并且反映一定时代一定社会的经济、政治和道德关系。在奴隶社会,一夫一妻制的婚姻是以对女子的公开买卖方式实现的。封建时代的婚姻是以维护封建宗法制度为准则,强调"门当户对""男尊女卑""父母之命""媒妁之言"。恩格斯指出,"在中世纪以前是谈不到个人的情爱的"。"在整个古代,婚姻的缔结都是由父母包办,当事人则安心顺从。古代所仅有的那一点夫妇之爱,并不是主观的爱好,而是客观的义务;不是婚姻的基础,而是婚姻的附加物。现代意义上的爱情关系,在古代只是官方以外才有的"①。由于婚姻的缔结"仍然是一种由父母安排的,权衡利害的事情",所以,"第一次出现在历史上的性爱形式,就根本不是夫妻之爱"②,而是婚外的通奸这种形式。资本主义时代的婚姻,虽然"由爱情而结合的婚姻被宣布为人的权利,并且不仅是男子的权利,而且在例外的情况下也是妇女的权利"③。强调婚姻自由,有它进步的一面,但是,人的这种权利在统治阶级中间只能是例外。因为他们的婚姻缔结,是受经济状况支配的,金钱成了婚姻的杠杆。"买卖婚姻的形式正在消失,但它的实质却在愈来愈大的范围内实现,以致不仅对妇女,而且对男子都规定了价格,而且不是根据他们的个人品质,而是根据他们的财产来规定价格。"④可见,历史上人们所讲的爱情,是在婚外发生的性欲和精神方面的满足,不是与牢固的婚姻联系在一起的。在私有制条件下,婚姻和爱情具有共同的特点:第一,婚姻由双方的阶级地位和经济状况决定。第二,婚姻的目的是为了"生育只是他自己的并且应继承他的财产的子女"⑤,不生育子女的婚姻可以解除。第三,在家庭中男女之间是不平等的,丈夫在家庭中居于统治地位,"妻子除生育子女以外,不过是一个婢女的领头而已"⑥。第四,爱情与婚姻是对立的,是婚外的一种性行为。因此与婚姻并存的现象是杂婚与通奸,是两性关系的淫乱。由此可见,"婚姻的充分自由,只有在消灭了资本主义生产和它所造成的财产关系,从而把今日对选择配偶还有巨大影响的一切派生的经济考虑消除以后,才能普遍实现。到那时候,除了相互的爱慕以外,就再也不会有别的动机了"。到那时,"男子一生中将永远不会用金钱或其他社会权力手段去买得妇女的献身;而

---

① 《马克思恩格斯选集》,第四卷,人民出版社,1972年,第72—73页。
② 同上书,第66页。
③ 同上书,第77页。
④ 同上书,第75页。
⑤ 同上。
⑥ 同上书,第60页。

妇女除了真正的爱情以外,也永远不会再出于某种考虑而委身于男子,或者由于担心经济后果而拒绝委身于她所爱的男子"①。

婚姻自由,男女平等,一夫一妻制是社会主义婚姻的三项基本原则。社会主义的婚姻具有全新的特征。第一,婚姻自由体现在对婚姻当事人自主意识和个人意愿的尊重,这种尊重的前提是男女平等。没有这种平等,就不会有婚姻的真正自由。"平等"是指在政治上、经济上双方处于平等的地位,在缔结婚姻、处理婚后事情上具有平等的权利和义务。"自由"是指在道德范围内自由选择对象,发展爱情,在法律范围内自由缔结婚姻。从而,"买卖婚姻""包办婚姻"以及爱情与婚姻的分离状态将被以爱情为基础的婚姻状态所取代。

第二,男女双方对待婚姻的态度是严肃的,对待爱情是忠贞不贰的。婚姻只有严肃而忠贞,才能始终如一,白头偕老;才能显示人的道德情操和社会责任感。周恩来提出夫妻关系的"八互"要求,即互尊、互敬、互信、互学、互爱、互让、互勉、互谅,是正确处理婚姻关系的准则,也是婚姻爱情道德的体现。

第三,婚姻的缔结应始终以爱情为基础,坚持男女之间的平等原则。男女双方不应仅仅出于经济考虑而结合,应该彻底铲除买卖婚姻。男女双方对婚姻的缔结与离异,必须持严肃认真的态度,决不能视婚姻为儿戏。

坚持以爱情为基础的婚姻,这是处理婚姻与爱情关系的道德准则。"如果说只有以爱情为基础的婚姻才是合乎道德的,那么也只有继续保持爱情的婚姻才合乎道德。"②没有爱情的婚姻,是一种名存实亡的婚姻,与其勉强维持,不如干脆离异,离异是对双方感情及其人格的尊重。婚姻自由,不仅包括结婚自由,也包括离婚自由。为了避免"婚姻是爱情的坟墓"的结局,男女双方要重视并夯实爱情的基础,包括体态的美丽、亲密的交往、融洽的志趣、共同的生活理想和价值观。同时,还要培育、呵护、发展爱情。婚姻的缔结意味着家庭生活的开始,夫妻双方不仅要料理家务、顾老抚幼,还要忙于学习、工作,承担各种义务。婚姻生活既是对爱情的严峻考验,也把爱情推向新的高度。

3. 家庭的本质和功能

家庭是男女两性通过一定婚姻制度建立起来的、以血缘关系为纽带的共同生活的组织形式。家庭不仅包括夫妻关系,而且还有父母、子女以及其他近亲之间的关系。一般说来,婚姻是产生家庭的前提,家庭是奠基于两性关系之上、繁殖和延续自己后代的组织形式。家庭是社会发展到一定历史阶段的产物。不同

---

① 《马克思恩格斯选集》,第四卷,人民出版社,1972 年,第 78 页。
② 同上书,第 78—79 页。

时代、社会和民族的婚姻家庭关系在其自然属性上恐怕没什么大的差别，但在社会属性上却大相径庭。家庭作为一个社会组织和生活单位，体现着一定社会的经济关系，同时，作为上层建筑的组成部分，又直接体现着统治阶级在政治、法律和道德诸方面的关系。

家庭是社会的细胞，具有多种社会功能。

第一，生育和抚养的功能。家庭承担着繁衍后代、抚育子女、赡养老人的职责，以保证世代传递及社会发展。随着我国计划生育和优生优育的观念的深入人心，家庭的生育功能有所削弱，家庭结构的小型化，"传统共居"模式的改变在一定程度上削弱了家庭的赡养功能，客观上有助于控制人口数量，提高人口质量，实现下一代的健康成长和家庭幸福。

第二，生产和消费功能。由于生产力状况的制约，家庭还承担物质生活资料的生产，参与社会的分配、交换和消费过程。家庭的经济收入影响家庭成员的生活水平，制约家庭成员的成长和发展。由于我国还处于初级发展阶段，家庭的经济职能特别是生产职能仍然比较明显。农村实行了以家庭为单位的联产承包责任制，带来了农业生产和社会面貌的巨大变化。家庭经济已成为社会劳动部门之一，在社会经济建设中发挥积极作用。"随着生产资料转归社会所有，个体家庭就不再是社会的经济单位了。"①同时，家庭还是一个消费单位。经济的持续发展，收入的不断增加，大大提高了居民的消费能力。居民用于吃、穿、住的消费比重开始降低，享受与发展资料需求高速增长，娱乐、教育、文化服务成为消费热点。

第三，家庭的社会政治功能。家庭是社会结构的基本单位，是社会的细胞。社会的经济、政治和文化生活直接影响着家庭生活。没有国家的繁荣昌盛，就不会有家庭的幸福安康。反之，健康和谐的家庭能给人带来鼓舞和力量，有助于推动社会的进步和发展；家庭的安宁和谐有利于国家的稳定发展和社会安定有序。事实证明，不和谐、不稳定、不健康的家庭，不仅会影响家庭成员的思想情绪，而且会给社会带来麻烦，甚至成为社会的不安定因素。

第四，教育培养功能。家庭是子女社会化的重要场所，家庭教育对孩子的成长发展起着重要作用。孟母"三迁"和"断机杼"的故事反映了古人非常重视家教、家风和家规。在现代社会，家庭规模小型化，独生子女普遍化，给家庭教育带来了机遇和挑战。家长关心和重视对子女的教育，从胎教到家教无不倾注全部心血。父母重视开发孩子智力，教给孩子做人的道理，把孩子培养成人，不仅有

① 《马克思恩格斯选集》，第四卷，人民出版社，1972年，第72页。

利于孩子的前途发展,而且有利于国家和民族的发展。不仅如此,家庭成员之间的相互教育和自我教育也日显重要。坚持家庭成员关系的平等原则,即坚持夫妻权利与义务的平等以及所有家庭成员权利与义务的平等原则,有助于处理和协调家庭关系,有利于彻底摒弃夫权、父权、家长制和男尊女卑等陈腐传统观念,有利于遏制轻视妇女、遗弃女婴和虐待老人等不道德和不合法行为。

4. 有关婚姻家庭的伦理问题

(一) 关于"没有婚姻的爱情"与"没有爱情的婚姻"的讨论

当今社会,"婚外恋"是一个日益突出的问题,引起人们的关注和讨论。"婚外恋"现象比较复杂,有的只是精神方面的恋爱,无可厚非。有的既有精神需要,又有肉体需要,其道德性是存疑的。在婚姻关系内部得不到爱情,就到婚姻关系之外去找,其婚外性行为实际上是对痛苦婚姻的一种反抗,人们对这种情况同情、惋惜多于批评、谴责。有的"婚外恋"根本谈不上"情",而只是"性"。这种婚外性行为,是一种违反《婚姻法》的行为。从理论上说,婚外性行为是指已有配偶的一方或双方与他人发生的性行为,包括通奸和姘居两种方式,以通奸为多。婚外性行为是一种违反社会道德、违反《婚姻法》的行为,它破坏家庭关系,败坏社会风气,并且容易导致其他恶性案件,严重妨碍社会和谐安定,理应受到舆论的谴责和法律的制裁。

然而,对于"没有婚姻的爱情"要作具体分析。大抵说来,发生婚外性行为的动机和目的无非两种:一是为了满足双方一时的需要,多数属于逢场作戏;二是为了满足双方长远的需要,多数是基于双方相爱而产生的,当事者不只是做"露水夫妻",而是要达到解除旧婚姻,重新结合的目的。这种情况的发生,可能是由于父母包办或买卖婚姻,夫妻之间没有感情,其爱情就通过婚外性关系宣泄出来;也可能是个人性爱的持久性差异使然,有时会发生夫妻感情确实已经消失或者已经被新的热烈的爱情排挤的情况。在这种情况下,原有的夫妻关系已经完全不能满足他的生理和心理需要了,于是到婚姻关系之外寻找爱情。当然,我们决不能认为这种婚外性行为是出自爱情的,因而就变得道德了。如果感情发生了变化,那么应该通过法律来解决。

总之,要从根本上解决"没有婚姻的爱情"与"没有爱情的婚姻"的矛盾,必须做到:夫妻关系真正建立在爱情基础上;夫妻双方要注意巩固和发展爱情;要提高自身的思想、道德水平;加强法制教育,对破坏他人婚姻、家庭者进行必要的惩罚;如果夫妻感情确已破裂,应该办理离婚手续。

(二) 同性恋婚姻是否道德?

同性恋(homosexuality)是以同性为对象的性爱倾向与行为,是对同性产生了性感和依恋的行为。同性恋是一个普遍的社会现象,在古希腊和罗马时期,同性恋被认为是一种比异性恋更高级的方式。怀特姆认为,同性恋是在各种不同文化背景下人类性行为的一种基本形式,他在对美国、危地马拉、巴西和菲律宾四国的比较研究中得出判断:这些社会中都存在着同性恋现象;在这些社会中,同性恋者在人口中所占比例十分接近并保持稳定;社会规范既不能阻碍也并不助长同性恋倾向,即同性恋倾向并不会因为某个社会对它持严厉的否定态度而减少,也不会因社会规范的宽容而增多;只要存在一个足够大的人群,就会产生同性恋亚文化。凯查多利在《人类性行为基础》一书中也指出:"同性恋者当中既有穷人也有富人,既有受过高深教育的人也有无知无识的人,既有有权的人也有无权的人,既有聪明人也有愚笨的人。同性恋存在于各个种族、各个阶级、各个民族和各种宗教信仰的人们当中。"同性恋现象古已有之,但直到 19 世纪才开始对同性恋现象进行研究,并且,对同性恋现象的看法和态度也在变化,从最初的犯罪、绞刑架处死,到后来的性变态,再到欧美一些国家认同并允许同性恋婚姻,等等,表明同性恋不是一个简单的问题。2000 年 12 月,荷兰参议院通过一项法律,允许同性恋者结婚并领养孩子,成为世界上第一个实现同性婚姻合法化的国家。随后,比利时、西班牙、德国、芬兰、英国、加拿大等国也都在法律上对同性婚姻予以不同程度的承认和保护。美国的夏威夷州、马萨诸塞州、加利福尼亚州、内华达州、罗得岛、华盛顿州等地区也承认、批准同性婚姻合法化。

然而,时至今日,各个国家对同性恋的看法和态度仍有所不同,其合理性、道德性仍处在激烈的争议之中,有赞同的,有默许的,有反对的,可谓莫衷一是。不管怎么说,同性恋已不再被粗暴地冠以"罪恶的、道德败坏的、心理变态的"行为。研究发现,许多灵长类动物,如猕猴、狒狒、黑猩猩等,都有同性性行为,人类的同性性行为可能是一种基因遗传。

目前关于同性恋,有两种态度和看法,即反对和赞同。大部分人持不赞成的观点和态度。其论据是,同性恋是反常的性行为,违反了自然的规律;是一种倒退的现象,违反了人类进化的规律;助长艾滋病的传播,违背了人类生命健康原则;对我们的社会、家庭和婚姻带来冲击,是不道德的;同性恋会导致一些犯罪现象,影响社会稳定和谐。

与此不同,赞成同性恋的人认为,同性相斥异性相吸在人类社会并非是普遍必然的规律,尽管一男一女的婚姻结合已作为一个人类所默认的历史规律沿袭至今,但是,随着人们认知的发展,对于同性恋者的态度会趋向宽容。性行为的天然功能是生育,是种的繁衍,而同性恋却不能够达到这样的目的。但是,我们以能否生育来衡量人的性行为的道德性,这是不合理的。性行为除了生育功能外,还能给人带来性欢愉、性快感和性欲满足。

　　同性恋是自古以来就有的现象，是少数个人的性取向的自主选择，在崇尚民主自由的今天，对同性恋的歧视就是对个人选择自由的不尊重，是与我们的时代精神相违背的。同性恋者属于少数族群，就好像左撇子一样，我们能否因为同性恋不能生育、属于少数人而排斥他呢，正如我们大多数人都是右撇子一样，能否因为他是左撇子而排斥他，甚至认为左撇子是不道德的不合理的呢？

　　不难发现，同性恋问题争论的实质是个人自由选择和人权保障的问题。如果个人的独特行为方式没有触犯社会的利益，没有给社会带来负面影响，我们是否应该给其以充分的自由选择呢？如果同性恋者自由选择性取向的权利被剥夺，这是否违反了我们社会自由选择的价值原则呢？可见，同性恋是否合理的关键在于它是否能够促进人类的精神自由，促进人的正当权利的实现。总之，同性恋是一种正常的现象，是个人性取向的自主选择，社会应该消除对同性恋者的歧视和偏见，许多国家已设立反歧视的保护性法律。伦理道德应该对同性恋给予宽容、尊严和正常的平等人格待遇。同性恋者要求结婚与他们作为公民的权利没有冲突，应该充分考虑，承认同性婚姻可以使相当一部分同性恋者建立和保持长期关系，减少性病传播的可能性。此外，我国有保护少数族群和弱势群体利益方面的成功经验，如在保护少数民族利益、保护妇女儿童利益方面都属于世界领先地位。对于同性恋这个处于弱势地位的少数族群的保护将使我国的形象更为开明、进步，造成一种各社会群体之间更为宽容、和谐的气氛，有利于国家的形象和社会的稳定。

　　（三）关于"丁克家庭"的伦理问题。

　　"丁克家庭"是"DINK"（double income no kids）的音译，其意是指夫妇双方有收入但没有孩子，也就是说，夫妇双方具有生育能力但自愿不要孩子的家庭。当代世界，人类性生活的模式正在发生变化，婚姻家庭结构正呈现出多样化发展趋势，独居家庭、同居家庭、合伙家庭、合同家庭、同性爱家庭、连续婚姻、不生育家庭等见怪不怪。"丁克家庭"属于人们所说的"两人世界"的家庭结构，这种模式自 20 世纪六七十年代在欧美等地流行。如今也悄悄进入中国社会，并呈递增态势。如何认识并评价这种自愿不生育的"丁克家庭"？需要伦理学进行思考和科学分析。

　　经济变革和社会变迁引发人们思想观念的变化，"丁克家庭"是人们在家庭功能观念上转变的表现。作为一种生活方式，人们选择"丁克家庭"的理由主要表现在：

　　第一，家庭的天伦之乐不再是以前的"多子多福"。在传统观念上，家庭乐趣来自子孙满堂的快乐以及家庭成员的休闲娱乐。随着社会文化生活的发展，家庭的社会性功能外移，人们的娱乐内容和方式日益丰富多彩，电视电影、网络聊天、休闲度假、旅游观光等将家庭生活提高到一个崭新的水平。

第二,社会对家庭的干预减少,人们的生育观念发生转变。传统社会认为家庭对社会的主要功能和主要责任就是生儿育女繁衍后代。所谓"不孝有三,无后为大""有子万事足""多子多福""延续香火"等生育观念,影响人们的生活理想和方式,似乎子孙满堂才是理想的家庭,没有生育就是绝后,会遭到蔑视和嘲讽。随着社会的发展,社会对家庭的干预减少,家庭生活被认为是个人的私事,私生活的权利受到尊重,法律、道德和社会舆论对个人婚姻、家庭生活、生儿育女的干预受到严格的限制。加上妇女文化程度的提高和家庭地位的提升等因素,人们的生育观念自然发生转变。

第三,"养儿防老"随着家庭保障功能的社会化而淡化。在传统社会,人们生活在一种相互依靠的家庭关系中,父母年老体衰时,唯靠儿女来赡养,养儿育女对父母来说就是"养儿防老"。随着社会保障制度的完善,生育、养老、疾病、失业、工伤保险制度日益社会化,家庭的保障功能逐步开始弱化。

应该说,在今天的社会,传统的多子多福观念已被绝大多数人所抛弃,人们或者出于减轻家庭负担、或者出于提高生活质量的考虑,普遍希望少生、优生,有的志愿不生育,这已是一种正常社会现象。

"丁克家庭"是有生育能力的夫妇自愿不要孩子的家庭模式,其存在的意义表现在:第一,有助于夫妻双方专心干事业。"计划不生育"是全新的婚恋观、家庭观和生育观的体现,夫妻不愿意为生儿育女拖累其事业和工作。如果有了孩子,就会为子女的抚养、教育、成长而烦心操劳,势必分散工作注意力,影响事业发展。第二,有利于夫妻双方个性自由发展和自我价值的实现。随着社会经济的发展和物质生活水平的提高,人们的精神生活发生了很大的变化,突出表现在人的主体自我意识的觉醒和价值取向的多样化,特别是知识层次较高的人群,强烈的希望摆脱各种外在束缚,以期最大限度地实现自我价值。"丁克家庭"是注重自我发展和追求个性自由的反映。第三,有利于自己自由自在、悠然自得地生活。当今社会竞争激烈,生活节奏加快,没有子女可以无牵无挂地发展自己,充分享受两人世界的轻松和人生欢乐。

不可否认,"丁克家庭"是当代多元化社会的一种表现形式,但也有人认为这种家庭模式有缺陷。第一,"丁克家庭"使离婚变得容易。常言说"孩子是维系夫妻关系的纽带",孩子是家庭矛盾的天然调解者,一个有孩子的家庭能够使夫妇双方在遭遇困难和麻烦,产生怨恨、焦虑和心理失衡时,得到家庭成员的安慰和关怀。否则,夫妻间产生矛盾,又没有孩子的感情纽带,得不到抚慰和缓解,就容易离婚。第二,"丁克家庭"对中国传统家庭伦理造成冲击。传统社会认为由夫妻、父母和子女构成的家庭才是完整的家庭,家庭成员之间的抚养和赡养承担了社会的功能和责任,促进社会的和谐发展。然而由于"自愿不育",社会人口自然增长率下降,影响社会劳动力的供给。而且,"计划不生育"对"不孝有三无后为大"的传统家庭伦理是一种挑战和违背。第三,"计划不生育"有悖于人类正常繁衍的自然规律。自古以来,结婚成家、生育繁殖、延续家族血脉,是一个人应尽的义务和责任。而且,如果允许"丁克家庭"无限扩展,也有悖于传统的生命伦理观念和人类生命自然规律。

第四章　生命与伦理

现代生命科学发端于19世纪的细胞学说和生物进化论。1863年孟德尔提出生物遗传的分离和独立分配规律,1909年摩尔根提出连锁交换规律,并在果蝇遗传研究基础上创立了基因理论,为人们认识生命开辟了新的途径,成为现代生命科学的理论奠基石。1944年薛定谔论证了基因的稳定性和突变性。1953年,沃森和克里克提出了DNA分子结构的双螺旋模型,证实了基因就是DNA分子。DNA双螺旋结构模型的建立,为人类探索生命甚至改变生命奠定了理论基础,标志着遗传学走向了分子生物学。20世纪70年代,基因工程(也称重组DNA技术),通过对基因的剪裁、组合、拼接改造和加工,使遗传物质得以重新组合,然后借由载体进行无性繁殖,并使新的基因在受体细胞中表达,按照人们预先设计的蓝图产生人类所需要的物质,以达到定向改变生物性状的目的。

一、基因与伦理

基因是控制人类等生物性状的遗传物质的功能单位和结构单位,是具有遗传效应的脱氧核糖核酸(DNA)片段。每个DNA分子含有很多基因,每个基因都有一种或几种蛋白质和化合物的图谱,特定的蛋白质和化合物决定了人体的特定细胞和器官的形成与运作,包括人类的生老病死。

1. 基因研究是否需要规约

现代基因研究大体分为三类:第一类是生物基因研究,主要任务是破译人体密码,并在此基础上,最终战胜癌症、心血管和循环系统疾病等发病率较高、目前又不能治愈的疾病。第二类是绿色基因技术,任务是通过修改植物基因来培育转基因食品,该技术可能向人们揭示全新的食物前景。第三类是再生基因技术,即通常所说的"克隆"技术。

伴随基因研究及其基因工程技术的发展和应用,出现了一系列的伦理难题需要研究和解决。早在基因工程研究初期的1972年,诺贝尔生理学及医学奖得主、美国斯坦福大学教授伯格将猿猴病毒 SV40DNA 与大肠杆菌质粒 DNA 通过剪切后拼接在一起,人工构成了第一个重组 DNA 杂交分子。生物学家普兰克提醒伯格:带有 SV40 的细菌大量增殖有可能成为传播人类肿瘤的媒介。伯格接受了普兰克的建议,停止自己的研究。但是基因重组的研究并未停止,于是伯格在《自然》杂志上发表"伯格信件",向全世界科学家呼吁在重组 DNA 分子潜在危害尚未弄清或尚未找到适当的防护措施之前,应自动停止生产剧毒物质基因以及致癌基因的扩增实验。从此,科学家在基因工程研究中,面临着痛苦的两难选择:是在新的生命科学发现之前止步,还是置伦理道德于脑后? 对这个问题的讨论直接导致 1976 年美国政府颁布了《关于重组 DNA 分子研究的准则》,加强基因研究管制,立即暂停基因重组研究。事实上,伯格信件及伯格会议对基因重组技术的危险性估计过高。只要我们在研究和实验过程中严加控制,妥善管理,认真对待,采取严密防范措施,这些潜在危害是完全可以避免的。

基因伦理学就是根据道德价值、伦理学理论和原则,对基因研究及其应用领域进行评价和研究的学科,包括基因工程技术应用伦理学、人类基因组研究伦理学、克隆技术基因工程伦理学、胚胎干细胞研究伦理学、遗传病信息处理伦理学、遗传病国际合作研究伦理学、生殖技术应用伦理学等。世纪之交,国际上启动了"人类基因组计划"(HGP),旨在研究并绘制人类基因的图谱,包括遗传图谱、物理图谱、转录图谱和序列图谱,有望了解人类基因的排序、功能、表达以及基因与蛋白质的相互作用机理,揭示人类生老病死的根源,进而征服各种疑难病症,达到延年益寿的目的。

人类基因组研究涉及人类生命的存在和发展,直接面临伦理道德的关注。比如,你研究的基因样本从哪里获得? 是从商业途径买来,还是从受试者那里获取? 受试者是否知情? 是否了解你的用途和可能获得的利益? 鉴于此,人类基因组计划一开始就强调同时进行伦理、法律和社会问题(ELSI)的研究,目标是预测和考虑人类基因组计划对个人和社会的意义以及可能带来的后果。1990年国际人类基因组研究所建立了 ELSI 研究项目,聚焦四个方面的问题:① 利用和解释遗传信息时如何保护隐私和达到公正;② 新基因技术应用到临床时,如何处理知情同意等问题;③ 对于参与基因研究的人类受试者,如何做到知情同意,保护个人隐私;④ 公众和专业人员的教育。

2000 年中国人类基因组社会、伦理和法律委员会通过了一项声明,表示接受联合国教科文组织的《人类基因组和人类权利的普遍宣言》及国际人类基因组组织(HUGO)的原则,强调人类基因组是人类共同遗产的一部分;坚持人权的国际规范;尊重参加者的价值、传统、文化和人格,以及接受和坚持人的尊严和自由;同意国际人类基因组组织的《关于遗传研究正当行为的声明》《关于 DNA 取样：控制和获得的声明》《关于克隆的声明》和《关于利益分享的声明》，同时，根据上述原则和文件就人类基因组及其成果的应用达成如下共识：

① 人类基因组的研究及其成果的应用应该集中于疾病的治疗和预防，而不应该用于"优生"(eugenics)；

② 在人类基因组的研究及其成果的应用中应始终坚持知情同意或知情选择的原则；

③ 在人类基因组的研究及其成果的应用中应保护个人基因组的隐私，反对基因歧视；

④ 在人类基因组的研究及其成果的应用中应努力促进人人平等，民族和睦和国际和平。

由此可见，基因研究及人类基因组计划必须认真对待生命及其相关的伦理问题，所有的研究必须符合人类的长远利益。

2. 谁来判断"好基因"和"坏基因"

基因研究有助于揭示人类生老病死以及行为方式的根源。然而，引起人们关注的问题是，基因究竟有无好坏之分？带有致病基因的人能算作病人吗？有人认为，基因有好坏之分，致病基因就是坏基因，非致病基因就是好基因；也有人主张，可以用基因技术改变人的肤色、发色或身高，甚至主张用基因技术来"改良"人种，制造出能力非凡的"超人"。这种想法古已有之，不足为怪。从基因着手治疗肥胖病、忧郁症、识字困难、身体太矮、秃顶，并用来加强美貌、智力、体格、运动才能等，仍属于优生范畴。DNA 螺旋结构发现者之一的沃森说："没人有胆说出来，但在我看，如果我们知道怎么添加基因，制造出较好的人类，何乐而不为？"[①] 从调查看来，在美国，有不少人赞成用遗传工程改善身体与智力。"我很想去购买好基因""我想给胎儿做基因检验"的想法司空见惯。但是，人们决不会忘记，20 世纪 30—40 年代，纳粹德国的遗传学家和医学家担心德意志民族质量下降，内有大量"劣生"残疾人，外有大量"劣等"民族，于是制订国家规划并通过了《绝育法》《婚姻法》《优生法》等法律，实施所谓"雅利安婴儿计划"，掀起了狂热偏执的"优生运动"，不仅助长了种族主义、法西斯主义，而且给人类带来了深重灾难。

从伦理学角度看，基因的"好"与"坏"，都是相对的。每一个人都可能有一些缺陷基因，甚至带有某种绝症基因。研究表明，人的许多种遗传性疾病是与基因

---

① 转引约翰·奈斯比特：《高科技思维》，新华出版社，2000 年，第 129 页。

有关的。比如哮喘,如果夫妇二人中有一人患有哮喘,孩子得哮喘的概率有25％;如果二人都有哮喘史,孩子得病的可能性会上升到50％。又比如糖尿病,如果夫妇二人中有一人患有Ⅰ型(胰岛素依赖型)糖尿病,孩子得此种糖尿病的概率有5％;如果二人都有Ⅰ型糖尿病,并且两人都继承了MHC基因,孩子得病的危险性上升到20％。还有忧郁症,如果父母有忧郁症史的,则孩子得此病的机会是普通孩子的3倍。基因对人的生老病死的"命运"确实具有决定作用。然而,人们会问,这些疾病基因、缺陷基因对于人的生命一定是"有害的"吗? 是否一定要消灭它呢? 研究表明,一些人天生不易得艾滋病,是因为这种人具有某种基因缺陷。一种导致镰细胞贫血症的基因同时又是预防疟疾的功臣。霍金因基因突变,导致肌肉萎缩症,但这并没有影响他成为当代最伟大的科学家。一些伟大的艺术天才,在生理上有某些疾病,但在其他方面却作出了非凡成就。绘画天才梵高、思想家尼采都是精神疾病患者,如果在他们那个时代就用基因治疗技术,不让他们出生,恐怕人类就少了一个卓越天才人物。对一个个体来说,尽管他有某些弱点和缺陷,但同时也不能排除其有某些优势和特点。事实上,健康与疾病总是相伴相随的,即使你有了好的基因,以后也会发生突变,有可能向不好的方面突变。

可见,基因在质量上不存在绝对的"好"与"坏",在作用上也不能决定人的一切。一个人是否聪明,遗传的力量和环境的作用各占多少比例,这是至今仍需要研究的一个问题。比如人的性格特征,在多大程度上与基因遗传有关,在多大程度上与社会环境有关,一直是一个争论不休的问题。法国遗传专家兰葛纳认为,人不是简单的某两种基因的混合,不是从两种基因中得出平均值。每一个人都在以不同的方式进行着基因重组,因此基因的组合永远是最独特的。而混血更是增加了人类的多样性。无论如何,我们不应忽略家庭教育、社会环境以及生活方式对一个人成长成才以及延年益寿的影响。所谓"有其父,必有其子"以及"一龙生九子,九子各不同"的说法,印证了先天和后天相互作用的道理。那种认为人的健康、疾病,乃至社会地位等都是基因决定的观点是完全错误的。

3. 如何保护公民的基因隐私

人类基因组研究有可能揭示人类生命的奥秘,并为每个人制作一份详尽的"基因信息卡",包括基因图谱和遗传信息等。与其说这是令人兴奋的报道,毋宁说是令人担心和忧虑的事情。因为基因研究及应用会带来一系列伦理学问题,比如:基因图谱和信息的应用如何保护人的社会权利? 基因组信息的医学解释如何确保人的心理、名誉不受伤害? 基因资源与DNA银行如何加强管理避免基因资源外流、被垄断和混乱? 如何保护公民的遗传信息隐私? 一旦遗传密码被破译或记录在案,那些有基因缺陷的人会不会遭到歧视?在就业、升职以及人寿保险等方面会不会遭到拒绝?甚至在爱情、婚姻和其他社会交往中会不会遇到麻烦?如何在基因技术运用中坚持自主、有利、公正、尊重和关怀的原则?以平等严肃的态度对待不同基因的人?

美国 2000 年的一个调查显示,有 75％的被调查人不希望保险公司掌握他们的基因信息。针对某些公司从雇员身上抽取血样,然后进行基因缺陷检测,把基因检测结果作为是否继续雇佣的事件,美国公平就业机会委员会在一份声明中指出,"在科学和技术进步的同时,必须保持警惕,确保新的科技成果不被用于违反劳动者的权利"①。也出于担心基因检测将使一些体质差、易于受伤或患病的人不被用人单位雇佣,美国已有 22 个州通过了禁止在雇人时借助基因检测来做决定的法案。

基因研究的成果及其应用之所以在世界范围内越来越受到关注,还有一个重要原因在于,担心基因研究成果可能被滥用,造成社会基因歧视。现实社会已然存在各种歧视现象,其中包括性别歧视(男女不平等)、年龄歧视、异性恋对同性恋的歧视、性状差异的歧视(如身材特别矮小的人被人瞧不起),由遗传基因引起的种族仇视已成为全球性问题。如果个人基因信息得不到严格有效保护,公民基因隐私外泄,就会发生新的歧视。如果疾病、遗传病史以及 IQ、EQ、人的潜力等能通过基因密码分析和预测,公司出于利益的考虑,会不会把一些基因缺陷者打入另册?遗传信息被滥用会导致严重的社会危害,特别要警惕野心家、战争狂人、宗教极端分子、恐怖集团和精神变态者,有可能把遗传密码作为实现其邪恶目的的手段,在不露声色中制造恐怖事件。如果不加控制的随意乱用基因技术,甚至进行商业运作,也会带来不堪设想的后果。如将基因研究成果应用于"优生",不论是增强性状或能力的体细胞、生殖细胞基因干预,还是所谓的"名人精子库""模特卵子库",都会引起对不被增强的性状的歧视。由于存在隐性基因和基因的突变,各种疾病和绝症的出现就不可避免。而疾病是极易引起歧视和不公正对待的,像麻风病人、艾滋病人、精神病人、残疾人等容易被歧视。因此,应该高度重视公民的基因隐私权的保护,特别是对那些携带所谓"坏基因"人的保护。联合国教科文组织在人类基因与人权宣言中明确指出,任何人都不应该由于基因特征而受到歧视,都不能由于基因缺陷而受到不平等的对待。任何社会或国家都无权将残疾人视为负担,相反,应该肩负起保护他们的义务和责任,提供均等机会,开发其潜能,给予其平等待遇,使其享受公民的平等权利。从伦

---

① 转引吴伟农:《美国首例基因隐私与歧视案闹上法庭》,新华社 2001 年 2 月 12 日,http://news. China. com/zh_cn/important/1024/20010212/11163. html。

理上说,残疾人与健康人没有人格"优劣"之分,都应享受平等权利。

此外,基因伦理学还要求坚持知情同意、知情选择和严守秘密的原则。你的基因样本被获取做研究,谁该知道这些结果呢? 你有权知道或不想知道,甚至放弃知道的权利。但其他人呢? 你的亲属、朋友、恋人、学校、工作单位和保险公司等该不该知道? 也许你的亲属应该知道,因为他可能和你具有同样的致病基因,有较高的风险。但是用人单位或者保险公司呢? 如果让其知道你的基因存在缺陷,你是否会面临尴尬局面? 是否会被保险公司拒之门外? 显然,用人单位或者保险公司无权知道你的基因隐私。坚持知情同意和严守秘密的原则,体现了病人、受试者和当事人的自主权。

基于上述情况,应该制定防范基因歧视、保护基因隐私的相应法律法规,明确规定,人类基因组计划以及基因知识的应用不应该给病人、当事人、受试者、遗传病患者、残障人以及利益相关者造成伤害;在基因技术应用中,应该坚持尊重的、有利的原则,避免损害或者使损害减小到最低限度,并在损害发生时给予应有的赔偿。

4. 转基因食物是否安全可靠

转基因技术是将高产、抗逆、抗病虫、提高营养品质等功能性状的基因,通过现代科技手段转入目标生物体中,使受体生物在原有遗传特性基础上增加新的功能特性,获得新的品种。转基因技术是现代科学和技术迅速发展的必然结果,在医药、工业、农业、环保、能源、新材料等领域有着广泛的应用前景。1983 年,世界第一例转基因作物——转基因烟草诞生。1994 年,美国实现第一例转基因植物——延迟成熟转基因番茄的种植,随后一些国家如加拿大、阿根廷、中国开始种植转基因作物。转基因作物成本低、产量高,具有抗除草剂、抗虫和抗病毒等特性,可以提高食品的品质和营养价值,便于运输、储藏,增加保鲜性。基于这些优点,转基因植物、转基因动物和转基因微生物纷纷从实验室走向市场,取得巨大的经济效益。从 1994 年起,玉米、大豆、油菜籽、棉花、木瓜、土豆、稻米、南瓜、糖用甜菜和番茄的转基因品种开始在部分国家销售和贸易。

然而,转基因技术和其他高技术一样,也可能存在风险和危害。

(1) 转基因技术将异源基因转入目标生物体,虽然其 DNA 可以精确地剪裁和植入,但不能排除目标生物体其他基因功能的突变。英国的研究显示,转基因作物中的突变基因可能会跨越种群和转移至细菌,其结果可能导致新的疾病,一旦出现无法治疗的并广泛传播的疾病时,后果是不堪设想的。科学家对获准在西班牙和美国商业化种植的转基因玉米和棉花进行针对性研究后认为,转基因作物可能引起脑膜炎和其他新病种。转基因治疗性药物、转基因人体组织器官等是否对人体健康造成影响,目前还无法检测证实;转基因食品可能诱发癌症并传递给下一代以及导致失调,可能需要 30 年或更长时间来证实。转基因食品尚未进行长时间的安全试验,可能存在安全隐患。

(2)转基因食品改变了食品的自然属性,可能减少食品的营养价值或降解食品中的重要成分。美国的研究表明,在具有抗除草剂基因的大豆中,异黄酮类激素等防癌的成分减少了,具有芳香、有光泽的红色番茄能贮藏几周,但营养价值较低。

(3)转基因作物对非目标生物构成威胁。实验表明,用转基因马铃薯饲喂蚜虫,雌虫的产卵量减少 1/3,用喂转基因马铃薯长大的雄蚜虫与对照组蚜虫交配,所得的未受精卵数量多 4 倍,已受精卵在未孵化前比对照组死亡率高近 3 倍,以转基因马铃薯蚜虫为食物的雌瓢虫的存活时间比对照组少一半,如果大规模的种植转基因作物,可能会减少有益昆虫的种群。另据 *Lancet* 杂志 1999 年 10 月 16 日报告,苏格兰 Rowett 研究所的 Pusztai 首次用转雪花莲凝结素 (GNA)基因的马铃薯喂大鼠,10 天后,发现饲喂组大鼠结肠、空肠和部分小肠黏膜变厚,而未饲喂转基因马铃薯组未发现病变。他还观察到,实验鼠肾脏、胸腺和脾脏生长异常或萎缩或生长不当,多个重要器官也遭到破坏,脑部萎缩,免疫系统变弱。他认为,也许是导入的基因激活或阻止植物中的其他基因的结果。英国皇家医学会对此专门组织科学家进行调查研究,认为该实验从设计、执行到分析等多方面存在缺陷,不应过早得出结论,虽然两组存在差异,但因受实验技术及统计方法的限制,这些差异说明不了问题,不过仍不能消除人们对转基因食品的疑虑。

不难发现,关于转基因食品的安全性,即其长期负面影响,迄今为止还不能断定,国际社会也未达成共识。不过鉴于转基因食品存在的不可预测的风险,各国政府还是采取了审慎的预防策略。比如,墨西哥禁止种植转基因玉米,欧盟暂缓进口转基因食品,日本、澳大利亚、新西兰等国要求在转基因食品上明确贴上标签,说明转基因成分的含量,英国许多大超市禁止使用转基因生物作为原料生产食品。

可见,转基因食品在给人类带来巨大经济效益的同时,可能存在安全风险,因此受到公众高度关注,并引起激烈的伦理争论。争议的焦点在于"安全性"问题,即,转基因食品是自然的还是非自然的? 如果是非自然的话,是否违背自然规律? 转基因食品究竟是否安全? 如何避免转基因产品对人体健康可能带来的负面影响? 如何减少转基因产品对非目标生物的影响以及对生态多样性破坏的潜在风险? 如何消除转基因产品对环境安全的威胁? 如何保证转基因食品商业化的利益公正分配? 如何保证公众对转基因产品应有的知情权和选择权? 转基因食品是否应该标识？

2005 年 6 月,世界卫生组织(WHO)发布一份题为"现代食品生物技术、人类健康和发展"的报告,认为新的转基因(GM)食品能够提高农作物的产量、食品质量以及在一个特定地区生长的食物的多样性,有助于获得更多的经济效益,增进健康和营养。同时,该报告也指出与转基因食品相关的潜在风险,采用新基因可能改变农作物现有的遗传基因,强调在新的转基因食品的生产和销售之前应就其对人类健康的潜在影响进行评估,开展长期监测,以便及时发现任何可能的不利影响。报告还建议今后应扩大对转基因食品的评估,使之包括社会、文化和伦理方面的考虑,以确保对生产、种植和销售转基因产品持允许和不允许立场的国家群组之间不产生"基因分歧"。

2013 年 4 月,中国科学院发布《关于负责任的转基因技术研发行为的倡议》,指出,从事转基因基础研究、应用研究和产品开发,以及负责转基因技术安全监测和评价、检测技术研究的科研人员,应该坚持如下原则：

第一,负责任的原则。应关注技术应用的不确定性和社会效果,自觉维护健康安全、环境安全和国家安全;应加强安全管理的责任,遵守实验室、试验区域安全管理规定,定期检查计划执行和实验(试验)记录及结果,建立安全管理档案,自觉接受社会监督;应加强安全性研究的责任,注意转基因产品生成过程,分析转基因产品内基因产物可能引起的风险和基因转移的可能性,从技术发展初期就尽可能地避免或减少风险因素,加强转基因作物对健康和生态系统影响的研究;应自觉承担对研究后果的安全评估责任,推动转基因产品检测、监测技术的发展,提高转基因技术及产品的安全评估能力。

第二,可持续的原则。在推进转基因技术发展的同时,积极关注技术应用的社会和环境效果,预见技术的潜在风险,自觉规避技术的负面影响;保障安全,缓解资源约束,保护生物多样性,保护生态环境,拓展其在医药、农业、环境和其他相关产业中的应用,为人类健康、粮食安全、营造可持续的生存与发展环境服务。

第三,服务于国家、社会的原则。科研人员在转基因技术研究、开发和应用活动中,应自觉遵守科研规范,思考技术开发和应用可能带来的伦理、社会和法律问题;在决策咨询中,应坚持审慎负责的行为,提供全面、准确、真实、客观的意见,给出合理的理由或证据来支持论点,履行社会责任,促进转基因技术良性发展;在风险管理过程中,应坚持公正理性的立场,在科技传播过程中坚持诚实坦率的态度,忠实于事实与证据,尊重公众知情权,并以恰当的方式与公众沟通;应遵守国家有关转基因生物安全管理的法律法规、技术规程和管理体系,遵循国际相关生物安全公约,不要受各种潜在利益的影响,谨慎对待以营利为目的的商业研究,规避利益冲突可能导致的负面影响。

总之,对转基因食品进行安全评估,包括食品安全、生态安全、对生物多样性的影响以及可能的跨物种感染四个方面的评估,关乎人类健康和环境保护。虽然转基因食品对人类健康短期的或直接的影响较小,但是长期的、累积的、间接的影响不可忽视;尽管转基因食品的跨物种感染可能性比较小,但鉴于它的破坏性巨大,还是应该引起高度重视。国家应该尊重不同民族、宗教团体和公众的价值观、宗教信仰和消费偏好;尊重消费者的知情选择权,不仅在转基因食品进入市场之前,检验它对人类健康的影响,而且在销售转基因食品时应该加以标识。质言之,公众应以理性的态度对待转基因技术及其应用,既要尊重转基因技术的自身规律,又要坚持以人为本、造福于人类的原则。

5. 基因研究的前景与隐忧

基因研究具有广阔的前景,同时也面临新的风险与挑战。应用基因技术给人类带来福利的同时,也要接受社会伦理道德、政治法律的检验。

第一,关于基因疗法的伦理问题。这里引起争论的问题是:能否利用基因技术来改良人种?以所谓人体的理想标准来创造具有窄鼻、长腿、宽肩、细腰特征的人?我们是用胚胎治疗法来治疗重大疾病,还是用来改进人类特征?生殖细胞基因工程可以改变生殖细胞的遗传物质、防止后代患某种遗传性疾病,以及为增强身体某一性状而改变生殖细胞的遗传物质,使增强的性状传至后代。但是,由于技术和知识水平的限制,接受转基因的受体生殖细胞可能发生随机整合并传至下一代,甚至产生非人类的一些性状或特性,所以,人们强烈反对这种生殖细胞基因技术。除了医学上的问题外,改变基因疗法和改良人种还会引起道德以及宗教方面的反对。人们不应以基因改造方式决定流行的身体特征,如身高、脸型、腰与臀的比例等,应该绝对禁止那种企图用基因技术制造一种人猿混合物种的试验。虽然改变基因的疗法可以治疗某些遗传疾病,但该疗法也会导致其他有关基因疾病,比如改变体细胞基因疗法可以治愈某些疾病,但其所改变的基因是不具遗传性的,对于可遗传基因导致的疾病,这种疗法并不奏效。所以,在缺乏相应的标准和严格监控的情况下,可能会影响下一代健康的基因疗法并不安全,应该绝对禁止。

第二,关于基因专利的伦理问题。国际上的基因资源的争夺引发基因能否被专利化的问题。基因专利问题涉及两个方面,一是基因研究是科学发现还是技术发明,二是基因专利的利与弊问题。

关于基因是发明创造还是科学发现问题,有两种不同观点。一种以美国高等法院为代表,他们认为基因能够被专利化,因为一旦经过一系列科学技术和科学实验将这些基因序列从生命体中抽离出来,这已是对基因的新发展,这种发展体现的是另外一种现实价值,因此,基因就属于科学发明而不再是科学发现。另外一种观点主要是以法国和奥地利等国的科学家为代表,他们认为基因是人类与生俱来、天然存在的物质,不属于新发明新创造。任何个人或者是组织都不可能独自占有甚至将这种天然资源私有化,基因专利化不能体现出现代科学的精神气质。

不难发现,在基因专利问题上的争议,折射出国家之间的庞大经济和商业利益的博弈,发达国家认为基因可以被专利化,而大部分发展中国家则持反对的态度。发展中国家基因资源的大量流失隐藏着巨大的忧患,如果基因资源被发达国家专利化、私有化,其后果实在让人难以想象。发达国家对发展中国家的基因资源的窃取,可以说是一种反道德的欺凌和对生命的亵渎。自专利制度诞生以来就一直恪守一条原则,即"科学发现不授予专利权"。我国《专利法》第五条明确规定:"对违反国家法律、社会公德或者妨害公共利益的发明创造,不授予专利权。"

虽然关于基因到底是"发现"还是"发明"的观念仍争论不休,但是,关于基因专利的利与弊还是值得梳理和澄清。一般来说,基因专利的好处有:首先,有利于科技的发展。基因授予专利能够极大地促进科学家的实践积极性,促进科学界的良性竞争,使基因科学事业更好地为人类造福。其次,有利于促进商业经济的发展。从长远看,在特定领域比如医药领域会带来巨大的商业利益。再次,有利于保障社会群体的利益,毕竟基因的发现需要政府乃至私人企业花费大量的时间、金钱和技术,如果不设置基因专利以保护发现者的利益,将会削弱发现者的积极性,从而延缓基因密码的破解,无法治愈某些遗传疾病。

然而,也应清醒看到,基因专利存在弊端。首先,尽管基因专利有利于鼓励科技的进步,但是基因资源专利化有可能形成垄断。如果将人类基因的某个片段的某种功能变成专利,意味着这个片段只为一小部分人了解和研究,乃至被垄断,有可能扼杀了某些遗传疾病被治疗好的机会。其次,基因专利可能会对发展中国家的公民乃至于经济造成一定程度的伤害,事实表明,某些发达国家出于商业利益,以各种手段窃取发展中国家特有的基因片段以作研究,这是极其不道德的行为。再次,基因专利化有损人类尊严,损害了基因提供者对自身器官的所有权,即基因提供者有自主的权利去控制属于自己的基因,如果其他人将基因提供者的基因设置专利,则会损害提供者的自主控制权。随着基因专利的发展,有可能会损害提供者的个人隐私权。最后,基因专利违背了社会的公平和正义,基因专利使基因资源成为私有化的资源,将原本公有化、属于全人类的资源据为己有,无疑造成极大不公。

总之,衡量基因专利的利与弊,应该坚持做到:基因在专利化的同时,不应忘记基因是全人类的共同资源,各国各群体在进行基因资源开发过程中应该相互尊重、公平竞争,以促进对基因资源的共同开发和利用。同时,全球范围内应该做出对基因专利的伦理和法律限定,以防止由于基因专利化可能带来的垄断行为。作为开发者本身,要树立正确的态度,谨记自己从事的是一项关乎全人类的事业,提高自身的道德修养以便更好地为人类造福。发达国家应该反思自己对发展中国家基因资源掠夺的行为,不应将发展中国家和社区当作 DNA 样本的廉价提供者。国际组织应该反对基因海盗行为和基因殖民主义,加强对发达国家窃取基因行为的管制,提倡遵守国际合作的基本原则和公认的国际准则,提倡团结合作,互惠互利,信息共享,公正分配。

第三,关于延年益寿的伦理问题。科学家在对果蝇、线虫等低等生物研究中发现,有些基因与寿命相关,这些基因发生突变以后,其寿命延长了,有的延长 5 倍,有的延长 6—7 倍。这些基因在寿命延长中所起的作用大部分是降低代谢水平。于是有人以此类推,说人类现有的最长寿命是 120 岁,再延长十倍,就有可能活到 1 200 岁了。人类真的有活到 1 200 岁的潜力吗?这种梦想真的能实现吗?每个人都渴望自己健康长寿,这是可以理解的。但是奢望从现在的 70 多岁一下子提高到 1 200 岁,这是匪夷所思的,也不太现实。按照目前的认识,延缓基因衰老过程是以降低代谢、降低生物体的活力为代价的。如果真的能活到 1 200 岁,可以想象这样的人可能是昏昏沉沉的、缺乏生命活力的人,这样的生命、这样的长寿是没有多大意义的。

有人认为,基因组序列测序完成以后,通过基因修补和改良,人类可望攻克所有不治之症,甚至将来人不会得病,这也是不可思议的。因为并非所有的遗传病都能治好,人类也不可能彻底消除遗传病,宣扬基因组能包治百病,只是商业炒作而已。固然,基因研究有助于人的健康长寿,但是,医学针对基因的慢性病,如心脏病、高血压、糖尿病、风湿病、各种肿瘤等的治疗绝非短期就能见效。总之,与其追求外在自然生命的延长,倒不如提升内在生命的质量和价值。

第四,关于基因武器的伦理问题。所谓"基因武器"是指利用基因工程技术对生物制剂(细菌、病毒等)、食物等进行有目的的改造,研制出的新型生物战剂,换言之,基因武器是利用基因工程技术,是在基因工程的基础上,采用遗传的方法,通过基因重组,把特殊的致病基因移植到微生物体内而制造出自然界没有的新生物和新食品,即新一代生物武器。目前基因武器主要有以下几类:微生物基因武器,主要利用基因重组技术来发明新的战斗武器;毒素基因武器,主要利用生物自然产生出来的天然毒素或者利用这种天然毒素增强现有武器威力的武器;种族基因武器,主要针对某个国家、某个地区、某个人种甚至是人体的某个部位的武器,这种基因武器不但具有精准的杀伤力,而且具有巨大的针对性。当下最具有潜在威胁性的基因武器,就是种族基因武器。

基因武器具有以下一些特点:成本低,杀伤力大,持续时间长;使用方法简单,施放灵活,隐蔽性强;只攻击或大规模杀伤敌人的有生力量,而不破坏非生命物质。医学研究证明,多数抗生素耐药基因都在微生物的质粒上,并通过质粒的转移和结合在微生物间传播。正是由于这种原因,很多抗生素产生了严重抗药性,从而起不到治疗作用。如果将这些抗药性或抗疫苗基因转移或拼接到经典生物战剂中,培养出抗药物、抗疫苗的新菌株,就能大大提高杀伤性,一旦将这种生物战剂投入战场,将无可救药。炭疽热本来是一种存在于自然界的疾病,可以用青霉素的衍生物来治疗,但是,如果在炭疽杆菌中引入一种内酰胺酶基因,就可以使抗生素失效。利用遗传工程技术就能研制出一种属于炭疽变素的新型细菌武器,使任何药物治疗都变得无能为力。据报道,美军医学研究所的科学家已用基因工程技术将天花病毒与一种致死性极高的“埃博拉”病毒结合在一起,生成了一种名为“天花-埃博拉病毒复合体”的基因武器。这种武器既有天花的高度传染性,又有“埃博拉”的严重内出血致命性,即使接种了疫苗也无济于事,威力相当惊人。

基因武器已经成为和核武器一样具有巨大杀灭能力的军事武器。如果将埃博拉病毒、马尔堡病毒、艾滋病毒、炭疽杆菌、鼠疫杆菌、霍乱弧菌,甚至流感病毒等都制作成基因武器,这些“生物原子弹”足以毁灭全人类。

面对这种具有极大杀伤力、针对性和不可预测性的基因武器,人类该怎么办?首先应该清醒地看到,基因技术可能给人类的生存与发展带来意想不到的潜在风险。实际上基因武器是对人类神圣生命的极大侵犯,是用人类自身来攻击人类自己,极大地威胁并损害人类的生存权。

因此,人类必须建立起自身的道德底线,尊重生命,和平共享基因资源,注重公平与正义,充分意识到基因技术的利与弊,更好地利用基因这种宝贵的资源为人类造福。同时,坚决反对种族主义、极端主义、霸权主义,遏制“基因武器”实验,促进人人平等、民族和睦和国际和平。

二、人工生殖技术与伦理

人类的繁衍和生殖一般通过两种方式完成,即自然生殖和人工生殖。在正常的情况下大多是自然生殖。自然生殖是几百万年进化形成的,是最优的生殖方式,通过性交、授精、输卵管受精、植入子宫、孕育、分娩。人工生殖是指现代辅助生殖技术,包括人工授精技术、体外受精技术、胚胎移植技术、卵子精子和胚胎的冷冻保存技术、无性(克隆)生殖技术及其各种衍生技术。

1. 人工生殖技术的伦理研究

人工生殖技术是借助于医学手段代替自然生殖过程的某一步骤或全部步骤的技术,实质是对精子或卵子、受精卵、胚胎进行人工操作以达到受孕的目的,引发一系列法律、道德和社会问题。为了促进人工生殖技术的应用和发展,保护人民群众的健康权益,我国政府制定并颁布实施了《人类辅助生殖技术管理办法》和《人类精子库管理办法》,并就相关技术规范、基本标准以及涉及国家政策法律及伦理道德的敏感问题作了规定:人类辅助生殖技术的应用应当在医疗机构中进行,以医疗为目的,并符合国家计划生育政策、伦理原则和有关法律规定;禁止以任何形式买卖配子(精子与卵子)、合子(受精卵)、胚胎;不得实施任何形式的代孕技术;不得擅自进行性别选择等。同时对生殖中心的数量和资格审定也作了详细规定,严加控制其数量和质量,严禁"试管婴儿"技术的商业化和产业化,严格按照相关技术标准、技术规范和伦理原则进行申请、评审、审核、申报和审批。

除了法律规定外,人工生殖技术可能对已有道德观念和规范形成挑战,也可能孕育一种崭新的、代表未来的新型生育道德观念的产生,因此面临伦理道德的拷问。无论如何,人工生殖技术必须符合以下基本伦理原则。

(1)"以人为本"的原则。这就要求人工生殖技术应用必须坚持尊重人权、自主自愿、安全有效的原则,有利于供受者身心健康和权益保护。不仅要保障供受者的隐私权、知情权,将技术实施给他们带来的伤害降至最低,而且要坚持保护后代的原则,禁止实施近亲间精卵结合、生殖性克隆、单身和同性恋生育等可能给后代造成生理或心理伤害的技术。

(2)公益共赢的原则。要求在开展人工生殖技术活动时必须严格遵守国家人口和计划生育法律法规,禁止实施代孕、克隆人技术等,保证人工生殖技术能够对社会、对大多数人有益。

(3)审慎宽容原则。科技的飞速发展促进了社会进步文明,同时也会产生负面效应,因此,在开展人工生殖技术研究和应用时必须审慎、理性,必须禁止实施胚胎赠送、人类嵌合体胚胎试验研究。在某些已为大多数人所认可、对社会和他人没有造成损害的问题上,应该开放、宽容、通达一些,不要歧视和遏制借助于人工生殖技术的生育方式。

2. "人类精子库"与伦理

人工授精技术就是将精子收集起来,注射到子宫里以期孕育,是针对男性精液精子异常、不育症而产生的技术。男性不育症发病率逐年上升与化学、物理、生物等环境因素以及生活方式有关。食品添加剂、着色剂、防腐剂，以及一些农副产品可能残留的农药等合成化学污染物有可能降低男性精子质量，或引发生殖道畸形、生殖系统肿瘤等疾病。滥用抗生素、激素类等药物，以及越来越多的性保健品会对生殖健康构成威胁。空气、水、各种辐射等环境污染，以及不良生活习惯，如抽烟与喝酒等，也会损害生殖功能。

人工授精技术应运而生，包括同源人工授精（即夫精人工授精，简称 AIH）和异源人工授精（即供精人工授精，简称 AID）。由于没有外源生殖物质的介入，同源人工授精较少引起伦理上的争议。而异源人工授精，由于外源遗传因子直接代替了丈夫的精子，带来伦理问题：

① 谁是孩子的父亲？是外来供精者还是丈夫？② 传统的性爱和一夫一妻制的核心家庭濒临危机；③ 是否应该让孩子了解"一子两父"真相：一个遗传父亲，一个是养育父亲；④ 在立法不周、管理不严的情况下，可能导致血亲通婚；⑤ 精子的商品化会影响捐献精子的质量。

伴随人工授精技术的发展，各国建立了"人类精子库"。所谓人类精子库，是指以治疗不育症以及预防遗传病等为目的，利用超低温冷冻技术，采取、检测、保存和提供精子的机构。冷冻精液冷藏期一般在 3 年以内，极少数冷藏期在 10 年以上。实践证明，冷冻复温后的精子能够使人正常受孕，致使胚胎正常发育，分娩正常婴儿。1954 年世界上诞生了第一例冷冻精液人工授精的婴儿。从 1963 年到 1973 年，10 年间全世界约有 1 000 例左右用冷冻精液人工授精出生的婴儿。2003 年 3 月 20 日成立了上海市人类精子库，实验设备先进，操作规范，管理严格。首先进行捐精咨询，然后是身体与精液检查，精液化验合格者捐精前签署知情同意书。根据国家规定，一份精子最多只能提供给 5 名妇女使用，剩下的必须全部销毁。

建立精子库有利于满足男性不育症患者的需求，具有积极的社会意义。但是，一些人以商业营利为目的，擅自应用精子库作人工辅助生殖技术，带来了不少社会伦理问题：在同源人工授精（AIH）条件下，死去的丈夫遗留下的精子是一个器官移植物，还是一份可继承的遗产？这种死者留下的精子能否供研究者研究？在丈夫死后，利用冷冻的精子受胎所生的 AIH 子女的法律地位如何界定？异源人工授精（AID）是否构成技术形式的通奸？AID 子女是否应视为婚生子女？精子提供者与异源授精子女之间的关系如何？异源授精生育权问题，即独身者、同居者、女子同性恋者可以用这种方法受孕吗？

近年来，"名人精子库""博士精子库""模特精子库"等纷纷粉墨登场，还出现了"捐精专业户"。由于到处捐精和无限制捐精，就有可能在将来发生人工授精的孩子近亲结婚的情形。根据我国《人类辅助生殖技术管理办法》和《人类精子库管理办法》规定，应该禁止买卖精子、卵子、受精卵和胚胎的行为。同时要指出，夸大"名人精子"和"名模卵子"作用的做法也是不科学的。因为一个人的成长与发展，除了先天遗传因素外，还有环境、教育、主观能动性等后天因素的作用。利用一些不育夫妇想生一个聪明孩子的心理，人为地划分"名人"与"非名人"的精子或卵子，或"优秀"与"不优秀"的遗传基因，实质上是打着科学幌子，误导善良人们，牟取一己之私利。此外，对"冷冻胚胎"的使用要严格要求，不能人为地把精子分成等级，禁止用冷冻精子给动物作人工授精，防止非人非兽的畸形物产生，给人类带来危害。

3. "试管婴儿"与伦理

试管婴儿技术是体外受精——胚胎移植等人工助孕技术的俗称，是一项结合胚胎学、内分泌、遗传学以及显微操作的综合技术。由于输卵管阻塞，精子卵子不能相遇，导致不孕不育症，需要接受辅助生育技术（ART）治疗。通常的辅助生育技术有：促排卵加宫腔内人工授精（COH - IUI），主要适应于女方输卵管通畅而男方精液质量稍差的不育夫妇；常规体外授精（IVF），主要适应于女方输卵管阻塞而导致精卵无法结合的不育夫妇；卵泡浆内单精子注射术（ICSI），主要适应于严重的少弱精、梗阻性无精子症、死精子症等各种男性不育患者。通常所说的试管婴儿指的是 IVF 和 ICSI 技术，就是设法使精子与卵子在体外相遇并受精。

试管婴儿技术给千千万万的不孕不育夫妇带来福音。1978 年在英国专家 Steptoe 和 Edwards 主持下第一代试管婴儿技术宣告成功。1978 年 7 月 25 日诞生了世界第一例试管婴儿 Louis Brown。如今，全世界出生的试管婴儿以百万计，并且，进入第四代试管婴儿技术时代，那些不孕不育夫妇不仅能喜得贵子，而且能优生优育。与此同时，试管婴儿技术改变了人类生育的自然过程，引发了一些社会伦理道德问题。

（1）试管婴儿的法律问题。由于供精、供卵、体外受精、加上代孕母亲，一个孩子可以有两个父亲（供精者、养育者）和三个母亲（供卵者、代孕者、养育者）。那么，究竟谁应该是孩子的父母？受精卵像其他有生命存在的形式一样有价值吗？受精卵是财产吗？如果配偶分居、离婚或其中一个或两个死亡了，又该如何处置受精卵呢？尚未植入母体的冷冻胚胎有无继承权？尤其当冷冻胚胎的双亲都已死亡，这些胚胎是否应该继续培养成人并继承遗产？在亲权方面，遗传父母、孕育母亲、养育父母中谁最有权利做这些孩子的父母呢？

（2）"冷冻胚胎"问题。2004 年 2 月 2 日，耶路撒冷哈达萨医科大学宣布：

一位 39 岁的母亲利用其在 12 年前就已经冷冻的胚胎成功受孕,并产下两名健康孪生男婴。这对双胞胎的诞生被视为胚胎冷冻技术的奇迹,因为孕育他们的胚胎是迄今为止保存时间最久的冷冻胚胎。于是"时空歪曲婴儿"引发了伦理争议。长时间储藏的"冷冻胚胎"是否会对孩子长大以后的健康带来危险?从理论上说,一枚"冷冻胚胎"可以被保存数十年,如果一对夫妻 50 年前储存了一个"冷冻胚胎",50 年后被植入其他女性子宫孕育生子,那么对于这对夫妻的儿子和孙子来说,这个"时空歪曲婴儿"到底是自己的长辈,还是自己的晚辈呢?

英国法律规定,夫妇们有权将自己拥有的"冷冻胚胎"储存 5 年,但 10 年后必须销毁,禁止将"冷冻胚胎"提供给另一对夫妇使用,也禁止把"冷冻胚胎"用于研究实验。

(3) 多胞胎问题。试管婴儿技术是帮助不育夫妇获得孩子的先进有效的手段,然而,一些医疗单位为了牟取经济利益,夸大宣传甚至滥用试管婴儿技术,造成了一些伤害。专家指出,使用诱发排卵或超排卵药物会引起如恶心、呕吐、腹部不适、体重增加、少尿、肾衰等卵巢过度刺激综合征;多胎妊娠尤其是三胎以上的,低体重儿、早产、产后出血、妊娠高血压等产科并发症,亦严重影响母亲和孩子的健康。一般女性每月只排出一个卵,为了提高人工授精胚胎移植的成功率,病人往往要经过一段时间的促排卵治疗,穿刺获取较多的卵子,这对患者尤其是患有子宫肌瘤、子宫内口松弛的病人来说,多胎妊娠的并发症概率比较高,所以卫生部要求,每一个周期只允许种植三个以下胚胎以减少多胎妊娠,一般建议减成一胎,而且要求医生必须掌握减胎术,避免带来取卵穿刺损伤、出血、感染、自然流产等并发症。

显然,在实施试管婴儿技术时,医生应该告诉病人哪一种助孕方式适合,尊重他们的知情权和选择权;在进行减胎时,必须慎重、负责,毕竟容易造成流产,而且一针扎下去,刺入胎心搏动区令其心跳停止,一个生命为了自己的兄弟姐妹和母亲的安全而牺牲,也会引发伦理争议。总之,应用试管婴儿技术应当以医疗为目的,严禁将这一技术商业化和产业化,那种不负责任地扩大试管婴儿适应症,将其成功率吹得很高的做法是不道德的。

(4) "非婚妈妈"问题。吉林省出台的《人口与计划生育条例》第 30 条第 2 款规定:"达到法定婚龄决定终生不再结婚并无子女的妇女,可以采取合法的医学辅助生育技术手段生育一个子女。"并强调,"合法的医学手段"不包括克隆,适用的妇女可能曾经有过婚史,但尚无子女,又决定不再结婚。不想结婚,却想当妈,通过试管婴儿技术使自己成为母亲的"非婚妈妈"在社会学、伦理学、法学上引起争议。有人认为,在现代社会中不想结婚却希望有一个亲生子女的女性不在少数。这些勇敢的独身女性,年龄不小,职位不低,收入也相当可观,而且大多数人文化素质较高,对于她们来说,成为"非婚妈妈"是一种期望。《条例》的颁布体现了对这部分人的生育权及女性"独立自主"的尊重。但也有人指出,"非婚妈妈"带来了一系列社会问题:假如"非婚妈妈"在孩子尚未成人时意外死亡,孩子该由谁抚养? 由于孩子的父亲来自"精子库",孩子生物上的父亲是否该承担一定的抚养责任? 这个孩子是否该履行赡养其生物父亲的义务? 孩子降生后一生都是单亲家庭,永远不知父亲是谁,在缺乏父爱家庭里成长,对孩子是否公平? 甚至有人认为,"非婚生育"是对孩子权利的侵犯;"非婚妈妈"违反计划生育政策,将会面临诸如继承权、抚赡养权以及"三证"(身份证、结婚证和生育证)的棘手问题。

4. "代孕母亲"与伦理

"代孕母亲"是指将一对夫妻的精子和卵子在体外试管中人工授精,培育形成胚胎,再植入另一位"代孕者"子宫内孕育生子。除了这种"借腹生子"外,"代孕母亲"还有一种情形,即在需求方完全丧失生育能力的情况下,将代孕者之卵子与委托方丈夫的精子结合成受精卵,并在代孕者子宫内孕育产子。据调查,要求"借腹生子"的人有几种情形:第一种是一些生理上有缺陷的夫妇,渴望有自己的孩子;第二种是一些暴富人家,观念比较传统,希望生个男孩传宗接代;第三种是那些已经有小孩的家庭,家境宽裕,希望再有一个不同性别的孩子。"代孕母亲"往往需要委托双方签订"代孕"协议,约定究竟采取哪一种操作方式代孕,是利用医学科技手段让委托者的卵子和精子结合在一起,借助代孕者的子宫孕育,还是将代孕者之卵子与委托方丈夫的精子结合成受精卵,在代孕者子宫内孕育产子,抑或是代孕者同委托方丈夫发生关系,自然怀孕生子。协议还规定"代孕"收费标准,除了生活费、房租、检查费、产费等相关代孕支出外,还有所谓"爱心补偿待遇款",在"代孕者"怀孕后分怀孕初期、怀孕中期、孩子出世三期付清;并规定可以通过DNA测试方式确认出生的孩子是委托方丈夫的以及"代孕者"在和孩子产生感情时必须承诺放弃孩子等内容。

据媒体报道,家住台北市的李小姐通过朋友介绍,为一位远在高雄、因为洗肾而无法怀孕的妇女做代理孕母。李小姐说,当初对方的胚胎植入她的子宫内,连医师都不知道这不是她的小孩。事后她是以"父不详"为孩子报了户口,委托夫妇则以领养方式抱回自己孩子。整个过程比较顺畅,法律程序也正当。李小姐说,对这个不属于自己的小孩,她在怀孕期间同样格外关心照顾,如听音乐、做胎教。成功生产后,李小姐决然斩断与孩子的联系,不要孩子的照片,婉拒委托方的好意,不愿当孩子的干妈。可见,李小姐的个案是成功的,但也有反例,曾有一富商太太因不孕,以一百万台币及一栋房子的优厚报酬找到代理孕母。不料,孩子出生后,代理孕母依依不舍,不仅抱走孩子,还变卖房产、卷款潜逃。

"代孕母亲"引起社会争议不断。赞成者认为,"代孕母亲"并不违背伦理道德。因为如今不孕症发病率约占育龄夫妇的10%,社会有义务帮助不孕夫妇圆为人父人母之梦,这是一件为民造福的好事。对于那些因种种原因失去子宫或子宫发育异常的人来说,"代孕母亲"是唯一拥有自己孩子的手段,无疑给不孕夫妇带来家庭天伦之乐。此外,"代孕母亲"也符合知情同意、自愿无伤的伦理要求,无伤社会公众情感,无害双方家庭利益,也是男性实现其生育权的一种有效途径,有利于促进夫妻双方的感情和婚姻幸福。所以,"代孕母亲""借腹生子"如同大龄女子想做母亲,领养一个孩子或者通过人工授精或试管婴儿方式拥有自己的孩子一样,是天经地义的、无可厚非的行为。

然而,大多数人对"代孕母亲""借腹生子"持否定态度,理由是:

(1)"代孕母亲"破坏传统家庭伦理,可能引发辈分混乱。比如,母亲为女儿"代孕"所生孩子,该怎么称呼? 如何确定"代孕母亲"的身份与地位? 那些怀着别人受精卵并生育孩子的妇女是法定的生母吗? 究竟谁是孩子的母亲?

(2)"代孕母亲""借腹生子"是对婚姻制度法律的挑战。

首先,"代孕母亲"的合同协议是不受法律保护的,甚至是违反法律的行为。如果一方反悔了怎么办? 谁来承担子女的抚养义务和父母的赡养义务? 一旦"代孕"发生意外,如何保障"代孕者"的权益? 夫妻性生活带有专一性和排他性,通过婚外性行为达到借腹生子的目的,是不是一种"通奸"行为? 若以夫妻名义同居,是否构成重婚罪? 由于借腹生子触犯人口计划生育、户籍管理等政策法规,经常引发婚外情、家庭纠纷,甚至恶性案件,影响家庭和睦和社会安定,我国《人类辅助生殖技术管理办法》《婚姻法》,明令禁止并坚决取缔"代孕",禁止近亲或者不同辈分之间的代孕行为。

其次,如何界定"代孕者"和不孕夫妇之间的权利与义务关系? 代孕者有权决定中止妊娠吗? 特别是供卵孕母有没有交出婴儿的义务? 代孕母亲对孩子产生感情、不愿意交出孩子怎么办? 代孕母亲是否有权探视孩子?

最后,"代孕母亲"、借腹生子可能使已婚夫妇体会不到孕育孩子的喜悦,带来夫妻责任感的弱化。尤其是当夫妇双方为"生育权"发生争执时,男方是否可以为了维护自己的"生育权"而去寻找"代孕母亲"? 而当男方坚持不生育时,女方是否可以通过别人来实现生育权? 无论怎么说,都是有违夫妻之间忠诚义务的。我国《婚姻法》规定:"禁止有配偶者与他人同居。夫妻应当互相忠实,互相尊重。家庭成员间应当敬老爱幼,互相帮助,维持平等、和睦、文明的婚姻家庭关系。"

(3)"代孕母亲"触犯人类尊严,带来社会问题。如果允许"代孕"合法化,那将来会不会出现专门生子的"职业母亲"？孩子会不会成为随意交易、任意处理的"财产"？会不会引起连锁反应,以至于由"出租子宫"引发出卖肉体的"卖淫"合法化？如此这般,女性躯体不就成了商品交易的对象,女性本人成了"生育的机器"了吗？

5. 克隆技术与伦理

"克隆"是英文"Clone"的译音,意思是无性繁殖。20 世纪后半期,科学家发展了克隆技术,用人工方法复制或"制造"生命。1996 年 7 月,英国罗斯林研究所成功地用一个 6 岁母绵羊的乳腺细胞克隆出了一个叫"多利"(Dolly)的母羊。这只羊是其"基因母羊"的完全复制品,其生物特性与"基因母羊"完全相同。无疑,克隆技术是现代基因工程技术发展的里程碑,对人类健康和社会发展具有重要意义。

鉴于有人声称要进行"克隆人"实验,世界各国感到震惊、疑惑、忧虑、恐慌。中国政府声明对任何人以任何形式开展"克隆人"研究不赞成、不支持、不允许、不接受。由克隆技术所带来的"克隆人"实验引发的主要问题有:为什么要禁止"克隆人"实验？"克隆人"实验究竟有没有意义？是否符合人性发展？"克隆人"实验究竟是否道德？将给社会带来怎样的后果？我们该怎样利用克隆技术？

在关于"克隆人"实验的争论中,占绝对优势的观点是反对"克隆人"的实验,其理由如下:

(1)"克隆人"不利于人类基因的多样性发展,违背生物进化的基本法则。一旦出现克隆人,意味着遗传因子要么来自男性的体细胞,要么来自女性的体细胞,违背了生物的自由组合规律,破坏了人类基因库的多样性,导致基因本身力量和质量逐渐退化,降低人类对环境的适应能力。换言之,克隆人可能使人类基因单一遗传,带来人种退化、基因突变、新型病毒流行等恶果。一旦某种致病因素在单一的缺乏免疫能力的人群中蔓延,将会带来灭顶之灾。

(2)"克隆人"实验本身侵犯了人的尊严,违背人道主义原则。据报道,苏格兰罗斯林研究所经历了 1 000 次失败才克隆出多利羊。其中移入母羊子宫的胚胎 21 头,流产和夭折死亡的就有 20 头。在牛的克隆中,每 7 个新生儿中就有一个带有致命的并发症,如代谢紊乱和不正常的肺部发育。可见,克隆技术具有高风险性,用这种不成熟的技术进行"克隆人"实验是不堪设想的。实际上,在克隆人实验中,将一个体细胞的基因取出与一个去掉细胞核的卵子相结合,这涉及一个人的胚胎实验问题。一个胚胎的实验成功需要牺牲掉许多其他胚胎,这就涉及对这些孕育着的小生命的尊严与权益的侵犯问题。如果用人体做实验,不仅怀孕成功率极低,造成母体大量流产给母亲带来巨大伤害,而且即使怀胎了,也可能复制出不正常的孩子,包括有生理缺陷的畸形人、残疾人、有先天性遗传病的人、有心理缺陷的精神病人,等等。显然,"克隆人"实验的意义和目的似乎仅仅把"克隆人"当作为他人服务的工具和手段,这违反了人道主义原则,同时,将"克隆人"看作是提供器官移植、试验研究的对象,不仅会遭到"克隆人"本身的反对,也会受到社会伦理的指责。

(3)"克隆人"实验可能打开"潘多拉的魔盒",导致克隆技术的滥用。如同任何科技运用都会有两重效应一样,克隆技术本身的不成熟性以及客观上存在着被误用甚至被滥用的可能性都会产生负面效应,造成严重后果。在转基因动物技术中,存在着某种物种的未知的病原体转移到人体中,会使人缺乏适应环境的能力,出现不可预测的畸形人。科技发展往往受到经济利益的驱动,有可能带来见利忘义的行为。20世纪80年代中期,法国国家输血中心的一批血浆,已被发现带有艾滋病病毒,由于当时对艾滋病认识不足,考虑到这批血浆的经济价值,照样给病人输用,结果造成90%的血友病人感染了艾滋病。更令人担心的是,克隆技术一旦被滥用可能会制造出"人兽细胞融合"的超级生命,比如像"人头马""狮身人面"等妖魔鬼怪和畸形怪物就会应运而生。一旦克隆技术被科学狂人、犯罪分子、种族主义者、军国主义者、极端主义者和恐怖分子掌握,就会复制一大批带驯服顺从基因的奴才和战争炮灰,出现大批带有暴力基因和犯罪基因的"克隆暴徒",充当侵略、屠杀、虐待的工具。对克隆人实验的恐惧和疑虑,正如托夫勒所说:"我们已经逼近了'生物学的广岛',一个潘多拉的盒子已被打开。"①

(4)"克隆人"将会冲击传统的家庭人伦关系,破坏社会法律秩序。克隆人实验使人的繁衍不再依赖两性结合,生育不再和爱情与婚姻保持统一,性爱与生殖彻底分离,打破了传统生育观念和生育模式,冲击传统婚姻家庭观以及权利与义务观,带来一系列政治和法律问题。首先,现行法律无法回答谁是克隆人的母亲以及克隆人的归属问题。克隆后代的母体可以有几个:一是提供遗传物质细胞的母亲,二是提供卵子又不遗留供者任何遗传物质的母亲,三是生育母亲(代理母亲),甚至可以有第四位,即养育母亲。如果从现时的血亲观念来确定母子关系,克隆人的母亲应是遗传母亲,而供卵母亲、生育母亲、养育母亲均不是法律意义上的母亲。这样,母亲的概念、母亲的法律地位及相关权利义务关系将发生质的变化。其次,"克隆人"将彻底搅乱世代、辈分的概念。"克隆人"与细胞核的供体既不是亲子关系,也不是兄弟姐妹的同胞关系,而是类似于"一卵多胎同

---

① A·托夫勒:《未来的震动》,四川人民出版社,1985年,第220页。

胞"，但又存在代间年龄差。假如一个男子的体细胞核由其女儿的去核卵和子宫孕育出"克隆人"；或者以某男子或女子的体细胞核为"种子"，由其妻子、女儿、母亲或孙女孕育出"克隆人"，这将造成人群身份辈分大混乱。在这样一个家庭中，无父母概念、无夫妻概念、无辈分和世代概念，有的只是复制与被复制概念，现今家庭观念将荡然无存。最后，克隆技术有可能带来很多人拥有相同的 DNA 结构，对现今运用指纹、血液、体液、毛发、基因等技术进行侦破、取证、认证及与此相关的司法活动提出了严峻的挑战。由此可见，"克隆人"将使现有的亲属制度、亲权制度、监护制度、继承制度、家庭成员间的权利义务关系及伦理体系土崩瓦解，以婚姻为纽带、以血缘为联系的现有家庭关系和家庭制度发生根本性裂变，其后果不堪设想。

（5）"克隆人"颠覆人的生命本质，亵渎人的价值和意义。"克隆人"实验实质上是在向生命的自然性挑战，也在向人的生命及其价值的神圣性挑战。一旦人的生命诞生过程变成了用克隆技术而大量制造出来后，那么人的尊严就会降低为动物水平，人类在地球上的崇高价值以及几千年所积淀的人性精华也会遭到侵害。"克隆人"是人的全部遗传信息的复制品，从社会学角度看，是一群标准的不能准确定位的人，没有个性特色，千人一面，一种模式，将会对人类的世界观、人生观、价值观以及人类社会规范、生存法则等产生巨大冲击。传统宗教文明认为，一切生命都是上帝创造的，人体是神圣的。基于这一前提，形成了生存权、平等权、禁止酷刑、禁止奴役、禁止卖淫、战争中不虐待俘虏、对弱者的同情、对死者的厚葬等信条，尊重人体和重视人权是道德基础。如果把人视为可捏制的陶器一样，人类文明的一切价值将不复存在。所以，教会组织一直反对克隆人实验，认为这是在摧毁人类生命的本质，在人体上提取一些干细胞后再把它杀死，是一种极不道德的行为。"克隆人"对"生命只有一次"以及"每个人的独一性"是一种触犯和亵渎。

（6）"克隆人"实验的目的究竟是什么？是为了增加人口数量，还是为了提高人口素质？如果是要复制出一批智能优越的后代或重新克隆出一批举世闻名的科学家、政治家，如克隆出爱因斯坦，那么到底有没有可能？换言之，我们能否复制出一个在生物学上和精神智力上完全相同的人？单从生物学上看，可以复制出与其母体或父体基因组完全相同的生物学意义上的人（human being），但是，我们无法克隆出具有社会属性的人（person）。也就是说，我们可以克隆出在生物基因和生理特性以及体质外貌上基本相似的"爱因斯坦"，但这还不是"真正意义的爱因斯坦"。真正的爱因斯坦是特定社会历史条件的产物，包括 20 世纪初物理学的一系列发现，德国传统文化环境的熏陶，爱因斯坦的出身、家教、经历、体验以及刻苦钻研、献身科学的精神，正是这些条件和因素铸造了真正的爱因斯坦,而这些条件和因素是不可能重复出现的。可见,克隆技术根本不能"复制"出在个性特征、能力水平以及人格素质等方面完全相同的人。"复制天才",只不过是少数人的痴心妄想,同样,把"克隆人"看作是其父本或母本生命的延续也是不能成立的,克隆人根本不是你的"再生""重活",也非通向永生之途。

与此相反,赞成克隆人实验的理由是:

(1) 科学探索无禁区。不少人认为,科学研究是自由的,科学探索无止境,应该给予"克隆人"实验以更多支持,而不是遏制和阻止。一部科学发展史就是人类不断冲破种种阻碍、限制、禁区的历史。在哥白尼-布鲁诺-伽利略的时代,教会的迫害、传统道德的压制都未能阻止科学家的研究。20世纪50年代,曾经将米丘林-李森科学说尊崇为唯一正确的学说,而将魏斯曼-孟德尔-摩尔根学说斥为错误的学说,事实证明是荒唐可笑的。科学研究不应该迷信任何权威、畏惧严厉禁令、屈从强权政治。只要是真正的科学研究,就不应该设置限制和禁区,所以,正确的做法是疏导而不是封堵克隆人实验。

(2) 克隆人实验不会给人类带来灾难。有人认为,克隆人实验违反"多样性"原则,必然导致人类自身的衰弱退化,其实,虽就个体而言,克隆人具有相同的遗传物质及表面特征,但就整个种族而言,克隆人并未排斥多样性。由于科学手段的介入,丰富的多样性仍会加强。一些人担心通过克隆技术,可能会出现一大批像希特勒那样的战争狂人,其实也是多余的。即使克隆出"希特勒",也只是外表相像的"希特勒"而已,作为杀人魔王的"希特勒"是复制不出的,"希特勒"再次给世界带来灾难只是一种幻想。实际上,一个人的智力、思想是由先天遗传性与后天的环境因素以及社会文化相互作用的结果。鉴于此,一些科学协会和社会组织发出呼吁,要求政府和公众保持冷静,不要相信大众传媒过度渲染克隆技术的潜在威胁。原子弹的发明、器官移植、试管婴儿曾一度引起人们的担忧和恐慌,然而,世界并未因此遭受灾难。20世纪60年代初,美国女生物学家雷切尔·卡逊在其《寂静的春天》一书中描述了因杀虫剂污染而造成的一片荒寂的景象,可是世界并没有走向死寂。对克隆人实验的敏感担忧表明,人类的理性正在走向成熟。

(3) 克隆人实验在生物医学方面具有广阔的应用前景。利用克隆的胚胎培植的器官有效地克服了器官移植中的机体排斥,给人类疑难疾病的治愈带来了巨大希望。许多国家加大了对人体胚胎干细胞的克隆实验的投入,试图在这一领域获得优先地位。美国政府在人类胚胎干细胞克隆方面表现出非常积极的态度,许可联邦资金资助治疗性克隆人研究。英国政府一方面加紧立法,禁止"繁殖性克隆人"实验,另一方面,批准人体胚胎克隆试验,用于医疗性目的。随着科技的发展,人们的伦理道德观念将会改变,就像现在大多数人能够接受数十年前难以接受的避孕、堕胎一样。可见,克隆人研究会具有重要实际价值。

（4）道德观念应与时俱进,法律规范需及时调整。在历史发展中,人们用来判断是非善恶的依据和标准不是一成不变的,从而伦理观念和法律规定也往往处于变动不居状态。人类的第一例尸体解剖、第一例器官移植在当时承受了巨大的压力,然而却给现代医学带来前所未有的进步;当初试管婴儿遭到不少人的反对和诅咒,而现在却被人们普遍认可。当今人类胚胎干细胞的研究是科学发展的必然趋势,尽管在实验中,克隆并处置胚胎涉及杀死生命问题,但这毕竟是没有思想意识感情的早期胚胎,不应视为真正意义上的人的生命,自然也不涉及侵犯人权和尊严的问题。随着现代生物医学日新月异的发展,势必会挑战已有的伦理道德和法律规范,只要最终有益于人类的健康福祉,就应该及时更新伦理观念,修改完善法律规范。总之,我们应找到一个科学与伦理的最佳平衡点,最大程度上控制克隆人的应用方向,而不应用固定的伦理道德标准来限制克隆人的研究。

6. 人类胚胎干细胞研究与伦理

人类胚胎干细胞主要有四个来源:一是源自自然或自愿选择流产的胎儿细胞;二是源自人工授精时多余的配子或囊胚;三是源自体细胞核移植技术所获得的囊胚和单性分裂囊胚;四是源自自愿捐献的生殖细胞。这四种来源都涉及人类胚胎干细胞实验及应用问题,因而引发伦理道德的争论。

首先,关于选择性流产胎儿问题。西方国家大多数以法律形式禁止堕胎,禁止胚胎实验,认为人类胚胎是神圣的。这里,争论的焦点是:胚胎应不应该得到尊重？反对利用人类胚胎进行干细胞研究和应用的人士,坚持胚胎就是生命,利用其进行研究和应用是亵渎神灵、侮辱和践踏生命的尊严,并且若利用克隆人的胚胎进行研究,则迟早会导致克隆人。而支持利用人类胚胎进行干细胞研究和应用的科学家,认为胚胎虽是生命,但还不是人(指利用14天前的胚胎研究),利用其进行研究和应用干细胞可以治疗多种疾病和挽救生命,才是对人类的最高尊重。

其次,关于人工授精中的多余胚胎问题。由于体外受精成功率不高,往往会用多个卵细胞和精子结合成多个胚胎。一旦体外授精成功,备用的冷冻剩余胚胎,或是继续冷冻保存,或是转赠他人,或是用于科研,或是通过医学方法废弃。其中,用于科研或废弃的剩余胚胎颇受争议。借助体外授精方法,在实验室用捐献的精子和卵子制造出胚胎,其目的是为了获取所需的干细胞。把制造和使用胚胎当作实现某一目的的手段,这与胚胎的道德地位、人的尊严原则背道而驰。

最后,关于体细胞核转移术所创造的胚胎干细胞问题。在医学研究或治疗上,为了获得在遗传性上与病人完全相同的组织细胞,必须经过核移植处理,把病人的体细胞核取出,然后融入去核的卵细胞中,在体外发育成一个"胚胎",再取其内的细胞群,制备成单个的胚胎干细胞,并在体外诱导分化为不同的组织细胞,如神经细胞、心肌细胞等,然后用于疾病治疗或器官移植等医学用途,这也称为"治疗性克隆"。如果经过核移植的卵细胞植入女性子宫,那就可能生育出一个与供核者的基因型完全相同的"克隆人",这也称为"生殖性克隆"。如今世界各国的科学家、政治家、社会学家、法学家、伦理学家及有关国际组织建议,应该将人类克隆与克隆技术区分开来,将人类克隆的基础研究与以繁殖为目的克隆技术应用区分开来,将治疗性克隆与生殖性克隆区分开来。基于此,生殖性克隆人研究,因有可能导致严重后果,所以在全球被划为禁止之范围;而治疗性克隆,由于在医疗上具有巨大的应用潜力、广阔的发展空间以及诱人的美好前景,得到大多数科学家的赞成和支持,许多国际组织和政府也放松对此研究的限制。如在英国,2000年起政府就宣布允许为医学目的而克隆人类胚胎干细胞。

应当看到,人类胚胎干细胞克隆技术的发展将为人类社会带来巨大利益。第一,胚胎干细胞克隆技术能够在体外培育出与提供细胞的病人遗传特征完全相同的细胞、组织或器官,用来治疗诸如神经损伤、糖尿病、帕金森症、烧伤、脊柱受伤、中风、类风湿关节炎、癌症、白血病、老年痴呆病、心脏病和器官衰竭等疾病,将同时解决器官移植的排异反应和供体器官严重缺乏的问题,无疑会给病人带来极大的帮助,为人类造福。第二,应用胚胎干细胞克隆技术"制造"出可用于移植的器官或是创造具有插入人类基因,从而能提供在遗传上同人类匹配的器官的动物。迄今为止,科学家已把基因插入实验室培养的细胞,迫使这些细胞生产贵重药物,如治疗血友病的凝血因子。然后,可以从这些细胞再克隆动物,创造在乳汁中含有药物的动物。

当然,胚胎干细胞克隆技术也带来一系列伦理道德问题,引发关于这项技术应用的利弊、得失、祸福的争论。

第一,关于胚胎干细胞研究的正负效应问题。纵观人类历史发展,科学技术是一把双刃剑,在帮助人类利用自然和改造自然的同时,也无情地毁灭着自然,如像炸药、核技术等既可用来造福人类,又可用于毁灭人类。克隆技术亦概莫能外,在给人类带来巨大帮助的同时,也给人类文明带来威胁。所以,人类应该密切关注胚胎干细胞研究的正负效应,通过对科学技术不断地完善来增强其正效应、减弱其负效应。其实,任何科技的发展都有利有弊,关键是如何引导,引导人们充分重视个人正当的、合理的利益诉求,并且以更加开放的眼光看待既有的价值观念或伦理理论,寻找利益主体间的最大公约数,达成利益各方都认可、接受的伦理共识。当下我们不能因为该项技术有负面效应,就不发展该项技术,否则,恐怕没有什么是可以发展的了,这样的话,人类进步又从何谈起呢? 伦理学是人类科学价值判断和行为取向的根据,它时刻在提醒人们,要对科技的双重性保持高度的警惕,充分重视胚胎干细胞研究的风险,同时,伦理学的神圣使命是要为科技发展"保驾护航",而不是阻碍科学研究和技术发展,我们对于胚胎干细胞研究,在未准确预测祸福之前,不应该断然反对。

第二,关于胚胎干细胞研究应用必须遵循的伦理原则问题。为了防止可能出现的干细胞技术的滥用,必须坚持正确的伦理导向、立场和原则。当下,胚胎干细胞研究应用必须遵循自主、不伤害、行善、公正等基本原则。国际社会业已对治疗性克隆作出如下规定:

① 取得的精子、卵子、配子、体细胞,必须是自愿的,提供者有知情同意的权利; ② 胚胎干细胞保留时间不能超过 14 天(因为 14 天内的胚胎没有神经和大脑,无知觉感觉,不被视为"人"),用完后必须把它焚化销毁,否则就是非法行为; ③ 不能将克隆的胚胎干细胞植入人体子宫孕育,或者植入任何其他动物的生殖系统; ④ 不得将人的生殖细胞与其他物种的生殖细胞结合; ⑤ 对于通过创立人和动物嵌合体胚胎来获取人体干细胞或组织器官的做法,应该谨慎行之。

科研人员和医务人员应遵从科学研究中的伦理道德规范,坚持知情同意、知情选择和公正的伦理指导原则,在具体的伦理境况中提供切实可靠的"善"的服务或作出"善"的行动。比如,必须告知人工流产下的胎儿组织或体外受精成功后剩余的胚胎的潜在捐献者、配子或体细胞的潜在捐献者有关干细胞研究的信息,获得他们自由表示的同意,并给予保密。同样,将来在将干细胞研究用于临床时,也必须将有关信息告知受试病人及其家属,获得他们的自由同意,并给予保密。在使用人类胚胎干细胞治疗疾病时,必须经动物实验有效,并设法避免给病人带来伤害,临床试验应遵照国家药品监督管理局有关新药临床试验和基因治疗的规范。此外,还要坚持不伤害、有利、尊重的伦理原则。比如,治疗性克隆技术所需人卵,需要供卵妇女使用促排卵药物刺激卵巢在一个排卵周期产生多个卵子,但过度促排可能出现卵巢过度刺激和因卵巢增大而引起的并发症,还可能出现一些精神心理方面的并发症,这时要坚持有利、不伤害原则;由于取卵需要用腹腔镜和腹部切口,这时应高度重视并尽量避免对供卵者的伤害;在接受自愿捐献的卵子时,研究者要确保捐卵者完全的知情同意,要实现对捐卵者的伤害最小化,不得采取胁迫、引诱的方式获取卵子;取卵手术中也可能发生麻醉意外、腹腔内出血、感染等,必要时需要进行手术治疗,很可能出现卵巢反应不良,需要调整促排卵药物剂量甚至放弃促排卵。简言之,应坚持尊重人、不伤害人的伦理原则,尽可能避免对供卵妇女身体健康带来的负面影响。

第三,关于胚胎干细胞研究的监督管理和安全评估问题。鉴于现代医疗、生育和基因等新技术已经把神圣的人体推向了唯利是图的商品化市场,从血液、器官和组织,精子、卵子、子宫和婴儿,到细胞、基因和整个肉体都被送上明码标价的销售柜台,必须禁止一切形式的生产、制造、销售、买卖配子、胚胎和胎儿组织的行为。我国政府于 2004 年 1 月 14 日正式颁布《人胚胎干细胞研究伦理指导原则》,明文禁止生殖性克隆人;坚决禁止买卖人类配子、受精卵、胚胎和胎儿组织;要求从事人类胚胎干细胞研究单位应成立包括生物学、医学、法律或社会学等有关方面的研究和管理人员组成的伦理委员会,其职责是对人胚胎干细胞研究的伦理学及科学性进行综合审查、咨询和监督;从事人胚胎干细胞研究的单位应制定相应的实施细则或管理规程,采取必要的手段加以检查监督,最大限度地减小由于技术发展不完善或被滥用而出现的负面效应。

　　总之,人类干细胞基础研究和临床应用研究的任务还十分艰巨,还有很长的路要走,我们必须加强干细胞的创新性研究,拥有自己知识产权的成果,同时要加强伦理道德规范的监督和技术的安全性评估,并进一步研究干细胞研究中可能出现的一些新的伦理学问题,确保人类干细胞这一高科技能沿着正确的道路发展,真正服务于全人类健康的伟大事业。

三、生育控制与生死伦理

　　自古以来,"生存,还是死亡?"这是一个问题。当代生物医学技术从遗传咨询到优生优育、从受精卵到胎儿、从人工流产到畸形儿处理,无不能够进行取舍和控制,从而引发社会伦理道德、法律制度的探讨和争论。

1. 性别选择技术与伦理

　　胎儿性别选择,也叫性别控制,是一种选择后代性别的生育辅助技术。从前,在古希腊人们相信在刮北风的晚上受孕,会生男孩;在刮南风的晚上受孕,会生女孩;生儿育女命中注定。而现在,科技不仅能帮助人们实现有孩子的愿望,还能让人们获得想要的男孩或女孩。性别选择技术引发广泛争议,反对性别选择的人认为,性别选择技术将打破人口的性别平衡,导致大范围的男女比例失调? 在印度,大多数父母在性别选择上出现严重比例失调,如在旁遮普邦男女比率是 1000 比 793,很多印度家庭尤其是贫穷地区家庭,不惜血本让医生做昂贵的"男婴甄别"检测。在中国农村地区,也有这种性别比例失衡现象。一些陈旧的思想观念,如"不孝有三,无后为大""重男轻女,多子多福""不见香火不罢休"观念并没有随着时代的进步而变化。

　　除了思想观念因素外,胎儿性别选择技术之所以迅速发展,还同人口控制要求以及人们的优生优育愿望有关。人们往往希望能够按照自己的愿望或优生的需要来选择下一代的性别,以达到既控制人口数量,又提高人口素质的目的。从计划生育的实际情况来看,性别选择能使夫妻实现家庭成员既少又平衡的愿望;从某些基因病的遗传方式来看,性别选择能够达到优生的目的,关乎家庭幸福。例如,与 X 性染色体有关的 X 连锁隐性遗传病(如:葡萄糖 6 磷酸脱氢酶缺乏症、血友病、色盲等),其致病基因位于 X 染色体上。男性携带者(女方正常)如子代为男性,则不会把致病基因遗传给下一代,如为女性,则必定会成为致病基因携带者,应选择生男;女性携带者(男方正常),如子代为男性,则有 50% 会成为发病患者,如为女性,不发病但有 50% 会成为携带者,此时多应选择生女。就目前的医学水平,要改变患者致病基因微乎其微,但从该疾病的遗传方式推算,如果怀胎为男性,则有 50% 的概率为不带致病基因的正常人。如果能"随心所育",对计生工作和妇女健康来说,可谓双赢之策。

　　在少数发达国家把胎儿性别鉴定和选择视为合法。英国下议院科技特别委员会主席吉布森认为,在一些国家,特别是发展中国家,人们可能希望生男孩而不要女孩。但在英国,没有证据证明,选择婴儿的性别会导致巨大的性别差别。是否大多数父母更多希望第一个孩子是男孩呢? 2003 年初,美国伊利诺伊大学生殖学家塔伦·贾殷对 561 名有生育打算的女性做了调查,41% 表示愿事先选择婴儿性别,但选择的性别相当平均,他们压根儿没有表现出特别喜好某一性别的倾向。

　　由此可见,对于性别鉴定和选择的利弊要具体分析,不能一概而论。若性别鉴定和选择是为了控制伴性遗传病(如血友病等),或者为了满足父母双方对性别的合意选择,则有利于提高生命质量,降低人口出生率,促进家庭幸福和社会和谐。若个人偏爱同社会发展发生矛盾,则应根据两利相衡取其大、两害相权取其轻原则,允许合理的性别挑选,制止不合理的性别选择。性别选择除了用于预防伴性遗传病外,不能滥用,否则后果不堪设想。社会两性比例失衡,出现男多女少或女多男少,会引发诸如男性性暴力犯罪或女性沦为娼妓玩物的社会问题,威胁文明的一夫一妻制的婚姻制度。同时,还应密切关注胚胎性别选择技术的未来发展,一旦出现了要求选择眼睛颜色、身高、智力的情况,必须解决叫停。这样的性别选择不仅带来男女比例的失调,还会导致社会歧视,造成人们心理伤害。所以,包括我国在内的大多数国家明令禁止进行胎儿性别鉴定和选择,因为自然性选择比人为性选择更合理。

2. 堕胎的伦理问题

　　孕育生命是一个艰辛的过程,经常会发生自发性流产(spontaneous abortion),

有时为了救治母亲生命而不得不人工流产(artificial abortion)。相对于自然流产(natural abortion)来说,人工流产一直是备受争议的问题。所谓堕胎(人工流产),是指经医学上认定胎儿在母体外不能自然保持其生命期间(妊娠24周内),应用医学技术将胎儿及其附属物从母体内排除的方法。堕胎不仅涉及胚胎或胎儿的本体论地位问题,即胎儿究竟是不是人的问题,而且关乎社会调节控制人口数量问题。现实生活中,堕胎带来"尊重生命"与"身体自主权"孰重孰轻的讨论,涉及妇女权利、生命价值以及家庭和社会利益等方面问题。

堕胎(人工流产)究竟是否可以接受?反对堕胎的保守派观点认为,堕胎(人工流产)是不道德的,是无法接受的。主要理由有:第一,堕胎扼杀了人的生命,违反生命价值原则。从受精卵开始,所有的胚胎、胎儿都是人类雏形,拥有人的生命价值,具有生存权利和人格尊严,除非为了挽救母亲的生命,否则,堕胎就是扼杀人的生命,破坏生命神圣性原则。

第二,堕胎在医学上和心理上对妇女是有伤害的。人工流产可能引起合并症和后遗症,如不完全流产、出血、感染、子宫穿孔、不孕以及情绪和心灵创伤。研究表明,堕胎以后再怀孕,胎儿在28周以前早产的可能性差不多增加一倍,很容易导致死亡。

第三,对有先天缺陷的胎儿进行人工流产,违背了抢救生命的基本医学宗旨和人人平等的原则。为了实施人口控制政策而施行堕胎,违背了保障生命权利的原则,与传统医疗道德相抵触。

第四,现代医学技术足以保障妊娠妇女的生命安全,不堕胎也能让婴儿存活下来;如果孕妇不想要孩子,也可以让社会慈善机构和团体收养、照顾孩子。

第五,妇女必须为自己的性行为承担责任,不能由于自己的粗心大意或不检点而牺牲无辜的生命。鉴于可及时使用避孕药物,强奸和乱伦一般不存在流产问题,即使未能成功避孕,堕胎、结束生命也是不正当的。

第六,天主教会一贯反对堕胎,认为堕胎违背"人的生命从怀孕而来"的价值观念,任何人都没有权利结束他人生命,除非宫外孕、子宫瘤情况,允许堕胎。

与此相反,赞成堕胎的自由派观点认为,堕胎(人工流产)是道德的,是可以接受的。主要理由有:

第一,人的生命并非始于受精时刻,只有当婴儿出生时,才获得人的资格和权利。

第二,妇女对自己的身体具有绝对的自主支配权利,胎儿在出生之前,只是妇女身体的一部分,选择生育还是堕胎,完全应该由孕妇决定。

第三,若继续怀孕威胁或危害孕妇生命安全,则堕胎是不二选择;若产前诊断发现胎儿严重畸形,则堕胎势在必行,否则,让母亲一辈子奉陪一个畸形儿是不公平的,让别人或慈善机构或团体收养、照顾畸形儿也是不合理的。

第四,堕胎是一种没有危险的医疗手术,特别是在被强奸而怀孕的情况下,堕胎是合乎情理的,令人愉快的,否则,将会给妇女带来严重心理问题。

第五,妇女对自己的性行为确实负有责任,必要时堕胎正是负责任的体现。堕胎完全属于孕妇个人选择的私事,其他人不该干预。

第六,堕胎是实现节育或人口控制的主要方法,既可以保护孕妇使其免受分娩之苦,也可以减轻家庭经济负担。

在堕胎问题上,介于保守派和自由派之间的温和派的观点认为,对人工流产是否正当合法,需要具体分析。怀孕早期的胎儿,因为不具有生存能力,所以,可以堕胎;怀孕后期的胎儿,因为已拥有生存能力,进而拥有生命权利,不可以堕胎。在德国,对堕胎的规定是:胎儿系母体内生长的生命,为独立的个体,应受宪法保障,而且此项保障贯通怀胎的整个过程,只有对怀孕妇女之生命或健康造成重大危险时,才可堕胎。在台湾,女性在选择堕胎前可以寻求咨询和协助,了解堕胎的利弊,包括可能带来严重后遗症、精神忧郁及身心痛苦。同时,要求女性注重文明的性行为方式,增强尊重生命意识,审慎考虑堕胎。

由此可见,堕胎是否正当合理,应该视具体情形来定。人的生命在孕育、成长、发展的不同阶段具有不同的伦理价值,社会因素如家庭、职业、区域、民族、宗教文化、理想、信仰等,对生命神圣性原则具有重要影响;总之,堕胎是否可行的标准在于:是否危害妇女身心健康,是否减轻个人和社会负担,是否符合计划生育、控制人口政策,是否侵犯人权和尊严,是否侵犯生命神圣性原则。

3. 安乐死的伦理问题

"安乐死"一词源于希腊文,意思是"幸福"的死亡,包含两层意思,一是无痛苦的死亡;二是无痛致死术。所谓安乐死,是指患有不治之症的病人在生命垂危、奄奄一息状态下,由于精神和躯体的极度痛苦,要求其亲属并经医生认可,用人为的方法让病人在无痛苦状态中结束生命。安乐死有不同类型,包括主动安乐死和被动安乐死、直接安乐死和间接安乐死、自愿安乐死和非自愿安乐死等。主动安乐死是医生通过药物结束病人的生命,被动安乐死是在医生协助下的自杀,即医生提供致死的药物,如巴比土酸盐(Barbiturate),由患者自行了结性命。直接(有意)安乐死,是指人为撤掉或患者拒绝使用生命维持技术,如人工呼吸装置或人工营养装置。间接(无意)安乐死,是指让患者服用主要用于镇痛但可能有致死性副作用的药物。可见,"安乐死"是患者为了保持临终尊严而选择死亡的一种方式。

安乐死向来是一个有争议的问题。从 20 世纪 30 年代起,西方国家就有人要求在法律上允许安乐死,并由此引发关于安乐死应否合法化的论战。1935年,世界上第一个提倡自愿安乐死的团体在英国成立。1969年英国国会辩论安乐死立法法案。1993年2月4日,英国最高法院裁定了英国第一例安乐死案件,同意了一位年仅21岁的患者父母和医生的申请,停止给他输入营养液。1996年4月24日,又裁定允许为53岁的珍妮特·约翰逊太太(已成为植物人4年多)实施安乐死。尽管安乐死还不合法,但已有2.7万人在医生的帮助下以安乐死的方式结束了生命。

1967年,美国成立了安乐死教育学会。1976年,美国加利福尼亚州颁布了《自然死亡法》,这是人类第一个有关安乐死的法案。1976年,在日本举行了"国际安乐死讨论会",强调"有尊严的死"的权利。1992年10月1日,丹麦实验了停止延长无药可救的病人的生命的法律,受到民众的欢迎,4个月内就有45 000人立下遗嘱,表示愿意在必要时接受安乐死。1993年2月,荷兰通过了一项关于"没有希望治愈的病人有权要求结束自己生命"的法案,成为世界上第一个通过安乐死立法的国家。"安乐死"法案规定,身患不治之症的病人在考虑成熟后,应自愿提出结束生命的书面请求,主治医生应向患者详细陈述实际病情和后果预测,并由另一名医生协助诊断和确诊,最后才能实施"安乐死"。还规定实施"安乐死"的手段必须是医学方法,即医生发给病人终止生命的药物,由病人自己服用,或者由医生使用药物协助病人结束生命。在德国,1994年一家民意测验所对1 004名德国人的调查显示,83%的人赞成安乐死,30岁以下赞成安乐死的人甚至多达88%。1999年,德国外科学会首次把在一定情况下限制和终止治疗作为医疗护理原则的一个内容。1998年以色列实施了首例经法院批准的安乐死,耶路撒冷一家医院的医生给一名49岁的身患绝症的男性病人注射了致命剂量的麻醉剂。

1996年,澳大利亚北部地区通过了安乐死法案,按照这个法案,一个合法的安乐死应当由如下环节组成:

① 按要求申请安乐死者必须年满18周岁,经多方确诊患有不治之症并已无药可治,病人无法忍受痛苦并递交有本人亲笔签字的申请书。② 实施安乐死时应有两名医生和一名心理医生签字同意,三位医生中至少要有一位曾参与该病人的治疗。精神病学家也必须证明:病人并非因为临床抑郁症才要求安乐死。③ 病人必须用48个小时的时间进行再考虑;同时,病人必须证明自己有操作安乐死有关装置的能力。④ 当安乐死有关装置(电脑、注射器泵、静脉导管等)启动后,电脑屏幕显示:"如果你按'是'键,你的身体会在30秒钟内得到一次致命的注射并且立刻死去。你愿意按照程序进行下去么?"⑤ 病人选择"是"键。电脑启动有关设备,将巴比土酸盐(Barbiturate)和肌肉松弛液混合输入病人手

臂。⑥ 病人很快入睡,并慢慢停止呼吸,最后,安乐地死去。

在中国,1992年审结了第一例安乐死案。1991年5月17日,河北省汉中市人民法院对蒲连升、王明成安乐死杀人案作出一审判决,依法宣告蒲、王两被告人无罪。法院认定,被告人蒲连升、王明成为身患绝症的病人(王的母亲)夏素文注射促进其死亡的药物不构成犯罪,但是控诉人认为,蒲、王两人的行为构成了犯罪,因而依法提起抗诉。1992年6月25日,汉中市人民法院依法驳回抗诉,维持原判,宣告蒲、王两被告人无罪。至此,我国首例安乐死杀人案从1986年7月3日立案,经过了6年的漫长审理后终于有了令人满意的结果。

1997年来自17个省市的伦理学界、医学界、法学界近百名专家学者在上海举行了第一次全国性的"安乐死"学术讨论会,会上争论得非常激烈,多数代表拥护"安乐死",个别代表认为就此立法迫在眉睫,部分代表认为目前在我国施行"安乐死"为时尚早。

长期以来,围绕安乐死问题,各国医学界、法学界、伦理学界一直争论不休。安乐死到底是尊重生命,还是不尊重生命? 究竟是合情合理的行为,还是违法犯罪的行为? 反对者和支持者泾渭分明,自圆其说。

反对安乐死的理由和论据主要有:

(1)生命是神圣的,生命只有一次,"活比死好"。安乐死剥夺一个人的生命,违背宗教教义中的"不可杀人"的戒律规定,也同中国的"重生"传统文化相抵触。

(2)救死扶伤是医生的天职,医生对患有不治之症的病人施以致死术,人为地结束病人的生命,违反了古老医学道德,践踏了希波克拉底的"不允许伤害病人"的誓言。

(3)医学研究的目的在于揭示疾病的奥秘,并采用一定的技术和药物治疗疾病。医学史表明,今天的不治之症可能成为明天的可治之症,况且,事实上可能存在错误的诊断,所以,不能动辄断言某种疾病是不可治愈的绝症,挫伤病人治疗疾病的信心,甚至未经法律许可而结束他人生命。

(4)安乐死可能让病人成为家庭、企业、社会摆脱负担的牺牲品。由于种种原因,我国社会保障制度还不健全,劳保、医疗、养老待遇不尽相同。对于自费看病的濒死患者来说,其家庭经济往往不堪重负,安乐死有可能使病人成为摆脱负担的牺牲品。

(5)安乐死的"自愿"前提很难确定和把握,有可能隐藏谋财害命的犯罪。1993年英国最高职业法院对一位年仅21岁、大脑已坏死4年的患者作出判决,同意其父母和医生的要求,对其实施"停止输入营养液"。法官解释道,这一措施与采取积极措施结束一个人的生命有本质区别,前者属于仁慈,后者属于谋杀。

不过,这个案件仍旧有争议,你怎么肯定脑死亡的人愿意安乐死呢?既然"脑死亡"了,怎么还会有思维意识呢?如果不能确定病人的想法,那么家属和医生的做法是否构成谋杀?所以,如何划清安乐死与"谋杀"的界限,确实是一个十分棘手的问题。

(6)安乐死立法是一把双刃剑,用得好,可以真正解除病人的痛苦;用得不好,可能成为不义不法分子剥夺病人生命权利的借口。历史的教训不能忘却,1938年希特勒拟定了《安乐死纲领》,决定对有生理缺陷者、畸形儿童、精神不正常的成年人、无法治疗的病人进行安乐死,以至于后来走向大规模残酷屠杀犹太人的种族灭绝活动。鉴于此,安乐死立法应该非常慎重,以防操作上可能存在的滥用或者可能引致的"故意杀人"。

与此相反,赞成安乐死的理由和论据主要有:

(1)安乐死是对病人选择死亡权利的尊重。生命诚然可贵,但是人的尊严和内在价值更重要。与其让病人痛苦地、无价值地活着,倒不如帮他有尊严地结束生命。每个人有生的权利,也有平静地安乐死的权利。维护并有尊严地死亡的自主权,这是人类文明的体现。

(2)安乐死是家属和医院帮助患者解除痛苦的行为,体现了人道主义精神。整天与患者打交道的医生和护士,对患者的病情十分了解,对患者因疾病折磨而痛苦不堪的境况十分同情,帮助患者施行安乐死,让其无痛苦死亡,这难道不是人道的行为吗?诚然,医生的天职是救死扶伤,但是面对那些生命濒临死亡并且因病痛度日如年的病人,家属、医生和护士该怎么办?无动于衷、冷漠无情吗?既然患者自己选择安乐死,为什么不能帮助其超脱人生苦难呢?

(3)安乐死可以为家属摆脱沉重经济负担,解除感情和精神上的巨大压力。现代医学技术对晚期癌症等绝症的治疗实在无能为力,唯一的做法就是维持垂死的生命。然而,不管投入多少资源,患者实际上无法避免痛苦和死亡。一方面,绝症患者身上插满了管子,忍受着极大的痛苦,生存的希望非常渺茫;另一方面,病人家属每天陪伴照顾,有限的财力投入到"无底洞"的疾病治疗上,既影响家属正常的生活和工作,也给家属带来沉重的精神和经济压力。在这种窘境下,病人强烈要求安乐死,出于对病人家属的道义和责任,实施"安乐死"有什么不可以?

(4)安乐死可以避免有限的社会资源无谓浪费,有利于社会财富的合理分配。在现代医术对病入膏肓的绝症病人已无回天之力时,实施安乐死,无论对病人本人,还是家属都是有利而无害的,可以让病人无痛苦地、安详地回归大自然,可以将大量人力和财力节省下来用于更有希望治疗的病人身上。现在我们必须做出选择:一方面,把有限的医疗资源用于没有治疗价值的病人;另一方面,很多地方缺医少药,常有年轻人或儿童因小病得不到及时有效治疗而残疾或死亡。显然,实施安乐死有利于有限的医疗保健卫生资源的合理分配。

(5)安乐死有利于增强人们重视生命质量和人生价值的意识,彰显一种为他人幸福而自我牺牲的精神。现代人不仅关注生命的神圣性,也重视生命的质量和人生的价值;不仅注重"活着的尊严",也考虑"死亡的尊严",渴望"终极关怀"以及"愉悦的死亡"与日俱增。如今恶性肿瘤是威胁人类健康的主要杀手,我们是否可以根据癌症的不同类型(良性和恶性)、不同部位(肺、肝、肠等)、不同分期(早、中、晚)采取不同的态度和对策? 早中期的癌症治愈机会较大,中晚期的癌症根治概率较低。临床上,晚期的患者往往有"疼痛"和痛苦情况,比如肺癌患者,肺部渐被癌细胞代替,失去了肺原本的功能,处于缺氧状态,就算接氧气也不能缓解呼吸困难,这种病人常常是被活活憋死的。对于遭受极大痛苦的、"生不如死"的病人来说,有尊严地死去乃是其理想人生的一部分。我们为什么不能圆其梦想呢?

综上所述,不难发现,安乐死确实是一个争论激烈、处理棘手的伦理难题。我们应该从不同角度认真研究并充分考虑各种观点,权衡利弊得失,作出明智选择。从病人角度看,病人得了不治之症,病入膏肓,痛不欲生。如果病人清醒时说:"活着遭罪,请求让我痛痛快快地死吧!"我们应该尊重病人放弃治疗、渴望安乐死的要求,选择死亡是一种解脱,也是一种尊重生命的方式。从家属角度看,一方面,只要亲人患者没有停止呼吸,他们会想方设法、不惜代价治疗,毕竟,生命只有一次,人死了,什么都没了;另一方面,他们日夜守护照顾患者,劳民伤财,筋疲力尽,为庞大的医疗费支出愁眉苦脸、忧心忡忡,希望早日结束痛苦,解除心理和经济上的沉重压力。应该说,实施安乐死对家属来说是一种解脱。从医生角度看,晚期绝症患者已经没有治疗可能性,即使服用最好的药,在这种情况下,能否采取"消极安乐死"方式,即放弃给病人治疗,让其尽早结束痛苦。虽然我国迄今还没有一例经过官方医疗单位正式批准后的安乐死,但是,"消极安乐死"方式已是医务界的常规手段。通常情况是,患者和家属都明白已经没任何希望了,由患者写一份遗书,要求放弃治疗,然后经家属同意,由医生悄悄地进行,应该说,这是一种理智的做法。从专家角度看,各国专家都认为安乐死并不是一个简单的医学问题,而是一个涉及法律、道德、社会诸多领域的复杂问题。法律保障公民的人身自由与人格尊严,尊重公民的自主选择权利,这种权利理应包括公民有权选择生存的方式,也有权选择死亡的方式,而"安乐死"是一种在不违背国家、社会和他人利益的情况下所采取的一种对生命的特殊处理方式。

国家为安乐死立法需要具备一系列主客观条件,需要在传统道德(如看重长生不老、注重孝节、敬爱长辈、厚葬薄养等)与现代法律之间进行权衡,需要兼顾患者、家属、医院、社会诸方面的利益,需要有严格的操作程序规范。在决定一个人生死的问题上,务必严肃慎重,因为生命只有一次,人不能起死回生。安乐死涉及医学诊断、主体自觉、伦理道德等方面问题,所以,在制定法规以及具体实施中还应成立专门委员会,负责鉴定和批准;防范由于缺乏先进医疗技术而出现的误判,将某种疾病视为不治之症,使病人失去治疗信心,造成"安乐死"滥用,给家属和社会带来伤害。

虽然实施安乐死是一个漫长过程,但从伦理道德上看,安乐死确实符合伦理学的基本原则:

(1) 自主原则,即尊重病人选择死亡方式的权利;

(2) 有利原则,即有利于病人、家属和社会实现最大幸福和利益;

(3) 公正原则,即实现有限资源的合理分配,不能把匮乏的资源过多地用于绝症病人,而应更多地公正地用于其他病人的治疗。

当务之急亟需宣传安乐死知识和观念,帮助人们提升对生命质量和人生价值的认识,树立更加开明的生死观,增强"活的尊严感"和"死的尊严感"。也许生命真的是无价的,但维持生命却是有价的,随着社会进步和价值观念的转变,安乐死迟早会被人们接受。

4. 生命价值原则的伦理探讨

"人究竟是什么?"可以从两方面理解:其一是生物学上的人(human being),属于生物分类中脊椎动物门、哺乳类、灵长目、人科、人属的有机体,拥有一套不同于其他物种的独特基因结构,具有独特的生物、生理及心理特征;其二是作为社会的人(person),具有社会关系及文化精神方面的特征,如健全的理智、丰富的情感和崇高的精神信仰等。

人的两重属性带来了对人的生命价值评价的多样性。是否生命的存在比生命的死亡更有价值、更有意义? 究竟如何评估人的生命的质量和价值? 人的生命价值原则,是绝对的,还是相对的?

不言而喻,人的生命价值首先体现在自然生命的存在和延续本身。因为人的自然生命存在是社会形成和历史发展的前提,诚如马克思所说,"任何人类历史的第一个前提无疑是有生命的人的存在"。无论从哪一方面看,人的生命都具有高于其他植物、动物、物质的价值。或许植物和动物也有存在的价值和意义,但是这种价值和意义是相对于人的生命存在而言的,即具有满足人的需要的价值。人的生命比起植物和动物来具有无与伦比的优越性:具有自由自觉的活动、独特的理性能力、自我意识、精神感情、审美情趣、意志品质、能动性和创造力等本质力量。正因为人是迄今为止宇宙间最聪明智慧的生命形式,所以,人的生命是神圣的,其存在本身具有绝对的价值,成为一种判断一切是非优劣的绝对原则。

然而,当我们把视线从人类角度移向具体个体时,就会发现,生命的神圣性原则并非是无条件的绝对的原则。人的生命质量和价值评价取决于个人与社会以及肉体与精神的价值和意义,而社会价值构成个人生命价值的评价尺度。比如说,关于"胚胎是不是人"的问题,涉及人的生命价值的判断评价。首先,婴儿在胎动期不应视为一个人。尽管人们认为,灵魂在胎动开始时刻即进入身体,其实胎动不过是母亲开始感觉胎儿在腹部动作而已。其次,怀孕六个月的胎儿是否已具有母体外生存能力,是否拥有生命生存权问题,一直存在争议。最后,一般认为,虽然胎儿已有痛苦或快乐感觉,也有认知和记忆能力,并且这些能力不断发展,但是胎儿还不是一个完整的人,不存在生存权问题。只有当胎儿出生,才具有社会意义上的"人"的权利和尊严。

基于上述看法,关于有先天缺陷胎儿或者畸形儿的评价,也是根据生命质量和价值原则决定取舍的。一般来说,畸形儿的取舍主要根据胎儿出生后的生命质量以及胎儿父母亲的意愿以及宗教信仰来决定的。现代医学对大多数有严重畸形的胎儿缺乏有效的治疗手段,一般采取人工流产手段,这并不违背伦理道德。否则,母亲、家庭和患儿本人都可能生活在痛苦的煎熬中。英国1967年制定的《人工流产法案》允许对严重缺陷的胎儿施行人工流产,中国1994年制定的《母婴保健法》规定:对发现或怀疑胎儿有异常的孕妇,应进行相关的产前诊断;经产前诊断,有下列情形之一的,应当向夫妻双方说明情况,并提供有关的医学意见供孕妇本人和家属参考,并制定相应的处理原则:胎儿患有严重遗传疾病的;胎儿有严重缺陷的;因患严重疾病,继续妊娠可能危及孕妇生命安全或严重危害孕妇健康的。

对产前发现的单发畸形胎儿如单纯唇、腭裂,轻度肾积水等,医务人员有责任和义务对胎儿单发畸形的发病原因进行分析,根据检查和分析的结果,将可能引起单发畸形的病因及预后告知孕妇本人及其家属,并根据单发畸形的严重程度、妊娠周数及夫妻双方的意愿,予以相应的措施。在妊娠28周内发现的单发畸形胎儿,如果夫妻双方要求终止妊娠的,在本人同意并签署意见的基础上,原则上可考虑予以终止妊娠。对于严重的致命性单发畸形,如无脑儿、脑脊膜膨出、严重的脑积水、双侧肾多发囊肿、严重的心脏畸形、肠闭锁等,原则上根据夫妻双方意愿,在本人同意并签署意见的基础上,可考虑予以终止妊娠。对于产前发现的多发畸形胎儿如脑积水伴有肢体畸形及唇腭裂等,由于多发畸形往往严重影响胎儿出生后的生命质量,当前医学还缺乏有效的治疗措施,且多数多发畸形均具有遗传学基础,常为畸形综合征或畸形序列征,因此,对于多发畸形一旦确诊,不论孕周大小,按照夫妻双方的意愿,在本人同意并签署意见的基础上,都可考虑予以终止妊娠。对染色体数目异常的胎儿,如三体综合征,胎儿出生后常具有严重的智力低下,一旦确诊,不论孕周大小,根据夫妻双方意愿,在本人同意并签署意见的基础上,可考虑予以终止妊娠。可见,我国《母婴保健法》在法律上为妇女和儿童的健康和合法权益提供了保障,有利于提高出生人口素质和生命质量、尊重夫妇和胎儿的权益,以及维护个人、家庭和社会利益。

这个问题的实质是,畸形儿是不是真正意义上的人? 如果存在生理结构及其机能以及精神理智方面严重缺陷,那就不是真正意义上的人,充其量是"人类的生物学生命"。所以,对生命质量上存在严重残缺的人,如无脑儿、重度脑积水、严重内脏缺损等,进行处置是必要的和合理的,否则,会给家庭、他人、社会带来麻烦和负担,浪费有限的社会资源。

不难看到,对有严重缺陷婴儿的处置,不能简单地认为是扼杀人的生命,相反是提升人的生命质量。进一步说,判断人的生命质量和价值,不仅有自然生物标准,而且有更重要的社会标准。比如,"畸形儿""植物人"虽有生命,但从社会标准看毫无价值;对罪大恶极者判处死刑,虽然罪犯在肉体上可能是健康的有价值的,但从社会标准看已丧失价值,结束其生命既是惩罚其对社会的危害,又符合社会公共利益。安乐死彰显了一种为他人幸福而自我牺牲的精神,增强了人们对生命质量和人生价值的尊重意识。还有一种情形,就是为了崇高理想信仰而"舍生取义""壮烈牺牲"的人,蕴涵了丰厚的社会价值和深远的精神意义,是对生命本身的肯定和超越,虽然自己的肉体生命消失了,但给社会留下的精神财富充满着生命活力,影响和鼓舞活着的人,其生命价值体现在大多数人的生命存在以及社会整体利益的满足方面。

由此可见,人的生命的神圣性原则,对人类而言是绝对的,对个体而言是相对的。从理论上说,每个人都是人类的一分子,其生命有绝对的价值,必须尊重和维护每个人的生命价值和人格尊严,珍惜和爱护每个人的生命,坚持"人的生命的神圣性"的绝对价值原则,坚决遏制肆意践踏、残酷扼杀人的生命的行为。从具体实践看,每个人的生命价值和意义总是通过社会关系得到评估的,每个人应尽可能为他人和社会作出贡献,唯有这样才能充实、丰富自身的生命价值,并不断地从自然肉体价值上升到社会精神心灵的价值。

第五章　医学与伦理

一、医学伦理学概述

1. 医学伦理学的研究对象及主要内容

一般认为,医学伦理学属于职业道德的范畴,是运用伦理学的一般理论和原则探讨和解决医疗卫生工作中医患关系行为的学科。医学伦理学研究的主要问题包括:

(1) 健康与疾病的概念。所谓健康,是指身体、精神和社会方面的完全良好。然而,像手淫、同性恋、恋异癖等是否是疾病? 是否健康? 则需要研究。

(2) 医患关系,涉及医学伦理学的基本问题,包括病人的权利和医生的义务问题。

(3) 辅助生殖技术,包括人工授精、试管婴儿、代孕母亲和未来的机器母亲、赠精子、赠卵子、赠胚胎等,引起了一系列伦理道德、社会法律问题,需要研究。

(4) 生育控制,如堕胎、绝育、畸形儿处置等,涉及胎儿是不是人、是否应尊重其作为人的生存权利等问题。

(5) 遗传和优生。现代医疗技术可用于早期发现遗传病,但能否用于对病人强制检查、限制严重遗传病患者婚育? 能否进行人种改良? 如何保护遗传信息? 亦是需要探讨的问题。

(6) 死亡和安乐死。如何确定死亡的定义? 是心脏停搏还是脑死亡? 安乐死是否符合伦理道德?

医学伦理学还要研究医德理论、基本原则和规范在医学科研和医疗实践中的应用问题,特别是医学伦理学的基础理论——道义论和后果论的应用评价问题备受关注,常常争论不休。道义论认为,行为的是非善恶决定于行为的性质,而不决定于其后果,比如,有的医生主张将病情真相告诉病人,而不管后果怎样,对病人隐瞒或欺骗是不应该的行为;与之相反,后果论认为,行为的好坏取决于其后果,而不是决定于行为的性质,比如有的医生认为不应将严重病情告诉病人，以免引起不良后果，"善意的谎言"是允许的。

与此有关的问题是，医疗活动是不是福利事业？该不该引入市场机制？如果认为医疗活动属于人道主义事业，那么，医德原则与行为规范应该是：良好的动机和完全的奉献；如果认为医疗活动属于功利主义市场行为，那么，就要兼顾国家、集体、个人三者的利益。无论是道义还是功利论，我们都应该把"病人利益模式"与"综合利益模式"连接起来，把人道主义和功利主义结合起来，实现医疗服务与市场机制的有机统一。

医学伦理学还要研究职业道德和医学道德的关系。职业道德是人们在职业生活中所应遵守的基本道德规范，是一般社会道德在职业生活中的具体表现。它是从事一定职业的人在职业活动中，在与同行、与服务对象以及与社会其他成员发生联系的过程中逐渐形成的。医学道德是医务工作者在职业活动中的道德，即"医德"，它是调节医务人员与病人、医务人员之间以及医务人员与集体、国家之间的行为规范的总和。医德不是一种孤立的社会现象，它与医务人员的医疗实践和医学科学的发展密切相连。医务人员在自己的职业工作中，在处理自己与病人、与同行、与社会的相互关系的过程中，必然形成与其职业生活相联系的道德心理、道德观念、道德责任等职业道德。

2. 医德基本原则、基本规范和基本范畴

医德的基本原则是医学职业生活中各种医德关系的根本指导思想，是规范医务人员行为的基本道德准则，是确定其他医学道德范畴和行为规范的依据。除了盛行于世界各国的传统医德原则外，如前所述的"生命价值原则""有利与无伤原则""仁爱救人原则""人人平等原则""公正与公益原则""病人自主选择与知情同意原则"，我国社会主义社会的医德基本原则还有：

（1）救死扶伤、防病治病原则，既是医疗卫生工作的中心任务，也是医务人员的神圣职责。这就要求医务人员在工作中增强"以病人为中心"的意识，处处为病人着想，尽量满足患者需求，为患者提供优质服务，做到合理检查、合理治疗、合理用药，最大限度地减轻病人负担，维护病人的合法权益。

（2）实行革命人道主义原则，要求医务人员尊重病人的生命价值和人格尊严，关心和爱护病人，平等待人，恪尽职守，科学地防病治病，保障患者健康，维护患者权益。

（3）全心全意为人民服务原则，要求医务人员时时刻刻关心患者的疾苦和健康，一切以患者为重，一切为患者着想；树立正确的人生观，处理好个人与集体的关系，把病人的健康利益和社会的利益结合起来。

医德规范是在医德基本原则指导下制定的具体行为准则，主要包括：

（1）在工作态度上，热爱医学，献身事业，救死扶伤，忠于职守。医务人员应该具有为医学事业献身的精神，一切从病人利益出发，时刻想到病人的痛苦与安危，视病人如亲人，竭尽全力为病人解除疾病痛苦。对工作极端负责，对病人有高度的同情心，胆大心细，敢于为病人承担风险，只要还有一线希望，就要积极采取治疗措施抢救病人生命。

（2）在医疗技术上，钻研医术，精益求精。医务人员必须坚持实事求是精神和严谨科学态度，不断学习新理论、新知识、新技术，潜心钻研医术，掌握现代医学科学技术，为人民群众的健康贡献自己的聪明才智。在关乎病人安危和人民健康问题上，都要严格认真，一丝不苟，每一项医疗措施，不论繁简大小，都严格按有关规定执行，竭诚为病人服务。

（3）在行为举止上，要满腔热忱地对待病人，尊重病人的人格和权利，正确、耐心地回复病人提出的问题，理解体谅病人的处境和心理，不分亲疏，一视同仁，任何情况下都不得嘲笑、讥讽、斥责病人，侮辱病人人格。医务人员态度要端庄大方，语言要文雅亲切，服装要整洁优美，操作要轻柔细致，工作场所保持安静，平等对待所有病人。

（4）在医风医纪上，遵纪守法，廉洁奉公。医务人员在日常工作和生活中，要自觉遵守纪律和各项规章制度，坚持严谨作风和求实态度，询问病情，进行检查，采取治疗措施，要一丝不苟，不能敷衍了事；心地纯正，尊重患者，为病人保守个人秘密，决不能利用病人隐私要挟病人，或把病人个人秘密当作闲谈的资料，严格为病人保守躯体或内心秘密；对病情的解释要简单明了，对危重病人注意保护性医疗，稳定病人情绪，增强病人战胜疾病的信心；对待医术、学术问题要实事求是，敢于坚持真理，修正错误；保持各种记录、数据的真实性，不可弄虚作假；正视并承认自己的失误、差错和事故，不可掩盖、隐瞒或诿过于他人；决不利用职权和职务之便为个人牟取私利，决不以处方权、手术刀徇私舞弊，收受病人的礼品，甚至勒索病人。

（5）在人际关系上，正确处理个人和集体、个人和他人的关系。在不同科室之间、医护之间、临床科室与医技科室之间、医务人员与行政后勤工作人员之间、本院与其他医院、其他部门和单位之间，互相尊重，互相支持，团结互助，平等协作；要谦虚谨慎，尊重同行，互相学习，取长补短，精诚合作，彼此谦让；发生矛盾时要以集体利益为重，心平气和地交流沟通，坚持真理，修正错误；尽量把方便让给别人，把困难留给自己；做到诚实正直，友好相待，不互相扯皮、互相刁难，不揽功诿过，搞技术封锁。

不难发现，医德规范具有协调性和进取性的特点。所谓协调性，就是通过医德规范协调医务人员与病人之间、医务人员相互之间、医务人员与社会之间的关系,使之适应于保障人民群众身心健康的要求。所谓进取性,是指道德规范高于一般人的思想和行为要求,激励医务人员追求更高的理想和道德境界。当然,医德规范并不是一成不变的教条,随着社会和医疗实践的发展,医德规范也会不断变化发展。

医德范畴是反映医德关系和行为本质的基本概念,是调节医务人员与病人、医务人员之间以及医务人员与集体、国家之间的关系行为的规范的总和,它对提高医疗质量、改进科学管理、发展医学科技、培养人才都具有积极的作用。医学道德的基本范畴包括:

(1) 权利与义务。医务人员的道德义务表现在无条件地解除病人痛苦,并以此作为一种"道德命令"并逐渐转化为道德习惯。

(2) 情感与良心。医务人员的良好情感表现在同情、关怀、体贴病人以及献身于医学事业上。医务人员任何时候都应忠实于病人健康,自觉改正错误行为;医疗行为正确与否,病人难以监督,所以要凭良心做事,恪守道德底线,说老实话,办老实事,当老实人。

(3) 审慎与尊重。审慎就是医务人员对各个医疗环节都应认真负责,一丝不苟,尽量避免因疏忽而造成的差错事故。医务人员要尊重病人的基本医疗的权利、自我决定的权利、知情同意的权利和个人隐私的权利。

(4) 荣誉与幸福。树立正确的名誉观与幸福观,发扬艰苦奋斗精神,以病人利益为重,把幸福建立在崇高的生活目的与理想追求上。

3. 加强医德教育的意义

第一,有利于提高医务人员素质。医德教育有助于医务人员明确自己的职业责任、职业纪律、职业道德,从道德责任、道德情感上严格要求自己,尊重病人,献身事业,刻苦钻研,不断提高自己的政治和业务素质。

第二,有利于提高医疗服务质量。高尚的医德和精湛的技术是提高医疗质量的基本条件。医务人员医德水平越高,对病人的责任心就越强;医疗技术越是精益求精,每一项检查、每一项治疗措施越是精准到位,治疗效果就越是令患者满意,医疗服务质量就越是赢得患者赞赏。医务人员的优质服务可以改变病人的心态,鼓舞并增强病人战胜疾病的勇气和信心。

第三,有利于促进医学科学发展。现代医学科技日新月异,包括胚胎干细胞克隆、人工授精、生育控制、遗传优生、器官移植和安乐死等新技术、新成果不断涌现,同时也引发医学伦理道德问题,需要医务人员研究和解决。医德教育有助于培养医务人员良好的医德医风,坚持实事求是的精神,勇攀科学高峰,献身于医学科学崇高事业。

第四,有利于提升医院管理水平。医德教育有助于医务人员树立良好医德医风,增强医务人员的职业荣誉感,自觉地做好本职工作,热忱为病人服务。加强医德建设,有助于调动医务人员的积极性和主动性,自觉维护规章制度的严肃性和权威性,自觉地积极主动地参加医院管理,严格执行各项规章制度,自觉抵制各种不正之风,形成良好的院风。总之,良好的医德是搞好医院管理的伦理学基础,应该把医院管理工作和医务人员道德教育结合起来。

二、医患关系与伦理

1. 医患关系及其权利与义务

医患关系是医务人员与患者在医疗过程中产生的医治关系。现代医学的发展丰富了"医"与"患"概念的内涵。"医"已由单纯医学团体扩展为参与医疗活动的医院全体职工,包括医生、护士、医技人员、管理人员和后勤人员、医疗机构;"患"也由单纯求医者扩展为与之相关的每一种社会关系,包括病人、家属、病人工作单位。医患关系中医生是主导方面。传统医学在医患关系中较为强调医生的权利,认为医生具有独立的、自主的权利。这是由医生职业的严肃性和医术的科学性决定的。在诊治过程中,采用什么治疗方法、用什么药物、需作什么检查、是否手术等都属于医生权利范围内的事,只能由医生自主决定。在特定情况下,医生还有特殊干涉权利,如强迫患者治疗、强迫隔离等。当然,这种权利不是任意行使的,只有当病人自主原则与生命价值原则、有利原则、无伤原则、社会公益原则发生矛盾时,医生才能行使这种权利。同时,医生对病人、社会负有义务、承担责任。具体来说,医生的义务包括:

(1)承担诊治和解除痛苦的责任和义务。医生应该运用医学知识和技术,为患者诊断病情,进而施以相应的救治,用同情去理解和体贴患者,尽可能通过药物、手术等方法减轻患者身体痛苦。

(2)解释说明的责任和义务。医生在医疗过程中必须取得病人的"知情同意",应对医疗行为的范围、方式、程度以及可能造成的危害后果向患者进行说明。同时,还有义务及时向病人及其家属介绍病情。

(3)保密的责任和义务。医生未经允许不得向他人透露病人的病情及隐私,并履行保密的义务。

(4)转诊义务。由于设备、技术等限制不能为病人提供合适的治疗,医院应建议病人转诊。

（5）医生对社会承担责任和义务，如宣传、普及医学科学知识，发展医学科学，参加社会现场急救的责任等。

（6）保护和保管义务。医方对于病人在医院接受治疗的过程中，应对病人及其家属的人身、财产安全提供保护。医方还有义务保管好患者的病历，这有利于患者的继续治疗或医疗纠纷的解决。我国《医疗机构管理条例》第53条规定：医疗机构的门诊病历保存期不得少于15年；住院病历的保存期不得少于30年。

与此相应，患者的权利至关重要，并随着社会发展而不断丰富。患者至少应享有以下权利：

（1）基本医疗权。患者有诊疗、护理、保障生命和健康的权利。

（2）疾病认知权。医生在不损害患者利益和不影响治疗效果的前提下，应提供有关疾病信息。患者有权复印病历资料。

（3）知情同意权。患者有权要求治疗，也有权拒绝一些诊治手段和人体实验或试验性治疗，不管是否有益于患者。

（4）保护隐私权。患者有权要求医生为自己生理的、心理的及其他的隐私保密。

（5）免除一定社会责任权。

（6）要求赔偿权。因医生过失行为导致的医疗差错、事故，患者及其家属有权提出经济补偿要求。在发生医疗事故争议时，患者有与医疗机构共同封存病历资料的权利；疑似输液、输血、注射、药物等引起不良后果的，患者享有与医疗机构共同封存现场资料、共同指定检验机构的权利；患者死亡进行尸检时，患者家属有权请法医病理学人员参加，有权委派代表观察尸检过程；有权在专家库中随机抽取参加鉴定的专家；有权对参加鉴定的专家提出回避请求；患者在专家鉴定组进行医疗事故鉴定的过程中，有陈述、答辩的权利；等等。

与此同时，患者也要履行自己的义务，这不仅是对自己的健康负责，也是对医生的尊重。具体来说，患者的义务包括：

（1）患者有保持和恢复健康的义务。

（2）患者有积极接受、配合治疗的义务。医疗行为是一种依靠医患双方互动以达到治疗效果的行为，患者应配合医生的诊疗行为，如据实告知症状、按时服药等。患者不应该消极对待自身疾患甚至无理拒绝治疗，同时还应尊重医生的劳动，遵守医院的规章制度。

（3）患者有支持医学科学发展的义务。

（4）支付医疗费用的义务。患者在接受了医方所提供的医疗服务后，应承担相应的支付医疗费的义务。

2. 我国医患关系的现状及成因

近年来,我国医患关系日趋紧张,医患矛盾有激化趋势。问题主要表现在:第一,看病就医过程中的矛盾突出。乱收费、滥开检查单、医疗费用过高,很多患者看不起病、吃不起药;一些医疗机构和医务人员收取药品器械回扣、索要患者红包、乱开处方提成、巧立名目收费甚至抛弃病人的现象屡见不鲜。第二,医疗服务质量下滑,表现为工作责任心不强,对病人态度冷漠,不尊重患者人格,不告知治疗护理方案,不允许患者查阅或复印病历卡,擅自泄露病人情况等。医护人员与医患之间缺少沟通,医患双方信任度不高。第三,医疗纠纷增加,医疗事故上升。由于医患关系紧张,各地因医疗纠纷(如医疗纠纷赔付)难以调解而导致的暴力事件(如患者打砸医院)时有发生,不少医生认为执业环境"较差",自己的合法权益不能得到保护。

应该说,导致医患关系紧张的原因是错综复杂的,其中涉及社会、医方、患方和媒体四大因素。

(1) 社会因素,在我国经济高速发展背景下,社会保障制度相对滞后,政府在社会的环保、医疗、教育、退休养老、社会救济等方面投入相对不足,加上新药品、新医疗技术和新设备的引进使得医疗费用大幅度上涨。虽然卫生主管部门已做努力,但仍有不少患者看不起病、吃不起药,引发医患矛盾冲突。

(2) 医方因素。其一,医护人员收入偏低。医生是一个高劳动强度、高风险的职业,但医生收入同其工作强度和风险极不相称,无法体现工作价值,这是造成部分医生收取红包回扣的根源。其二,医疗资源分布不够合理。大医院(三甲)条件比较好,而社区医院、中小医院条件比较差,看同样的病种没有拉开收费档次,患者愿意直接到大医院看病,导致一些医生工作量大,整天忙得不可开交。在如此繁重的工作下,医生往往疲于应付,无暇回答患者方面提出的疑问和必要说明,造成医患关系紧张。其三,医方人文关怀不够。医生收入低,工作量大,风险高,加上社会负面舆论较多,部分医生心情压抑,对待病人只是机械性地照章办事,缺乏人文关怀。

(3) 患方因素。其一,维权意识增强。在遇到权益受损时,不少患者会主动采取行动,频繁投诉,以维护自己的合法权益。其二,健康意识增强。随着生活水平提高,人们越来越关注自身和家人的健康状况,对疾病的预防和早期诊治非常重视,由此对疾病的治疗效果预期更高。其三,参与医疗过程意识增强。社会文化水平整体上升,互联网使患者更方便了解与疾病相关的信息,患者要求更多地了解自己的治疗方案、用药及预后,更重视知情同意权。其四,人文关怀意识增强。以前,患者只要求治疗疾病或减轻痛楚就满足了,现在,患者更注重就医感受,希望能在轻松愉快的环境和心境下治疗并痊愈,除了满足技术性医疗服务需求外,还对人文性医疗服务提出新要求,如给予人文关怀,富有同情心和爱心,以满足心理需求。其五,病人家属心理需求增强。患者是医院的直接客户,病人家属是医院的间接顾客,除了对病人做好护理和关怀外,照顾病人家属的心理需求和社会需求,安抚其精神痛苦,也成为医院服务必须考虑的内容。

（4）媒体因素。经济高速发展而社会发展相对滞后,医疗问题比较突出,部分媒体为了吸引听众、观众和读者,竞相报道甚至炒作医疗热点新闻,特别是医疗纠纷案件广受社会舆论关注。由于公众对医学知识相对缺乏,对医疗高风险和局限性不很了解,加上部分媒体片面地把医患关系理解为商业消费关系,强调患方弱势群体地位,放大部分医生收红包拿回扣现象,直接对医患矛盾激化起着推波助澜的作用。

3. 构建和谐的医患关系

缓和紧张的医患矛盾,构建和谐的医患关系,需要从多方面努力。

（一）加强医务人员人文素质教育。

研究表明,医疗纠纷的产生主要不是医疗技术问题,而是人文性医疗服务质量问题。医务人员人文性医疗服务的缺失直接导致患者满意度的下降,有鉴于此,亟需加强人文素质教育。所谓人文素质,是指人的气质、态度、道德和人格等因素,体现在人的语言、思维、情感、意志、仪态、文艺技能等方面,大致说来包括:

（1）基本层次的人文素质,主要表现为珍惜生命,有同情心、羞耻感、责任感,己所不欲,勿施于人,志愿助人,有一定的自制力,做事比较认真,能顺利运用母语,思维顺畅、清楚,言行基本得体,懂得一些文艺基本知识等;

（2）发展层次的人文素质,表现为积极乐观、崇尚仁善、热情助人、热爱生活,有较强的责任感,有明确的奋斗目标和较强的自制力,做事认真,能准确、流畅地运用母语,思维清晰、灵活,逻辑严密,有独到见解,言行得体,有一定文艺特长,能品鉴高雅艺术等;

（3）最高层次的人文素质,表现为关爱所有生命和自然,有高度的使命感,百折不挠,奋斗不息,能优雅、生动自如地运用母语和熟练应用一门外语,思维敏捷、深刻,善于创新,言行得体且优雅,有魅力,对艺术有较高的悟性等。

医学是用研究人类疾病发生、发展过程及其防治手段,增进人类健康、提高身体素质、延长寿命的最佳途径及有效方法的科学体系。按其使命来说,医学就是对人从生到死的生命全过程的关爱与尊重:预防疾病和损伤,促进和维持健康;解除由疾病引起的疼痛和疾苦;治疗和照顾疾病和无法治愈的病人;避免早死;追求安详死亡。

人不仅是自然存在物,而且是社会存在物。医生不仅要了解健康与疾病问题,而且要了解病人,认识社会。加强医务人员人文素质教育具有非常重要的意义,有利于医学模式的转换和发展。传统的生物医学模式注重从研究机体生物学改变,从解剖、生理、病理、生化、分子生物学、遗传基因等方面去探究疾病的原因和治疗方法。这一模式在医疗活动中逐渐暴露出种种缺陷和局限性,最重要的是从根本上偏离了作为医学对象的"人"的完整性,过分强调人的自然属性而忽视了人的社会属性和心理特征,从而降低了医学行为的质量,也在某种程度上阻碍了医疗保健事业的全面发展。20世纪70年代恩格尔提出了生物-心理-社会医学模式,这种新的医学模式的基本出发点是把服务对象看成是生物的、社会的、有主观意识的人,强调确认一个人是否健康,要把生物、社会、心理因素综合起来考虑,认为人类健康的维护不仅取决于医疗技术,生态环境、文化心理、生活方式、卫生保健政策、经济发展等因素也起着某种程度的决定作用。医学实践证明,社会因素和心理因素在疾病过程中起着极其重要的作用,尤其是在市场经济环境下,人类生活压力不断加大,心身疾病发生率呈现不断上升趋势。

随着经济的发展,人们的物质生活和精神生活水平大幅度提升,对良好生活方式、生活质量和生命质量的追求更加强烈,对医疗卫生保健服务质量的要求不断提高,人们的医疗诉求全面提升,越来越多的患者要求疾病治疗、心理护理及人性关爱,表现为:生理诉求,战胜疾病、减轻痛苦、增强健康;心理诉求,了解相关信息,获取精神力量;服务诉求,科学化方案、个性化服务;文化诉求,感受关爱,得到尊重。所以,生物-心理-社会医学模式的确立,意味着医疗卫生活动由"以疾病为中心"向"以病人为中心""以人的健康为中心"的转变。1988年世界医学教育会议通过的《爱丁堡宣言》明确指出:"病人理应指望把医生培养成为一个专心的倾听者、仔细的观察者、敏锐的交谈者和有效的临床医生,而不再满足于仅仅治疗某些疾病。"医学模式的转变体现了以人为本原则,维护了人的权利和人格尊严,满足了人文关怀之需求。

市场经济的"失灵"之处在于,唯利是图带来了人的物化、异化乃至人性扭曲,工具理性的局限性导致人文价值的丧失,为了克服市场经济的消极影响,扭转工具理性的偏颇与不足,需要加强人文教育,培养自制、理性、公正、博爱精神,增强社会责任感,以实现科学技术和人文精神的平衡协调发展。医务人员的人文素质内涵包括:

(1)扬善抑恶的良知原则。人有了是非之分、善恶之辨、荣辱之感受,才能慈悲为怀,发自内心地同情人、尊重人、帮助人。

(2)义利统一的价值观。正确处理理想与现实、尽责与报酬、奉献与索取的关系,反对唯利是图的功利主义,反对重义轻利的道德空想主义。

（3）宽容豁达的坦荡胸怀。心胸开阔，雍容大度，不计嫌隙，以诚相待，己所不欲，勿施于人。

（4）谦和礼让的处事理念。谦虚谨慎，虚怀若谷，从大处着眼，从小事着手，讲风格，讲忍耐，讲和气，讲团结。

（5）文雅脱俗的仪表风貌。时时处处注意自己的言行，内强素质，外树形象，医语亲切，医貌端庄。

（6）淡泊名利的平常心态。重事业轻名利，不为世俗所扰，不为物欲所动，耐得住寂寞，守得住清贫。

（7）克己奉公的忘我精神。追求更高的道德精神境界，先公后私，公而忘私，助人为乐，自我实现。

（8）忠诚朴实的职业情感。跳出施恩于人的局限，把病人看作需要医疗服务的生命躯体，更视为具有生命健康权的权利主体，竭诚为患者服务。

（9）恪尽职守的责任意识。坚持严肃的科学态度和严谨的职业规范，学法、知法、尊法、守法，敬业爱岗、勤业精业。

（10）文明健康的生活方式。注意文化艺术修养，注重性情陶冶和心理调适，培育积极健康的情趣爱好，养成科学文明的生活习惯。

（二）加强医德规范，健全规章制度。

构建和谐的医患关系离不开医德规范和规章制度的保障，医务人员在医疗实践中必须严格遵守医德规范和规章制度。具体地说：

（1）遵守诊断中的医德规范和规章制度。询问病史应态度和蔼，评议亲切，耐心倾听，正确引导。体格检查做到动作轻柔，注意保暖，认真负责，按正规顺序检查，并根据病情需要，有计划有目的地进行辅助检查。

（2）遵守治疗中的医德规范和规章制度。严格掌握用药适应症，注意剂量、疗程及个体差异，防止药物副作用及毒性反应。重视心理治疗，解除病人心理障碍，注意保护性医疗制度，防止医源性疾病。安慰剂的应用以不损害病人利益为前提。

（3）遵守危重病人抢救中的医德规范和规章制度。突出一个"急"字，树立时间就是生命的观念。极端负责，精心医治，努力使险象丛生的病人脱离险境。各有关科室的医务人员应做到团结协作，紧密配合，力争抢救达到最佳效果。对不可逆转的垂危病人要尽可能地给以支持疗法，注重人文关怀。

（4）遵守手术治疗中的医德规范和规章制度。手术前应严格掌握手术适应症，充分做好各种术前准备。手术时尽量做到损失小，疗效好。反对单纯为练技术而手术的不良作风。术后观察必须细心，重视护理，绝不能掉以轻心。

（5）遵守护理中的道德规范和规章制度。其一，忠诚护理事业，提高对护理工作意义的认识,做到自尊、自重、自爱、自强。其二,体贴同情病人,做到以和蔼可亲的态度安慰病人,增强病人战胜疾病的信心。其三,严格操作规程,做到各项护理及时、准确、审慎无误。其四,技术精益求精,不断提高护理基础理论水平,学会新的护理操作技术,重视学习医学伦理学和护理心理学。

(6)建立投诉管理系统和医患沟通制度,完善监督机制。投诉管理系统有助于加强医院和患者之间的沟通,减少医患信息不对称障碍,提高就医过程透明度;促使医务人员加强沟通,大幅提高服务质量,预防危机的出现;投诉管理系统有助于对投诉信息的分析,确保患者和医院之间的反馈沟通,提高医院管理水平,达到改善医患关系目的。

(三)明确医患双方权利和义务,依法处理医疗事故。

所谓医疗事故,是指"医疗机构及其医务人员在医疗活动中,违反医疗卫生管理法律、行政法规、部门规章和诊疗护理规范、常规,过失造成的患者人身损害的事故"。正确处理医疗事故,保护患者和医疗机构及其医务人员的合法权益,维护医疗秩序,保障医疗安全,促进医学科学的发展,对构建和谐医患关系至关重要。

(1)保障患者的合法权益。根据法律规定,患者有权复印及复制病历等资料,医疗机构应当提供复印或者复制服务,并在复印病历资料上加盖证明印记,复印的过程应当有患者在场。医疗机构未如实告知患者病情、医疗措施和医疗风险,未按规定书写和妥善保存病历资料,未按规定进行尸检和保存、处理尸体等行为,将受到处罚。参加医疗事故技术鉴定的专家,由医患双方在医学会主持下从专家库中随机抽取,组成鉴定组。专家鉴定组要在事实清楚、证据确凿的基础上,作出鉴定结论。

(2)保护医务人员的正当利益。医务人员要增强法律意识,规范医疗行为,强化安全意识,提高医疗质量。各类医疗机构要把医疗质量管理和医疗安全放在首位,严格自律。在充分认识医疗事故危害的同时,提高医院全员防范医疗事故的自觉性,最大限度地预防或减少医疗事故,努力让患者满意。

(3)明确医患双方的权利和义务,有助于缓解紧张的医患矛盾。医务人员应秉持"病人至上,生命第一"理念,全心全意为患者服务。有义务耐心仔细解答患者提出的问题,有责任向患者及家属介绍病情、治疗方案及可能发生的后果,认真听取患者、家属对病情的陈述和对治疗的合理要求,指导患者积极配合治疗和护理;并根据患者病情,合理用药,合理检查,努力减轻病人负担。与此同时,患者既要维护权利,也要履行义务,比如:有权知道病情、诊断和手术、治疗计划及用药情况;有权要求医院及医务人员对病情保密;有权要求解释医疗费用和使用情况;有权对医疗服务及医务人员的工作提出批评和建议;养成良好的就医道德,尊重医务人员的职业、劳动及人格,不允许对医务人员刁难、指责、无理取闹。只有维护了医患双方的权益,才能有效缓解紧张的医患矛盾。

总之,医患之间要相互尊重,加强信任,增进理解,消除误解。医疗行业是一种高科技、高风险、高责任、高奉献的职业,需要患者的理解和支持。

三、器官移植与伦理

1. 器官移植的历史及发展趋势

所谓器官移植是指当人体的某一器官出现病变导致功能衰竭,威胁生命时,通过手术的方法植入健康的器官代替原有的器官。器官移植有不同类型,依据供体和受体不同的免疫遗传可划分为:自体移植(指移植物取自受者自身),同系移植(指移植物取自遗传基因与受者完全相同或基本相似的供者),同种移植(指移植物取自同种但遗传基因有差异的另一个体)和异种移植(指移植物取自异种动物);同种但不同系可划分为:亲属器官移植和非亲属器官移植;同种但不同供者可划分为:活体器官移植和尸体器官移植;器官不同的生成和制造方式可划分为:生物器官移植和人工器官移植。

器官移植始于20世纪初血管吻合技术的进步。1902年3月,奥地利科学家首次成功将一只狗的一个肾脏移植到颈部,并且顺利排出尿液。科学家发现,狗的自体肾移植可以存活并维持正常的生理功能,而同种异体肾移植则总是在移植后的一个星期左右被排斥掉。20世纪40年代,科学家应用家兔皮肤移植实验证明,移植排斥反应的本质是受体免疫系统对移植器官产生免疫排斥反应。进一步研究表明,引起免疫排斥反应的是组织相容性抗原。组织相容性抗原的发现,说明了特定遗传类型的组织细胞的特异性,对于移植器官能否成功起着决定性作用。供者器官的组织相容性抗原与受者的越一致,器官移植的成功率就越高。随着免疫学基础研究的迅速发展,以及对移植后免疫排斥反应的发生机制认识的深入,各种新型免疫抑制剂也相继运用于临床,如环孢素、普乐可复(FK506)、雷帕霉素等,大大促进了临床器官移植的发展。

1954年12月,在美国波士顿的医院,约瑟夫·穆瑞、约翰·梅瑞尔和哈特维尔·哈里森医师在一对同卵双胞胎之间进行了肾移植,移植的肾脏存活了8年。这次手术被后人视为现代器官移植的开始,穆瑞医生因其开创性的工作而荣获1990年诺贝尔医学和生理学奖。自从约瑟夫·穆瑞等人取得成功后,器官移植开始变得越来越成熟。1963年,美国的托马斯·斯塔瑞教授在科罗拉多大学进行了人类历史上第一例肝脏移植,这一手术同样受到了后人的景仰。同年,美国的詹姆斯·哈迪医生做了第一例肺移植。1967 年南非外科医生巴纳德(C. Barnard)进行世界首例心脏移植成功。1968 年,美国斯坦福大学的瑞兹等人进行第一例心肺联合移植。随着医学科技的成熟和设备的改进,世界各国广泛开展了各种组织或器官的移植,包括肾、心、肺、肝、甲状旁腺、胰腺、胸腺、肾上腺、骨髓、皮肤、小肠、关节等的移植。如今,科学家正在深入进行器官移植的科学实验,有望在以下领域有所突破。

(1)无需服用抑制免疫力药物。器官移植需要依赖他人捐献器官,患者需要依赖副作用很大的抑制免疫力药物来抵抗排斥反应。科学家渴望能够找到方法,减少患者对抑制免疫力药物的依赖。

(2)肾脏移植无需统一血型。迄今为止,患者只能接受来自同血型捐献者捐出的器官,而来自不同血型捐献者的器官被视为"异质的",很容易受到患者体内天然抗体的攻击。科学家相信,一种包含药物治疗、脾脏摘除以及血浆除去法的医疗方案,将使患者能够接受来自不同血型捐献者捐出的肾脏。

(3)干细胞取代器官移植。干细胞是未成熟的、没有充分分化的细胞,具有再生各种组织器官和人体的潜在功能。人体干细胞分两种类型,一种是全功能干细胞,可以直接克隆人体;另一种是多功能干细胞,可以直接复制各种器官和修复组织。目前,科学家正在实验室里进行用干细胞制造新器官的研究,这对于等候捐赠器官的患者来说是一种福音。

(4)动物器官取代人体器官。为了解决捐赠器官严重不足的问题,科学家在研究用动物器官取代人体器官。虽然猪的器官和人体具有"相溶性",将猪的心脏植入人体也取得很好效果,但是病菌通过猪器官进入人体,带来巨大风险。目前,科学家正在寻找方法以解决这一问题。

(5)"人造器官"前途无量。科学家正在研究各种不同材质的"人造器官",如英国研制的人造纤维肺,用透明的医用高分子材料制成的特殊光学装置、通过手术将它植入角膜组织中的人工角膜,日本研制的纳米人造器官,目前应用于临床的钛金属人造心脏等。组织工程学的研究使利用自体细胞在实验室培育出自己的器官组织成为可能,这种"人造器官"可以解决器官短缺问题,移植后不会发生排异反应,不需要辅助其他的药物治疗。可以相信在未来通过实验室将培育出更多"人造器官"。

2. 器官移植的伦理问题

器官移植的最大难题就是器官来源问题,供体缺乏成为器官移植发展的瓶颈。就我国而言,器官移植进展不快以及供体短缺矛盾比较突出,如我国患角膜病的 500 万人中,有 400 万可经角膜移植重见光明,但每年只有 1 200 个角膜供体,角膜数量远远不能满足实际的需要。究其原因,第一,陈旧的思想观念成为供体器官匮乏的根本原因。人们受"身体发肤,受之父母,不敢毁伤,孝之始也"以及"生要全肤、死要厚葬"的观念影响根深蒂固。很多人对自己和亲属尸体的器官视为至宝,不愿贡献出任何一个可用的器官。第二,器官移植费用高昂,患者经济承受能力有限,不得不放弃治疗。第三,有关法律、政策的不完善制约了器官移植事业的发展。

随着器官移植技术的进展,有关伦理问题也日益凸显,涉及的伦理问题主要集中在器官的来源、摘取时机、分配方式、移植后可能出现的心理问题、潜在的远期并发症、存活时间、生存质量、排队与急救的矛盾等方面。其中,争议较大的问题包括:活体供者、尸体供者、脑死亡的确定、治疗性克隆以及有关器官移植的伦理原则等问题。

(一) 关于活体供者的伦理问题。

活体器官移植手术是医师从活供者身体获取一个器官或某个器官的一部分,将其移植给受者。迄今为止,肾移植开展最多,其次为肝移植,肺移植因需要两个供者各捐献一叶肺而极少开展;胰腺移植由供者捐献胰腺的一部分也极少开展。活体器官移植,尤其是亲属活体器官移植为急需器官移植的病人带来了延续生命的希望。因为亲属活体肾移植除了具有存活时间长(世界上活体肾移植的最长存活时间为 40 年,高于尸肾移植的存活时间 34 年)优势外,还有供肾质量好、等待时间短、手术成功率高、免疫抑制剂用药少等优点,所以,应该大力发展亲属活体肾移植。

活体器官移植中必须遵循的伦理原则有:

(1) 自愿原则,意味着供者是在没有任何威胁利诱以及任何附加条件的情况下,自觉自愿同意捐献器官的。

(2) 尊重原则,即尊重患者的自主权、知情同意权、保密权和隐私权。医生应该向病人提供作出理智决定所必需的信息,包括干预措施或实施的目的、程序,可能的预知结果和面临的风险,让病人对器官移植有充分的理解,并尊重病人自主作出的决定,对已经实施器官移植的病人应该注意其保密权和隐私权,不得随意将其作为宣传的对象。

(3) 有利原则,力求做到不对捐献者造成致命伤害,又能救助病人的生命。必须对供体进行充分评估,保障供体的生命和健康。同时,必须维护和促进患者的利益,认真选择适应症,选择所植器官的合适规格和质量,选择最佳手术方式,充分做好手术前的准备,对术后抗排斥、抗感染等治疗措施应有详细方案。

(4) 互助原则。一个健康的人捐出一个肾脏不会影响其正常生活,所以,活体供肾是一种值得提倡的奉献精神,应该弘扬与人为善,友爱待人,团结互助,和睦相处的道德风尚。在开展器官移植时,不同医疗机构应该互相团结,协作攻关,促进器官移植技术的发展。

(二)关于尸体供者的伦理问题。

尸体供者不仅是器官移植的主要来源,而且是医疗教学和病理解剖的重要手段。每年有许多患肝癌、肝硬化、尿毒症等的患者等待器官移植来挽救生命,但却只有少数人能成为幸运者。因为移植器官供体的不足,已经有许多人因没有及时找到供体而死亡。

为了解决器官紧缺匮乏之矛盾,世界上已经有许多国家颁布了《器官移植法》《器官捐献法》《脑死亡法》等法规,将捐献遗体和器官列为公民应尽的义务。前苏联 1937 年立法规定,不用死者家属同意,就可提取遗体的眼球;英国国会1952 年通过的器官移植法规定,只要死者或家属事前不反对,医生就可以提取器官;在美国,每个公民在申办驾驶执照时被问及"如果你遇到车祸或因其他原因死亡后,是否愿意捐献你的器官?"如果同意,则签字认可,然后就在你的驾驶执照上印上一个"红心"标记,表示你已经同意死后捐献器官移植供体。一旦发生车祸身亡,医生可以根据本人遗愿,在瞬间合法提取你的器官供给需要的病人,以挽救他人生命。

上海市 2001 年 3 月率先出台了《上海市遗体捐献条例》,之后,各地陆续有类似的法规出台,但尚未出台全国性的遗体捐献法规。然而,在全国和上海的遗体捐献登记者中,真正捐出遗体的比例却较小,约占登记者的 15% 左右。究其原因,一方面,多数人对自己死后的身体仍持有传统守旧的观念,宁愿埋葬腐烂或烧成灰烬,也不愿意捐给他人,另一方面,尚未形成一个有效的运作机制来保障供体的合法来源。鉴于遗体捐献受到伦理和法律的制约,有必要在全社会进行科学知识和科学观念的教育,鼓励领导干部、专家学者、社会名流率先垂范,自愿捐献出自己的遗体及器官,支持并促进器官移植事业的发展。

1997 年 8 月 31 日,英国王妃戴安娜弥留之际作出捐献器官的决定,她的肺、肝、肾、胰、眼角膜和部分皮肤成功地移植给法国、比利时、英格兰、芬兰等国家的 8 名病人。戴安娜的行为成为国际社会赞不绝口的美谈。遗体捐赠是社会文明的标志之一,当下需加强并完善法律法规体系,界定遗体捐赠的权利和义务,严格遵守遗体捐赠的伦理原则,充分尊重公民的自由选择权,允许其有随时更改和撤销意愿的自由权;医疗机构从尸体上摘取器官,一定要有死者生前自愿捐献的书面或口头遗嘱。只有遵循自愿和知情同意原则,才能保证充足的供体来源。

由于器官来源缺乏,出于救死扶伤的目的,1984 年,我国颁布了《关于利用死刑罪犯尸体或尸体器官的暂行规定》，规定以下几种情况可供利用：无人收殓或家属拒绝收殓；罪犯自愿将尸体交医疗单位使用（需签名）；经家属同意的。我国目前通过这种方式获取器官仍然是主要途径。

（三）关于异种器官移植的伦理问题。

异种动物器官移植是解决移植器官紧缺的一种方法。由于猪器官的大小与人相似且繁殖能力很强，猪器官移植遂成为异种器官移植的最佳选择。可是，猪体有人类和一些灵长目动物身上所没有的一对特殊基因（名为 GGTA1），由它们协助产生一种依附猪细胞表面的奇怪的酶，当猪器官移植到人体后，这种酶可以使猪器官在数小时内死亡。目前科学家正运用基因敲除和克隆技术来培育出体内完全没有 GGTA1 基因的小猪。

异种器官移植比同种移植更为敏感和复杂，因此引起激烈的伦理争议。不同动物体内均有不同微生物群，对一种动物无害的病毒，在另一种动物身上可能造成严重危害。虽然把猪的心脏植入人体，取得了较好的效果，但是，我们不能不考虑猪器官病菌进入人体的巨大风险。如果将来人类专门饲养某种动物以提供人类器官移植，这是否侵犯了动物的生存权利呢？如果将来有一天，人的身体被植入"猪心、狗肺、牛胃"等异种器官，那么，这个人是否成为一种"人兽嵌合体"？这个人是否会受供体物种的影响，进而在意识、心理、情感或行为方面发生变异呢？这个人是否原本的那个人呢？如果某项技术给人类带来某种不可测的后果，那么，是否还要发展这种技术呢？虽然病毒问题给异种器官移植带来麻烦，使人类陷入尴尬境地，但是许多科学家仍赞成继续进行异种器官移植研究。

（四）关于脑死亡标准的伦理问题。

器官移植与死亡标准密切相关。一般来说，器官越新鲜，移植的效果就越好，所以，重新研究并确定死亡标准关系到能否摘取新鲜的器官，促进器官移植事业的发展。世界上已有不少国家公布脑死亡标准或颁布脑死亡法。1968 年，美国哈佛医学院率先公布脑死亡标准，确定不仅呼吸和心跳不可逆性停止是死亡，包括脑干功能在内的所有脑功能不可逆性停止的人也是死亡。1983 年美国通过脑死亡法令，随后英国、法国、德国等相继确定脑死亡标准。1997 年，日本施行的《脏器移植法》其中规定："脑死判定后提供脏器"，同时必须在有家属同意的情况下才能实施。

应该看到，脑死亡作为一种死亡判定标准，是根据医学的发展，对死亡作出的另一种新的定义，具有广泛和深刻的社会意义。传统的死亡标准是心跳停止，这个标准不利于摘取并移植鲜活的器官。由于脑死亡者的呼吸、循环尚未完全停止，各脏器仍维持最低的血供，此时摘取其脏器用于移植是最佳时机，可以大大提高器官移植的成功率。确定脑死亡标准，无疑有利于缓解目前的器官供求矛盾并提高了移植器官的质量。此外,确认脑死亡观念和实施脑死亡法,可以适时地终止无效的医疗救治,减少无意义的卫生资源的消耗和浪费。

确立脑死亡概念是 21 世纪医学、伦理、法律发展的重大进步,相信随着社会进步发展,人们会越来越接受脑死亡概念。在目前的特殊时期,不妨同时采用心跳停止标准和脑死亡标准,以便尽可能获得可移植的器官。

3. 器官资源分配的伦理问题

由于器官供求比例严重失衡,器官资源就成了一种稀缺资源,从而,器官资源分配备受关注,引发伦理道德、法律、社会问题的讨论。

(一)移植受体选择的伦理原则。

鉴于人体器官资源的稀有性,应该秉持什么原则来选择移植受体呢?一般认为,有以下几个重要原则。

(1)医学适应症原则。从医学角度看,器官移植的成功与失败首先取决于医学标准,如,身体条件、免疫相容等因素。以肝脏移植为例,需要考虑的适应症有:非致病性微生物引起的肝实质性疾病;各种致病微生物引起的各类肝炎及肝硬化致肝功能衰竭,门静脉高压症;先天性代谢障碍性疾病;胆汁淤积性疾病;肝脏肿瘤。如果患者肝癌过大过多,门静脉有癌栓,那么就不能为其做肝移植手术。以亲属活体肾移植来说,供体排除的标准有:非直系亲属、智障或残疾、高血压患者、糖尿病患者、肥胖症者、血脂异常者、恶性肿瘤、蛋白尿、血尿、尿路结石及其他泌尿系统疾病等。不然的话,患者因为排斥反应而存活时间不长,或因长期使用免疫抑制剂而增加患恶性肿瘤的概率,使生活质量下降。可见,器官移植的成功率和生存率标准是至关重要的。

(2)社会价值原则。根据有关社会因素进行选择,如对社会贡献大的、获得功劳多的、对他人或家庭存在意义重要的,等等,均可优先进行器官移植。除了照顾性原则外,还要考虑紧迫性原则,如遇到需要急救的情况,排队等待应该让位给急救病人的需要。《波士顿环球报》曾报道一则动人的故事。一位叫苏珊·斯蒂芬的母亲,为挽救患严重肾病的儿子愿意捐出她的一个肾,但组织配型不符。由于不能买卖器官,医生出了一个主意,让苏珊把肾捐给另一位需要且配型适合的病人,而医生把苏珊的儿子排在等待合适器官换肾的第一人。结果,亲情挽救了两名病人,体现了紧迫性原则和照顾性原则的统一。

(3)公平公正原则。对所有等待器官移植手术的病人必须公平对待,不能随意选择病人或选择供体进行器官移植。在一般条件下,要遵循排队顺序原则,不允许以金钱、地位、名望等因素作为优先享受器官移植的资本。在生死攸关的问题上,决不允许"生命特权"的存在。实现医疗资源的公正分配,受者的得益与供者的损伤应有恰当的比例,力求做到得大于失,而不是得不偿失。

(4)余年寿命原则。在病情相同的情况下,年龄小的人应该优先于年龄大的人。据上海中山医院统计,在亲属活体肾移植供受者关系中,父母给子女捐赠占55%,而子女捐给父母者只占8%。此外,未成年人同意捐献,要取得其法定代理人的同意,一般情况,不赞成未成年人捐献器官。

(5)支付能力原则。某项器官移植手术代价大、费用高,需要患者有相当强的经济支付能力。在这种情况下,经济条件好、支付能力强的患者可优先考虑进行器官移植,而经济条件差、支付能力低的患者只好继续等待或放弃器官移植。尽管看起来非常残酷,但却是一定社会发展条件下的恰当之举。

(6)科研价值原则。是否选择受体进行器官移植手术,还要考察此项手术对器官移植技术和医学科学发展的价值和意义。例如,人们对于双侧肢体残疾的人进行器官移植,尽管承担巨大风险,但仍能理解。可是,对一侧上肢残疾的人进行移植,仅仅为了提高生存质量,这种器官移植是否值得? 是否在浪费有限的医疗资源? 因此,需要考察器官移植的效益与风险、收益与代价问题。

(二)器官是否应该商业化?

为了解决器官来源问题,发达国家一般采取"自愿捐献"和"推定同意"的方法,即只要不反对,就视为同意。比如法国、希腊、意大利、瑞士等国家规定,只要本人生前未表示反对,就可以认为是自愿捐献遗体器官,死后医师即可决定摘取器官,而不考虑家属同意与否。如果说这种做法还是可以接受的,那么,对于是否可以通过商业化途径获得器官的问题,一直是有争议的。主张器官供给应该商业化的理由有:

(1)可以大大缓解器官的紧张状况;

(2)器官是个人财产,自己可以自由支配,包括是否买卖;

(3)器官移植是穷人改善自身生活条件的途径;

(4)尽管受市场供求关系影响,但只要严加管理,就可以避免类似剥削或欺骗行为等弊端的发生。

与此相反,反对器官商品化的理由有:

(1)器官交易必然导致人间悲剧的发生以及社会混乱,各国均已报道为了得到器官而进行的绑架、杀人等事件,所以,应该禁止这种不人道的非法的行为。

(2)出售的器官比自愿捐献的器官质量低,有的患者植入体内的器官失去功能,只好重新动手术切除器官,有的患者器官移植手术后,生存率不高,生活质量令人担忧。

(3)器官买卖,得不偿失。器官移植、治病救人获得的利并未大于或补偿器官买卖造成的社会犯罪等弊害。

（4）有钱人或有钱的国家购买穷人或穷国的人体器官是一种变相剥削；器官买卖表明穷人的生命价值还不如一具死尸，这是对人人平等原则的践踏。

综上所述，虽然存在争议，但各国政府都明确表示不赞成器官的商品化。1984年美国政府公布了《统一解剖捐赠法》和美国医学会制定的《器官移植伦理原则》，将买卖人身器官视为非法行为。1991年世界卫生组织通过的人体器官移植的指导性原则中规定，人体及其各个部分均不应成为商业交易的对象。严禁器官买卖的原则是器官资源合理和公正分配的保证。我国政府明确规定，禁止以任何形式从事人体器官买卖及与器官买卖有关的商业活动，禁止开展不符合法律法规和医学伦理学原则的器官移植，坚决取缔器官买卖的地下黑市，严肃查处违反规定擅自进行器官移植的医疗机构。

（三）完善器官移植的法律规范。

我国开展肾、肝、心等器官移植的现状不容乐观，一些不具备移植医疗技术的医院，为了跻身三甲医院行列，获得更多的经济效益，展开无序的竞争。有的用第一例手术费、药费全免的办法争夺患者；有的外请医生，带着病人到本医院做器官移植手术；有的做完移植后，就不去关心或随访患者，不去做药物调整，不要求术后复查，也无力处理排异反应和感染。结果是，器官移植例数增加了，而器官移植的质量降低了。由于供体来源质量不高、手术适应症把握不好等原因，再次器官移植的数量有增无减。一些医疗机构和医务人员，缺乏严格有效的器官移植监管，缺乏统一的操作规范，在器官捐献、采集、保存、运输、分配和使用等方面缺乏法律法规的规范与约束，以至于器官摘取和移植的医疗纠纷频繁发生。由于器官资源信息不公开畅通，导致一些医院的器官来源因找不到配型合适的受者而白白浪费，而另一些医院病人却在苦苦等待中死亡。

鉴于此，当务之急亟需加强对器官移植的规范管理，保证医疗质量和医疗安全，保护病人的健康和合法权益。2006年7月施行的《人体器官移植技术临床应用管理暂行规定》强调，由于器官移植涉及器官供体、受体、医生行为、器官来源、储运、调配问题，关涉医学、法律、伦理、经济和政治的关系，因此，要实行器官移植技术准入制，对不符合法律法规和医学伦理学原则的，不得开展器官移植。必须加强规范器官移植手术，提高医生道德责任心，提升患者存活率，缩短患者等候移植时间，降低移植费用。医疗机构每例人体器官移植前，必须将人体器官移植病例提交本医疗机构人体器官移植技术与伦理委员会进行充分讨论，并说明人体器官来源合法性及配型情况，经同意后方可为患者实施器官移植。实施器官移植前，医疗机构应当向患者和其家属告知手术目的、手术风险、术后注意事项、可能发生的并发症及预防措施等，并签署知情同意书。医疗机构临床用于移植的器官必须经捐赠者书面同意；捐赠者有权在器官移植前拒绝捐赠器官。

四、人体实验和医学研究与伦理

1. 人体实验的界定

人体实验是指直接以人体作为受试对象,用人为的实验手段,有控制地对受试对象进行观察和研究的行为过程。根据不同标准,人体实验可以划分为以下几种类型:自愿实验和非自愿实验;自体实验与他体实验;科学的人体实验和非科学的人体实验;得大于失的实验、得失相当的实验、得不偿失的实验;病因学研究实验、诊断实验、临床疗效实验、预后研究实验、药物临床实验。

人体实验是医学的起点和发展手段,近代医学的发展是建立在人体实验成果基础上的,如哈维血循环的发现、琴纳(Jenner)牛痘接种的发明等。人体实验是医学基础理论研究和动物实验之后,常规临床应用之前不可缺少的中间环节。人不同于动物,有些疾病是人所特有的,动物实验的结果不能直接推广应用到人身上。任何一项新成就,包括新技术和新药物,不论通过体外实验和动物实验创立了多少假说,也不管在动物身上重复了多少次实验,在应用到临床以前,都必须经过人体实验。

人体实验是一种特殊的实验。由于直接涉及病人或健康人的生命权利,关乎实验者、被实验者、医学研究机构、社会和国家的利益,人体实验受到普遍关注,不可避免地引发伦理、道德、医学、法律的争论。事实上,人体实验蕴涵一系列内在道德矛盾,包括:

(1) 科学利益与受试者利益的矛盾。如果是临床性实验,而且实验内容与受试者所患疾病的治疗有关,那么这种矛盾一般可以得到缓和;如果是非临床性实验,实验内容与受试者所患疾病的治疗无直接关系,或者受试者是健康人,那么这种矛盾就容易激化。无论是临床性实验还是非临床性实验,一旦这种矛盾达到了不可调和的时候,唯一正确的解决方法是:实验者应坚持受试者利益第一的原则。实验中以不造成受试者的严重损伤和不可逆的破坏为前提,尽量减少病人个体的风险,同时又注重推动医学进步,造福人类。

(2) 主动与被动的矛盾。在人体实验中,实验者是主动的,完全明确实验的目的、要求、途径和方法,在一定程度上估计到试验过程中出现的问题和危险性,并且对可能出现的危害制定了相应补救措施。而受试者是被动、盲目的,对实验的目的、要求和方法大多不了解或不太明确,对可能发生的危害亦无相应的措施。

（3）利与害的矛盾。传统医德原则规定对病人要有利而无害。其实，利和害是相辅相成的。许多人体实验，尽管目的是为了提高诊疗水平，医治疾病，但实验本身往往利中有害。面对许多新药物或新疗法试用中的利害矛盾，医学道德要求恰当地权衡利与害，尽可能兴利除害。

（4）自愿与强迫的矛盾。人体实验是以人体作为受试对象的，因此作为受试的人应是自愿的。但有的自愿者出于希望绝处逢生、省钱、快点痊愈、预后好一点的动机而同意或签字的，这种情况在道德上会出现矛盾。至于非自愿实验，即迫于武力或政治压力，受医生的欺骗、胁迫、诱导而参加的实验更不是真正的自愿。因此，在人体实验中判定受试者是不是真正的自愿，直接关系着人体实验的道德责任问题。

2. 人体实验的伦理原则

鉴于二战期间纳粹医学战犯的人体实验行径，1946 年制定了《纽伦堡法典》，具体规定了人体实验的道德原则和限制条件。1964 年第 18 届世界医学大会通过了《赫尔辛基宣言》，肯定人体实验在医学中的必然性和地位；强调人体实验必须以普通的科学原理和动物实验为前提；突出人体实验中的自主原则、无伤原则以及知情同意原则；赋予医生从事医学的科学责任与道德使命。《纽伦堡法典》和《赫尔辛基宣言》已成为当今医学研究和人体实验的规范性指南。大致说来，人体实验必须遵循如下一些基本伦理原则。

（一）维护受试者利益的原则。

人体实验要求以维护病人利益、不影响受试者的生活福利为前提，包括以下内容：

（1）人体实验必须以动物实验为基础。经动物实验获得了充分科学依据之后，确认某种新药、新技术对治疗某种疾病有效，并对动物无毒无害，方可在人体上实验。对于不治之症或垂危病人，在无有效疗法情况下，在病人或家属同意前提下，可考虑用未经动物实验的新药、新技术进行实验性治疗。

（2）人体实验必须坚持安全可靠原则。如果实验有可能对受试者造成身体上和精神上较严重的伤害，或者，一旦出现严重危害受试者利益时，无论这项实验的科学价值有多大，无论这项实验对医学的发展和人类的健康具有多么重要的意义，都应立即终止。人体实验过程中应保证受试者在身体上、精神上受到的不良影响减少到最低限度。以危重病人为受试者，不应停止传统特效药物的使用。

（3）保护特殊人群的权益。在某些国家，研制新药通常在囚犯中物色受试者。因其所处依附地位，很难说是自愿的，其健康权益往往受到侵犯。因此，为了保障犯人的健康权利,一般情况下,决不允许用犯人做实验的。此外,在涉及儿童的人体实验时,也要遵循基本伦理准则。而因为儿童正处于身心发育期,还不能做出理智、全面的判断,所以,以儿童为受试者必须征得其监护人同意,而且事先必须经过动物或成人实验证明其有益无害。

(4) 征求专家委员会原则。人体实验必须在有关专家和具有丰富医学研究及临床经验的医生参与或指导下进行,并得到科学和伦理学审查委员会的批准和监督。人体实验应寻求较安全的科学的途径和方法,制定具体实施细则,以不造成受试者机体严重伤害和不可逆转的破坏为前提。

(二) 促进医学和社会发展的原则。

人体实验的目的必须是为了研究人体的生理机制和疾病的原因、机制,通过促进医学科学的发展而改善人类生存的环境、造福人类。因此,凡是以提高诊疗水平、改进诊疗措施、加深对疾病病因及机理了解、增进人类健康为目的的人体实验都是合乎医学伦理道德的,否则,就是不道德的。人们不会忘记,在二战期间,法西斯主义者、军国主义者进行的惨无人道、灭绝人性的人体实验,如,出自所谓"优生"目的,用隐蔽的放射线装置对平民进行绝育实验;通过给健康人注射、吸入病菌,或强迫、诱使其吃下掺有某种细菌的食物或喝下掺有病菌的水等方式让他们感染上诸如鼠疫、炭疽热、霍乱和伤寒之类的疾病;将猴血、马血与人血交换等;严重违反"医乃仁术"的道德准则,给社会进步发展造成巨大危害。

(三) 知情同意的原则。

所谓知情同意原则,是指受试者在参加人体实验之前,对所研究的目的、方法、过程、预期的效果和损伤以及可能出现的不适与潜在的危险等都有充分了解,研究者不得有丝毫的隐瞒,使他们在知情的基础上自主、自愿地表达同意接受或拒绝接受人体实验的意愿。知情同意不允许有任何诱惑和强迫,并且受试者可以在任何时候拒绝或退出试验,而绝不能影响对病人原有的治疗和护理。对于无行为能力者,要获得代理人同意。同时,要认真拟定详细的知情同意书。《纽伦堡法典》明确规定,受试者的自愿同意绝对必要,受试者有自由选择的合法权利,不受任何势力的干涉、欺骗和其他任何形式的压制或强迫。《赫尔辛基宣言》指出,一切临床或非临床的人体实验部应该在实验前将实验目的、预期效果、可能出现的后果及危险、实验者将采取的医疗保护措施等,对受试者详加说明,取得受试者的自愿同意后方可进行实验。

(四) 实验对照、双盲及安慰剂使用的原则。

人体实验既受实验条件和机体内在状态的制约,也受社会文化、心理、习俗等因素的影响。设置对照组,进行科学对照,是消除偏见、正确判断实验结果客观效应的需要。常用的对照方法有空白对照、实验对照、标准对照、自身对照、相

互对照和历史对照等。在进行对照实验时,要特别注意对照组和实验组的齐同性和可比性,具体要求有:

(1) 分组要采取"随机化",即将不同的年龄、性别、民族、文化、社会地位等受试对象分到实验组或对照组,决不能有意将可能治愈的病人分到实验组,将很少有望治愈的患者分到对照组。如果弄虚作假,则无法得到科学结论,其行为是不道德的。

(2) 使用安慰剂对照。安慰剂对照是临床上人体实验设置对照组常用的一种方法。这样可以排除主观感觉和心理因素等因素对实验结果的影响。用安慰剂不是对患者的欺骗,而是对患者真正负责的做法。

(3) 使用双盲法。双盲法是在使用安慰剂对照的情况下,使受试者和实验观察者都不知道使用何种药物,可避免各种主观因素的影响。由于实验者处于"盲"的地位,对实验组和对照组都给予无偏的医疗照顾,这就保证了实验结果的科学性。双盲法和人体实验的知情同意原则是不矛盾的,从根本意义上说,知情同意是保护受试者利益不受侵害,双盲法同样是以受试者利益不受侵害为前提的,因此,双盲法是道德的。

(4) 保密与保管。对所有研究资料(包括照片、录像、光盘、软盘等)要严加保密,防止泄露和丢失,计算机数据保存一定要安全,与受试者相关的数据应分别保管。

3. 医学研究中的伦理问题

医学研究是一种揭示生命运动的本质和规律,揭示疾病发生、发展的客观过程,探寻战胜疾病,增进人类健康的途径和方法的探索活动。医学研究包含三大类别:其一,医学基础研究,即探索自然界物质(生命、健康、疾病)运动、变化的基本规律;其二,医学应用研究,即运用基础研究的成果,开辟新的科学技术的途径;其三,医学发展研究,即在运用上述研究成果基础上,进行新方法、新材料、新实验治疗的探索。

医学研究不只是一种纯粹的人体研究,实际上还包含了社会伦理道德和人文精神的关怀。医学研究必须遵循一些道德原则,如,医学研究的目的是造福于人类的身体健康;基础研究和治疗性实验,不能损害人的身体健康,不能增加病人的痛苦。

在讨论医学研究道德问题时,有一个问题颇受争议,即"医学研究和科学实验究竟有没有禁区?"主张医学研究和科学实验没有禁区的主要理由有:

(1) 科学研究本身是"绝对自由"的,没有什么不能成为科学研究探讨的对象,人为设置禁区是不可取的。科学发展史证明,人类正是在不断冲破种种限制、束缚、禁区的过程中，才取得进步达到自由的。在哥白尼、布鲁诺、伽利略时代，教会的迫害、传统道德的束缚、政治运动的压制都未能阻止科学家的研究。真正的科学研究不迷信所谓神圣教条，不屈从任何权威或强权。

（2）科学研究作为一种精神活动，本身也是自由的，不应该有禁区。科学家坚持求知求真的自由精神，根据实验数据得出科学结论。而且，科学上的问题，需要自由讨论，各抒己见，畅所欲言，鼓励发表不同意见，提出各种论证，以达成共识。凡是用政治权力或社会力量来禁止科学研究，都是有害的。未经实验证明，就预先为科学研究划定禁区，无异于遏制思想的自由。

与此相反的观点认为，科学研究是自由的、无禁区的说法只是一种理想状态，无论从历史还是现实看，科学研究都不是绝对自由的，而是有禁区的。主张医学研究、科学实验有禁区的理由主要有：

（1）从主体上看，科学实验总是受到限制的。科学研究课题的选定以及科研的可行性论证总是受到社会条件制约的，其中包括社会的财力、物力、人力等条件，客观上使研究者不可能有"绝对自由"；科学研究还要受研究者本人条件的限制，包括其知识、能力、思想道德、精神状况等因素，从而其研究不可能"绝对自由"。

（2）从客体上看，科学实验受到各种限制。医学研究、人体实验不能随心所欲，否则，会侵犯病人的生命权利，违背生命价值原则。研究成果的应用可能产生副作用，客观上限制了研究，如，国际社会全面禁止核武器试验、生物细菌武器和生化武器试验。基因的研究也可能被用来制造超级细菌。因此，对科学研究进行适当限制，正是为了将科学研究引向造福人类的轨道。

（3）从条件上看，任何科学研究和科学实验水平总体上受到一定社会经济基础（如研究经费多少或代价是否昂贵等因素）、政治法律制度（如统治者的意图）、文化习俗和道德规范等因素的限制和制约。在当代，科研也受到伦理、道德、法律等因素的"纠缠"。所以，科学上"能够做的"并不是伦理上"应该做的"。

（4）"科学价值中立""为科学而科学"的观点是难以成立的。当今时代，自然科学与社会科学、科学与道德、科学精神与人文精神不再互相分离。科学作为一种社会创造活动，总是受到价值观念的纠缠，受到伦理、法律的约束。爱因斯坦曾告诫青年学生："如果想使自己一生的工作都有益于人类，只懂得应用科学本身是不够的。关心人的本身，应当始终成为一切技术奋斗的主要目标，关心怎样组织人的劳动和产品分配这样一些尚未解决的重大问题，用以保证我们科学思想的成果会造福于人类，而不至于成为祸害。"在当代，科学家越来越意识到自己不能只是追求知识和真理，还应当担负道德义务和社会责任。

（5）科学的两重性决定了科学实验必然受到限制、存在禁区。科学好像普罗米修斯,为人间带来火种,带来光明,同时科学可能打开潘多拉的魔盒,把罪恶与灾难带给人间。由于炭疽热病毒容易散布而且杀伤力强,恐怖分子使用它制造生化武器,试图攻击美国,威胁文明社会。如果对此类研究不加控制,给它"绝对"自由,那么地球的末日就不远了。

五、医学美容与伦理道德

1. 医学美容的界定

当今世界,美容业迅速兴起、蓬勃发展,在一定程度上满足了人们日益增长的美容需求。一般说来,美容包括医学美容和生活美容两部分。医学美容是通过医学手段,包括药物、仪器及手术等,以达到改变人体外部形态、色泽及部分改善其生理功能,增强人体外在美感为目的,而进行的一系列有一定创伤性的治疗。医学美容内容包括:

(1) 眼部整形美容,主要手术项目有:双眼皮手术(单眼皮变双眼皮)、眼袋修复、眼睑松垂矫正、眉部整形(切眉、改眉形、眉再造)、先天性上睑下垂矫正、内眦赘皮矫正(开内眼角)、小眼开大、睑内外翻矫正、眉再造、眼窝再造、重睑术(缝线法、埋线法和切开法)等。眼部手术能使细小的眼睛变大,睫毛变长并翘起,臃肿的上眼皮变薄,而达到眼睛美容的效果,使眼睛看起来更加明快、生动、传神。

(2) 眉部整形,包括提眉术、切眉术、植眉术等。对于眉形不佳,文眉过宽、过深,色不正,上睑皮肤下垂松弛、眉周皱纹及眼角鱼尾纹等均可通过提眉术来纠正,使面部增强气质及魅力,更显得年轻。

(3) 鼻部整形术,就是通过手术来增加或缩小鼻子的大小;改变鼻背或鼻尖的形状;缩小鼻孔和改变鼻子与上唇的角度,如隆鼻、鼻翼缩小,酒糟鼻、驼峰鼻修复等。

(4) 面部、唇部整形,包括无痕改脸形、隆下额、隆下巴、隆太阳穴、下颌角成形、颧骨成形、去颊脂垫、酒窝再造、厚唇变薄、唇裂、大口改小、小口改大等。

(5) 隆胸术,即乳房整形美容手术,有假体隆胸、注射隆胸和自体脂肪隆胸,使小乳房变大、再造一个乳房、改变乳房形状等。随着社会的进步,审美观念的变化,要求对乳房进行整形美容手术的人越来越多,不少人期望能通过手术改善原来的体态。

(6) 吸脂整形术,是利用吸脂仪(可分为电子、超声波、共振、电动和注射器等种类)和真空吸力,将体内个别部位的脂肪抽除。由于引起肥胖的因素包括遗传、内分泌、饮食习惯等,即便严格控制饮食进行健美锻炼,局部脂肪代谢障碍仍然存在,所以,抽脂术是一种减肥方法。常见的吸脂整形包括:瘦脸、平腹、纤腰、提臀、美腿、修臂、雕塑曲线等。

(7) 光子嫩肤,范围包括:祛除雀斑、色斑、血管红斑、色素胎记收缩血管、收细毛孔、改善色素不均匀,改善幼纹、脱毛、凹凸瘢痕。光子嫩肤能祛除肌肤上的各种瑕疵,平衡油脂分泌,改造肌肤的质地,抗皱、美白、保湿,增加皮肤弹性。

(8) 性器官整形,包括阴道口收紧、处女膜修复、外阴整形、阴道再造、包皮切除、阴茎延长等。

医学美容和生活美容是两类不同性质的美容。生活美容是指根据顾客面型、皮肤特点等具体情况和要求,借助器械和化妆品并结合运用多种美容技术为其提供的美容服务,内容包括美容知识咨询与指导、皮肤护理、化妆修饰和美体等。此外,生活美容还通过生活化妆品和服饰佩戴来增进容貌体形美。

医学美容和生活美容存在区别,表现在:在人体器官上,前者在真皮以下,后者在表皮以上;在体形改善上,前者改善病理生理结构,后者改善生理环境;在美容手段上,前者通过手术整形组织改变,后者只是按摩涂擦洗泡;在经营场所上,前者是医疗机构,即医疗美容院、医疗美容诊所等,后者是美容院、美容店、理发店、洗浴中心、按摩院等。

总之,前者属于医疗服务范畴,后者属于生活服务范畴。尽管如此,有时候,医学美容和生活美容还是比较难以分清楚的,例如,对"三文"(文眉、文眼线、文唇线)美容项目,就存在争议,究竟是生活美容还是医学美容呢?虽然"三文"项目不需动刀,但也是刺入皮肤的一种创伤性手段。

2. 医学美容的道德规范

医学美容的确让人显得更年轻更有活力。然而,一些美容机构及其从业人员超范围经营、不规范操作引发一些纠纷,给消费者带来身心上的伤害,如注射隆胸给女性带来炎症、感染、硬结、团块、质硬、变形、移位、残留等伤害,成了"美容杀手"。鉴于此,亟须加强医学美容的道德和法律规范。

第一,维护消费者的人格权及身体权。医疗机构应该肩负尊重人格、保护人权的责任和义务,保证消费者的身体完整性不受到损害,提供手术技能与技巧,坚决杜绝"美容变毁容"事件发生。同时,消费者也要树立正确的美学观,不断提升自身科学素养和审美能力。

第二,确保整形美容材料的安全可靠性。就假体植入标准而言,材料必须无害无毒;必须容易植入和取出,容易塑形;植入体内无排异反应。

第三,建立和健全严格的缺陷产品召回制度和惩罚性赔偿制度,强化市场准入管理,对从事医学美容的技术人员和管理人员实行任职资格证书制度,提高从业人员素质,保护消费者合法权益、维护群众健康的需要,促进医学美容的健康发展。

第四,加强审美修养,提倡理性美容。"爱美之心,人皆有之",每个人都有选择医学方法修复和再塑自己外在形象的自由权利,但也应学习一些美容和健康知识,增强自我鉴别和自我保护意识,注意美容方式方法的可行性和合理性,反对非理性地盲目赶时髦。须知,"美容也有保鲜期",一个人不可能永葆青春美丽。

3. 人造美女的伦理问题

整形美容业的勃兴,推动了"美女经济"发展。形形色色的"美女加工厂"以及选美活动层出不穷、蓬勃开展,包括世界三大选美活动(环球小姐、国际小姐和世界小姐大赛)、中国世界模特大赛、国际内衣模特大赛等轰轰烈烈,此起彼伏。"人造美女"蕴涵的巨大商业利润,直接把美女变成车模、房模、形象代言人、"亲善大使""产品代言人"。"人造美女"和"美女经济"已成为独特的社会现象,引发广泛关注以及热烈讨论。从本质上说,"人造美女"是一种商业炒作,实质是谋利赚钱。"人造美女"过分强调女性外表的美丽、性感,扭曲了人们的审美观念,比如什么"学得好不如嫁得好,嫁得好不如长得好""唯美为大"等带来负面影响。显然,过分突出"以貌取人"标准,势必会忽视人的智慧和品行。我们究竟应该具有怎样的审美价值观? 在市场经济条件下,美丽是有价的,脸蛋、身材乃至风韵气质都是有价的,可是,一旦放弃精神境界的追求,一切都将毫无价值。所以,只有当"人造美女"成为广大女性既展现美丽漂亮又展现知识智慧,既有体态美丽又有心灵美丽的时候,才是有价值的真正的美女。

由此引出一个关于真善美的问题。什么是美女? 美女的标准究竟是什么? 每个人对人体美的认识评价标准是随着时代、人种、民族、文化、习俗、社会制度和思想修养等的不同而变化的。人们爱美、追求美、创造美,首先表现在对自身美的认识、评价、鉴赏与塑造上。不管怎样,人体美大致体现在内在美与外在美融合、形与神的统一、肉和灵的和谐。大致说来,人体美的因素包括:

(1)容貌美。美丽的外表能直接给人带来亲切和愉快。容貌美在女性美中具有特殊的地位,眼大眸明,眼皮双褶,口唇红润,牙齿皓白整齐,鼻子竖直,颈项颀长,耳廓分明等都是女性容貌美的特征,配以白皙、光滑、柔软而富有弹性的肌肤与适合于自身的发型,就会更加增添女性迷人的魅力。五官的组合越是和谐平正,端正匀称,就越符合美的规律,越具有审美价值。

(2)体形美。所谓体形美是指人体的形态之美,即指人体的和谐、均衡以及匀称。人体的和谐是指正常情况下，人的机体组织各部分协调地结合在一起，任何损害与缺陷都会造成对协调的破坏。古希腊女性雕像优美的形体是女性自然容貌的艺术抽象，身体的线条和轮廓组成了和谐的共鸣，成为女性贞洁、美丽的象征。青春期后的女性，肌肤圆润而有光泽，面容娇艳，隆起而富有弹性的乳房，和谐匀称的形体，柔软的腰肢和丰满的臀部，是生命力完美的体现。体态历来就是审美的对象，从静态看，女性肩窄髋宽，皮下脂肪丰富，整个躯体的曲线柔和圆润，似水一般流畅，形成了女子躯体细腻而富有曲线变化的体态美、匀称曲线美。女子的颈项纤细，乳房健美而富有弹性，最有线条感，侧视则有明显曲线。女性腰肢较细，微呈圆柱形；臀部丰满，腹部扁平。这样从上到下显示出多处曲线，给人以苗条、温柔娴静之美感。体形美中最富有魅力的莫过于乳房。女性乳房是集哺乳功能、性感功能及特有的女性美象征为一体的器官。每一个女性都希望有一对丰满和富有弹性的乳房，构成女性特有的流畅、丰满、匀称、圆润、优美的曲线美。在现代社会，乳房美被赋予深刻的内涵，成为母性、生命、青春、美丽、爱情、奉献、诱惑、性感、神秘的象征。

（3）动姿美。动姿美是身体各部分的动作姿势平衡协调自如。如走路、唱歌、跳舞、体育运动等。人的某些器官所具有的创造性和表现功能，是一种充满生机与活力的美。正确的姿态，既体现人的精神面貌，又关系到身心健康。女性的举止行为要求秀雅合度，自然有礼；言谈声音要温柔明快，圆润委婉。这样可显示出女性端庄、文静、温柔、典雅的窈窕美，给人一种轻、灵、巧的美感。

（4）精神美。这是一种包括人的思想品质、气质、风度、性格、知识、修养、趣味等的美。

第一，品质美。当你看见一个普普通通的人见义勇为、助人为乐的时候，你心中涌起的感受是崇敬、钦佩与羡慕，他长得怎么样，你已经不在乎了，因为那时你的思想与情感已经被另一种崇高的东西所占据，他的美已不在外表，而是深入骨髓，融入灵魂。

第二，气质美。这是一个人通过生活态度、言行举止、情趣爱好和性格特征等所反映出来的特定的天赋智慧、文化素养以及思想品德的美。女性的气质特点是温柔、娴雅和细腻。

第三，风度美。这是人的肉体美和精神美的统一，以姿态美为基础，表现出人的思想品质、精神面貌、文化修养的美。对于女性来说，落落大方、谦让有礼、热情开朗、表情自然、待人诚实、作风正派、文静贤淑等都是风度美的表现。

第四，性格美。性格是指个性中比较稳定的、起核心作用的心理特征，是人对周围现实比较稳定的态度和行为方式。女性具有柔媚的性格特点。

第五，智慧美。一个人知识越丰富，文化修养越高，就越能表现出智慧美。

知识和教养给人聪明才智和高尚品格,使女性具有不平凡的气质,既可弥补面容、体形平凡的不足,又可增添不平凡的美。

第六,人格美。这是一种内在的美,包括思想感情、道德情操、意志、志趣等,主要通过言语和行为等外在形式表现出来。

第七,创造美。这是一种更高层次的美,表明一个人最大限度地发挥其天赋才能,实现其理想和抱负,达到自我实现的境界,如,音乐家的演奏、画家的绘画、作家的创作、科学家的创造发明、政治家的改造社会等。

综上所述,美女不仅要有形体美、容貌美和服饰美,而且要有对知识和事业的追求以及个性品德美。总之,美女是内在美与外在美的统一。

第六章　环境与伦理

一、环境伦理学概述

1. 环境概念的界定

环境概念比较宽泛，既可理解为天然环境，也可理解为人工环境。自然环境是指人类社会存在和发展所面临的一切自然条件的总和，包括空气、阳光、水分、土壤、石油、煤炭、天然气、森林、树木、动物、矿物等。自然环境呈现为圈层结构，如大气圈、水圈、生物圈、岩石圈等。自然界中的生物（动物、植物和微生物）并不是孤立生活着的，它们总是和周围环境互相依赖、互相作用，构成一个生态系统。生态系统是复杂的，由生产者、消费者、分解者（或称还原者）和非生物环境四个部分构成。生产者指绿色植物和某些能进行光合作用与化能作用的细菌。消费者指直接或间接地以生产者为食物的各种动物，如食草动物、食肉动物及人类。分解者主要指细菌、真菌和其他微生物。非生物环境包括温度、光照、水分、土壤、空气、矿物盐等。

生态环境是人类赖以生存的场所，为人类提供生活资料和生产建设的资源。这些资源可以分为三类：其一，生态资源（又称恒定资源），如太阳辐射、气温、水分等；其二，生物资源，如森林、草原、鸟兽鱼虫、菌类等动植物以及土壤，这些都是再生资源；其三，矿物资源，包括煤、铁、石油、天然气等各种矿藏，它们属于非再生资源，储量有限，要合理利用，不得胡乱开采和利用。

生态环境是人类生存和社会发展的必要条件，具有至关重要的作用，表现在：第一，影响生产力发展水平。一般来说，劳动生产力与地理环境的优劣成正比。第二，决定社会生产部门的分布，如平原地区适合于发展农业，沿江、沿湖、沿海地区适合于发展水产业。并且，在一定程度上制约一个国家经济发展的特点及其潜力和前景。如，澳大利亚因有广阔的草原而畜牧业发达，加拿大因有茂密的森林而以木材加工业见长。第三，影响一国经济社会发展的速度，即可以加速或延缓经济社会的发展。一般而言，自然条件越是优越，物质生活资料的生产就越便利,从而人们的物质生活条件就越富有,经济社会的发展水平就越令人满意,反之亦然。

2. 环境伦理学的产生背景

自从人类产生以来,生态环境因人类的生产和生活而发生变化。我们所说的环境问题,有两种不同情形:一种是原生的环境问题,这是大自然自身运动所带来的自然灾害,如地震、地裂、飓风、台风、海啸、火山爆发、树林火灾等;另一种是次生的环境问题,与人类活动息息相关,包括由人类活动所引起的环境污染(如"三废":废气、废水、废物)和环境破坏(如物种大量灭绝等)。

人类发展的不同时代有着不同的环境问题。在渔猎时代和农业社会,环境问题主要是树林植被遭到破坏的问题。古埃及人在尼罗河洪水冲积的肥沃土地上发展了灌溉农业,繁荣了数千年之久。在由幼发拉底河和底格里斯河两大河流冲积而成的美索不达米亚平原上,曾经诞生过繁荣灿烂的古巴比伦文明,但由于对森林的破坏,加之不合理的灌溉使得耕地被破坏,变得满目荒凉。在中美洲热带低地森林中发展起来的玛雅文明,由于人口压力不断增加,土壤侵蚀日渐加速,致使耕地生产能力耗损殆尽,辉煌一时的玛雅文明走向毁灭。

在工业化时代,环境问题日益突出,环境恶化、生态系统失衡,集中表现在:

(1)空气严重污染,臭氧层越发稀薄,温室效应加剧,厄尔尼诺现象和拉尼娜现象明显。

(2)过度开采带来世界性水源危机,水体污染,水荒明显。

(3)森林树木惨遭砍伐,热带雨林不断减少,水土流失,气候异常,狂风暴雨、洪涝灾害不断袭击人类。

(4)土壤污染,土地沙漠化。过度放牧、过度垦殖、过度施用化肥和农药,已使许多地区的沃土贫瘠化、碱化、沙化和退化。

(5)物种大量灭绝,野生动物处境堪忧。绿化遭到破坏,野生物种数量急剧减少,不少动物物种已遭灭绝。国际自然及自然资源保护联盟宣布,大象、黑猩猩、藏羚羊、野骆驼等100多种野生动物都不幸被列入世界濒临灭绝动物的"最紧急状况"类别中。

(6)放射线污染频繁,核辐射、电磁辐射、热辐射,甚至核辐射时刻威胁人类。

(7)噪声污染,尤其是大城市的噪声污染导致心血管神经系统的疾病剧增。

(8)资源枯竭,能源危机。

不难发现,人类的活动破坏了生态系统的平衡,最终使人类面临生存危机。诚如恩格斯所指出的:"我们不要过分陶醉于我们人类对自然界的胜利。对于每一次这样的胜利,自然界都对我们进行报复。……美索不达米亚、希腊、小亚细亚以及其他各地的居民,为了得到耕地,毁灭了森林,但是他们做梦也想不到,这些地方今天竟因此而成为不毛之地,因为他们使这些地方失去了森林,也就失去了水分的积累中心和储藏库。"①

显而易见,人类使用技术之利剑征服和驾驭自然界,对自然界进行随心所欲、肆无忌惮的威逼、拷打、劫掠、奴役,现在终于得到了报应:人类生存的襁褓被扯破了,人类生活的摇篮被损坏了,人类生命的自然母亲被折磨得气息奄奄,危在旦夕。面对这种严重的生态环境危机,人们不得不冷静下来思考并寻找出路。法国思想家、现代生态伦理学奠基人施伟兹提出:"敬畏生命、崇拜生命、尊重生命";英国环境学家莱奥波尔德在《大地伦理学》中提出了生态伦理学的基本思想,强调重新确定人类在自然界的地位;美国当代生态学家罗斯顿主张抛弃"以人为中心"的价值观,对一切生物采取"一视同仁"的态度,尊重自然的权利;蕾切尔·卡逊在《寂静的春天》指出:人类一方面在创造高度文明,另一方面又在毁灭自己的文明,"人类开掘了石油、煤炭,却难以呼吸到新鲜空气;开发了沉睡的土地,却毁灭了丰富的物种;建立了现代工业,却无法享受清澈的河流;创造了巨大的生产力,却陷入了前所未有的困境。"环境问题如不解决,人类将"生活在幸福的坟墓之中"。罗马俱乐部的研究报告《增长的极限》甚至给世界描绘了一幅暗淡的前景,唤醒了人们的环保意识。

思想家们对人与环境关系的反思,得出的重要结论是,我们不能以牺牲生态环境为代价来实现经济的发展。"我们只有一个家园",我们应该保护好自己的家园。环境伦理学,也叫生态伦理学,就是在这样的背景下应运而生了。

3. 环境伦理学的基本特征

环境伦理学是研究环境道德的学问,内容包括:研究人类对自然、环境、生态的道德态度、道德关系和行为规范;研究生态正义、生态良心、生态义务、权利和责任、利用和节约等范畴;研究环境道德的实质和最终目标(为了人类的健康、安全、进步和发展);研究保护物种和遗传多样性,保证人类对生态系统和物种的持续使用;增强环境道德意识,自觉爱护环境;爱护自然,协调人类和自然环境的关系;遵守生物圈伦理学原则(整体优化原则、人与自然协调发展原则、全球协作原则)等。

环境伦理学所研究的环境道德与一般社会道德不同,有以下几个特点:

---

① 《马克思恩格斯选集》,第三卷,人民出版社,1972年,第517页。

第一,环境道德借助人与环境的关系,反映了人与人的社会道德关系。环境道德将道德范畴扩展到了自然界,它所讨论的是人与物的关系,即我们人类和我们面临的自然环境之间的关系。

第二,环境道德的要求是单向度的。人与自然环境之间,道德的主体始终是人,环境是客体。人与环境发生关系时,人处于主动支配地位,而环境则处于被动的被支配地位。环境只是服从自身的自然规律,被动地接受人类的作用。所以在人与自然关系中,道德要求是单向的,它只向人提出道德要求。

第三,环境道德具有强烈的公共性特征。一方面,自然环境本身具有公共性。无论是水源、大气、还是环境空间都具有公共性,为人类所共享;另一方面,保护自然环境具有公共性。环境问题已成为全球的问题,即一个国家或某些人对环境的破坏影响到全球的环境状况。

第四,环境道德具有高度自觉性的特点。我们面对的是没有意识的"物"。在很多情况下,我们都可以在不被别人知晓的情况下对环境进行破坏而不受到环境立刻的抗议,所以遵守环境道德就需更高的道德自觉性。

4. 环境伦理学的基本原则与规范

环境伦理学不仅揭示生态环境问题的严重性,警示人类生存和发展面临的重大危机,而且提出解决环境问题的基本原则,以及实现人与自然和谐相处的道德规范。

确立全新发展观,消除环境问题,必须坚持环境伦理的基本原则,包括:

第一,坚持人与自然和谐发展的价值原则。地球是人类的母亲,人类只拥有一个地球。人类的生存依赖于自然环境,依靠地球提供空气、水分、土地、生物等资源,人类认识、改造和利用自然的首要前提是尊重自然发展规律,通过生产劳动改变自然环境,创造人所需要的生活资料。因此,人类的活动应努力实现合乎自然规律性和符合主体目的性的统一。任何割裂两者关系、将两者绝对地对立起来的行为都是有害的。换言之,如果违反自然规律,滥用自然资源,破坏自然环境和生态平衡,就必然会遭到大自然的惩罚和报复。人应在改造自然时努力把改造和保护、破坏和补偿结合起来,以实现人和自然的和谐发展。

第二,坚持经济发展和环境保护有机结合的原则。人类的生存和发展始终面对这样的矛盾,一方面经济发展需要利用并消耗自然资源,并在一定程度上造成环境污染和生态失衡;另一方面,人类所生活的地球拥有的资源却是有限的,其中不可再生资源消耗了就永远没有了,可再生资源尽管可以重新产生,但仍需一定的再生时间。因此,经济发展和环境保护之间要保持均衡关系。总的来说,工业革命前,人类对环境的影响还远未达到危害程度。到了工业革命后,随着人口的增长、科技的运用,人类改造自然的能力极大增强,对环境的影响能力也空前提高,从而在创造物质财富的同时,对自然环境造成重大破坏:资源枯竭、能源匮乏、臭氧层损耗、水源水体污染、大气质量破坏、森林面积锐减、水土流失、土地荒漠化、动植物濒临稀少灭绝……生态环境问题严重危及人类自身生存和发展。鉴于此,要合理开发和综合利用自然资源。无论发展经济还是保护环境都是为了最终保障人类生存和发展的基础条件。经济发展不应以环境污染和生态失衡为代价,同样,环境保护也不应牺牲经济发展,因为根本上说来污染的治理和环境的保护离不开经济发展的基础。

第三,坚持人与人以及人与社会关系相协调原则。马克思认为,人与自然的矛盾(生产力)决定着人与人的矛盾(生产关系),反之,人与人的矛盾也影响着人与自然的矛盾。当代生态环境问题是人与人的社会矛盾激化冲突在自然领域的集中反映。只有正确处理这两方面的矛盾,才能最终消除环境问题。当务之急,解决人与人矛盾的解决是解决人与自然矛盾的前提。

为此,需要做好以下几方面工作:

(1) 建立人与人之间的友善、宽容、平等的关系。人与人之间关系是一种以经济利益为核心的社会关系,通常表现为,个体间的争斗、阶级间的对抗、民族间的冲突、地域间的暴力、国家间的战争,等等,这些矛盾斗争常常引发社会动荡、经济停滞、贫富悬殊、环境破坏。所以,为了消除环境问题,必须改变已有的人与人的社会关系,摈弃对抗敌意,加强理解合作,解决不同利益主体间的矛盾。

(2) 控制人口总量,提高人口质量。地球是独一无二的,环境资源是有限的,耕地面积是恒定的,不可能供给人口无限增长所需的粮食、能源等资源。因此,必须抑制人口增长速度,控制人口总量,保持人口增长和物资增长之间的合理比例关系。通过发展经济,提高人口素质和质量,自觉自主地促进人口和环境的协调发展。

(3) 改变传统的生产方式和生活方式,建立全新的健康有利、舒适充实的生活方式。传统的生产方式片面夸大对自然界的征服和改造,把经济发展归结为单一的经济增长速度,并用以衡量一个国家的发展水平及其领导人的优劣。这种生产方式和经济发展模式忽视了自然资源和生态环境的保护,显然是不可持续的。同样,也要检讨当下的消费观念和消费模式。这种消费观念和方式把聚敛和挥霍物质财富的数量当作"生活水平提高"的评价标准,把经济增长看成是满足主观稀奇古怪欲望的手段,或者是满足感官享乐的工具,追求"一次性"消费,过度消耗自然资源,既不利于生命健康发展,又造成环境破坏污染。

除了坚持上述环境伦理原则外,还应遵守环境伦理的基本规范。大致说来,环境伦理规范包括：

首先，热爱自然，保护环境。热爱自然，就不要把自然看成人类的对立物，看成一个可以随心所欲摆布的对象。而应该把自然看成我们生命的一部分，自然界向人类无私奉献了一切，养育人类。它似母亲，又似朋友，维持人类的生存和繁衍。我们应从情感上培养对自然的爱，喜爱它，关怀它。

其次，利益兼顾，造福子孙。对自然的利用要兼顾当代人和子孙后代的利益。当代人要发展经济提高生活水平，但不能以牺牲子孙的利益为代价。要兼顾不同地区和国家之间的利益，如富国和穷国的利益。这样才能达到相互协作，共同保护自然环境，为子孙后代留有发展的余地。

再次，文明生产，节约资源。开创生产发展、环境清洁、生活健康、生态良好的文明发展道路。保障自然资源的再生产，增强自然环境的"自我调节、自我净化"的能力；发展循环经济，把污染源消灭在工艺流程中。

最后，保护环境，低碳生活。就具体性规范而言，自觉遵守环境道德，培养和增强生态意识，维护生态平衡；爱护绿化、植树造林、养护树木花草；爱护动物、不捕杀和戏弄动物；讲究卫生、保持公共场所的整洁，养成良好的卫生习惯，如，不随地吐痰、不乱扔垃圾、不破坏绿化、不在公共场所抽烟、不大声喧哗等；遵守环境秩序，保持公共场所的安静，爱护公共环保设施；节约一切可能节约的资源（节水、节电、节煤、节气），追求低碳生活。

二、环境问题的伦理分析

1. 环境问题的成因

人类一来到地球上就开始从事生产劳动。生产劳动是人类改造和利用自然资源创造出适于人类存在发展所必需的物质生活资料的活动，这种活动不可避免地影响原生态自然环境，并产生双重效应，一方面，积极地改造自然环境使其更适合人类生活；另一方面，也造成了消极负面的后果，带来了生态环境问题。所以，研究环境问题的成因必须从人类的生产方式、生活方式和思维方式角度考察分析。

（一）生产活动的负面效应。

远古时代，人类认识和改造自然的能力非常微弱，面对神秘莫测的大自然，人类只能听天由命，顺从自然界的变化，乞求大自然的恩赐。当时的生产劳动主要是采集天然植物果实和狩猎活动，并进行简单的种植业和畜牧业，人和自然界的关系还是一种原始的、天然的平衡关系。后来,随着生产力的发展,人和自然界的混沌原始的统一状态开始被打破。伴随资本主义生产方式的兴起,近代工业革命的爆发和科学技术的运用,人类改造和利用自然的能力和手段达到空前未有的水平。人类对自然的作用范围日益扩大,对自然资源的开发利用不断提高,大自然到处留下人类的印迹:从地面到地下、从陆地到海洋、从地球到太空,人类肆意征服大自然、疯狂占有自然资源。这种生产方式导致环境污染、能源枯竭、土地沙漠化骤增、森林草原毁减、臭氧层空前扩大、气候异常,灾害和灾难频繁袭击人类。

可见,人类沉浸在对自然界的征服、占有、统治的喜悦的同时,大自然报复和惩罚了人类。马克思、恩格斯指出,资本主义生产方式为人类创造了比以前任何时代生产力总和还要多的物质财富,但是,迄今为止的一切生产方式只是取得劳动的最近的、最直接的利益,却完全忽视了那些只是在以后才显现出来的、由于逐渐的重复和积累才发生影响作用的结果——生存环境的污染和生态平衡的破坏[1]。在马克思、恩格斯看来,资本主义生产方式对技术的"资本主义的应用"和"工业的资本主义性质"根本上带有盲目性和短视性,急功近利,不惜以破坏生态平衡和污染自然环境作为换取利润的代价,而不考虑技术应用和工业发展的长远的自然影响和社会后果,这是导致环境问题的社会根源。

(二)生产关系的不合理性。

生产活动内在地包含着人和自然的关系(即生产力)以及人和人的关系(即生产关系)。如果说,生产力涉及人类改造和利用自然环境,获得物质生活资料,并构成生产关系的自然基础的话,那么,生产关系及其他社会关系则涉及人和人的关系,这种关系本质上就是一种以追求利益、满足需要为核心的物质利益关系,是人与自然关系的实现条件和社会形式,并制约着人对自然环境的改造和利用的性质和方式。

对物质利益的追求和满足构成了生产活动的驱动力和生产关系的核心。原始社会,由于人类改造自然的生产力水平很低,所获得的物质生活资料的数量极其有限,因此用以满足人类生存和发展的物质利益非常有限。在这种情形下,人们能够按照某种公平合理的原则分配并满足物质利益的需要。然而,伴随分工的发展和生产的提高,出现了剩余产品和私有制,从此,人们利益的矛盾和冲突开始出现,劳动产品分配不平等带来了劳动和享受的分离、生产和消费的分裂。人们物质利益的矛盾和冲突,具体表现在:

---

[1]　参见《马克思恩格斯选集》,第一卷,人民出版社,1972 年,第 256 页;第三卷,人民出版社,1972 年,第519 页。

第一,个人利益与群体利益之间的矛盾。个人利益是社会利益的基础,但又总是通过社会关系和交往活动实现的。群体利益是个人利益实现的条件,但又与个人利益有冲突。在历史发展过程中,个人利益和群体利益相互排斥,彼此冲突,"种族利益总是要靠牺牲个体的利益来为自己开辟道路的"①;与之相应,个人利益也总带有不顾甚至损害群体利益的倾向。

第二,不同群体利益之间的矛盾和冲突。不同国家、民族、阶级、集团、阶层之间总是为了自身存在和发展而争夺自然资源,展开激烈竞争,甚至表现为暴力和战争,表现为对自然资源的滥用和对自然环境的破坏。殖民主义者、帝国主义者为了获得最大利润而对别国进行侵略扩张,屠杀土著民族,野蛮掠夺资源。资本家为了追求剩余价值和超额利润,一味扩大生产规模,滥用自然资源,造成环境破坏和生态失衡。

第三,群体利益与全人类利益之间的矛盾。当代世界,各个国家都以国家利益为中心,强调国家利益优先,在国内事务中,统治者强调本阶级利益优先;一些发达国家为了减轻本国环境污染压力,置国际公法于不顾,肆意向公海或他国海域倾倒污染物;为了本国经济利益,置发展中国家人民利益于不顾,向发展中国家倾销大量具有污染性的废料,转嫁环境污染和环境危机;超级大国为了维持其霸权地位,维护自身利益,开展军备竞赛和核试验、核威慑,严重违反人类要求和平反对战争的愿望,威胁人类共同利益和前途命运。

(三)科学技术的副作用。

科技对自然环境的影响具有两重性,即正面效应与负面效应。科技的正面性效应表现为:首先,推动生产力发展。科技的发展带来了劳动工具的精细化、尖端化和复杂化,极大地促进了生产力发展。其次,科技促进社会关系完善。科技深化了分工关系,扩大了社会交往,加强了合作和协作,带来了分配和消费品多样化,改变了人们的生产方式和生活方式。生产的科学化为消除体力劳动和脑力劳动的差别创造了条件。在信息社会,人们越来越依赖信息,信息引导我们判断事实,决定取舍,预测未来,作出反应;信息使地球变小了,使交往更加密切,日益成为人们交流思想、表达感受、抒发情怀、传递音讯不可或缺的手段。最后,科技发展满足人们的物质生活和精神生活的需要,促进了人的身心健康发展。总之,科技有利于人的知识增长和智力开发,有利于能力的提高和智慧的完善,有利于思想观念的革新和精神境界的提高。

毋庸置疑,科技的应用,尤其是技术的误用或滥用,给自然环境带来了负面

---

① 《马克思恩格斯全集》,第26卷[Ⅱ],人民出版社,1973年,第125页。

效应,表现在,环境的污染和破坏,生态的失衡和危机。工业革命带来了巨大财富,也造成大气污染、能源危机、生态失衡等问题;汽车工业给人带来了交通方便,也引起环境污染;农药有效地杀死害虫,同时也把益虫杀死,造成土地污染。蕾切尔·卡逊在《寂静的春天》中警示人们,大规模使用 DDT 这种杀虫剂对动物、植物以及人本身具有严重危害。现实生活中,一些居心叵测的不法分子将科技成果用作牟利、报复甚至毁灭人类的工具。例如,像催熟剂、膨大剂、雌激素这样的科技成果,已被水果商或生产者肆无忌惮地滥用,以牟取暴利,严重危害生态环境,威胁人的生命和健康。由此可见,科学技术对生态环境有时是一种福音,有时是一种祸害。

（四）价值观念的片面性。

生态环境问题的产生还同人们的认识水平、价值观念和思维方式有关。具体说来,表现在:首先,人对大自然认识的偏颇性。历史上,人与自然的关系常常处于对立状态,不是人对自然的绝对服从,就是人对自然的征服占有,人没有处理好同自然的关系。原始社会,人对自然的认识极其朦胧、肤浅,把自然奉为神,心怀敬畏之情,对之顶礼膜拜。进入文明社会后,人和自然的关系逐渐走向极端,把自然当作敌人看待,视为征服、统治的对象。近代以来,主体能动性助长工具理性,似乎人可以控制、驾驭一切自然力量。在这种观念影响下,大自然被人改造得"面目全非"了:森林减少、草原退化、水土流失、沙漠扩大、水源枯竭、环境污染、气候异常、土地贫瘠、资源危机。可见,观念的偏颇性使大自然变成了敌人和奴仆,变成了被改造、被征服、被统治、被支配、被占有、被利用的对象,最终引发生态环境问题。

其次,对生产活动的简单化、片面性的理解。人与自然的关系是互相依存、互相制约的。生产劳动既体现了人和自然的关系(通过生产力体现),又体现了人与人的社会关系(通过生产关系体现)。当人在改造自然的时候,其活动不仅影响人与自然界的关系,同时涉及人与人的物质利益关系。马克思认为,"人们对自然界的狭隘的关系制约着他们之间的狭隘的关系,而他们之间的狭隘的关系又制约着他们对自然界的狭隘的关系。"[1]人们常常对生产劳动所带来的自然界的变化,特别是对自然过程的干预以及自然环境的未来变化,缺乏足够的重视和正确的预见,片面强调生产劳动所具有的积极意义,忽视了生产劳动可能产生的负面效应,这样势必引起生态环境的破坏。马克思说,经济的再生产过程总是同一个自然的再生产过程交织在一起的,一旦自然环境遭到破坏,经济效益必然

---

[1] 《马克思恩格斯选集》,第一卷,人民出版社,1972 年,第 35 页。

会丧失,从而危害人类的生存和发展。

最后,陈旧的发展观和粗俗的消费观也是环境问题的成因之一。传统的发展观片面夸大生产——经济的发展、物质生活需要的满足,忽略了社会关系和文化精神的发展,其结果是粗俗的消费观大行其道,无视有限的自然资源,不对自然环境进行保护,肆意浪费,挥霍式消费。这种毫无节制的消费观念、低级庸俗的生活方式,无疑将人降低为经济动物,加速了自然资源的枯竭和环境的退化,引发生态环境危机。

鉴于此,亟须正确理解并辩证把握人和人的关系,以实现人和自然的和谐发展。

2. 可持续发展的理念

长期以来,发展一直是按经济增长来定义的,以工业化为主要内容,以国民生产总值或国民收入的增长为根本目标,以为有了经济增长就有了一切。这种追求经济高速增长的发展观,不仅加剧了通货膨胀、失业等固有的社会矛盾,而且造成了南北差距、能源危机、环境污染和生态破坏等严重问题。

1972 年,联合国在斯德哥尔摩召开人类环境会议,开始把环境问题与人口、经济和社会发展联系起来,统一审视,寻求一条健康协调的发展之路。这次会议形成的广泛共识是,单纯的经济增长不等于发展,发展本身除了"量"的增长要求外,更重要的是总体的"质"的方面有所提高和改善,这无疑对唤醒世界各国保护和改善环境发挥了重要作用和影响。

1987 年,联合国委托以布伦特兰夫人为主席的世界环境与发展委员会(WCED)提交了《我们共同的未来》报告,提出了一种崭新的理念——持续发展战略思想。"可持续发展"的内涵大致包括三个基本原则:

(1) 公平性原则。就是既要考虑当前发展的需要,又要考虑未来发展的需要。

(2) 持续性原则。可持续发展的核心是发展,但这种发展必须是以不超越环境与资源的承载能力为前提,以提高人类生活质量为目标的发展。

(3) 共同性原则。由于历史、文化和发展水平的差异,世界各国可持续发展的具体目标、政策和实施过程不可能一样,但都应认识到我们的家园——地球的整体性和相互依存性。

1992 年 6 月,在巴西里约热内卢召开的联合国环境与发展大会是一次规模最大、级别最高的国际会议,也是人类环境与发展史上影响深远的一次盛会。里约会议让世界各国接受了可持续发展战略方针,并在发展中开始付诸实施,这是人类发展方式转变的新纪元。

可持续发展的理念要求既满足当代人的需要,又不对后代人满足其需要的能力构成危害。这就需要调整处理好三对关系,即人与自然的关系、当代人与后代人的关系,以及当代人之间的关系。

第一,正确处理人与自然的关系。工业文明的价值观是一种狭隘的人类中心主义,把人与自然对立起来,认为人是自然的主人和拥有者;人的使命就是征服和占有自然,使之成为人类的奴仆。显然,如果一种文明把掠夺和征服自然以满足人的无穷欲望视为自己的价值目标,那么,环境污染与生态危机就不可避免地产生。因此,我们要走出或超越狭隘的人类中心主义,承认大自然的内在价值,把人与自然视为一个不可分割的有机整体,尊重并维护生态系统的完整和稳定,追求人与自然的和谐。

第二,正确处理当代人与后代人的关系。可持续发展的一个重要目标,就是实现"代际平等"。工业革命以来,特别是 20 世纪后,由于人口的剧增,人均资源消耗量与废物排放量的增加,地球的承载能力接近极限;随着科学知识的增加,我们已经能够预见我们的行为对于后代的生存环境的影响,因而,如何在当代人与后代人之间公平地分配地球上的有限资源的问题,已成为一个非常重要的问题。我们必须要用代际正义的原则来处理当代人与后代人的关系,选择那种能够使地球资源可持续利用的发展战略。这意味着我们不仅要给后人留下先进的生产技术与成熟的经济发展模式,还要留下一个稳定而健康的生态环境。

第三,正确处理当代人之间的关系。当代人之间能否公平地分配环境保护的成本与利益,能否建立一套鼓励人们的环保行为的制度安排,直接决定着人与自然的和谐目标的实现;如果当代人之间尚且不能实现某种最低限度的公正,那么,我们就很难指望他们会真正关心遥远后代的利益。《我们共同的未来》把满足贫困人口的基本需要"放在特别优先的地位来考虑"。人的基本需要得到满足,是人作为人应享有的基本权利;而贫困剥夺了这种权利,使人作为人的价值得不到实现。因此,消除贫困,减少贫富差距,是国际社会的共同义务,也是实现代内平等的内在要求。贫困与破坏环境往往是互为因果的。保护环境,就要在全球范围内消除贫困。因此,国际社会必须采取共同行动,在国家层面,政府应制定适合本国国情的可持续发展战略,制定严格的环保法规,鼓励企业与个人的环保行为;在国际层面,应建立一个更加公正而合理的国际政治经济新秩序;维护和平,反对军备竞赛,使各国能够更多地把有限的资源用于保护"我们的地球";发达国家应向发展中国家提供更多的经济和技术援助,增强欠发达国家保护环境的能力。同时,还应积极配合各种非政府组织,特别是联合国发起的保护地球的民间环保活动。

3. 实施可持续发展战略

可持续发展战略是一种以人的发展为归宿的发展观,不仅要促进当代人的发展,还要保持后代人的发展,不仅满足人的物质生活需要,还要满足人的社会精神生活的需要,不仅促进经济发展,而且要推动社会全面发展。1992 年世界环境发展大会之后,中国政府立即行动,起草了《中国环境问题十大对策》,明确提出实施可持续发展战略,推行经济建设与环境保护的协调发展。1994 年 3 月,率先编制《21 世纪议程》。1996 年,正式提出将科教兴国和可持续发展作为国家发展的基本战略。

可持续发展战略要求实现经济发展和环境保护的有机结合,走出一条生产发展、生活富裕、生态良好的文明发展道路。为此,政府积极调整产业结构,加大对生态环境建设的投资力度,实行退耕还林、还草、还湖,并在全国广泛开展"绿化祖国"的活动。在工业生产建设中确立"三个转变"任务,即:从侧重污染的末端逐步变为工业生产过程控制;由重浓度控制转变为浓度与总量控制相结合;由分散的点源结合转变为集中控制与分散治理相结合,努力形成一种既满足环境保护要求又最大限度地发展生产的最优化模式。在经济发展中,既要最大限度地开发利用自然资源,又不能超过自然环境、生态系统所允许的范围限度;充分估计自然资源的再生周期和再生速度,反对滥用自然资源,遏制挥霍浪费资源行为。经济发展对环境的影响程度不能大于环境对污染的自净能力,对环境的破坏(砍伐森林、破坏草地)强度不能大于环境的自我恢复能力;对非再生资源的消耗速度不能大于非再生资源的可替代速度,对可再生资源的消耗速度不能大于可再生资源的可再生速度;通过科技发展节省资源和能源的消耗,加速可生资源和能源的更新速度,加快不可再生资源和能源的替代更新速度,减弱自然灾害的频度和强度,增大抵抗自然灾害的能力,降低排出物的数量和速率,提高环境同化与自净的能力和速率。

三、环境伦理的若干问题

1. 人类中心原则能否超越

在环境伦理学研究中一直存在着两种不同思潮,即人类中心主义与非人类中心主义思潮。"人类中心主义"认为,人类是"宇宙的精华、万物的灵长";只有人类才具有内在价值,其他自然存在物只具有工具价值;人类是自然的主人和主宰者,改造自然、征服自然乃是人类的目的;人类是道德主体,道德只存在于人与人之间,动物、植物等不具有任何道德地位;人类对自然环境的污染和损害不负有任何道德责任;自然界只不过是满足人类生存的工具和手段,人类保护自然环境的根本目的是为了人类自身的利益。与此相反,"非人类中心主义"(包括动物解放论、动物权利论、生物中心主义和生态中心主义等)认为,大自然以及所有生命都具有内在价值,大自然和人类一样都是平等的价值主体;人类的道德关怀不应仅仅局限于人类自身,还应扩展到一切植物和动物;动物和人类一样应得到尊重并享受权利;维护整个生态系统的利益和价值是道德判断的唯一标准。

从历史角度看,人类中心主义的观点源远流长。古希腊哲学家普罗泰戈拉提出"人是万物的尺度,是存在的事物存在的尺度,又是不存在的事物不存在的尺度",最早凸显了人类的主体性地位;亚里士多德将自然归结为服从于或服务于人类目的的手段。文艺复兴和启蒙运动进一步彰显人类主体性地位。笛卡尔提出,"借助实践哲学使自己成为自然界的主人和统治者";培根将科学技术从理解自然的工具转变为改造自然和征服自然的工具;洛克认为,大自然有着取之不尽的财富,人类可以随心所欲地开发利用;亚当·斯密宣称物质利益是人类活动的基点,满足人类欲望和实现利益最大化是天经地义的;康德提出"人是目的而不是手段"以及"人为自然立法"的命题,可以说,奠立了人类中心主义伦理学的理论基础。一言以蔽之,人类中心主义主张一切以人类为中心,以人为尺度,从人类的利益出发,为人的利益服务。

近代以来,这种观点已成为西方关于人与自然关系的主流观点,进而构成西方工业革命和现代化进程的思想动力。在人类中心主义思潮主导下,人类确实取得了改造自然、征服自然的巨大胜利,但是,每次胜利也使人类面临环境问题的严峻挑战,甚至陷入生态危机的绝境。鉴于这种情况,非人类中心主义应运而生。非人类中心主义认为,自然生态系统是由人类及其他生命体、非生命体及其环境构成的整体,人类和其他自然存在物一样,是自然生态系统中平等的一员;自然界不仅有其外在的工具价值,也有其内在的价值;应该把道德关怀范围从人类社会扩展到自然存在物。罗尔斯顿指出,自然具有独立于人类的"系统价值","价值是这样一种东西,它能够创造出有利于有机体的差异,使生态系统丰富起来,变得更加美丽、多样化、和谐、复杂"[①]。自然的内在价值是其"所固有的价值,不需要以人类作为参照"[②]。施韦兹主张"敬畏、尊重、爱护一切生命",提出了划分善恶的标准,即:保持生命、促进生命、实现生命的最高价值就是善,而毁灭生命、伤害生命、压抑生命的发展就是恶。奥尔多·莱奥波尔德认为,自然存在物与人类具有同等的价值和存在的权利,包括无生命的自然在内的整个大地,都应获得人类的尊重,主张自然界整体的价值高于其中任何一部分(包括人类)

① 霍尔姆斯·罗尔斯顿:《环境伦理学》,杨通进译,中国社会科学出版社,2000 年,第 303 页。
② 霍尔姆斯·罗尔斯顿:《哲学走向荒野》,刘开等译,吉林人民出版社,2000 年,第 189 页。

的价值。

由此不难发现，非人类中心主义一开始就是以批判人类中心主义的姿态登上舞台的。我们可以把人类中心主义与非人类中心主义分歧的焦点概括为：大自然是否具有内在价值？大自然能否成为道德主体？道德关怀的对象仅仅限于人类吗？人类对自然环境是否负有直接的道德责任和义务？不管怎么说，在人与自然的关系问题上，人类中心主义和非人类中心主义都存在不足之处。

首先，人类中心主义把人类作为唯一的、绝对的、至高无上的目的，将人类欲望的满足和利益最大化视为最高准则，片面强调征服自然、控制自然、凌驾于自然，忽视人类与自然的内在同一性，其结果是滥用自然资源、破坏自然环境、最终导致生态危机。而非人类中心主义则把人与自然的关系简单化，认为所有的生命都应被视为主体而存在，应得到尊重并且享受同人类平等的权利，完全抹杀了人类与自然的质的差异，消解了人类主体性地位，使人类降低到自然及动物水平。显然，人类中心主义和非人类中心主义在人与自然关系上各执一端，失之偏颇。一个主张征服自然，一个强调服从自然；一个高扬人类主体性地位，强调自然只是满足人类生存需要的工具和手段；一个强调自然生命的主体地位，主张人与自然的平等权利。平心而论，人类中心主义观点有可能使人类实践沦为一种"人类沙文主义""人类征服主义""自然界的专制主义""物种歧视主义"的行为，使人类丧失理性自律和道德追求；而非人类中心主义因强调人类和自然生命、生态环境具有绝对相同的平等权利，有可能降低人类的主体身份，使人类丧失人之为人的资格和尊严。

其次，在主客体关系及价值问题上，人类中心主义和非人类中心主义都未能摆脱片面性思维模式，恰恰在"大自然是否具有内在价值""大自然能否成为道德主体"问题上陷入无法自拔的困境。通常所说的"价值"究竟是什么？简言之，价值是一个关系范畴，是指客体的属性满足主体的需要，这里，人类是主体，自然是客体。所以，离开人类主体性来讨论"自然的价值"，是毫无意义的，因为自然的价值是相对于人类而言的。同样，离开自然客体以及自然生态系统内在的功能属性，比如离开了空气、阳光、水分、土地、植物、动物等自然环境及其资源，人类何以生产、生活和发展？更何谈满足自身需要的价值？事实上，大自然为人类存在发展提供了时空条件、物质基础及能量信息等，人类须臾离不开自然环境。据此可以推断：我们不能否定大自然对人类存在发展的工具价值和内在价值；尽管大自然具有价值，但不能由此断言大自然具有道德主体地位。非人类中心主义表面上提升大自然的价值和地位，实际上是消解了人的主体性地位。进而言之，正因为人类是唯一的道德主体，所以人类应该将道德关怀对象扩大到自然环境，保护自然环境、保护生命物种、保持生态平衡。

再次,在环境及生态危机原因上,人类中心主义和非人类中心主义的看法各有得失。人类中心主义认为自然界是满足人类生存的工具和手段,人类对自然环境的损耗和污染不负有道德责任;而非人类中心主义把环境问题归咎于"人类中心主义",要求人类承担责任,并主张限制或停止经济发展。客观地说,造成环境问题的根源是错综复杂的,有的属于大自然自身的原因,如火山爆发、森林大火等自然灾害所引起的环境污染;有的属于生产发展的负面效应;有的属于主观认识问题,有的属于多种因素交互作用的结果;有的是发达国家现代化进程带来的,有的是发展中国家经济发展造成的。

总之,应作具体分析,不能一概而论,更不能武断地要求限制或停止发展。而且,应该承认,少数发达国家是自然资源的最大消费者,理应肩负起环境治理的主要责任;而广大发展中国家,由于贫穷与落后,其经济发展依然是当务之急,若要求他们限制或停止发展,则是很不公平的。由此看来,非人类中心主义没有区分生态危机的类型和责任主体,并且,用来说明环境问题根源及最终解决环境问题的方案显得苍白无力。说到底,单纯的自然保护和行为节制是不能从根本上解决自然资源的有限性和人类需要的无限性之间的矛盾的。

最后,在道德责任问题上,人类中心主义侧重于强调人类的生存和延续,忽略或放弃人类崇高的道德追求,也不利于提升人们的精神境界;非人类中心主义偏重于强调大自然的"主体价值",主张自然和人类一样应享有平等的权利。由此可见,人类中心主义的道德只是关于人的生存的道德,而不是关于人的完善的道德,并且,人类中心主义本着从人的利益出发的原则,只是一味地选择对自身有利的自然对象给予道德关怀,而将其他的被认为是无关紧要的自然对象排斥在外,这本身也是有悖于伦理道德的。"如果我们摆脱自己的偏见,抛弃我们对其他哲学生命的疏远性,与我们周围的生命休戚与共,那么我们就是道德的。只有这样,我们才是真正的人,只有这样,我们才会有一种特殊的、不会失去的、不断发展的和方向明确的德性。"[1]同样,非人类中心主义将人类的道德生活等同于自然界存在的互利共生关系,无异于承认自然存在物之间的互利共生行为也具有道德的意义,这将使人类丧失自由意志,沦为一般自然物或动物式的存在。

鉴于人类中心主义与非人类中心主义的不足和缺陷,亟须确立一种更加合理完善的生态伦理原则。"人类中心原则"就是这样的原则,它吸收了人类中心主义与非人类中心主义的合理成分,整合吸纳了人类中心主义关于人类主体地位的主张,以及非人类中心主义关于人类对自然界负有道德义务的观点;同时,

---

[1]　阿尔伯特·施韦兹:《敬畏生命》,陈泽环译,上海社会科学出版社,1992年,第190页。

在理念上强调尊重人类主体价值、尊重大自然的客体价值,注重促进人与人之间、人与自然之间的互利共生、协同并进、和谐统一,并且在实践中重视人的主体地位,但反对以征服自然为目的;肯定人与自然的同一性,但又不把人消解在自然界中。

显然,"人类中心原则"凸显人类主体的自主性、能动性、选择性和创造性。马克思、恩格斯曾指出:被抽象地孤立地理解的、被固定为与人分离的自然界,对人说来也是无;周围的感性世界绝不是某种开天辟地以来就已存在的、始终如一的东西,事实上是工业和社会状况的产物,是历史的产物,是世世代代活动的结果;一切自然科学都是以地球人类为中心而建立起来的科学,自然科学并不因为它们只对于地球适用并因而只是相对的而损失了什么,如果要求一种无中心的科学,那就会使一切科学都停顿下来;人类的生产劳动总是"按照对自己有用的方式来改变自然物质形态",并把主体性因素凝结在对外物的认识和解释中。

"人类中心原则"强调,生命的本性都是以自我生存为中心的,不管它是否意识到这一点。生态系统的平衡状态揭示了生命本性的自我中心特征,狮子绝不会饿着肚子而让羚羊擦肩而过的,物种间一般都存在着排他性,甚至某种动物的存在是以另一种动物的死亡为条件的。人类生命本性所表现出来的自我中心是一种自觉能动的自我中心,也就是说,人类不会为了自身的生存和发展而将自然环境及生存条件损耗殆尽,相反,会根据环境及条件的变化而更新生产方式和生活方式。

"人类中心原则"强调,人类及其子孙后代持续、稳定、健康发展是最高标准和终极目标。当今环境问题之所以引起人们的高度关注和忧虑,本身说明人类在谋求更健康、更安全、更美好的生活和发展,完全符合人类中心原则。生产活动是维持人类生存和发展的基础性活动,不可避免地影响、干预甚至破坏自然环境,改变自然界事物的原有结构、状态和秩序。如果因为环境问题而要求人类放弃经济发展,甚至退回到原始自然状态,那是不可理喻、无法接受的。所以,要求人类绝对地保护自然环境,无异于要求人类放弃生存,那是根本行不通的。实际上,我们只能相对地保护自然环境,也就是把在改造自然中引起的对自然界的破坏程度控制在自然界可接受的范围,使其不至于危害人类发展的根本利益。特别是当人类生命同其他生命发生"你死我活"的矛盾冲突时,人类会毫不犹豫地剥夺其他生命的存在。总之,无论如何,"人类中心原则"是无法超越的,企图超越也是徒劳无益的。

坚持"人类中心原则",必须构建人与自然关系的具体原则和行为规范,主要内容包括:

第一,坚持人类永续发展的原则。人类既不能无节制地开发和利用自然,也不能被动地受制于自然,而是要在遵循自然法则的基础上,科学、合理地改造自然,保持人与自然的和谐共处。当下"面对资源约束趋紧、环境污染严重、生态系统退化的严峻形势,必须树立尊重自然、顺应自然、保护自然的生态文明理念"①。唯有如此,才能实现既满足当代人的生存和发展需求,又保证满足子孙后代的生存和发展的需要。质言之,人类善待自然、保护自然的出发点和归宿点是为了实现人类的永续生存与发展。

第二,坚持尊重和维护生态系统的原则。人类为了生存和发展,必须利用自然资源、改造自然环境,满足自身需要。然而,人类不能为了满足自身需要而滥用自然资源、恣意捕杀动物、破坏生态环境。鉴于自然界是包括人类在内的一切生物的摇篮,是人类赖以生存和发展的基本条件,人类和自然界构成"命运共同体",人类必须充分认识和尊重自然规律,牢固树立人与自然和谐的观念。阿尔伯特·施韦兹认为,自然界每一种有生命的或者具有潜在生命的物种具有某种神圣的或内在的价值,必须承认其他自然存在物存在的合理性和必要性,尤其是生物物种的多样性及其生存的价值。如果人类不按自然规律行事,破坏了自然秩序,势必会遭到自然的惩罚和报复。现在是人类有义务考虑自己行为影响自然生物的时刻了,尊重自然秩序和规律,尊重自然生命,倍加爱护和保护生物的多样性,有意识地控制自身权利,自觉承担保护自然环境的责任,合理利用和改造自然界,维护生态系统的健康稳定。"我们对自然界的全部统治力量,就在于我们比其他一切生物强,能够认识和正确运用自然规律。"②我们再也没有理由把道德和正义只适用于人与人的关系中,必须赋予其他物种以道德关怀,至少不得使其濒临灭绝。说到底,对待自然的态度,就是对待人类自身的态度,保护自然就是保护人类,建设自然就是造福人类。

第三,坚持文明生产、合理消费的原则。鉴于环境问题根源于"群体中心主义"和"个体利己主义"的后果,亟须弘扬人类整体利益至上观念,形成人和自然"命运共同体"理念,构建新型的人与自然、人与人的和谐关系;着力推进生态经济、循环经济、低碳经济、绿色经济发展,从根本上消除那种掠夺式、破坏式的生产方式,从源头上扭转生态环境恶化趋势,既注重生产效益又提高生态效益,实现经济发展与环境保护同步;要善待自然、节约资源、保护环境、约束自我,自觉维护自然生态系统的正常稳定协调运行,遏制享乐主义、肆意挥霍自然资源的行为,自觉抵制过度消费和奢侈消费,奉行适度消费和合理消费的生活方式;自觉

---

① 胡锦涛:《坚定不移沿着中国特色社会主义道路前进　为全面建成小康社会而奋斗》,人民出版社,2012年,第39页。
② 《马克思恩格斯选集》,第四卷,人民出版社,1995年,第384页。

将调节人与人关系的道德原则引入人与自然的关系中,承担对自然的直接或间接的道德责任。总之,我们应该促进生产空间集约高效、生活空间宜居适度、生态空间山清水秀,给自然留下更多修复空间,给农业留下更多良田,给子孙后代留下天蓝、地绿、水净的美好家园。

2. 气候变化对公平正义的吁求如何实现

气候变化是指现代工业生产和生活方式带来大气污染、产生温室气体效应、正在引起地球气候变暖的现象。观测表明,雾霾天气的形成同大气污染物排放有关,雾霾天气时,大气颗粒物浓度无论是 PM10 还是 PM2.5 都较非霾天气有明显增加。温室气体在大气中快速积聚,空气和海洋的温度正在上升,地球受干旱影响逐渐增强,极端气候事件,如强降水、强烈的热带气旋和热浪逐渐增多,由此造成了严重的自然灾害。事实上,气候变化已经带来了数以万计的死亡和灾难,严重威胁每个人的生命权、健康权和自由权,并且,还有可能使某些海洋小岛国家面临灭顶之灾。

面对气候变化带来的灾难,需要国际范围内的合作。然而,合作是否可能,首先需要回答以下一些问题:谁应该为气候变化造成的不利影响负责?为谁负责?怎样负责?全球变暖对不同国家和不同区域的人产生不同的影响,如何分担气候变化带来的风险和责任?全球变暖是温室气体逐年累积的后果,当代人是否应该为他们祖辈过去对大气环境的破坏做出补偿?当代人是否应该为未来一代人留下一个良好的大气环境和生存空间,并因此有义务约束自己的生产和生活行为?对一些发展中国家来说,解决贫困人口的生存问题,需要推进工业化战略,那么,如何协调生存、发展和环保的关系?

不难发现,气候变化不只是一个生态环境问题,也是一个公平正义问题。如果不解决这个问题,就无法建立起一个正义的分担气候责任的框架,就不能成功地应对气候变化、治理大气污染。2002 年,非政府组织——"国际气候正义网络"对气候变化的影响进行伦理审视,提出了"气候正义巴厘原则"(简称"巴厘原则"),认为地球上所有物种、人类不同世代、当代人中一切国家和个人都有权平等地分享气候系统的惠益;每个国家和个人都应公平分担稳定气候系统的责任和成本;气候变化的制造者应向其受害者提供补偿,并应采取特别措施保护濒危物种。

很显然,应对气候变化亟须借助公平正义,然而,如何实现公平正义又是一个伦理难题。安东尼·吉登斯在其《气候变化的政治》中提出了"吉登斯悖论":全球变暖带来的危险尽管看起来很可怕,但它们在日复一日的生活中不是有形的、直接的、可见的,因此许多人会袖手旁观,不会对它们有任何实际的举动。然而,坐等它们变得有形,变得严重,那时再去临时抱佛脚,定然是太迟了[①]。"吉登斯悖论"即是"气候正义悖论",揭示了人类在气候变化问题上的矛盾心理:几乎每个国家都希望分享他国减缓气候变化带来的利益而自己却不支付费用,搭便车、坐享其成;尽管已经非常清楚其成因和后果,但人们对引发气候变化的现代文明仍恋恋不舍。由此看来,只有走出"气候正义悖论",才能创建一种公平且有效的合作安排。气候变化伦理研究必须面对诸多严峻挑战,力图确立一种气候正义伦理观念,倡导恪守气候伦理原则,并在实践中制定应对气候变化、治理大气污染的政策措施。

(一)确立气候正义观念。

由于气候变化存在时间上的"前人排放,后人遭罪"、空间上的"全球非均衡性"(即不同国家和人群所受影响不同,而受不利影响最深的是贫国和穷人)特点,因此,首先需要确立"气候正义"观念,包括"代际正义"和"代内正义"的观念。鉴于全球气候变暖会影响当代人与未来世代人之间的关系,应对气候变化必须在不同代人之间寻求正义。所谓代际正义,就是要求当代人承担道德责任,履行维护后代人利益的道德义务,要求当代人与后代人在资源的开发利用中机会平等,在碳排放空间分配上追求可持续性。当代人和后代人都享有开发自然、利用自然的权利。鉴于当代人对现有资源毫无节制的利用开发的急功近利的非持续发展行为,当代人应该给后代人留下至少与当代人一样多的资源,以便确保后代人享有自由选择他们所珍视的生活权利,满足进一步发展的需要。显然,代际正义体现的是当代人与后代人不同利益主体之间的纵向平等关系。

所谓代内正义,是指同代人中不同国家、社会阶层甚至个人之间在气候系统利用和维护上的公平正义。自从工业革命以来,经济发展与财富增长总是和温室气体排放相伴相随,经济增长意味着能源消耗的增长,而能源消耗的增长意味着二氧化碳排放的增长。就这点而言,全球气候变暖主要是由富国制造的。出于历史原因,发达国家应负主要责任。"巴厘原则"强调,气候正义呼吁承认工业国和跨国公司由于抢先利用了行星吸收温室气体的能力而对世界其他国家和人民负生态债的原则。为了偿还生态债,"富裕的国家不仅要深度地和迅速地削减自身的排放,而且还要做出使穷人跃进到低排放、高适应未来所必要的一切努力"。显然,代内公正体现的是不同国家、地区之间的横向平等关系,即在资源分配和环境问题上,同一时间、不同区域的利益主体,应合理地承担各自责任及义务的公正关系。

---

① 安东尼·吉登斯:《气候变化的政治》,曹荣湘译,社会科学文献出版社,2009 年,第 2 页。

（二）恪守气候伦理原则。

应对气候变化、治理大气污染需坚持一些基本的伦理原则。

第一，不伤害原则。必须重新认识人类在地球生态系统中的地位，人类没有权利破坏自然界中其他动植物、山河、土地乃至大气的权利，各国也没有权利伤害、剥夺其他国家及国民的生存权。在气候变化问题上，每个国家都有权利利用本国资源以造福自身，但同时也有义务、有责任保证在其管辖或控制下的活动不致损害其他国家或地区的环境。1992 年批准的《联合国气候变化框架公约》强调各个缔约国应"将温室气体的浓度稳定在使气候系统免遭破坏的水平上"，体现了不伤害原则。

第二，知情同意原则。降低全球温室气体的排放水平，需要制定相应的政策和方案。然而，在制定温室气体成因及其解决方案的过程中，发展中国家不及发达国家具有那么大的话语权和影响力。从实际情况看，气候变化产生的不利影响本应由发达国家负责，而目前这些不利影响却由发展中国家不成比例地承担，发展中国家分担着这些行为的成本，而不是享受收益。从道义上说，既然气候变化产生了全球的影响，那么制定影响气候变化的决策就应征得全球范围内的同意，受到气候变化影响的国家及人民有权参与决定气候风险及其应对方案的讨论，最富裕国家的人民，以及最贫穷和最边缘化的国家的人民，在应对气候变化的政策制定过程中应享有同等地位。没有哪个国家可以将他国或其人民在其不知情的情况下置于危险状况中，发达国家不能孤立那些受气候变化不利影响的发展中国家而单方面作出决定。所有利益攸关方应该平等地参与到适应性政策的制定和发展中，应就应对气候变化所需成本的公平分配达成一致，以相同的机会享用大气环境。质言之，知情同意、积极参与有利于国家间达成共识、开展合作。

第三，"共同但有区别责任原则"（即 CDR 原则）。在《联合国气候变化框架公约》中，缔约方承诺"以公平的方式并遵循共同但有区别责任原则来解决气候变化问题"。CDR 原则规定缔约国的权利与责任分配，虽然不被视为有拘束力的国际法，但在国际环境条约中已被当作确立责任分担安排的基石。我们共同拥有一个地球大气环境，这个大气环境只能承载有限的温室气体，超出这个限制会威胁到所有人的生命。命运共同体要求每个人或每个国家减少温室气体的排放，这是我们的共同责任。

《气候变化框架公约》规定，签订该协议的各方必须为了现在和将来的人类在平等的基础上按照各自的能力保护环境。相对而言，发达国家在过去排放了过多的温室气体，业已完成工业化，积累了巨大财力，达到了较高的生活水平，在新能源和新技术开发中拥有优势。基于代际正义要求，发达国家应负有生态上的债务，在抗击气候变化的不利影响方面应该承担更大责任，在减排上作出表率,发挥主导作用,有义务帮助一些落后的发展中国家应对气候变化引发的危机,包括资金和技术的转移。

相比发达国家而言,因气候变化而掉入低增长与贫穷陷阱中的主要是穷国和穷人。气候灾难越来越频繁地发生,已经严重影响世界穷人的生命权等生存性权利,凸显富国与穷国及富人与穷人之间在发展上的不公平。所以,发展中国家还在解决一些基本的生存和发展问题,对温室气体排放有更紧迫的需求。任何试图减少全球温室气体排放的方案,如果不能同时允许发展中国家为了自身发展而适当增加排放,都不会被发展中国家接受。因此,在分配温室气体排放权利时应考虑到这种差异,理解发展中国家在工业化过程中排放一定量的温室气体以满足住房、食品和安全等基本生存需要。

(三)增强环保意识,付诸具体行动。

当下发达国家与发展中国家对气候变化的责任的理解有分歧,发达国家不愿意减排,害怕减少就业机会,不愿意放弃高碳排放的生活方式;发展中国家不愿意减排,理由是还没有完成工业化,还有贫困等更迫切的问题要解决;发达国家指责发展中国家现有的工业化模式采取了不利于环境保护的生产方式,造成了高排放;发展中国家指责发达国家在历史上排放了大量的二氧化碳。看来人类陷入了两难困境,但是,严峻的事实警示人们,如果今天不采取行动,也许会使当代人减少成本,给后人留下更多财富,但同时可能给后代留下一个更糟糕的气候环境。鉴于此,需要各国具有自觉意识,自愿合作,联合行动,就相关责任与成本的公平配置达成协议,保护我们共有的自然环境,有节制地使用有限的气候资源。

当务之急,每个国家和每个人应该增强环保意识,肩负起应对气候变化、治理大气污染的责任,采取切实有效的行动实现节能减排、绿色发展的目的。就国家层面而言,应该努力建设生态型国家,改变传统的工业模式,改变当下对化石能源的过度依赖,开发清洁能源,实现绿色能源;政府应引导绿色城市规划和设计,通过制度安排和政策激励向公民提供一个绿色生活的空间,如设计好社区的垃圾分类回收系统,为利用公共交通等绿色生活选择提供补贴,等等。

简言之,必须坚持"3R 原则",即减量化原则(reduce)——少量的原料及能源投入得到最大的效益;再利用原则(reuse)——使用资源时重新利用用过的资源;再循环原则(recycle)——要求生产出来的物品在完成其使用功能后能重新生成可以再利用的资源[①]。就个人层面而言,应尽可能做一个负责任的生态公

① 参阅吴家正、尤建新:《可持续发展导论》,同济大学出版社,1998 年,第 14—16 页。

民,力求"绿色生活,绿色消费"。尽量使用可回收的产品,减少消耗一次性产品,如木筷子、塑料纸杯等;尽量利用自然资源或使用环保材料、环保产品,减少化石燃料的使用,如在生活中利用自然光线,使用节能灯,出行骑自行车或搭乘公共交通工具等;减少肉类食物的摄入,改变我们的饮食结构,不仅有利于身体健康,也有利于减少温室气体的排放;做好垃圾的分类回收,净化我们的环境。

3. 动物是否应享有同人类完全平等的权利

2014 年 6 月 21 日,一年一度的广西玉林狗肉节隆重举行,一共杀死约一万条狗。此消息一经报道,在社会上引发热议。不少网民强烈呼吁取消狗肉节,还有网民建议改为"玉林宠物节",一些明星也发微博,加入抵制狗肉节的行列。对此,一些网友表示疑惑不解,"不吃狗肉? 那就所有肉都别吃!""我喜欢猪,你们就不能吃猪肉,我还喜欢羊和牛,你们也不能吃。"由此引出一些值得思考的问题:玉林狗肉节该不该抵制? 吃狗肉和吃鸡鸭猪等家禽家畜有什么区别? 我们是否应当对猫狗等宠物和鸡鸭猪等家禽家畜一视同仁? 动物是否应该享有同人类完全平等的权利?

网络调查及讨论表明,不少人选择抵制玉林狗肉节,理由是"狗是宠物,是人类的朋友""吃狗肉很残忍,很不道德""无论什么动物的肉,都不应该把吃狗肉做成节日,把血腥当有趣,蛮恐怖的";与此相反,有人认为,"吃狗肉是当地风俗习惯,无可厚非""作为生活方式,吃狗肉没有什么好批判的""玉林狗肉节是当地文化传统和节日习俗,在不违反法律法规的条件下,我们应该尊重本土文化"。

关于宠物与家畜的区别,绝大多数人认为,"吃肉是人的天性需要,所以吃鸡鸭猪等动物是天经地义的""家禽家畜是专门培养出来供人食用的,不存在道德问题""吃鸡鸭猪等家禽家畜是理所应当的";也有人认为,"猫狗等宠物和家禽家畜应该是不平等的,从价值上说,宠物的地位高于家禽""家禽家畜与猫狗等宠物本身就是不平等的,家禽是专门用来吃的,而宠物不能被吃!"

关于人与动物的关系,大多数人认为,"人类相对于动物享有优越性,因为人类是文明智慧的生物,有道德观念""人类比动物更有力量,在天性上,习惯于征服、控制、掠夺其他物种";还有人认为,"虽然人与动物不平等,人在自然界处于支配地位,但并不等于人可以滥用权力""在道德上,人类应该与动物平等相处"。

不难发现,关于宠物与家畜,以及人类与动物关系的讨论蕴含了丰富的伦理道德问题,概括起来说,大致有以下几点。

第一,宠物与家畜都是服务于人类的动物。玉林狗肉节名为吃狗肉,实为传习俗。狗肉节本属于传统习俗,应该庆祝,但却引起争议。随着社会文明的不断进步,人们开始重新审视人与自然的关系,开始关注物种平等问题,抵制活动本身表明人们正在改变对待动物的态度,试图摆脱"人类中心主义"的影响。

然而,对人来说,宠物和家畜都是为满足人的生活需要而存在的动物,只不过是,家畜是用来满足人的物质生活的需要,宠物是用来满足人的精神生活的需要。换言之,宠物和家禽都是人类出于某种目的而豢养或饲养的动物,一个是人喜欢吃的动物,一个是人喜欢玩的动物。人类根据自己的喜好、态度及价值观,把动物分为不同等级并给予不同名称,比如,高等动物与低级动物、珍稀野生动物与家禽家畜、濒危动物与有害动物,等等。对于宠物主或者饲养主而言,宠物和家禽都是具有某种实际效用的动物,一个可以用于娱乐或观赏的目的,一个可以用于消费或营利的目的,实质上都是为人服务的,没什么差别。

由此可见,宠物和家禽的区分是人的价值标准的延伸。从生物多样性角度看,构成生态系统的所有动物因其特殊本性而对人类的存在和发展具有意义和价值。我们之所以保护野生动物,是基于生物多样性对生态系统的意义进而对人类生活作用判断的结果。由于动物的独特属性,如,有的具有高度的营养价值,有的具有可爱的生物天性,从不同方面满足了人类的需要,所以,不同动物就有了不同价值,即所谓的宠物和家畜之区分:宠物是用来玩的,或保护人们,或给人带来心理安慰和精神寄托;而家畜是用来吃的,给人类生命提供营养价值。

由于宠物狗被视为在性质及地位上高于鸡鸭猪等家禽家畜,又是人类的好伙伴,给人带来快乐,所以,狗肉节吃狗肉尤其是宠物狗,就显得特别残忍,情感和良心上有点说不过去。从伦理上看,你喜欢的东西或者保护你的东西被你吃了,有悖于道德良知。

当然,这种看法不是绝对的。由于动物的种类、特性功能不同,以及主人的经济条件、情感体验不同,同样是猫狗等宠物,也会有不同待遇的。某学者在《动物权利何以可能》中写道,"现在是谈论动物权利的时候了。我家里养了只老猫。猫的最高年龄是 24 岁,这只 18 岁的老猫相当于人的 70 岁了,与我同岁。我已经在老家买了块墓地,老猫将和我与老伴同墓长眠。如果我在老猫之前而去,我会托人照料老猫,直到它寿终正寝,入土为安。"与此相反,某教授在《动物权利论的要害是反人类》中予以反驳:"我家里也养了只老猫。如果猫生病了,我不会去找医生看病,它能挺过来算它运气,挺不过来就自然淘汰。我不认为它有什么权利,也不认为自己应该被宠物医生坑一大笔钱。如果是一只狗,我也不会介意将其烹而食之。"

不难看到,双方观点针锋相对,一个表达了对动物的"深厚感情",彰显了人道主义精神,一个阐释了对动物的"理性态度",彰显了理性主义精神。但总体上看,作为个人的自由选择权,并涉及情感态度和价值观问题,双方的争论没有多大意义。平等不平等只是一个价值设定问题,在你眼里是宠物,可能在别人眼里未必如此,对动物的价值评判完全取决于个人的喜好、情感和态度。所以,宠物与家畜本质上没有什么区别,你可以食用狗肉,也可以抵制吃狗肉。

第二,人类与动物的关系是一种不对等的关系。人类是迄今为止的"宇宙之精华、万物之灵长",凡是自然界的现象,一旦进入人类世界就打上了人类的印记,获得人类赋予的意义和价值。人类与动物的平等问题,不是动物提出来的(动物也不会提出问题),而是人类提出来的,平等也好,不平等也罢,全凭人类的思想感情、价值观念和认知判断。如果说动物有权利的话,那么动物的权利是否完全等同于人类?当我们说,每个人都具有平等的权利或同等地享有权利时,主要根据人类具有思维智慧、语言能力、理性能力、制造工具的能力、自由选择的能力,归根到底,每个人具有"天赋价值"(inherent value,亦即固有价值)。人拥有内生的天赋价值意味着,人不仅是一个能够在道德意义上把彼此视为具有平等的基本权利的生命主体,而且是一个能够按照自然法则行动、彼此友好合作的理性存在物。人的道德自律能力为人类享有较强的道德权利奠定了基础,因此,人的权利比动物的权利重要得多。相比较而言,动物缺乏理性,也缺乏道德自律能力,动物不可能有权利意识,也认识不到与之相关的义务。在大自然中,动物的捕食行为并不构成对其他动物的权利侵犯,许多动物只有杀死其他动物才能生存,这样有助于生物群落的稳定。

由此推论,人类与动物之间不可能建立一种以理性和道德自律为基础的合作关系。人类既无必要也无责任把人类的平等权利延伸到动物身上。不仅如此,当人类与某些动物的生存权发生冲突时,人类会为了维护自己的生存权而排斥乃至于剥夺其他动物的生命。事实上,人类生命存在本身是以消费甚至消灭其他一些生命形式为条件的,这就决定了人类不会给所有一切生命体以平等存在的资格和权利,比如,家禽是一种生命存在,人类不会去关心其存在的资格和权利,只会关心这些生命形式如何更好地满足人类的需要,使人类生命更有营养、更加健康。更有甚者,有些生命形式天然地同人类生命发生矛盾,并对人类生命存在和发展构成严重的威胁和危险,如传染病源、艾滋病、鼠疫等病毒、细菌,又如蚊、蝇、蟑螂等害虫。面对这种情形,人类会毫不犹豫地控制、扑杀乃至消灭这些有害生命体。如果一味强调保护所有生命的自然权利,那不就是命令人类接受这些有害动物的侵害吗?一些极端的动物保护主义者高呼"不杀动物""不食鱼肉"口号,要求"猪栏中一定要安放草席供猪休息,在市场买活的家禽时不准倒着拿,如脚朝上,违者要罚款或拘禁一个月以上",主张保护动物权利,要求人和动物平等相处。坦率地说,愿望是好的,但操作不可行。我们绝不能离开人类的生存和发展的根本利益而去孤立地考察非人类生命体的内在价值或什么"自然权利"问题。我们主张保护自然环境,保护生物多样性,实际上主要是指保护野生动物、珍稀动物、濒危动物,并不是一切动物,而且,保护动物的最终目的也是为了人类更好地生存和发展。

第三,有关动物权利的讨论,折射出人类伦理价值观的自我反省。现代生态伦理学奠基人施韦兹曾说过,"只有当人认为所有生命,包括人的生命和一切生物的生命是神圣的时候,他才是道德的"。虽然动物不存在权利和义务的问题,但并不意味着人类对动物没有伦理道德义务。如果否认动物拥有权利,那么,就有可能发生"虐待动物"的情况。说动物拥有权利,可能是说服人们认真考虑"不虐待动物"诉求的唯一方式。毕竟动物作为生态系统食物链中的一环是不可或缺的。

然而,人们基于自己的情感和利益,把对自己有利的动物称为"朋友",对自己不利的称为"敌人"。鉴于此,我们应该客观理性地审视自己的情感,反思自己好恶的判断标准。观察表明,动物越接近人类的生理构造和创伤反应,所唤起的人的情感共鸣就越强,越容易产生移情作用。生活中人们将自己的情感寄托在宠物身上,一旦与动物建立了情感联系,从某种意义上说,动物就不再是其本身了,而是"我"的延伸,是"我"的一部分。据媒体报道,有一位教授为自己的爱犬签署了一份价值十万元的葬礼协议,包括送别礼厅使用、豪华送葬车等费用,并要求在亡犬的灵堂上写上"人狗情未了"的挽联标语。之所以为爱犬"厚葬",是因为这位教授孤单一人独处,这条小狗伴随他度过艰难岁月,他对小狗有深厚感情。对此事,有人表示异议,认为花那么多钱为爱犬办丧事,实属不妥。虽然狗忠于主人,但狗毕竟是异类。与其花钱为爱犬"厚葬",倒不如捐赠发展慈善事业。

对待动物的理性态度还有许多表现,比如说,不能把是否爱狗作为衡量人是否有爱心的标准;不能把避免残酷作为正确对待动物的标准,因为"残酷论"不能为我们保护动物的行为提供恰当的伦理辩护;禁止残酷的戒律也不能阻止人们对动物的杀戮,只要这种杀戮是"仁慈地"进行的。强调避免残酷对待动物,其实是要针对那些给动物带来伤害痛苦的人的心态,呼吁人们不能随心所欲地杀害珍稀野生动物。

此外,在多元化社会,作为一个现代公民,我们应该尊重每个人的选择权利,爱狗人士有权表达自己的主张,但一定要守住法律的边界,不要冒犯他人的情感和趣味,也不能因为自己爱狗的情感很深,便认为吃狗的人就是"罪人",切忌站在道德制高点对吃狗肉的行为进行道德谴责,哪怕仅仅为劝说更多的人不吃狗肉,也该先与人为善,然后选择更有效的方式。换个角度看,也应充分尊重动物保护主义者的态度和观念,尊重素食主义者的价值观和生活方式。也许从发展趋势看,离彻底不吃狗肉还有很长距离,但这个距离正在缩短。总之,我们必须站在理性和公正的立场,充分考虑并维护每个人的基本利益或福利。

第七章　经济与伦理

一、经济伦理学概述

1. 经济伦理学的研究对象

经济伦理学是研究人们在生产、分配、交换、流通和消费过程中行为道德根据和道德价值的科学。如果说经济学是研究人们的生产、分配、交换和消费行为的规律，或者着重于研究"是什么"的问题，那么，经济伦理学则着重于价值的导向，或者着重于研究"应当是什么"的问题。经济伦理学对经济活动既有规范上的作用，也有导向作用，目的是促进经济行为符合社会普遍认同的价值目标，使生产、分配、交换、流通和消费行为，朝着更符合人类美好理想的方向发展。

经济伦理学的研究对象是表现在生产、分配、交换、流通和消费领域的道德现象，就生产领域而言，经济伦理学重点研究的是生产的目的和生产的手段，即什么样的生产目的才是合乎道德的，怎样进行生产才是合乎道德的。由此可以引出诸多的道德问题，如：生产是为个人、少数人还是多数人，是为利润、剩余价值还是人民大众的物质和精神需要；企业生产的目的是什么，个人生产的目的是什么；依靠什么人、采用什么技术、选择什么机器进行生产；生产是否保障工人的健康，是否污染环境，是否偷工减料等。就分配领域而言，经济伦理学重点研究的是分配的公正，即根据什么原则进行分配才是合乎道德的；劳动资源如何配置才是合乎道德的，劳动产品如何分享才是合乎道德的；由此引出的道德问题还有，如，经济体制(计划经济、市场经济等)与资源配置的关系该是怎样的，按权力分配、按资本分配、按劳动分配、按需要分配如何才是道德的；公平与效率的关系应该怎样；贫富差距的合理限度应如何等。就交换和流通领域而言，经济伦理学重点研究的是，什么样的交换形式是合乎道德的，什么样的交换尺度是公平的；商业流通要求遵循等价交换原则，买卖公平、诚实守信、货真价实、童叟无欺等，都是商业伦理学应当关注的道德问题。就消费领域而言，经济伦理学重点研究的是消费的形式和消费的目的，即从道德的角度审视有无能力消费，用什么方式消费,以及为什么消费;消费行为包括家庭、企业、社团和政府的消费行为,涉及消费和积累的关系,消费和生产的关系,消费和发展的关系,关涉消费价值观取向和人生观问题,如是勤俭节约还是奢侈浪费,是清心寡欲还是骄奢淫逸。

有的学者把经济伦理学划分为宏观经济伦理学、中观经济伦理学、微观经济伦理学等,这种划分法有一定道理,有其合理性。当下,经济伦理学亟须研究的比较迫切的问题有:

第一,市场经济与道德建设的关系问题。市场经济究竟使道德"爬坡"还是"滑坡"? 道德原则和规范是从市场经济活动中概括"提取"出来,还是从外部"灌输"进去? 在市场经济条件下,究竟需要什么样的道德?

第二,竞争与道德的关系问题。竞争在道德上的正能量和负能量是什么? 竞争应秉承什么样的道德原则和规范?

第三,公平与效率的关系问题。公平与效率孰重孰轻? 当下,"做大蛋糕"更重要,还是"分好蛋糕"更重要? 如何看待贫穷与富裕的关系? 如何遏制为富不仁现象? 如何防止"劫富济贫"? 如何解决贫富悬殊现象?

第四,企业的责任问题。包括企业对员工的责任和企业对社会的责任问题。企业如何改善生产条件? 如何改善经营状况? 如何调动员工的积极性和创造性? 企业如何文明生产? 如何承担保护环境、保持生态平衡的社会责任?

2. 企业伦理的理念、原则和规范

企业伦理学属于应用伦理学的一个分支,也是伦理学与企业管理学的交叉学科,是一种关于企业的伦理行为、伦理选择、伦理评价、伦理悖论和伦理意识、伦理规范等的学说,是企业价值观、道德原则和规范的总和。

企业伦理学发端于 20 世纪 60 年代,西方经济市场化程度加快,企业作为经济活动的主体相应地占据了经济生活的核心地位,与社会各个方面发生着直接或间接的联系,日益成为影响政府和公众的关键因素。然而,随着企业与政府、社会与环境之间的关系不断复杂化,企业之间的竞争出现非公正化,企业内部管理出现非人化倾向等问题,促使人们思考企业行为的伦理道德问题,西方企业开始普遍接受对企业的"社会人"假设。欧美等国企业开始对"社会公正""消费主义"等问题予以重视,兴起了"道德生产运动"(Moral Genesis Movement),倡导将伦理因素和利润因素融为一体的企业活动模式。20 世纪 80 年代以后,生态环境的恶化凸显了企业的"社会责任"问题,那些破坏自然生态环境的企业行为受到普遍谴责,一些大企业纷纷设立企业伦理委员会,开始重视生产经营管理与企业伦理导向的问题。

企业伦理学研究的主要内容包括:

第一，企业的角色定位问题。角色是指处于一定社会地位的行为主体，在适应社会环境、回应社会期望过程中所表现出来的行为模式。企业角色包括：作为市场活动主体的经济角色；实现某种社会价值的文化角色；促进社会和谐的社会角色。企业的功能问题是经济学和伦理学一直关注并探讨的问题。早在亚当·斯密时代，经济学家就关注到了人在经济行为和社会行为中的"斯密难题"，即：如何兼顾人既是"经济人"又是"社会人"，既要追求自身利益的最大化，又不损害并尽量满足社会需求。众所周知，在经济领域，"理性经济人"假说被视为解释经济现象、分析经济活动动力的工具和理论出发点。"理性经济人"假说认为：在经济活动中，每个市场主体都是在自利动机驱动下、通过理性的算计和权衡，追求自己利益的最大化。其实，在现实生活中，纯粹的"经济人"命题是不成立的，因为每个市场主体都处于一定的社会关系之中，因此，准确地说，都是"社会人"。这表明，每个市场主体的行为特征不仅具有"经济人"的趋利性，尽管获取经济利益是其重要的活动动因和追求目标，但也具有"社会人"的价值追求和伦理考虑，如企业的社会责任、企业家的理想、抱负、社会尊重等。

第二，企业的经营理念和价值取向。中国的社会主义市场经济体制规定了企业经营的双重目标，一是作为独立的市场主体，追求利润最大化是企业的本性和发展目标；另一是作为社会主义现代化事业的组成部分，企业应该秉持"以人为本"的理念，坚持可持续的科学发展观。企业的价值取向就是企业的价值观，即关于"价值"的基本观点和立场。实质上是行为主体对一系列主客关系所作的伦理判断，包含下列要素：主体在角色扮演过程中构成了哪些主客关系，何种关系最为关键；在处理主客关系中主体应承担哪些责任，何种责任优先；应遵循何种原则；应着重为谁谋求利益；何种责任、原则、利益应该是优先坚持和实现的。可见，企业价值观解决了企业该做什么、朝什么方向发展以及做得好坏的评判标准，是企业所推崇的并为大多数员工认同的价值观，为企业提供了生存和发展的基本方向和行为指南。

企业伦理学是从企业各种利益关系角度进行价值观念的思考，根据罗宾斯等人的观点，企业伦理学其实就是聚焦于企业如何"以正确的方法来做正确的事情"的学问。托马斯·J·彼得斯和小罗伯特·H·沃特曼指出，经营得最出色的公司，总是创造出一种使人奋发向上的、为全体人员所共有的文化传统，这种文化传统作为一种使各部分互相协调一致的框架，能促使其中那些鼓足干劲的人们去努力进行适应性改造。企业是为特定的社会需要服务并得到外部环境的认同而生存的。服务于社会的需要，归根结底，就是要为社会中所有的人服务，这就要求企业把人视作目的，而并非手段。德国著名伦理学家弗里德里希·包尔生曾这样说过："所有的技艺根本上都服务于一个共同的目的——人生的完善。"①

第三,企业伦理的基本原则。企业伦理原则是企业正确处理企业自身利益与社会整体利益的根本原则。在市场经济中,企业作为具有"经济人"和"社会人"的双重身份,应自觉地遵守社会法规,履行应尽的社会义务,努力创造合乎人性需要的产品。在我国,以为人民服务为核心,以集体主义为原则,也应成为企业制定道德规范的指导思想。此外,还要求企业坚持义利并重、经济效益、互利互惠、公平、诚信、尊重人、和谐进取、服务社会等原则。简言之,除了生产产品和提供服务外,企业需要明确一切经营活动的基本原则在于服务于"人"自身发展的目的,企业一切经济活动的终极价值是为了"人",为了"人"的全面发展的幸福生活。

第四,企业伦理的道德规范。企业伦理规范是企业以合法手段从事生产经营活动时应遵守的伦理规则。企业伦理规范涉及企业内部和企业外部两方面,内部规范是指企业员工所形成的伦理观念、共同价值准则、道德规范等,即是增强企业凝聚力、向心力和创造力的各种价值观念的总和,渗透在职工劳动行为中的行为动机、道德心理和道德意识等,包括企业道德精神、企业价值目标、企业道德管理、企业内部利益关系、企业道德传统、企业职工道德行为、道德习惯、道德品质等。外部规范是指企业的社会责任。现代企业是一个复杂的社会系统的有机组成部分。企业伦理学要承担对"利益相关者"的责任。企业不仅应创造利润,还应关心更大的社会系统。卡罗尔指出,"企业社会责任意指某一特定时期社会对组织所寄托的经济、法律、伦理和自由决定的期望"。实际上是将企业社会责任看作是一个由经济、法律、伦理和慈善等四类责任次第相叠而构成的金字塔。因此,企业伦理规范涉及与其相关的各个层面,如对社会、对消费者、对环境、对股东、对合作伙伴等的责任。

学界关于企业伦理规范的内容,尚存在争议。有人主张"两大规范说",即认为企业伦理的基本规范是信任和责任。这是因为,一方面,企业在进行生产经营活动时,要正确处理与供应商的关系、与顾客的关系和与员工的关系,在这三层关系中基本的道德规范是信任;另一方面,企业还要处理与社会、与国家的关系,其核心规范是责任。鉴于目前存在于企业与员工关系中的伦理问题众多而且复杂,主要有员工安全隐患、不公平歧视、员工忠诚缺陷、侵犯员工隐私、员工与上级之间的行贿受贿,以及存在于企业间的商业欺诈、假冒伪劣、虚假广告等问题,严重危害雇员的身心健康,直接影响经济正常运行,损害广大消费者的权益,健

① 包尔生:《伦理学体系》,何怀宏、廖申白译,中国社会科学出版社,1988年。

全与完善法律体系,建立公开的企业伦理监督机制,净化社会道德环境,加强诚信和责任教育至关重要。

第五,重视企业社会责任的研究。企业是社会经济生活的主体,其生产经营管理活动是整个社会活动的基础,由此影响众多"利益攸关者"的行为方式。在现代经济条件下,"利益攸关者"(包括企业与员工、投资者、消费者、竞争者等)是描述企业利益关系的主要概念,能影响组织行为、决策、政策、活动或目标的人或团体,因而特别受到社会关注。之所以重视企业的社会责任,是因为企业承担社会责任,是企业自身永续发展的内在要求。企业不仅要追求经济利益,也要自愿并努力承担一定的社会责任,这样才能保证企业的永续利润。激烈的市场竞争也需要企业注重其产品质量和优质售后服务,重视其品牌和声誉。企业自觉承担一定社会责任,可以获得比较好的社会声誉和口碑,其产品和服务受到消费者的青睐,有利于企业利益的拓展和实现。更重要的是,政府为了满足公共利益的需求,客观上要求企业承担相应的社会责任,如果企业自觉尊崇并肩负社会责任,比如,提供更多的就业岗位、改善提供员工经济待遇、消除环境污染、热心社会慈善事业,等等,那么,企业不仅能够做大做强,而且有助于提高劳动生产率、促进社会经济增长发展、满足人民群众的生活需要。这种为社会承担责任,做出更大贡献的企业,就是消费者信得过的企业,体现了企业由"经济人"到"社会人"转变的诉求,彰显了伦理道德的要求。

第六,加强企业伦理的建设。从理论上说,企业功能的利益化所形成的各种利害关系,构成了企业伦理建设、道德调节的必然性。企业的自然本性是获得利润,客观上为社会提供产品和服务、为员工提供就业机会等,因此,在生产、经营与管理过程中,企业与其员工、投资者、供货商、经销商、顾客、政府、自然环境、所在城市等不可避免地发生各种利益关系。企业对这些"利益相关者"必须承担道德责任。从实践上看,企业的有意识的经济行为使其成为道德责任的独立主体。现代市场经济的资源配置方式以及现代企业制度,使企业成为独立自主、自主经营、自负盈亏、自我约束的主体,企业具有生产、经营和管理的自主权。企业可以根据市场的需要和自身的技术、资金、资源等优势进行生产和经营,企业的自由选择和决定性,企业的经营理念、经营战略、竞争策略、生产活动、营销活动等无不是企业集团意志的体现,企业谋利的经济活动不是一个自然的过程,而是企业成员共同作为的结果,无疑,企业既受到社会法律的强制制约,还受到道德责任的调节。

可见,企业伦理学就是企业在处理内外部人与人关系时所应自觉遵守的道德方面的行为规范,也是关于企业生产经营行为的道德准则和道德评价的学说。鉴于当下一些企业,在内部缺乏企业理念、信条、宗旨等明确界定和企业社会责任目标,管理者和员工的伦理意识淡薄,伦理道德规范不清,赏罚不明;在外部存在假冒伪劣商品充斥市场等现象,企业伦理面临尴尬窘境,加强企业伦理建设势在必行。

首先,确立企业文化价值观,制定企业伦理规范。企业伦理规范是企业组织在处理相关利益关系中所尊奉的价值体系和行为准则,其实质是企业对社会、对顾客、对员工履行契约的责任心,也是企业间建立信任、实现交往的基础。要培育企业文化,确立以人为本的理念;保障和维护个人自由、人身安全和健康、经济参与权、知情权、财产所有权、生存权、人人平等的尊严;要树立人与自然和谐的价值观,在消除环境污染、保护环境中肩负起责任。有学者认为企业是一个开放体系,它涉及个人、组织、产业、社会及国际环境等诸多方面,在不同的层面具有相应的道德规范,通常包含团队意识、互利互惠、义利并重、公平效率和进取精神等。

其次,加强员工企业伦理教育,形成企业伦理监督机制。教育和帮助员工树立主人翁精神和诚实劳动观念,引导员工主动关心消费者的需要,提供质量优良的产品和服务;加强企业和员工的德性修养以实现道德规范的内化,如,不对顾客撒谎、遵守企业合同、在竞争中拒绝使用不正当手段等;需要企业有良好的公开治理结构,还需要一个双向公开的信息沟通渠道;通过完善各种规章制度,践行企业伦理规范。

最后,自觉把法律约束与伦理约束结合起来,按照市场经济的要求确立与利益相关者相处的伦理观念和规范。未来企业经营管理的发展趋势将从硬管理走向软管理,企业伦理决定企业经营的成败,因此,企业应自觉主动承担社会责任,控制环境污染,自觉保障员工的权益,树立良好的道德形象,积极参加社会慈善事业。

3. 金钱与伦理

金钱,在经济学上称为货币,是指社会分工和商品经济发展到一定历史阶段的产物,是商品交换中商品价值形式发展的最高形态,是固定地充当一切商品的一般等价物的价值形式。马克思说:"金银天然不是货币,但货币天然是金银。"①所以,金钱或货币的本质是固定地担当一般等价物的特殊商品。其基本功能在于:用来衡量和表现其他商品的价值;用来充当商品交换的媒介和商品流通的手段;用来代表和象征社会的物质财富,贮藏起来并随时换来或购买其他

---

① 《马克思恩格斯全集》,第23卷,人民出版社,1972年,第107页。

商品。

金钱在社会历史发展过程中具有正反两方面效应。一方面,它伴随着商品经济的发展,推动了生产力的进步;另一方面,它又和私有制形影不离,导致社会关系的异化。自金钱货币产生以来,金钱给人以一种神秘的力量,支配和控制人的命运。在现实生活中,金钱似乎成为人的活动的动力和追求的目标。金钱像磁石一般吸引着人们在其周围活动,围绕着其轴心旋转。金钱像一把双刃剑,既可用来披荆斩棘,排除艰难,创造财富,又可用来暴力残杀,剥削压榨,制造罪孽。金钱具有某种神奇的魔力,它可使人积极奋进,也可使人消极颓废;可使人幸福欢笑,也可使人痛苦流泪;可使人粗俗卑劣,也可使人圣洁高雅。

马克思对金钱的这种神奇魔力作了精辟分析,他认为,金钱的神秘力量来自货币在商品经济中作为一般等价物的作用,"货币,由于具有购买一切东西、占有一切对象的特性,因而是最出类拔萃的对象"①。在商品经济社会,人们之间的社会关系表现为商品和货币之间的物的关系,这种物的关系是人的关系的颠倒反映,反过来支配人的命运。所以,金钱的这种神奇魔力实质上是特定历史条件下的人的社会关系的虚幻表现。只要还有商品经济,只要金钱还在经济生活中扮演着重要角色,人们就难以抵制或摆脱这种神秘力量的影响。

不言而喻,金钱或货币是中国社会主义现代化建设的重要条件。中国要进行大规模的经济建设,促进国民经济的发展,必然需要大量的资金。如何筹集资金并灵活运用好这些资金,一直是需要研究的问题。改革开放以来,我国充分吸引和利用外资;想方设法地把社会上的闲散资金筹集起来,建立了证券金融市场(股票、国债、基金等),实行合理的金融政策,调整银行利率,保持财政收支平衡;等等,所有这些表明,金钱、金融是我国现代化建设事业的血液,有了它才有现代化的生机活力。从某种意义上看,金钱和财富是衡量一个国家总体实力的重要指标之一,钱多了意味着人民生活水平的提高,国家在国际上的地位和威望的增强。

金钱的重要性并不意味着是人生追求的终极目的。现实生活中不少人信奉"金钱至上"原则,认为只要有了金钱就能获得人生所需要的一切物品。这种拜金主义的思想表现有:

第一,"一切向钱看"的思想观点,带来了严重后果。就个人而言,"一切向钱看"丧失了崇高理想和信念,成为低级趣味的人,甚至成为极端个人主义者;就企业而言,"一切向钱看"必然只会注重经济效益和经济福利,而不顾环境的保护和生态的平衡;就国家而言,"一切向钱看"必然导致社会发展的偏斜,导致物质文

---

① 马克思:《1844年经济学—哲学手稿》,刘丕坤译,人民出版社,1979年,第103页。

明和精神文明的不平衡。总之,"一切向钱看"割裂了个人利益和国家利益的关系,抹杀了经济效益和社会效益的协调发展,破坏了社会经济发展和社会精神文明发展的和谐性。邓小平指出:"我们提倡按劳分配,承认物质利益,是要为全体人民的物质利益奋斗。每个人都应该有他一定的物质利益,但是决不是提倡各人抛开国家、集体和别人,专门为自己的物质利益奋斗,决不是提倡各人都向'钱'看。……要批判和反对资产阶级损人利己、唯利是图、'一切向钱看'的腐朽思想,批判和反对无政府主义、极端个人主义。"①

第二,"有钱能使鬼推磨"的思想观点,将商品经济的等价交换原则搬到了思想道德领域,把什么都当作商品来看待,把人生最珍贵的东西,如感情、良心、人格、尊严、信仰等都拿来出卖。然而,这些宝贵的东西一旦出卖了,人也就失去了做人的资格,由人变成了"鬼"。用权换钱,用钱买权,权钱交易,唯利是图,腐蚀党和国家的机体,污染了社会风气,毒化了人们的心灵。现实生活中,金钱对某些人来说具有某种神秘性和诱惑力。他们为金钱所迷惑,一身沾满了"铜臭味",为了钱而成为"阶下囚"。

第三,"人为财死,鸟为食亡"的思想观点,直接把人降低为动物水平,将人的活动等同于动物的本能活动,使人成为金钱的奴隶和附庸。这种观点实质就是穷奢极欲的享乐主义和"人不为己,天诛地灭"的极端个人主义。持这种观点的人,常常为了钱不择手段,无恶不作;或者损人利己,损公肥私;或者造谣诬陷,徇私枉法;或者尔虞我诈,笑里藏刀;或者走私贩毒,卖淫嫖娼;或者盗窃抢劫,谋财害命。最后还是落得一个身败名裂、遗臭万年的下场。

虽然金钱不是生活的全部,但却是生活中不可缺少的东西。古人云:"君子爱财,取之有道,用之有度。"因此,我们必须对金钱有一个正确合理的观念,既不能鄙视金钱,谈"钱"色变,把钱视为瘟疫一般不敢问津,视为洪水猛兽一般不敢靠近,等同于低级庸俗、肮脏不堪的东西;也不能眼里只有钱,唯钱是举,唯利是图,迷恋崇拜跪倒在金钱面前。要树立正确的义利观,提倡"义利并重"、见利思义的价值观,反对重利轻义甚至见利忘义的价值观。尽管利益是道德的基础,"河水不能倒流,人不可逆着利益的浪头走"(爱尔维修语),但是,马克思说:"既然正确理解的利益是整个道德的基础,那就必须使个别人的私人利益符合于全人类的利益"②。应提倡将个人利益和国家利益相结合的原则,反对拜金主义、享乐主义和极端个人主义。

金钱和人生相伴而行,形影不离。金钱构成人生的一个重要因素,但不是人

---

① 《邓小平文选(1975—1982)》,第 2 卷,人民出版社,1994 年,第 297、328 页。
② 《马克思恩格斯全集》,第 2 卷,人民出版社,1957 年,第 167 页。

生的唯一因素和最终目的。金钱是人生的手段，而不是目的。人生除了金钱外，还有爱情、友情、道德名誉、健康、青春、人格尊严、理想信念等因素。在市场经济条件下，"金钱不是万能的"，金钱能买到药品，但买不到健康；能买到书籍，但买不到知识；能买到美女，但买不到爱情；能买到豪华舒适的床，但买不到甜美的睡梦。生活中还有许多东西是金钱买不到的：道德情操、人格尊严、亲情友情、正义信仰、气节人格。马克思认为，人的真正品质是金钱所买不到的，一个人拥有什么并不表明他就是什么。"我们现在假定人就是人，而人跟世界的关系是一种合乎人的本性的关系；那么，你就只能用爱来交换爱，只能用信任来交换信任，等等。如果你想得到艺术的享受。你本身就必须是一个有艺术修养的人。如果你想感化别人，你本身就必须是一个能实际上鼓舞和推动别人的前进的人。"①

总而言之，金钱是人生实现其目的的手段，是为人生服务的工具。"人生的目的是肉体和精神都和谐地发展，所有适合生理和心理条件的体力和精神能力都充分地发挥。"②

二、市场经济与诚信伦理

1. 诚信的内涵界定

"诚信"就是"诚实守信"。"诚"与"信"既有区别又有联系。"诚"多指"内诚于心"，"信"偏重于"外信于人"；"诚"是对道德个体的单向要求，"信"是针对社会群体提出的双向或多向要求；"诚"是道德主体的内在德性，"信"是"内诚"的外化，体现为社会化的道德践行。"诚"与"信"又是相互贯通、互为表里的："诚"是"信"的依据和根基，"信"是"诚"的外在体现。在现实生活中，人们所说的"诚信"主要意思是：说话算数、说到做到；忠诚老实、实话实说；实事求是、求真务实；兑现诺言、履行合同；一诺千金、一言九鼎；真情实意、光明磊落；言必信、行必果；等等。

在中国传统道德体系中，诚信具有特殊地位。孔子强调"民无信不立"，孔孟主张"仁义礼智信"，提出"父子有亲、君臣有义、夫妇有别、长幼有序、朋友有信"，后来成为中国传统社会道德评价的基本标准和伦常规范。在儒家经典中，"诚意"作为连接"格物""致知"与"正心""修身""齐家""治国""平天下"的重要环节，成为道德内养与外成的关节点，具有促进道德完善、家庭和睦、国家兴旺与天下

① 马克思：《1844年经济学—哲学手稿》，刘丕坤译，人民出版社，1979年，第108—109页。
② 参见弗兰克·梯利：《伦理学概论》，何意译，中国人民大学出版社，1987年，第168、182页。

安宁的多种社会功能。老子告诫人们"信言不美,美言不信",指出"轻诺必寡信"。墨家始终把"信"作为评价仁人的一条重要道德标准,认为只有做到"志强智达,言信行果",言而有信、说到做到,才能得到人们的信任,进而实现"仁人之士者,必务求兴天下之利,除天下之害"的目的。由此可见,"诚信"离不开真诚、诚实、诚恳、诚挚、诚笃等含义,讲信义、守信用势必带来信誉、信赖、信心和信任。崇尚诚信之德已成为我们民族的文化传统,内化为民族的精神特质,在治国、治世中具有重要价值。

毫无疑问,在现代社会以及现实生活中,诚信具有举足轻重的地位和作用。

第一,诚信是生活中必须遵守的基本行为规范。诚信是人们立身处世之本和事业成败的关键。"诚"就是内心真实无妄、不欺,"信"就是讲信用。讲信用是对他人的尊重。只有做到诚实守信,人与人之间才能发展相互间的友谊和信任,才能得到别人的关怀和帮助。反之,如果朝令夕改,就会失去别人的信任。如果全社会都讲诚信,那么社会就能稳定和发展。古人云,"与朋友交言而有信","夫妇有恩,不诚则离;父子有亲,不诚则疏"。可以说,诚信是一个社会赖以生存和发展的基石,是处世治世之道,也是家庭和睦之道。

第二,诚信是追求利益时必须遵循的道德原则。市场经济要求每个参与主体都要讲诚信,只有每个主体都讲诚信了,整个市场才能正常有序运转。只要有一个人不讲诚信,这个市场的运行成本就会大大提高,市场主体的利益随之受到损害。当下社会存在着一些不讲信用、违背承诺、坑蒙拐骗、损公肥私的行为,不仅破坏了社会主义市场经济的运行,而且败坏了社会风气。诚信不单是一个道德问题,也是一种重要的社会力量,影响着一个企业、一个城市、一个国家的竞争力。发达国家流行着一句话:诚实是最好的竞争手段。

第三,诚信是做人的根本准则,是人之为人的最基本的品德,也是现代人的一种素养。道德是人与人之间关系的准则,只有在相互间坚守承诺的基础上,道德才能成立。诚实守信是一个人道德人格的重要体现。"人无信不立""人而无信,不知其可也"。诚信乃是做人之本、立身之道和修养之道。

2. 经济生活中失信现象的分析

当下经济生活中存在着严重的失信现象,从假烟、假酒、假名牌,到毒米、毒面、毒瓜子;从普通个人履历造假、考试作弊、替考代考、论文剽窃、恶意透支,到政府官员弄虚作假、行贿受贿、贪污腐败;从无证经营、虚假广告、合同欺诈、偷税漏税、坑蒙拐骗,到企业拖欠货款、制售假冒伪劣产品、上市公司造假账、出具虚假财务报告、银行呆账坏账,等等,失信已成为一个普遍的社会现象,严重地扰乱经济秩序,影响社会经济的可持续发展。

经济生活中的失信现象究竟如何产生的？究其原因，大致有以下几个方面：

第一，市场经济不成熟导致企业失信。我国市场经济处于发展初期，价值规律、等价交换、效益原则、优胜劣汰、追求利润最大化等容易诱发企业唯利是图、拜金主义观念，加上市场经济中适度投机行为的合法存在，也易诱发一些企业的机会主义和利己主义行为，比如采取披露虚假信息、质量欺诈等手段，把各种有可能产生的损失转嫁到竞争对手身上。

第二，体制机制不完善导致企业失信。产权制度不明确，法人治理结构虚设，企业和员工没有自主选择权和经济自由权，社会责任意识不强烈，致使企业偏离市场规则，走向失信泥潭。此外，市场运行体制及约束机制不到位，行政管理部门办事效率低下，缺乏有力监督，致使消费者投诉成本过高，合法权益得不到保障，严重损害消费者利益，挫伤投资者信心。

第三，法律体系不够健全以及对失信行为的惩罚不严厉导致失信局面恶性循环。由于有关诚实信用的原则性法律规定尚不健全，现实经济生活中，一些企业拖欠贷款不还，银行没有办法处罚，造成失信者有利可图；由于缺乏相应的信用风险评级机制，信用好的企业与信用差的企业无法区分，导致"劣币驱逐良币"现象频发；由于执法不严，奖罚不明，一些企业对诚信疑虑重重，维护诚信形象，投入成本太大，往往吃亏受损，而失信企业投机取巧，弄虚作假，却屡屡得利。显然，由于尚未建立与信用管理直接相关的法律，又缺乏有效的失信惩罚机制，难以对市场经济中各种失信行为形成强有力的法律规范和约束氛围，不仅对守信者来说是不公平的，而且会造成严重的社会不公，影响社会和谐发展。

第四，社会信用体系不完善难以营造全社会讲诚信、重信用的氛围。一般来说，一个有效的社会信用体系，包括信用数据的开放和信用管理行业的发展，然而，我国信用体系建设还不尽如人意。从企业信用看，企业使用信用产品的意识淡薄，伪劣商品充斥市场，坑蒙拐骗现象比较突出；从银行信用看，存在着呆账、坏账、不良资产等问题，互联网金融诈骗频发；从社会信用看，信用数据的市场开放度低，缺乏企业和个人信息的正常获取和检索途径，信用中介服务行业的培育和滋润缺少健康发展的市场环境；从政府信用看，政府职能转换还没有完全到位，有效的政策供给明显不足，许多承诺无法兑现，政府对信用交易和信用管理行业的监督和管理，以及信用管理民间机构的建立、信用管理教育和研究的发展等还不够理想。

3. 诚信伦理建设的意义及其路径

市场经济需要诚信伦理，而诚信伦理又会促进市场经济发展。构建一个比较完善的诚信伦理体系是市场经济发展的必然要求，对市场经济和社会发展意义重大。

第一，诚信伦理是市场经济健康发展的内在需要。市场经济是开放经济，要求经济主体更加公开、透明,加强坦诚交往,建立信赖关系;市场经济是契约经济,要求交易双方遵守诚信原则,恪守合同契约;市场经济是竞争经济,要求在产品竞争、技术竞争、人才竞争中注重信誉,遵纪守法;市场经济是逐利经济,要求企业不仅实现"利益最大化",还要承担社会责任,更多地满足社会经济发展需要。

第二,诚信伦理有助于企业获得信誉和效益。伴随互联网时代的来临,经济交易方式发生了巨大变化,证券股票交易、期货交易、知识产权交易、电子商务、网络购物、互联网金融等交易方式层出不穷,客观上需要加强信用伦理建设。常言道,"童叟无欺""诚招千里客""信在利先",无不说明诚信伦理的重要性。在全球化、信息化背景下,讲诚信、重信用、有信任、可信赖,可以降低交易成本,提高交易效率。否则,在缺乏诚信的条件下开展交易,双方行为均具有不确定性,为了避免利益风险,双方都会花费大量时间和精力去搜集对方信息,或者采用一些交易成本较高的方式来确保安全,结果往往是劳民伤财、两败俱伤。所以,正如富兰克林所说:信用就是金钱,诚实是最好的策略。一个具有诚信伦理的企业,一定会赢得市场支持,取得利益回报;反之,一个尔虞我诈、制假售假、不守契约、不讲规则的企业,一定会被市场淘汰。对企业来说,拥有信誉就是拥有利润和效益。亚当·斯密说过:"一个人如果常常和别人做生意上的往来,他就不盼望从一件交易契约来图非分的利得,而宁可在各次交易中诚实守约。一个懂得自己真正利益所在的商人,宁愿牺牲一点眼前应得的权利,而着眼于长远利益。"①可见,树立良好诚信形象,发展企业信用是构建信用体系的基础和前提。

第三,诚信伦理有利于形成良好道德风气,构建和谐社会秩序。虽然企业的本性是实现"利益最大化",企业逐利无可非议,但如何逐利、达到"利益最大化"却涉及伦理道德问题,其中包括是否讲诚信、守信用。企业讲诚信、守信用,意味着企业在质量、服务、管理等方面注重诚信伦理,坚持诚信的核心竞争力,保证对顾客的真诚,实现对顾客的承诺。企业只有讲诚信才会赢得信誉,"誉从信中来"。诚信的升华是信誉,信誉就是可以依靠和信赖的。企业只有讲诚信,才会赢得消费者,提高市场占有率。企业只有坦诚相待,诚信经营,才会获得消费者的信任和接受。讲诚信的企业,有一笔宝贵的无形资产,供货商或是经销商宁愿和信誉好的企业打交道,消费者更愿意从有较高信誉的公司购买产品或服务,员工更为在信誉好的企业工作而感到自豪。在讲诚信企业工作,领导与员工之间友好合作,彼此信任,人际关系和谐,表现出积极进取、诚实劳动的精神,鼓励人们自觉抑恶从善。总之,诚信伦理直接影响企业的形象和地位,关乎企业的信誉

---

① 亚当·斯密:《关于法律、警察、岁入及军备的演讲》,陈福生等译,商务印书馆,1962 年,第 261 页。

和效益,从而影响社会道德风气和社会秩序。

建立健全现代市场经济的信用制度和诚信体系,是保障经济社会持续协调健康发展的重要任务。当下构建诚信伦理可以从以下路径迈步。

第一,加强诚信伦理的宣传教育,树立市场主体的信用观念和诚信意识。

首先,就个人而言,每个人必须充分意识到"立信才能立业"。古往今来,纵观商海,得失成败,兴盛衰亡,一个关键因素在于是否恪守诚信。所以,必须教育个人强化信用、信任和诚实的意识,树立依法经营、以德经商的观念,在市场交易中以诚待人,遵纪守法,养成讲诚信、守信用的品德。

其次,就企业而言,必须注重信用伦理建设,在企业内部树立信用理念,打造诚信文化。应该在企业内部建立一整套诚实守信、科学有序、严格的内部控制制度,将诚信伦理贯穿于内部环境、目标设定、事件识别、评估风险、应对风险、控制活动、信息与沟通、监督各个环节,涵盖筹资、投资、供应、生产、销售、售后服务全过程。在生产经营活动中树立诚信经营理念,严把质量关,在原材料的选用上,不以次充好,确保产品合格率,对残次产品不姑息迁就,要一律销毁,不出厂门,不销售给消费者;在销售过程中实事求是地宣传商品的质量、性能和适用范围,不发布虚假广告,坚持以质论价、明码标价;在商品出现质量问题,损害消费者利益时,要主动承担责任,给予补偿,保证商品质量信誉。

最后,就政府而言,应致力于建设一个诚实守信的政府,在诚信建设方面发挥榜样作用。政府应该严格规范自身的行为、严格履行对社会的承诺、接受群众和舆论的监督,执法部门要公正、廉明,保证执法的公正、公平、公开,以提高政府的公信力,成为社会诚信的表率;建立维护诚信利益、追究失信责任的公平的竞争机制;加强诚信文化的建设,创建诚实守信的良好氛围,增强道德约束力;强化市场参与主体的诚信责任,不断提高资本市场诚信质量。

第二,建立完善社会信用体系,建设诚实守信社会。健全的信用体系包括完整的信用数据、合格的信用评估机构、公开的信用网络和严格的信用监管。具体内容包括:

(1)建立个人和企业的信用档案,营造诚实守信的社会经济环境。个人征信系统覆盖的领域,包括信用卡、消费信贷、大学生助学贷款、注册会计师、个人租赁、人才选聘、中介机构从业和执业人员的资质认定等①。企业内部应设立专

---

① 在信用体系建设中,我们可以借鉴美国的先进经验。在美国,每个人都有一个终身不变的社会保障号码,求职、银行存取款、纳税申报、贷款发放、社会救济申请、信用评估等活动都使用该号码,国家资信机构通过联网电脑对本号码进行跟踪记录并长期保存,任何银行、公司都可以网上查询,不良的信用记录会保存最长 7 年。

门从事信用管理的部门、机构和人员,形成有效的企业内部信用管理体系;加强企业信用档案管理,建立企业信用信息自主申报制度等。

(2) 大力发展各种中介组织,充分发挥行业协会的作用,建立社会信用联合征信服务系统。建立社会信用体系,包括信用评价体系、信用担保体系、信用服务体系,因此,要注重培育信用中介机构,推进信用服务行业的发展;发展各种中介组织和行业协会,制定行业规划和从业标准以及行业的各种规章制度;强化行业自律,协调行业与政府各方面的关系;积极促进信用中介服务行业的市场化发展,成立信用行业协会、开展信用管理培训、抓好专业人才引进和培养等。

(3) 加强诚信环境建设,逐步完善信用法规、加强依法监管、建立失信惩戒机制、制定有关标准规范等;在工商、税务、海关、人民银行等部门建立信用等级管理制度,并建设市场化的合同信用评价体系;要充分考虑社会平衡和风险控制问题,有效保护个人隐私和企业商业机密;通过加强宣传教育和舆论监督、强化经济金融法治、加快信用制度建设等综合治理措施,建立健全全国统一的信用体系和失信惩罚机制。

(4) 加强诚信宣传,重视大众传媒作用。大众传媒要担负其应有的社会责任,通过技术优势,为社会建立良好的信息沟通渠道和机制,让企业公开所有能够公开的信息,最大限度减少企业信息不对称产生的信用缺失问题。同时,新闻媒体要积极发挥舆论监督功能,配合政府相关部门一起督促企业的诚信行为,对弄虚作假的企业及时曝光,增大其生产假冒伪劣产品的风险和代价,切实维护消费者的权益;对讲诚信、守信用的企业,要加大正面报道,褒奖善行,提升其信誉度,扩大其影响力。

第三,加强信用立法和执法,完善政府的信用监督和管理体系。建立信用体系必须立法先行。立法包括银行信用方面的立法、非银行信用方面的立法,规范商业信用和消费者信用行为的立法,规范商业授信行为的立法,规范信用中介服务行业行为的立法,等等。虽然我国的《民法通则》《消费者权益法》《经济合同法》《涉外经济合同法》《专利法》《商标法》等对于公正、公平、诚信等原则都有涉及,但是关于诚实信用的原则性法律规定尚不健全,亟须修订和完善。应强化法律制度对信用的保障作用。对于诚信的保障不能仅仅停留在道德的层面,对于严重违反诚信伦理的行为,应当给予法律惩罚。政府要逐步建立起覆盖全社会的、严格的信用监督、奖惩机制,扶植并监督信用行业的规范发展,加强监督管理与信用活动有关的专业服务领域的机构;应加快建成对企业的失信举报制度,不诚信行为的甄别制度和被惩戒者申诉及复核制度,以及对守信企业的鼓励制度等,不为企业诚信缺失客观上留下制度上的漏洞。让制度去保障那些模范遵守诚信的企业利益,对无诚信者要严厉惩罚。事实证明,只有将信用保障上升到法律层面而不是仅仅停留在舆论监督的层面,诚信的遵守才能得到真正的认可,才能保护信用主体,防止诚信缺失。

三、市场机制、政府调控与道德调节

1. 市场机制的利弊

英国经济学家亚当·斯密在《道德情操论》中提出"看不见的手"的理论,认为利己是个人从事经济活动的动力(即经济人假设);追求财富增加是每个人和社会的目标;市场机制把个人利己的行为导向有利于整个经济社会的自由发展。

市场机制主要包括价格机制、供求机制和竞争机制,能够实现社会资源最优配置和增进社会福利,在社会经济发展过程中,具有至关重要的功能和作用。

第一,资源配置功能。市场机制能根据市场主体(消费者、生产者、经营者)的近期需求,通过价格变动直接约束社会物化劳动和活劳动的流向和流速,进而较快地组织各种要素和资源,生产多样化的产品,缓解供求矛盾,对社会资源的短期有效配置起着决定性作用。

第二,经济均衡功能。市场机制是微观经济均衡的自动调节器。在市场上,商品价格的涨跌对供给与需求产生相应的刺激和抑制作用,从而引导供求自行平衡。同样,利率、工资和汇率等的涨跌对于资金市场、劳务市场和外汇市场的供求都起着自动的平衡作用。市场机制对微观经济的调节是直接的和基础性的,进而影响社会总需求和总供给的宏观经济总量平衡。

第三,利益驱动功能。市场机制一般是通过企业追求本位利益来驱动的,企业会直接根据市场提供的价格和供求信息各自分散作出灵活反应。同时,决策者又是直接执行者,因而决策快速、执行积极、效率较高。

第四,促进技术创新功能。在市场上,价值规律只承认商品的社会平均劳动耗费而不管生产者的个别劳动耗费是多少,因此,当该企业的商品的个别价值低于社会价值时,理所当然地获得较多的盈利。这样,为不断降低产品成本而竞争的那种外在压力,就会迫使企业不断进行技术创新,改善经营管理,提高服务质量,从而推动全社会生产力水平的提高。

毋庸置疑,市场机制不是万能的,即使在较理想的状况下,也有其先天的弱点和不足。通常所说的"市场失灵"主要表现在以下几个方面:

(1)市场调节本身具有一定的盲目性。因为市场调节是一种事后调节,从价格形成、信息反馈到产品生产,有一定的时间差。加之企业和个人掌握的经济信息不足,微观决策带有一定的自发性、被动性和盲目性,尤其在那些生产周期较长的部门,如农业生产、畜牧养殖等较为明显。因此,单靠市场本身不能保持国民经济协调、稳定地增长。

(2)市场机制无法自发地消除垄断。市场机制的作用往往导致垄断,而垄断反过来又会破坏市场机制,排斥竞争,所以,单靠市场无法限制和消除垄断,实现资源的有效配置。同时,市场机制具有事后调节、事后评价的滞后性,会造成事实上的生产力与财富的浪费。

(3)市场解决不了总量平衡问题。市场机制的调节作用是建立在各个微观经济主体对自身经济利益追求的基础上的,涉及总量问题时,如总供给和总需求的平衡、产业结构、地区结构、产品结构的协调、通货膨胀、通货紧缩、失业等问题,单靠市场机制是无法解决的。价格信号只反映特定时刻的供求状况,难以据此作出长期经济决策。

(4)市场不能实现公平的收入分配。市场机制追求利润最大化,容易导致偏离社会经济发展目标和正确方向。市场交易原则上是平等的和等价的,但是,由于人们资源的数量、质量不同,收入水平就有差别。而且,市场价格随着供求的波动而升降,市场的自发调节容易引起收入差距扩大,从而偏离社会最基本的公平原则,扩大社会矛盾。

(5)市场不能提供公共产品,不能协调微观利益和宏观利益之间的关系。公共产品是指为社会公众所享用的产品和服务,如国防产品、警察、消防、城市卫生、文化体育设施等。有些产品,如麻醉品、武器、黄色书刊等,经营者可以获取暴利,但损害公民健康、危及社会安全、破坏社会风尚。所以,市场机制对一些不以盈利为根本目的的基础产业、公用事业和教育文化卫生等很难起调节作用。

总之,市场不是万能的,市场机制调节的滞后性、局部性、短期性、不稳定性等特点,加上不完全市场、不完全信息、"马太效应"等问题的存在,必然导致经济社会发展的不平衡性。

2. 政府作用的得失

社会经济的发展,光靠发挥市场机制作用是不行的,还应该发挥政府的作用。政府的管理和调控可以弥补"市场失灵",保证市场经济正常运行。政府对经济社会发展的功能和作用表现在:

第一,总量平衡功能。社会经济活动的有些方面,如社会总需求与总供给的平衡、重大比例结构的调整、协调公平与效率的关系等是市场机制不能或者不能完全调节的。因此,政府要根据社会需要和生产能力的可能,通过计划安排,协调国民经济的主要比例关系、克服市场经济的自发性、自觉保持宏观经济的总量平衡。

第二,促进经济结构优化功能。经济结构的平衡和不断优化是社会生产力发展和科技进步的重要标志。顺利实现经济结构的有序演变,单靠市场调节难以奏效,只有国家制定正确的产业政策和相应的计划,对相互关联的各类产业发展进行倾向性干预和引导,才能有效推进经济结构的合理化。

第三,协调利益、优化效益功能。企业的微观效益和部门行业或地区的中观经济效益可能与国家的、全社会的宏观经济效益背道而驰,经济效益可能与非经济的社会利益(生态、环保、道德等)南辕北辙,国家必须运用必要的经济调控手段和行政干预,从根本上解决或缓和这些矛盾。

第四,维护社会分配公平的功能。在市场经济条件下,社会的收入分配水平必然会拉开,甚至会在一定范围和程度上出现分配不公的情况,与共同富裕目标和按劳分配原则相矛盾,影响社会安定。因此,国家必须在分配领域运用经济杠杆,从税收、利率、公共福利、社会保障等方面采取必要的措施,预先主动防止分配不公、贫富悬殊现象的出现。

第五,政府制定市场规则、规章制度和社会规范的功能。市场经济是法制经济,市场的有序运行必须有一定的市场规则。市场规则是国家权力机构或政府部门按照市场运行的客观要求制定的或沿袭下来的由法律、法规、制度所规定的行为准则。完善的市场规则是市场有序运行的基础和前提。比如,为了实现良好的市场交易秩序和公平竞争,必须要求交易公开化,一切交易必须在自愿、等价、互惠的基础上进行,严禁欺行霸市,强买强卖,坑蒙拐骗等非法行为;要求交易价格规范化,明码标价,公平交易,不容许幕后活动和黑市交易。只有建立在一定秩序和规则的基础上,市场经济才能顺利健康运行。

在我国,政府对经济的宏观调控作用比较突出,保证了经济持续、稳定、健康、协调发展。政府宏观经济调控的具体任务是,保持经济总量的平衡,保持物价总水平稳定,实现充分就业、重大经济结构优化、公正的收入分配、国际收支平衡,抑制通货膨胀,保持经济的稳定增长。针对个人收入分配领域出现的贫富差距扩大情况,政府肩负起扶贫帮困的重要职责,发挥管理和调节的作用。依法保护合法收入,劳动者通过诚实劳动取得更多的收入,经营者通过合法经营取得更多的利润,都是正常的、合理的;取缔非法收入,对于那些靠损公肥私、损人利己、贪污受贿、偷税逃税、权钱交易、侵吞国家财物、侵犯他人利益、以非法手段牟取暴利的非法致富的人,要依法严厉制裁;整顿不合理收入,对凭借行业、部门、商品、服务的垄断,取得额外垄断收入的,对凭借特权,以政府行为,通过收费、摊派、集资等手段,取得高于规定标准的额外收入的,必须严肃整顿和规范;调节过高收入,通过完善税制并加强税收征管,加强收入调节力度,防止两极分化;保障低收入者的基本生活,要区别不同情况,制定和逐步实施职工最低工资收入标准和城镇居民最低生活费标准,加快实施农村扶贫攻坚计划,努力使低收入者的基本生活得到切实保障。

虽然政府具有重要作用,但也要清醒地看到,政府的管理和调控也有"失灵、失控"的时候,主要表现在:

(1) 公共政策的失误。政府纠正市场失灵的基本手段是制定和实施公共政策,由于公共决策体制的缺陷、信息的不完全、政策执行障碍、政府的政治偏好等因素的制约,政府有时难以制定科学合理的公共政策,反而加剧了市场失灵。

(2) 公共物品供给的低效率。政府对公共物品供给的垄断,缺乏竞争机制,政府机构和官员缺乏像企业组织的成本效益观念和顾客意识,加上公共物品评价上的困难,社会对政府监督不力,使得政府提供公共物品时经常是低效率。

(3) 政府"寻租"。政府职权扩大和干预增大会带来以"租金"形态出现的经济利益,甚至出现某些企业收买政府部门,形成政企同盟合伙侵害消费者利益。寻租必然带来社会资源的浪费,社会公平、公正和政府声誉的丧失,以及市场秩序的紊乱。

(4) 政府干预结果的不确定性。政府公共政策从制定到实施再到生效往往需要一个过程,有时难以达到调控和管理的效果。在社会转型期,政府依然主导着社会经济生活,本该由市场承担的职能,仍由政府权力操控。政府权力部门化,部门权力个人化,行使审批权往往成为暗箱操作,成为滋生腐败的"温床"。政府职能越位、错位、缺位等现象必然窒息市场经济的活力。

为了克服政府"失灵、失控、失效",亟须深化行政管理体制改革,加快转变职能,真正实现政企分开、政资分开、政事分开,着力落实政府的经济调节、市场监管、社会管理、公共服务和环境保护的职能,完善行为规范、运转协调、公正透明、廉洁高效的行政管理体制;要加强从决策到执行等环节的权力制约和监督,建立结构合理、配置科学、程序严密、制约有效的权力运行机制;要推进决策的科学化、民主化,建立决策失误责任追究制度,健全纠错改正机制;要坚决反对和防止腐败,坚持标本兼治、综合治理的方针,加强教育,发展民主,健全法制,强化监督,创新体制,从源头上预防和解决腐败问题。

3. 道德调节的作用

在社会转型期,市场失灵和政府失灵是交替出现的,于是介于市场机制和政府调控之间或之外的另一种力量——道德调节的力量呼之欲出。道德调节是一种超越市场功能和政府调控的特殊调节,具有市场调节与政府调节不可替代的作用。

首先,道德调节对市场经济具有驱动作用。经济发展除了受物质利益驱动外,还有精神力量的驱动。比如,新教伦理中的天职、敬业、信用、守时、节俭等观念对资本主义发展具有不可估量的作用。就个人而言,精神驱动力包括兴趣爱好、理想信念、爱岗敬业、事业成就感、道德觉悟、思想情操,等等。就社会而言,经济发展不只是效益的提高、财富的增长,还包括兼顾当代人和后代人利益的可持续发展,实现国家富强、社会安宁、人与自然和谐、人民幸福的目标。由于市场经济追求"利益最大化"的机制,容易带来不择手段地自私自利行为。为了维护市场经济秩序,协调个人利益、群体利益与社会利益之间的矛盾,必须要求参与市场活动的"经济人"遵守共同的道德规范,必须谴责、鞭挞那些唯利是图、坑蒙拐骗、弄虚作假、尔虞我诈、以邻为壑、弱肉强食、见利忘义等不道德行径,大力倡导义利并重、诚实守信、公平正义、友好协作、敬业爱岗、恪尽职守的道德风尚。

其次,道德调节对政府行政管理具有导向作用。政府坚持依法行政、执政为民的宗旨,秉持自由平等、公平正义的核心价值理念,蕴含了伦理道德的要求。市场经济需要政府"看得见的手"的调节作用,但这种调节必须尊重市场运行规律,在宪法和法律允许的范围内活动,绝不可随心所欲甚至不负责任地干预市场。政府必须平等地对待不同的市场主体,在市场准入、生产要素获取、人员流动、就业选择、职业培训、劳保福利、享受法律保护和政策支持等方面,为市场主体创造平等竞争的机会;政府必须实施社会保障和福利制度,给贫困者和不幸者以必要的社会支持,同时,通过完善个人所得税、开征遗产税等税种以及其他形式的转移支付来调节过高收入,或者通过提倡扶贫帮困、助人为乐的精神,使贫困者和弱者得到帮助,充分彰显社会公平的道德原则。政府必须引导市场主体合法经营,惩戒失信行为,营造良好的社会诚信环境,确保市场经济的健康发展。政府出台的各项公共政策必须广泛征求民意,始终对公民权利保持敬畏之心;必须加大对公权力的监督和制约,保证权力在阳光下运作。不难看到,政府有效的行政管理有利于在全社会逐渐形成普遍认同的行为规范,为营造良好的道德氛围创造条件。

最后,道德调节具有自我激励、自我克制、自我约束的作用。人的活动一般受到两种力量控制,一种是外在法律力量,一种是内在道德力量。法律属于外在的强制力量,道德属于内在的自觉力量。道德力量的调节主要依靠人的精神自律。所谓精神自律是人认识到道德规范合理性并将之内化为自己的内心信念和道德品格,进而转化为行为上的善恶价值评判标准。简言之,道德自律是主体的一种自主、自愿、自觉的活动。道德调节通过企业文化、校园文化、社区文化、城镇文化、传统习俗、乡规民约、行为守则、规则、惯例、规范、信仰、社会舆论等形式实现,发挥自我克制、自我激励、自我约束的作用。斯密认为理想的市场经济是一个有道德的市场经济。如果没有同情心、诚信这些最基本的道德观念,那么市场经济就会引发灾难。他的《道德情操论》从人具有的同情心出发,论述了利他主义的伦理观。所谓"道德情操"是指人判断克制私利的能力,实际上是一种道德调节,可以使人自觉抑制私心和贪欲,并把个人利己的行为引向有利于整个社会发展。

道德调节在经济发展和社会管理上的优势表现在:

首先,贴近基层的优势。许多社会组织以社会弱势群体或边缘性社会群体为服务对象,坚持自助、互助的原则和自主解决社会问题的精神,可以减少市场机制的负面效果,克服国家机制的官僚作风,具有增进人际和谐的功能。

其次,灵活的优势。社会公共组织在组织体制和运行方式上具有很大的弹性和适应性,便于根据不同情况及时调整,对基层民众的诉求能够迅速作出反应。像工会这样的社会团体组织,发挥着政府意向传递和社会意愿反馈的桥梁和纽带作用。

最后,效率的优势。在社会管理与发展的一些空白领域和一些传统上由政府从事活动的领域,道德调节往往比政府做得更好、更有效。只要市场机制和政府调控存在遗漏之处或失灵情形,道德调节就可以填补其空白、弥补其不足。换言之,有了道德调节,市场运行就更正常,政府调控就更有效。

作为道德调节的重要表现之一的"第三次分配",这些年来越来越受到社会的关注和重视。通常说,第一次分配是通过市场机制实现的收入分配;第二次分配是通过政府财政进行的收入分配;而第三次分配就是个人出于自觉、志愿,在道德力量感召影响下把可支配收入的一部分或大部分捐赠出去,以满足社会公益和个人发展。由于"第三次分配"是一种自觉自愿的捐赠,面对转型期出现的弱势困难群体,如农民工、进城务工者、下岗职工、退休人员、失业人员、老弱病残妇孺等,它发挥着市场调节和政府调节所无法比拟的作用,帮助困难群众获得慈善性福利。

如今贫困是一个普遍的社会现象,由于贫困容易滋生犯罪,贫富悬殊容易带来社会的不稳定,政府应该及时给予贫困人群以自然灾害救助、失业救助、孤寡病残救助和困难户救助,同时,要完善分配制度,建立健全社会保障制度,通过对国民收入进行分配和再分配,对那些因年老、疾病、丧失劳动能力等发生困难的社会成员提供基本生活保障或给予社会救助、社会福利、社会优抚。与此同时,政府也要高度重视发展慈善组织,健全慈善机构和机制,鼓励富豪自愿从事社会慈善事业,如慈善捐款助学,资助品学兼优而生活贫困的学生,出资参加慈善义拍、义演,为贫困人群筹集救助帮困经费。无论如何,发展慈善事业,发挥道德的调节作用,有利于消除社会的贫富差距,缩小两极分化。当下作为第三次分配的慈善公益捐助已然成为调节贫富差别的平衡器。可以相信,当人们把慈善捐赠献爱心视为一种义不容辞的社会责任时,社会文明程度就将大大提升,社会关系就会更加和谐。

综上所述,在现代社会发展中,市场机制、政府调控、道德调节是相辅相成的、取长补短的关系。其中,市场机制利用供求规律激发经济活力,提高经济效益;政府制定法律、法规、政策以实现宏观管理和调控,促进经济健康运行;社会道德对协调政府、企业、个人三者关系,约束社会成员的行为,塑造公民自主自律精神,实现社会公平公正发挥重要作用。

第八章　政治与伦理

一、政治伦理学概述

1. 政治伦理学的研究对象及其内容

"政治"(politics)一词源自《荷马史诗》,最初含义是指城堡或卫城。后来,"政治"的衍生义指古希腊城邦中的公民参与统治、管理以及各种公共生活行为的总和。中国先秦也有"政治"一词,《尚书·毕命》有"道洽政治,泽润生民";《周礼·地官·遂人》有"掌其政治禁令"。古人将"政"与"治"分开使用,"政"主要指国家的权力、制度、秩序和法令;"治"则主要指管理人民和教化人民,也指治国理政、实现安定状态等。

关于政治含义的界定,迄今有各自不同说法,概括起来,大致有以下几种解释:其一,认为政治是国家的活动,是治理国家,是夺取或保存权力的行为;其二,认为政治是一定阶级或集团或政党为实现其经济要求而夺取政权和巩固政权的活动,以及实行的对内对外全部政策和策略;其三,认为政治是一种人们在安排公共事务中表达个人意志和利益的活动,政治的目标是制定政策、处理公共事务;其四,认为政治是制定和执行政策的过程;其五,认为政治是一种社会的利益关系,是对社会资源的权威性分配;其六,认为政治是各阶级为维护和发展本阶级利益而处理本阶级内部以及与其他阶级、民族、国家的关系所采取的直接的策略、手段和组织形式。不难发现,政治作为一种社会现象和上层建筑,总是直接或间接地同国家以及各种权力主体的利益相联系。历史上,政治一开始就是围绕国家权力展开的,涵盖人们获得、夺取、保持、维护、建设、执行、制约国家权力的全部活动。马克思认为,政治是以经济利益为基础的上层建筑,是借助于公共权力来维护、实现和协调社会利益要求的各种社会关系的总和,表现为统治行为、管理行为、参与行为、斗争行为、领导行为、权威性影响、权力竞争等,是牵动社会成员利益并支配其行为的巨大力量。在全球化背景下,政治延伸至处理国际关系以及管理国际事务等方面。

政治伦理学是一门研究政治生活中道德规范和道德原则的理论学科，也是一门关注现实政治生活并指导政治行为的实践学科。政治伦理学的研究内容丰富、范围广泛，有政治活动与伦理基础、政治行为与道德规范、政府及官员道德、国际政治道德，等等。当代中国政治伦理学研究的重大问题包括：如何在社会转型期坚持和完善党的领导和人民当家作主的统一；如何推进国家治理体系和治理能力的现代化；如何在改革攻坚期和矛盾凸显期，转变政府职能，提升政府治理能力，实现政府"善治"；如何在社会主义市场经济条件下建设一个高效勤政、廉洁务实的政府，有效地倡导廉政，惩处腐败。

政治伦理学还涉及一些政治伦理规范和政治伦理范畴的研究，比如政府伦理道德问题的研究、政府公信力和执政力的研究、政府官员品德问题研究，等等。此外，还有政治伦理学的范畴研究，比如，正义范畴，既是政治伦理的核心范畴，又是现代政治文明的价值基础，既是调节各种社会政治关系的基本准则，又是社会成员追求的道德理想。实现社会正义在任何一个社会里都具有绝对的优先性，它是构建和谐社会的重要内容。政治伦理学蕴含的伦理范畴还有：幸福、自由、平等、民主、法治、公正、仁爱、文明等。

2. 权力伦理问题的探讨

权力伦理问题是政治伦理学的核心问题。关于"权力"（power）的界定，尽管解释不尽相同，但仍有大致趋同的看法，即认为"权力"是一个人根据自己的意愿对于他人的控制和影响力。作为一种社会现象，权力自古就被解释为一种能力、权威、权位，或者更明确一点就是政治强制力。权力的特性表现为一种力量，借助这种力量可以或可能产生某种特定的预期局面和结果。人类共同生活的需要产生了公共权力。公共权力是属于公众的，是为实现公共利益运行的一种强制力。作为公共权力的国家权力，是社会内部生产发展、阶级矛盾冲突的产物。国家权力是反映统治阶级意志并作为社会整体代表的、以强制力保障实施、管理社会公共事务的权力，是实现政治目的的根本手段。

权力起源于维护社会公共利益和社会公共生活秩序的需要，就其本质而言，权力是一种公共意志，是人类社会和群体组织有序运转的指挥、决策和管理力量。换言之，权力是指某一主体凭借和利用某种资源对社会进行控制，以实现主体意志、目标或利益的某种社会力量及其影响。所谓权力伦理，是指权力运作和行使过程中所产生的伦理意识、伦理规范以及伦理行为实践的总和，既表现为社会对权力行使主体运用权力控制和影响客体所提出的伦理规范、伦理戒律，又体现了权力行使主体在权力行使过程中所应追求的价值目标、伦理人格和理想境界。显然，权力伦理，就是指执政党、国家机构和国家公职人员在治理国家过程中、在公共行政领域行使权力过程中,所应遵循的伦理道德要求的总称,既包括作为个体的公职人员所应遵循的伦理要求,也包括作为群体的党的各级组织和各级国家机构所应遵循的伦理要求。从本质上说,权力伦理首先是指执政党的党员和领导干部、国家机构的广大公职人员自身的伦理建设。

关于权力的伦理学研究,通常有两个维度,即关于权力的工具性维度与权力的价值性维度。所谓权力的工具性,是指作为一种规则的权力所发挥的作用和功能,实际上是指权力的效能问题,主要考虑权力运行的具体环境和条件、权力所选择的调整方式对被调整的社会关系的适当性以及权力可以合理追求和预计的实施成本。权力的工具性强调实效性和功利性。而所谓权力的价值性,主要关注权力的终极意义,是指权力应关心什么人的利益,在社会的各个阶级和阶层中把哪个阶级阶层的利益置于优先地位。权力的价值性彰显的是权力内在的本质属性,即权力的公共性、责任性与亲和性。显然,权力伦理学不仅要阐释权力的工具性与权力的价值性之间的区别和差异,比如,权力工具性表现为外在性,权力价值性表现为内生性;权力工具性解决的是权力的效率问题,即"怎么办"的问题;而权力价值性探讨的是正义、公平、民主、自由等政治价值范畴,即"为什么"的问题,而且,权力伦理更加注重权力的价值性问题,即如何使权力的工具性自觉接受价值性规约并遵循价值性要求运行。

长期以来,人们对政治权力盲目崇拜,把政治权力视为一种纯粹工具性的东西,当作阶级统治的工具、资源配置的工具、社会调控的工具、征服他人的工具。权力的工具性与价值性完全失去平衡,权力的政治工具性凸显,权力的道德关怀、价值理性失落,结果是权力逃脱价值性的规约指导,蜕变为个人攫取利益和聚敛财富的工具,成为奴役人的工具。固然,从权力的性质看,权力的支配力和控制力具有强制性,是国家机关运行的保障。通过整合公民让渡的部分政治权力来调节人们之间的矛盾,实现对公共资源的充分利用,避免社会出现"弱肉强食"的丛林法则以及混乱状态。

然而,在现实运行过程中,对政治权力的盲目崇拜容易造成滥用权力现象,权力成了危害公共利益的手段。因此,权力伦理学研究的独特视角是聚焦权力的价值性问题,这是任何行使权力的人所不可回避的问题,包括,权力对人的生命的关注,对人的价值、人的尊严与人的权利的尊重,对自由平等的维护,对人的全面发展的追求。研究权力的价值性问题首先要回答"权力是为了谁"的问题,首先应确定权力完善的价值取向,在权力的运行过程中制定一定的伦理法则规范权力的运行。在此基础上,选择有助于价值取向实现的处理事务的程序与工作标准,确保权力的工具性服从并服务于权力的价值性,为了实现对权力的可控性,行使权力的目的是为了人。

构建权力伦理的基本目标在于：

第一,实现权力的人民化。权力的人民化强调尊重权力的本源。权力实质上是公民个人将其部分权力让渡之后整合统一的个人权力的集合,因而权力的本源具有人民性,权力的使用应当是为了人民的利益,以公共利益为目的,实现公共资源的优化配置,照顾弱势群体的利益,实现公平公正的社会理念。我国宪法规定:"中华人民共和国的一切权力属于人民。人民行使国家权力的机关是全国人民代表大会和地方各级人民代表大会。人民有权根据法律规定,通过各种途径和形式,管理国家事务,管理经济和文化事业,管理社会事务。"公职人员和各级领导干部,是受人民委托管理国家事务的公仆,其使命是为人民服务。

第二,实现权力的廉洁化。权力的廉洁化要求权力行使者对权力的尊重,在运用权力的过程中,不该掺杂有其他因素,不能背离权力存在的价值与意义,不能滥用权力为自己牟取私利。要消除对权力的盲目崇拜,遏制权力过度扩张对社会发展带来的威胁。

第三,实现权力的透明化。权力的透明化强调权力运行过程的公开化,要求提高政党以及政府权力运作的透明程度,让人民能够通过各种权力制约机制实现对权力运行的监督,从而促进公权力的互相制衡与协调。通过在公共权力与公民权利之间设置明确的界限,让权力的运行在一定的范围内,从而使公民个人的合法权利及自由不会受到任何粗暴权力的侵犯。权力透明化的实现需要社会大众的参与和监督,以公民社会的力量监督权力的运行,防止产生权力寻租、暗箱操作等权力的恣意行为。

第四,实现权力的民主化。权力的民主化强调权力运行过程中坚持什么样的理念以及原则。我国是人民民主专政的国家,坚持权力的民主化就是要保障人民当家做主的权利。权力的民主化强调用民主来制约权力。权力来源于人民,又为人民所用,这样才能实现人民当家做主的目标。

3. 腐败的本质及其防范

腐败是指国家权力行使者利用国家权力牟取私利并严重损害国家和人民利益的行为。换言之,腐败的本质就是权力的异化,是使用公共权力实现私人目的的行为,即是"国家公职人员为实现其私利而违反公共规范的行为"[1]。毋庸讳言,当今社会,权力异化的腐败现象依然比较严重,表现在:

---

[1] 塞缪尔·亨廷顿:《变革社会中的政治秩序》,李盛平译,华夏出版社,1988年,第58页。

其一，权力的私有化。少数官员把人民赋予的权力据为己有，把自己的地位、影响和工作条件，看成是自己的既得利益，甚至把这些看成是私有财产，以专业、行业优势或公共权力作为牟取个人或小团体利益的手段。

其二，权力的商品化。少数官员把人民赋予的权力当成"发财"的工具、"致富"的手段，甚至到了给多少钱办多少事、不拿钱不办事、拿了钱乱办事的地步，公开吃拿卡要，致使权力成为商品。

其三，权力的特权化。少数官员存在着"有权不用，过期作废"的错误思想，把人民赋予的权力当成作威作福、追名逐利和自我炫耀的资本，对群众的疾苦视而不见，追求奢侈豪华的生活。从根本上说，权力异化的腐败使权力的人民性、正义性、合理性蜕变为权力的个人性、非正义性、不合理性，从而侵害公民权利、损害人民的根本利益。

腐败行为的发生需要有一定的条件，比如制度体制的安排、公共权力的配置、公共权力的运行、权力之间的制衡和监督以及人的发展程度，等等。应该看到，公共权力所具有的稀缺性、垄断性、功利性等特性，极易摆脱"约束""限制"，最终走向公共权力异化。处于转型期的中国，仍然存在产生腐败的条件和土壤。

第一，制度体制不健全。在新旧体制的交替和转换过程中，可能出现旧的体制已经破除，而新的体制却还没有建立起来的"真空"情形，或者新的体制可能存在缝隙、漏洞或短板。这种由体制之间的不衔接、不配套带来的缝隙和漏洞，给权力异化提供了客观条件。

第二，权力配置不合理。权力过分集中和权力监督的缺失，是权力异化产生的直接原因。虽然我国一切权力属于人民，然而现实中，许多地方的人大仅仅是履行法律程序的机关，国家的权力成为少数领导干部的权力，以党代政、以权代法、以言代法现象依旧存在，"公仆"成为"主人"，为任人唯亲、跑官要官、卖官鬻爵，以及各种行贿受贿、以权谋私提供了可能条件。

第三，权力运作不规范。权力高度垄断和运行不够公开，容易产生权力异化。政府掌握着大量的诸如获取投资、拨款、项目审批、土地使用权、减免税收等权力，给权力寻租留下空间。一些领导干部权力集中、地位特殊，超越法律、法规的授权，凌驾于制度之上，擅自扩张或滥用公共资源和其他权力，对人、财、物过多干预，致使腐败领域不断蔓延扩散。

第四，权力监督不给力。现行的监督体制存在不足和缺陷，如自上而下的监督，由于上下级之间存在信息不对称，由此形成了一种"上级监督太远，下级监督太险，同级监督太难，纪委监督太软，组织监督太短，法律监督太晚"的尴尬局面。还有，我国舆论监督的力度越来越大，但是由于顾虑负面报道的影响，其监督的力度往往受到限制。对权力的监督不力，使腐败者敢于为所欲为，使贪污受贿之风肆意蔓延。

第五,惩治力度不强硬。腐败现象之所以没有被遏制甚至愈演愈烈,究其原因在于,一是法律不健全,二是惩罚力度不足。比如说,我国对腐败行为的惩治往往集中在受贿者,并且,对行贿者和受贿者的惩治力度存在较大差距,使得各种腐败行为因"低风险、高收益"变得非常活跃和猖獗。

第六,官员心理不健康。由于社会分配不公状况仍然存在,我国公务员工资福利收入水平,与社会上先富起来的部分人相比,仍有较大差距,很难让握有权力的公务员心理平衡。研究表明,权力异化的心理条件在于官员没有克服人性中不断膨胀和扩张的私欲。当某些官员的"政治期望"急剧下降之后,特别容易产生复杂的畸变心理,如铤而走险的侥幸心理、"你捞我也捞,不捞白不捞"的盲从心理、"有权不用过期作废"的功利心理、上行下效的仿效心理、贪图享受的攀比心理、"先贪针、后贪银、再贪金"的贪婪心理、孤注一掷的冒险心理,等等,由此造成腐败行为的不断蔓延与扩散。

第七,廉洁自律不严格。社会转型期,一些领导干部受到资本主义腐朽思想与我国封建主义残余思想的影响,世界观、人生观和价值观开始扭曲,理想信念淡漠,廉洁自律意识逐渐丧失。在物质利诱、人欲横流的环境下,抵不住拜金主义、享乐主义和极端个人主义的诱惑,做不到"稳得住心神,管得住身手,抗得住诱惑,经得起考验",久而久之,思想作风、工作作风和生活作风就出现了问题,以权谋私、贪污受贿,贪赃枉法、非法牟利,逐渐走向腐败。

防范并遏制权力异化需要从制度和人两个维度来思考。"扬汤止沸,不如釜底抽薪。要从源头上有效防治腐败……最大限度减少体制障碍和制度漏洞。要加强对权力运行的制约和监督,把权力关进制度的笼子里,形成不敢腐的惩戒机制、不能腐的防范机制、不易腐的保障机制。"①

首先,加强制度建设,消除产生腐败的体制漏洞。制度是关于个人或者组织的行为规范、规则和惯例的总和,规定和塑造着个人或者组织的行为,有利于个人或者组织获取一种共识信念,从而使个人或者组织的行为具有稳定性和可预期性。加强制度建设,就要确保制度体系的严密性、系统性和可操作性,提高制度化、法制化、规范化、程序化水平。只有使法规制度建设更加科学、完备、严密、管用,才能防止腐败的产生。必须始终把制度建设贯穿党的思想建设、组织建设、作风建设和反腐倡廉建设之中,牢固树立法律面前人人平等、制度面前没有特权、制度约束没有例外的观念,认真学习制度,严格执行制度,自觉维护制

---

① 习近平:《习近平关于全面深化改革论述摘编》,中央文献出版社,2014 年,第 71 页。

度。比如发挥纪检监察派驻机构的监督作用,加强和改进巡视工作,建立领导干部谈话制度,畅通人民群众举报和监督渠道,发挥舆论监督包括互联网监督作用。

其次,加强对权力的制约与监督,确保权力公开正确行使。加强对权力的制约与监督,是促进领导干部正确使用权力、不犯或少犯错误的重要保证,也是有效防止权力异化的重要环节。要建立科学的权力制衡制度,必须分制权力、限定权力、监督权力和公开权力,强化约制,合理分解权利,科学配置权力,不同性质的权力由不同部门、单位、个人行使,形成科学的权力结构和运行机制。要强化公开,推行地方各级政府及其部门权力清单制度,依法公开权力运行流程,让权力在阳光下运行,让广大干部群众在公开中监督,保证权力正确行使。建构完善的全方位、多层次、立体化的监督体系。强化监督,着力改进领导干部特别是一把手行使权力的监督,加强领导班子内部监督,加强行政监察、审计监督、巡视监督。纪委派驻监督要对党和国家机关全覆盖,巡视监督要对地方、部门、企事业单位全覆盖。要落实责任制,落实党委的主体责任和纪委的监督责任,强化责任追究。

再次,加强法制建设,加大对腐败的惩治力度。严密的法律体系是预防权力异化、惩治腐败的强有力武器,依法依纪查处腐败案件,是惩治腐败最直接最有效的手段。要以猛药去疴、重典治乱的决心,以刮骨疗毒、壮士断腕的勇气惩治腐败。惩治有力,才能增强教育的说服力、制度的约束力、监督的威慑力。健全惩治腐败的机制,对腐败分子采取"零容忍"态度。坚持法律和纪律面前人人平等,对任何组织和个人的违纪违法行为,都必须依纪依法严肃处理。深化司法体制改革,提高司法公信力。坚持以公开促公正、以透明保廉洁,增强主动公开、主动接受监督的意识,让暗箱操作没有空间,让司法腐败无法藏身。树立惩恶扬善、执法如山的浩然正气,严格执法、公正司法。

最后,加强党风廉政建设,提高领导干部思想政治素质。权力异化固然有其外在的制度和环境因素,但归根到底是人的因素在起决定作用。加强党风廉政建设,提高干部思想道德觉悟,是一种标本兼治的有效防范权力异化的方法。加强思想政治、理想信念和党性宗旨教育,树立马克思主义的世界观、人生观、价值观和正确的权力观、地位观、利益观、荣辱观,筑牢拒腐防变的防线。必须重申,官员手中的权力是人民赋予的,只能用来为人民谋利益,决不能用来为个人或小团体捞取好处,不能损害人民的利益。教育引导领导干部牢固树立群众观点,坚持问政于民、问需于民、问计于民,真诚倾听群众呼声,真实反映群众愿望,真情关心群众疾苦,坚决纠正对群众疾苦漠不关心、对群众呼声置若罔闻、对群众利益麻木不仁,甚至与民争利、以权谋私的行为。

二、行 政 与 伦 理

1. 行政伦理的界定

行政伦理在本质上是一种政治伦理,是关于公共行政与政府过程中的伦理,体现在诸如行政体制、行政领导、行政决策、行政协调、行政监控、行政效率、行政素质等方面。关于行政伦理的界定,学界有几种说法。

第一种认为,行政伦理是一种政府职业道德论。政府行政是一种职业,应该具有职业道德和职业规范。

第二种认为,行政伦理是关于行政主体道德规范的总和,即是行政机关和公务员个体的道德理念、道德准则、道德操守等。

第三种认为,行政伦理是社会主流意识形态的核心价值观和基本道德原则在行政领域的反映。

第四种认为,行政伦理就是以"责、权、利"的统一为基础,以协调个人、组织与社会之间的关系为核心的行政行为准则和规范系统。从职业伦理角度看,行政伦理的核心内涵是全心全意为人民服务;从现实性上看,行政伦理的基本内容是"廉洁奉公、勤政为民"。

行政伦理学探讨研究以下一些基本范畴,包括行政理想、行政态度、行政义务、行政技能、行政纪律、行政良心、行政荣誉等。行政理想是行政伦理的灵魂,在行政实践中表现出"理想的力量",其核心内涵,是引导各级政府和全体公务员努力做好行政工作,全心全意为人民服务。行政态度就是工作态度,是行政机关和公务员对社会、对人民群众履行行政义务的基础,不仅揭示政府机关与公务员在公共行政中的地位,参与公共行政的方式,同时也反映其作为公共行政主体的主观态度。行政义务就是行政责任,包括各级政府、各类行政机关的群体责任与公务员的个体责任两大部分。行政义务首先是"应该做的";但是,这种"应该做的",只有被公共行政主体化为自身的意识之后才能自觉地履行。因此,作为行政伦理基本范畴的行政义务,是自觉意识到的行政责任。行政技能是履行行政义务的基本保证,也是行政理想和行政态度的具体体现。良好的行政技能是公务员素质的核心内容,是实现廉政特别是勤政的重要保证。行政纪律是行政行为规范,要求公共行政机关与公务员遵纪守法,清正廉洁,依法行政,是调节行政机关和公务员与社会、与人民群众,以及公共行政领域的局部与全局利益关系的重要方式。行政良心是对行政义务的自觉意识,贯穿于公共行政过程的各个阶段,左右着公共行政主体之行政行为的方方面面,成为公共行政的精神支柱。行政荣誉是指公共行政机关和公务员在模范地履行了自己的行政义务与行政责任后所获得的社会的肯定性的评价以及自己内心中善的价值认同,是公共行政机关和公务员的行政义务和行政良心的价值尺度。

行政伦理是调整公务员与社会、公务员与行政机构、公务员之间,以及行政机构之间相互关系的行政行为规范的总和。大致包括以下一些层次的规范:公务员必须遵守国家的宪法;必须遵守有关公务员的各项法律法规,如《国家公务员暂行条例》;必须遵守所在的行政领域的特殊规范要求,如人民警察必须遵守《中华人民共和国警察法》;必须遵守本人所在职位的具体规范要求;有领导职务的公务员,特别是高中级公务员还要遵守标准更高的行为规范,如党员领导干部要遵守《中国共产党党员领导干部廉洁从政若干准则》。行政伦理规范最突出的特征是他律性与自律性的统一。所谓行政伦理规范的他律性,主要是指公务员行政行为受到来自社会、行政机构、行政职责等外在要求的支配和制约;所谓行政伦理规范的自律性,是指公务员认同行为规范他律性要求,并尽职地严格遵守行为规范,将行为规范内化为自己的内在品格,坚定不移地身体力行。

可见,当公务员自觉主动遵守宪法、行政法规和行为规范时,其行为即具有善的价值,也就体现为行政伦理行为。现代行政伦理突出了政府的公共性价值,彰显了为民、公正、自由、平等、民主的价值准则和道德规范。

2. 行政伦理问题的探讨

(一) 关于规范伦理与美德伦理的问题。

伦理学研究在当代呈现出两种不同理论形态,一个是规范伦理学,一个是德性或美德伦理学。规范伦理学回答"我应该做什么"的问题,美德伦理学回答"我应该是什么样的人"的问题。规范伦理从制度和规范上解决行为伦理问题,美德伦理则强调从个人道德境界方面解决行为伦理问题。

行政伦理究竟是关于规范伦理问题,还是美德伦理问题的研究?换言之,行政伦理是依靠制度来规范行政人员的行为,还是通过提高行政人员的道德水平来引导其行为?如果将行政伦理视为一种规范伦理,那么行政伦理建设就应走外在化的道路,即通过外在的法律、法规以及相关制度来约束、规范、引导行政人员的行为,如推动行政伦理监督立法、建立健全行政伦理监督体系与利益保障机制,以实现行政公平和公共利益。如果将行政伦理视为一种美德伦理,那么行政伦理建设就应该走内在化的道路,就要致力于提高行政人员的道德化水平和道德素养,借助于道德教育,如传统行政伦理崇尚的"内圣外王"模式,从根本上保证行政的公平正义,实现社会公共利益。

从当下行政实践看,行政伦理失范的原因在于个体道德的缺位和制度监督的缺位。从个体层面看,行政人员的道德缺位是导致行政伦理失范的关键。从制度层面看,行政伦理规范内容模糊不清、执行不力、奖惩机制不对等、监控不严,权力约束机制和监督考核机制存在问题等因素,为行政伦理失范提供了可能条件。

鉴于此,在行政实践和行政伦理建设中,应该兼顾行政伦理规范和个体美德建设,从本质上看,两者是相互补充促进的,并非是互相对立排斥的。我们讨论行政伦理属性的目的并不是要以规范伦理否定美德伦理,或以美德伦理否定规范伦理,而是要将制度伦理与德性伦理统一起来。事实证明,单靠外在的规范而没有内化为道德法则,行政伦理价值的实现是不可能的。行政伦理建设逻辑地蕴含整体的制度规范与个体的自觉约束两个方面,集中体现了制度他律与道德自律、外在规范与内在自觉、社会约束与自我约束的关系。

(二)关于目的正义与手段正义的问题。

正义是行政伦理的核心概念,现代行政正义包括目的正义和手段正义。所谓目的正义,是指行政人员尊重和关怀每个人的尊严、自由与利益,平等地分配资源和机会、收入和财富,实现社会多数人的利益,也就是"天下为公、执政为民"的宗旨。所谓手段正义,是指以适当的方式、合理的程序行使行政权力,实现社会价值。目的问题是应当的问题,或者说是为谁服务的价值性问题;手段问题是怎么样的问题,或者说是如何实现目的性的工具性问题。目的决定手段,手段服务于目的,价值性制约引导工具性,又离不开工具性。

在行政伦理建设上,实现目的正义需要正确认识行政伦理价值的等级次序,处理好公共利益与局部利益、多数人利益与少数人利益的关系,确立社会整体利益高于部门利益、集体利益高于个人利益的价值观。而实现手段正义需要正确处理效率与公平的关系。效率关注投入与产出的比率,有助于获得更多的经济利益,是任何行政组织必须追求的目标,没有效率的行政很难说是正义的。公平涉及人人平等和公共利益的价值原则,关乎民众财富分配和福利,政府行政追求的价值目标,有助于目的正义的实现。

目的能使手段正当化吗? 行政选择中允许伦理妥协吗? 对于行政目的与行政手段来说,伦理性与有效性这两个要求是不能分开的;行政伦理学认为,行政手段的有效性决不能违背行政目的的伦理性,而必须是真正为了实现这个目的。行政人员在行政实践中被迫放弃履行某些较低层次的行为规范或牺牲某些较小的行政伦理价值,以维护更高的行为规范和更大的行政伦理价值。行政伦理妥协是利益冲突和伦理冲突中行政行为选择的特殊方式。正如人们常说的"小道理服从大道理",在某些特定情况下,最小的"恶"在行政伦理上是允许的,它起着调节某种不良公共环境的特殊作用。但是,行政伦理价值目标在行政妥协过程中有可能受到损害,甚至遭到毁灭。所以,应该科学地确定行政妥协的限度,必须是迫不得已的时候才能选择。

目的正义与手段正义也可解释为实质正义与形式主义。所谓实质正义,是指通过制度化的利益安排推动公正行政,要求行政出于无私动机和正当考虑,行政分配资源、制定规范以及执法和管理应当实现平等对待,社会成员应当平等地成为公共领域的受益人。实质正义强调行政的公共性质,维护社会公共利益,反对权力私人化、部门利益化、反对利用公共权力为小团体牟取利益。说到底,行政权力、行政部门是公共资源,所以行政人员、行政部门在谋取公共利益中,不得利用公共权力为个人、部门窃取公共资源,否则,就违背了行政实质正义。所谓形式正义,是指一种程序理性的正义,突出了非人格化的制度安排,强调以专业化的官员和功能行为取代分散的、随意的行政行为,消除了以情感态度对行政行为的人治影响,应该说,技术官僚制的形式理性客观上带来了较高的行政效率。但是,由于过分追求繁文缛节的程序,把复杂的事务固定化、简单化,从而把过多的资源消耗在维持公共行政的合理性、程序化等方面,以普遍的规范代替特殊的情况分析,导致形式主义工作作风盛行,影响甚至牺牲了公共利益的实现。

不难看到,官僚制所追求的工具理性及形式上的合理性,隐含了对价值理性和人文精神的否定。官僚制突出"公事公办""对事不对人""价值中立""干好自己的本职工作"。技术官僚制的刻板僵化,限制了个人自由,最终影响效率的实现。如果说行政学侧重的是行政权力的运行过程,那么,伦理学侧重的则是行政权力的价值目标。公共行政不仅是执行政策的工具,而且承担着广泛的社会责任,应该对公众做出积极回应而不是以追求行政组织自身需要满足为目的。当下行政体制改革亟须消除形式主义和官僚主义的工作作风,使行政人员摆脱过多程序形式的束缚,坚守"执政为民"的理念和"全心全意为人民服务"的宗旨,切实地实现实质正义。

(三)关于行政行为选择与行政责任的问题。

在日常行政实践中,行政组织工作人员肩负多重角色,既扮演着"公务员"的角色,也扮演着"部门员工"和"公民"的角色。作为公务员,他必须恪尽职守,行使公共行政权力为人民群众谋利益;作为"部门员工"和"公民",他必须爱岗敬业,遵纪守法,效忠于行政部门并为其谋利益。然而,这些角色并不是始终一致的,常常会面临这样的困境,行政人员应该追求何种利益? 究竟是为人民群众谋利益,还是为行政部门谋利益? 在资源分配过程中,如何公正而合理地分配资源? 如何才能做出负责任的行为选择? 在"鱼和熊掌不可兼得"时怎么办?

此外,公务员还拥有法律授予的在某种情况下可以行使的行政自由裁量权,这种特殊权力的行使要求公务员凭借自己的理性判断力和伦理道德悟性做出正确的行政选择。然而,行政自由裁量权的行使在很大程度上受到外界环境及自身价值观的影响和制约。如果公务员缺乏正确的价值观和道德自律意识,就可能会为了实现私人利益的最大化而违背行政伦理价值要求,以权谋私,牺牲公共利益。

应该看到,如何进行行政行为选择? 如何调和社会利益、部门利益和个人利益之间的矛盾? 确实是公务员常常面临的伦理难题。从理论上说,公务员要效忠社会公共利益,但由于缺乏体制机制的约束,加上行政自由裁量权具有高度灵活性,法律无法对其做出硬性规定,当本行政部门利益与人民群众利益发生摩擦时,公务员很可能为了本部门利益而牺牲公共利益。在行政实践中,客观上也存在行政自由裁量权滥用现象,造成行政行为失范,进而导致腐败,如有的公务员罔顾行政伦理规范,违背行政权力公共性原则,或者权力扩张、利益倒错、欺上瞒下、任人唯亲、卖官鬻爵,或者权力寻租、公款公贿、渎职、泄密、隐匿财产、贪污腐化,严重损害公共利益。

不言而喻,公务员的行政行为选择受到各种客观条件和主观条件的制约。在客观方面,要受到现实社会的经济、政治、法律、伦理等状况,以及公务员在行政关系体系中的地位的影响;在主观方面,要受本人的价值观、知识水平、业务能力、心理素质以及身体状况等因素的制约。公务员经过努力,固然有可能改变,甚至超越某些主客观条件,但是绝不可能改变和超越制约行政行为选择的全部条件。因此,公务员应该在一定限度内对自己的行政行为选择承担责任。

鉴于此,必须加强公务员的道德教育和行政法制建设。道德以其教化性和劝导性提高人的思想觉悟,调整人的内心世界,使人的行为动机合理高尚;法治则以其强制性和权威性规范人的行为,对违法行为进行惩处,起着扬善抑恶作用。实践表明,仅仅强调公务员的道德教育,强调公权道德化、公权伦理化是罕有成效的,必须加强行政伦理法制建设,建立健全教育、制度、监督并重的惩治和预防腐败体系。总之,道德教育是法治建设的理论基础和依据,法治建设是确保执政为民、实现国家长治久安的重要保障,两者是相辅相成、相互促进的。

3. 行政伦理规范体系的建设

行政伦理的规范体系建设是一个系统工程,涉及主观与客观、目的与手段、形式与内容、过程与状态诸方面因素和内容。

(一)构建行政伦理的价值规范体系。

廉政是行政伦理的价值基础。"廉者,政之本也,民之表也;贪者,政之祸也,民之贼也。"政府及公务员一定要廉洁、勤政、务实、高效,并把廉洁放在第一位。

勤政是行政伦理的价值核心，实质是"勤政为民"。要做人民满意的公务员，必须廉政勤政一起抓，从严治政，全面加强管理。以全心全意为人民服务为核心，以依法行政、清正廉洁、民主管理、无私无畏为内容构成行政伦理的主要规范。全心全意为人民服务是社会主义的本质在行政伦理中的最根本的体现。一切政府机关及公务员必须依法行政，牢记自己的根本职责和最高义务，不辜负人民赋予的权力重托，为官一任，富民一方，多做实事，多谋福利，切实保障公民的权利。

坚持依法行政，要求公务员在行使权力过程中，尊法、学法、懂法、依法、用法、守法，做到为政以法。公务员还要清正廉洁，有远大的抱负、高尚的节操，正确处理权力与金钱的关系，确立正确的权力观和金钱观；坚持民主管理，摒弃家长制管理模式，反对官僚主义作风，发扬民主集中制的优良作风；坚持公平正义、无私无畏，刚正不阿，高风亮节，明辨善与恶、正义与不义、公正与偏私的界限，不以私心、私情、私人好恶、私人关系为处事原则，公正执法，赏罚分明，任人唯贤、唯才是举，公断是非曲直，确保廉政高效。

此外，还要进一步完善行政行为的伦理规范，加强对公务员的伦理教育和引导，注重领导干部的品行德性和率先垂范作用；制定政策或决策过程中秉持伦理价值精神，制定切实可行的行政规范；建立完善奖惩制度，改善公务员工作环境，提高公务员的生活待遇，等等。

（二）培养和完善公务员的行政人格。

行政伦理建设的重要目的，就是要在国家公务员中形成普遍的、完美的行政人格。所谓行政人格，是指国家公务员的伦理尊严、伦理品质、伦理境界以及所理解与实现的社会伦理价值的总和，是国家公务员在行政生活中地位与作用的统一，是评价公务员综合素质的重要标准。培养和完善公务员的行政人格，包括行政教育与行政修养两个方面。行政教育即是帮助国家公务员提高行政认识、陶冶行政情感、锻炼行政意志、确立行政信念并最后养成行政习惯的过程。行政修养是指国家公务员在行政素质诸方面进行的自觉的自我改造、自我陶冶、自我锻炼和自我培养的功夫，以及在此基础上所达到的思想道德境界，是培养和完善国家公务员行政人格的更重要的方面。公务员的职业特点在于依法行使公共权力，对社会公共事务进行管理、对社会资源进行公正分配；公务员是公共利益的集中代表者和维护者，是公共意志和人民利益的体现者和执行者，公务员的行政人格和道德面貌如何，直接影响各行各业以及整个社会风气的好坏。

培养和完善公务员的行政人格至关重要，必须从以下几个方面努力。

其一，确立崇高信仰，树立宗旨意识。信仰是公务员的价值基础，如果没有崇高的信仰，再多的伦理规范，也不可能内化为自己的信念、个性、习惯和良知。从本质上说，信仰是一种终极价值体系，有助于理解人生价值和生活意义，能唤起公务员内在的生命力量,提供精神支柱。马克思主义作为人类最崇高的信仰,已被实践证明具有强大生命力和真正的时代价值。可以说,公务员是否选择和接受马克思主义的信仰,直接关系到公务员行政人格的养成,也影响到行政伦理的建设成效。

其二,加强廉政建设,提高执政为民的自觉性。公务员是人民的公仆,应该而且必须全心全意为人民服务。坚持全心全意为人民服务,不仅是一个个人道德的问题,而且是一个关乎党和政府根本宗旨的政治道德问题。因此,公务员应该将为人民服务内化为"道德律令"和"绝对命令",坚守为人民服务的道德原则,清正廉洁,勤政为民,克己奉公,服从大局。

其三,注重道德自律,提升道德人格。自律是行为者自觉遵循一定的道德准则,对自己行为的自我规范、自我约束、自我控制。一个有道德自律的人,往往具有崇高的精神境界和道德人格,在日常生活中,能够严格要求自己,自警、自励、自省、自查、自纠,具有较强的抗拒腐蚀的能力。

其四,领导干部应带头坚守正道、弘扬正气。正人必先正己,正己才能正人。领导干部要严以修身、严以用权、严以律己,谋事要实、创业要实、做人要实;要自觉履行党章赋予的各项职责,严格按照党的原则和规矩办事;要坚定理想信念,加强道德养成,规范权力行使,培育优良作风,坚守共产党人精神追求;要确立正确的是非观、义利观、权力观、事业观,正确处理公私关系,主动在思想上划出红线、在行为上明确界限,真正敬法畏纪、遵规守矩;要增强制度执行力,坚持制度面前人人平等、执行制度没有例外,坚决维护制度的严肃性和权威性,坚决纠正有令不行、有禁不止的行为,使制度成为硬约束而不是橡皮筋。总之,领导干部要从我做起、从小事做起,努力营造良好从政环境。

(三) 完善行政权力监督体系,加强行政伦理法律化、制度化建设。

当代社会,公务员在实际生活中扮演多种社会角色,面临各种欲望和利益的诱惑,常常处于权利与义务的博弈窘境中。作为行使国家权力的主体,公务员在进行国家和社会事务管理中握有人、财、物的支配大权,不仅有更多的"机会"和条件取得不正当的利益,而且也有更多的"借口"来掩盖这种不道德行为。如果权力不受制约,监督不到位,那必然会导致权力被滥用,最后走向腐败。

实践表明,仅仅依靠行政伦理道德教育是不行的。过去习惯于用"公仆"形象来感召和教化公务员,期望其摒弃个人私利,全心全意为人民服务,但结果往往不尽如人意。没有检查督促,缺乏奖惩的规定,单纯强调道德自觉,是不能让公务员真正从内心深处确立正确美好的伦理理想目标并为之努力进取的价值取向。有鉴于此,亟须完善行政权力的监督体系和机制。应该建立健全多层次、多方面的权力监督体系,加强各级人大和政协以及各部门职工代表大会对各级行政权力的监督,加强社会舆论和普通公民对公共权力的监督;要扩大监督范围和领域,把"八小时以内"与"八小时以外"结合起来,既看公务员的工作圈,又看公务员的生活圈和社交圈,完善包括立法监督、司法监督、行政监督、政党监督、群众监督、舆论监督等监督体系,使各种监督相互契合、形成合力、协同作用、增强实效。

加强行政伦理规范的法律化、制度化建设,是增强发挥行政伦理作用的重要措施。我国行政伦理建设之所以多年来收效甚微,腐败分子愈发疯狂猖獗,其重要原因就是我们的行政伦理建设偏重于道德说教,道德教育流于形式,过于相信人性"善"的一面,缺乏对人性中"恶"的本质的认识。由于考察不严、不细、不准,致使一些领导干部迷失方向,行为失范,或滥用权力,或挥霍浪费,或花天酒地,或包养情妇,或以权谋私,或贪污腐化,危害社会公共利益,造成社会秩序混乱,甚至可能危及政权的稳定。所以,应该把行政伦理规范纳入法律规范和行政制度建设框架中,采取多种形式加强行政权力监督,及早发现和制止权力滥用现象。同时,要严肃党纪、政纪和法治,严刑峻法,形成对权力行使行为威慑,保证公务员秉公办事,维护整体利益。加强法治建设,依法严惩一切权力腐败行为。

4. 坚持执政为民理念,加强法治政府建设

除了公务员行政人格培养外,政府必须坚持执政为民的理念,努力建设服务政府、责任政府、法治政府、阳光政府、廉洁廉价政府、信用政府、效能政府。当务之急,必须严格贯彻依法行政原则,加强法治政府建设,以体现公平、公开、公正以及执政为民的民主政治价值要求。

第一,保证权力行使的合法性。政府权力必须在法律规定的职权范围内活动,非经法律授权,行政机关不得有超越法律权限的行为。没有法律、法规、规章的规定,政府权力不得做出影响公民和其他组织合法权益或者增加公民和其他组织义务的决定。同时,在已有法律规定的情况下,任何其他法律规范,包括行政法规、地方性法规和规章,都不得与宪法法律相抵触。

第二,坚持权力行使的合理性。政府实施行政管理,应当遵循公平、公正的原则。平等对待行政管理相对人,不偏私、不歧视。行使自由裁量权应当符合法律目的,采取的措施和手段应当必要、适当。行政管理可以采用多种方式的,应当避免采用损害当事人权益的方式。政府公布的信息应当全面、准确、真实。因国家利益、公共利益或者其他法定事由需要撤回或者变更行政决定的,应当依照法定权限和程序进行,并对行政管理相对人因此而受到的财产损失依法予以补偿。

第三，确保权力行使程序的正当性。按法律规定的程序办事，遵守法定的操作规则，将有利于节约行政成本，提高行政效率。政府实施行政管理，除涉及国家秘密和依法受到保护的商业秘密、个人隐私的以外，应当公开，注意听取公民和其他组织的意见；严格遵循法定程序，依法保障行政管理相对人、利害关系人的知情权、参与权和救济权。行政人员履行职责，与行政管理相对人存在利害关系时，应当回避。

第四，谋求行政职能的实效性。一个好的政府，就是一个既能谨守自己的职责，又能为民众提供优质公共服务的政府。要科学适当发挥政府的作用，该政府发挥作用的领域，政府要充分发挥作用，政府要既有为又有度。政府很多该做的事情没有做好，却管了很多不该管、管不了、也管不好的事情。所以要进一步简政放权，深化行政审批制度改革，最大限度减少中央政府对微观事务的管理，市场机制能有效调节的经济活动，一律取消审批，对保留的行政审批事项要规范管理、提高效率；直接面向基层、量大面广、由地方管理更方便有效的经济社会事项，一律下放地方和基层管理。政府职能包括宏观调控、市场监管、公共服务、社会管理和环境保护等方面。为此，政府要加强和优化公共服务，保障公平竞争，加强市场监管，维护市场秩序，推动可持续发展，促进共同富裕。政府之手不要伸得过长，不要越位、错位、僭越、替代市场的决定作用。

第五，实现政府权责的统一性。政府实施行政管理，应当遵守法定时限，积极履行法定职责，提高办事效率，提供优质服务，方便公民和其他组织。建立"有限政府"和"有效政府"。所谓有效政府，则是政府应当在纳税人的监督之下，改善政府的管理，杜绝贪污和浪费，做到低成本、高效率地为公众提供服务。有效政府加有效市场，理应成为我们追求的目标。政府违法或者不当行使职权，应当依法承担法律责任，切实做到执法有保障、有权必有责、用权受监督、违法受追究、侵权须赔偿。显然，依法行政，可以保证行政管理符合国家和人民的要求，避免行政不公、行政错误和行政违法，减少纠纷和矛盾。

第六，深化行政管理体制改革，加快转变职能，改进管理方式，形成行为规范、运转协调、公正透明、廉洁高效的行政管理体制；加强对权力的制约和监督，建立结构合理、配置科学、程序严密、制约有效的权力运行机制，从决策和执行等环节加强对权力的监督，保证把人民赋予的权力真正用来为人民谋利益；加强组织监督和民主监督，发挥舆论监督的作用；完善决策机制，推进决策的科学化、民主化，建立决策失误责任追究制度，健全纠错改正机制；坚决反对和防止腐败，坚持标本兼治、综合治理的方针，加强教育，发展民主，健全法制，强化监督，创新体制，把反腐败寓于各项重要政策措施之中，从源头上预防和解决腐败问题。

三、民主与伦理

1. 民主的内涵界定

古希腊历史学家希罗多德最早使用"民主"的概念，用来概述城邦的一种政治实践，即城邦事务是公民大会通过直接讨论和投票表决的方式来做出最后裁决。这种方式被称为"人民的统治"或"多数人的统治"，即由全体人民平等地、无差别地参与国家决策和进行国家管理，不同于君主的独裁统治，也不同于贵族的寡头统治。因此，"民主"被认为是理想的统治方式，如伯里克利所说，"我们的制度之所以被称为民主政治，是因为政权在全体公民手中，而不是在少数人手中"①。

关于民主内涵的界定可谓众说纷纭，安德鲁·海伍德认为，"人民统治"的简单说法并不能给我们很多东西，他列举了几种关于民主的常见含义，主要包括：民主是由穷人和弱势者统治的制度；民主是人民直接且不间断地进行自我统治的政府形式，不需要职业政治人物和公职人员；民主是以机会平等和个人功绩为基础的社会，而不是以等级和特权作为社会存在的基础；民主的目标是缩小社会不平等，并对社会财富和福利进行再分配；民主以多数统治原则为基础，而不是少数人统治的制度；民主是保证多数人的权利，并且还要保证少数人权利和利益的制度；民主是通过竞选形式获得选票进而确定公职人选的方法手段；民主是一种为人民利益服务的政府体制，等等②。

基于学者的研究，我们可以把民主的含义概括为以下几点。

第一，民主是"人民的权力""多数人的统治"。民主意味着由广大人民掌握国家权力，管理国家政治、经济、文化和社会事务，即由广大人民按照多数裁决原则决定社会和国家的重大事务，体现了主权在民、人民当家作主的建设。

第二，民主是一种国家形态，既是政体，也是国体。作为政体形式，民主与专制相对立，在多数裁决原则的指导下，人民享有决定国家制度和管理国家事务的平等权利；作为国体，民主与专政相并列，对人民大众实行民主必然要求对极少数敌对分子实行专政。

---

① 修昔底德：《伯罗奔尼撒战争史》，商务印书馆，1997 年，第 130、467 页；或见，伯里克利：《我们的制度是民主制度》，刘军宁：《民主二十讲》，中国青年出版社，2008 年，第 3 页。

② 安德鲁·海伍德：《政治学》，张立鹏译，中国人民大学出版社，2006 年，第 84 页。

第三,民主是一个制度体系,包括代议制度、政府制度、政党制度、司法制度、舆论制度等制度。社会各政治主体之间,无论是横向的立法、行政、司法,还是纵向的不同层级之间的政治机构,都是相对自主独立的专门机构,彼此相辅相成,构成相互制约的互动关系。当代任何形式的民主政治都是代议制,这就意味着民众无法直接领导和掌握政权,只能选择民众中的少数精英分子代行权力,所以,民主包括定期选举国家管理者和领导人的一系列制度安排。

第四,民主是对国家权力与公民权利关系的一种理性设计。在民主政体下,权力来源于人民,政府在维护社会公共利益、保障公民权利的前提下行使管理国家、社会事务的权力。民主政体承认国家的公权力与公民的私权利是两个不同的领域,政府行使权力要以法律为尺度,不得侵犯公民的正当权利。公民权利是国家权力的基础,而国家权力是公民权利的保障。民主意味着公民享有广泛的权利,同时也要承担社会的责任。

第五,民主是一种蕴含平等、自由、协商、妥协和合作的精神。作为一种政治信仰和政治文化,民主是决定政治统治合法性的重要思想基础,是指导人们政治实践的规范,包含价值观和基本原则两方面。民主的价值观主要体现在重视人的价值、自由及法律面前人人平等,并从中引申出民主理论的基本原则,包括人民同意原则、选举决定原则、多数统治和尊重少数原则、协商和合作原则等。民主是公民以普遍认同的程序和规则,自由发表不同意见以和平解决利益冲突的形式。按特定程序,合法化地表达不同意见,是民主的根本。换言之,不同意见表达的合法化,是自由、平等的选举和各政治机构之间的纵向的和横向的制约关系得以实际运行的根本保障。

综上不难发现,作为政治概念的民主是指一种国家政权、国家制度和国家形态,或者说,民主既是一种思想理念,又是国家权力的结构方式和组织形态。从层面上看,民主有理想主义民主观和现实主义民主观之分,前者主要从平等、自由、至善、多数统治等抽象方面把握民主,强调公民的行为自由和对政府的自由选择,强调人人平等与多数至上,彰显了个人权利与价值的最高地位;后者强调政府机制内部运作的民主性以及宪法对政府运作的规范作用,注重民众对政治过程的广泛参与和权力与利益之间的平衡。

2. 民主的伦理意蕴

在当代政治生活中,围绕民主问题的争论层出不穷。究其原因,大多是对民主内涵及民主政治认识的分歧所致,尤其是对民主政治本身所具有的伦理意蕴和道德追求的认识不同所致。民主不仅是一个政治范畴,也是一个伦理范畴。民主是制度伦理的本质要求和至高理想。政治制度的伦理道德源自制度内部蕴涵的民主精神和制度安排的民主方式和手段。民主的基本理念在根本上符合人类普遍的道德理性,在实践上符合人类对于优良社会生活的追求。无论作为一种政治价值观,还是作为一种政治制度,民主构成了现代政治文明的核心。

民主的伦理和道德意蕴表现在:

第一,民主的本质是人民当家作主。马克思主义认为,人创造国家制度是为了保证每个人的自由,而不受他人的威胁和侵害。马克思说:"必须使国家制度的实际体现者——人民成为国家制度的原则。"如果国家制度不是人民建立的,那么,国家制度所展现的民主,都将是有名无实的。"人民是否有权来为自己建立新的国家制度吗? 对这个问题的回答应该是绝对肯定的,因为国家制度如果不再真正表现人民的意志,那它就变成有名无实的东西了。"①作为一种理想的社会制度,民主涉及国家权力与公民权利的关系,涉及生活其中的人民大众能否成为国家的主人、是否实现了"当家作主"的目标,从而意味着国家权力是否达到民主选举、民主决策、民主制约、民主监督、民主管理、民主法治的目标。民主被视为政治体制的核心价值目标,表明人民不仅是国家的主人,而且也是社会的主人。我国发展民主政治,建设政治文明所追求的价值目标,就是要实现人民当家作主,实质是保障人民权利,确保个人的自由权利和全面发展。

第二,民主体现的是一种良善的政治制度。在现代国家,民主政治本身是否含有公民权利方面的内容及其运作、是否以保障公民权利为归依,是人们关注与追求民主政治的首要价值目标。民主作为制度意义上的"善",构成了政治制度、政府政策以及法律法规的正当、合理的价值评判标准。不言而喻,民主在处理国家权力与公民权利关系,以及规范权利享受和利益分配关系时,彰显了制度伦理的正当性、合理性及合道德性。国家权力是实现和保障公民权利的必要手段,而公民权利是国家权力的出发点和归宿。政府行政达到"善治"目标,意味着较好地解决了各种政治群体和利益集团之间的利益矛盾,实现了私人利益与公共利益的协调和平衡,最大化地保障了公民的基本权利,包括平等权、自由权、社会权和参政权等。民主是一种充满伦理诉求的良善制度安排,是实现美好生活的外在条件和内在要求。民主与良善政治互为条件、相互促进,在个人与国家或政府之间的关系上,个人自主地选择自己的生活方式,充分满足物质文化生活需要,正当合理地行使社会权力;法律对人们享有的权利和应履行的义务作出明确规定,帮助人们正确认识自己的权利、他人的权利,并要求在追求自己的利益时尊重他人的正当权利,既维护个人权利,又增进公共利益。总之,民主是良善政治的必要保障,意味着物

① 《马克思恩格斯全集》,第1卷,人民出版社,1956年,第315、316页。

质的富足、分配的公正,以及国家权力与公民权利之间达到理想状态。

第三,民主是一系列的政治行为过程和程序规则,包括选举行为过程、决策行为过程、参与行为过程,以及讨论原则、妥协原则、多数原则、参与原则等,有助于保障社会分配公正和平等,体现了人类政治文明的理想。作为一种政治活动运作的程序,民主是一个择优系统,可以在相互竞争中做出选择的政治规则,是让民众表达"同意"和"不同意"的权利机制,或者说是反映多数人的意愿并尽可能防止和纠正错误的制度安排;同时,民主还是一种制约机制,通过权力制衡,遏制权力腐败。比如说,"程序原则"是政治民主的基本要求,不论是民主决策,还是民主选举,都必须有法定的、可遵循的程序和规则。法定程序一旦确定下来,不能轻易改变,违背或破坏法定程序,则被看作是违背或破坏民主政治权力的制衡。"多数原则",是少数服从多数的原则,是民主政治中的灵魂。多数原则的最高标准是要按照大多数人的意志来决定政府的组成或改变,来进行其他重大政治问题的决策,以保障社会的稳定和进步。"参与原则",是体现主权在民的途径,即是指全体公民的参与行为和活动。参与的程度深浅,是衡量民主政治程度的尺度。参与原则也要保护少数,允许少数人的意见得以保留,少数人的正当权益得到保护。可见,民主政治的实际运行需要具体而详尽的程序和规则来规范每一个环节,意味着人民有权主宰或治理国家的政治生活及其权力运行,以实现公开公平公正的政治文明的伦理价值。

第四,民主呈现的是一种良好的社会关系,有利于促进人的自由解放与全面发展。马克思认为,"人在本质上并不是单个人所固有的抽象物。在其现实性上,它是一切社会关系的总和。"民主不仅是一种国家制度,而且是一种新型的人际关系,体现了一种精神状态和道德理想。

首先,平等是民主的核心价值。人类社会任何时候都无法避免由于能力、机会、环境、运气等各方面原因而造成的不平等现象,所以,理想的社会关系都蕴含了人与人之间的平等。当思想家强调"人生而平等"时,恰恰表明现实生活中存在着不平等现象,需要通过政治活动以达到消除不平等现象的目的。达尔指出:"我们必须意识到,有时我们谈论的平等用法来表达的并不是事实判断","而是要表达有关人类的一种道德判断,表达我们以为'应该'的事情"。这是因为,"我们主张——一种作为道德判断——个人的生命、自由和幸福,比别人的生命、自由和幸福内在地既不优越,也不低劣,因而,我们认为,我们对待每个人,应该把他们当作在生命、自由、幸福和其他一些基本的物品和利益方面拥有同样要求的人来看。"[1]人与人

---

① 达尔:《论民主》,李伯光、林猛译,商务印书馆,1999 年,第 58 页。

之间的平等关系有助于消除实际生活中的迷信、偏私、特权、暴力和压迫,同时,对平等权的主张与诉求也有助于从观念和制度上铲除对人实行差别待遇或歧视的土壤。平等和自由权意味着对个人自由的崇尚和对人性的充分尊重。当人性获得充分尊重,每个人的自由就会成为他人自由的充分条件,社会就能达到和谐有序。

其次,民主是一种尊重并促进个人自由发展的条件。民主与自由,既是社会理想,又是个人的生活方式。马克思认为,民主作为一种良善的社会制度,应该促进人的解放和自由发展。政治解放的意义在于推翻不合理的社会制度,在于把人从封建神权和君权的奴役下解放了出来,获得公民的政治权利,实现人民民主;同时,政治解放并不意味着人类解放和人的自由发展。只有消除了人对物的依赖的自我异化状态,人才能获得彻底解放和自由发展。民主社会的本质是个人通过对自由和幸福的追求,对公共生活的积极参与,达到自我的解放和全面发展。在理想社会里,民主是一种在行动中个体和群体同步的自我实现的能力,是一种强烈的社会责任和公共精神。

最后,民主是一种自主精神和宽容态度。民主是人的一种自主性的体现,即作为主体的人对自我存在和自我价值的积极认可,是自己支配自己,自己决定自己的自主性的表现。人的自主性在社会政治领域体现为主体在社会政治生活中当家作主。自主性意味着,社会大众自己决定自己的事情,而不受来自他之外的他人的或者其他力量的控制和支配。民主就是大众自己拥有主权,自主就是自治,即大众自我治理的原则。自主是人通过理性能力自由选择生活方式,借助代议制民主、分权制衡、司法独立、责任追究等制度的综合功能,在民主与自由、民主与平等、民主与法治、民主与权利、民主与集中、民主与民生、多数人与少数人等之间寻求平衡和谐。民主的伦理精神还蕴含对他人自主权的尊重,充分尊重每个公民的人格、尊严、需求、意愿、权利、权益与价值。尊重他人自主权,就必须容许他人有自己的意志、主张和选择。宽容是民主的内在的精神品质,表现在尊重和包容别人的自主选择。没有宽容,就没有真正的民主。民主政治实质上就是一种以政治平等为前提、以公共理性与公德为核心、以制度规范为载体的多维互动的宽容,表现为对个人的道德自主性和政治自主性的尊重,对个体自由、权利的尊重与保护。宽容不仅能够促进自由和平等,而且有利于生成良好的政治秩序,提高公民政治参与的热情。

总之,民主蕴含丰富的伦理价值。罗伯特·达尔概括了民主的价值功能:① 防止专政,避免暴政;② 保证公民享有一系列基本权利;③ 保证公民享有广泛的自由(特别是言论自由和结社自由);④ 有助于维护人们自身的根本利益;⑤ 能集中集体的智慧和良好的品德;⑥ 有利于造就政治平等;⑦ 有利于个性和个性获得更充分的发挥,维护社会的生机、活力和多元化发展;⑧ 有利于防止政治分裂,协调不同的利益,使不同的利益集团在动态平衡中结盟和解体,等等①。虽然民主的价值功能是追求民主政治的内在动力,但应该看到,民主的价值实现不是自然而然发生的,客观上需要把民主的伦理观念、道德信念内化在人们行动中,并借助于一系列的制度、体制、组织、机构及政治行为来达到。

3. 民主伦理问题的探讨

民主,既是一种伦理观念,又是一种制度安排,涉及理论与实践两个层面的不少伦理问题,需要进一步探讨。

（一）关于直接民主与间接民主的问题。

所谓"直接民主",是指全体公民按多数裁决的程序直接行使政治决定权,即人民直接参与公共事务决策、不间断地直接参与行使权力、管理国家的民主制度。直接民主最普遍的现代表述是公民投票和全民公决（即所谓的普选或大选）。"少数服从多数"是直接民主投票表决的一个原则。但是,随着社会政治组织和国家制度的完善、公共事务的复杂化、政治活动范围的扩大化,古典的直接民主制被视为乌托邦的政治幻想,在现代社会是无法有效实现的②。约瑟夫·熊彼特认为,古典民主观的要害在于把决定政治问题的权力授予选民,这成为民主制度的首要目的;而人民选择代表反而成为第二位的事情。这种做法是不对的。"民主并不是指,也不可能指,按照'人民'和'统治'这两个词的明显意义说的人民是确实在那里统治的意思。"③

与之相反,"间接民主"是指一种有限的和间接的民主体系,指全体人民以选举方式推选出人民代表（民意代表或叫议员）来代表人民行使国家权力,或者说是一种在"法治"的框架下通过选任的"官员"来"代表"公民的利益和观点而实行统治的制度。这种间接民主是通过选举代表来行使政治权力,包括决定政府的组成人选与组成方式,并在很大程度上是一种对权力的限制和监督体系,也被称为现代民主或代议制民主。代议制民主是当今世界民主国家的主要形式,它反对专制暴政,反对政府滥用公权侵害公民自由权利。以竞争和选举为标尺的"现代民主",成为民主的最重要的形式。因为"民主方法是为达到政治决定的一种制度上的安排,在这种安排中,某些人通过竞取人民选票而得

---

① 罗伯特·达尔:《论民主》,李伯光等译,商务印书馆,1999 年,第 52 页。
② 资料表明,即便是在被誉为古代直接民主之灯塔的雅典,在其繁荣的时期,总人口达 40 万左右,但是,凡有权参加议事和审判职能的公民,也只是 4 万人左右,仅占总人口的十分之一。其中的 20 万奴隶,3.2 万外邦侨民,以及全体妇女,是没有公民权利的。
③ 熊彼特:《资本主义、社会主义与民主》,吴良健译,商务印书馆,1979 年,第 337 页。

到作出决定的权力。"①

民主与集中是辩证统一的关系,民主是在集中指导下的民主,集中是在民主基础上的集中。国家机关在行使权力时必须充分发扬民主,重大决策的作出必须经过人民群众的广泛讨论,以便集中民智、反映民意。同时,在发扬民主的基础上必须注重集中,保证国家的集中统一领导。只讲民主不讲集中就会成为一盘散沙,不利于决策的制定与执行。同样,民主与法制(法治)也是密不可分、相辅相成的。没有法制(法治)的民主不是真正的民主,而是极端的民主,是无政府主义。民主意味着人民是权力的真正拥有者,政府必须在法治的轨道上按照合法的程序原则运行国家权力。法制(法治)带有根本性、稳定性和权威性,必须使民主制度化、法律化。

(二) 关于实体民主与程序民主的问题。

民主到底是目的还是手段? 由此引发了关于实体民主与程序民主的不同看法。所谓"实体民主"(或称实质民主、结果民主),是指将民主本身看作是一种具有实质内容的价值,认为民主本身即是一种目的。比如,亚里士多德提出了民主价值的两个基本范畴就是自由与平等;亚伯拉罕·林肯将民主表达为"民治、民有、民享"。实体民主认为民主的价值理念主要是"自主性""人人平等""自由""大众自我治理"等,民主政治的核心问题就是宪政民主,它是实现个人权利的根本途径。因此,制定一部规定个人自由权利的、具有最大的权威的根本大法,即宪法至关重要。所谓"程序民主"(也叫程式民主、形式民主),是指把民主看作实现一定社会目的和政治价值的手段、工具和方法。

应该看到,对程式民主与结果民主的不同理解和把握,不仅在理论上引出不同的政治思潮和流派,而且在实践中导致不同的社会发展效应和后果。因为人们往往不了解或者忽略它们之间的区别,以至于引起许多无谓的争议和误会,更要紧的是往往误导群众选择错误的政治制度演化方向和道路②。

显然,无论在理论上,还是在实践中,区分"程式民主"与"结果民主"这两个概念都非常重要。程式民主并不是结果民主的必要条件,不存在程式民主时,结果民主也有可能实现。同时,程式民主也并不是结果民主的充分条件,存在程式民主时,结果民主也有可能无法实现。正如亨廷顿所指出,"由选举产生的政府也许效率低下、腐败、短视、不负责任或被少数人的特殊利益所操纵,而且不能采纳公益所要求的政策"③。古希腊的民主仅仅是一种形式化的民主制而已,并不

---

① 罗伯特·达尔:《民主理论的前言》,顾昕译,东方出版社,2009 年,第 163 页。
② J·F·塔尔蒙:《极权主义民主的起源》,孙传钊译,吉林人民出版社,2004 年,第 2—4 页。
③ 亨廷顿:《第三波——20 世纪后期民主化浪潮》,刘军宁译,上海三联书店,1998 年,第 8 页。

是实质性的民主①。形式民主不具有普遍的绝对合理性,因为民主不是多数压制少数,而是多数尊重少数,多数裁决要与保护少数相统一。

要在程式民主基础上实现结果民主,还需要另外两条可以互相替代的充分但并非必要的条件:其一,道德高尚不以权谋私的人被选举为领导人,且这个人清楚了解社会对于公共物品的偏好排序;其二,个人表达和结社自由、多党公平竞争得到充分保障、少数派的权益得到法律保障。只要具备其中之一,程式民主就可以实现结果民主。如果这两个条件都不具备,程式民主就不能保障结果民主。

反过来说,如果没有程式民主,或者单纯把结果民主作为追求的目标而不考虑程式民主,那么,也有可能导致如塔尔蒙所说的极权主义的"民主"②。法国大革命时期以罗伯斯庇尔为代表的雅各宾党人就是为了实现他们所认为的结果民主而抛弃了程式民主,采取了专制主义的统治方式,而继承雅各宾党人传统的、以巴贝夫和邦纳罗蒂为代表的平等派则力图通过密谋暴动和专制统治来实现结果民主。历史证明,沿袭雅各宾党人和平等派传统的理想主义者们的理想确实是非常崇高的,希望一劳永逸地解除社会下层人民的贫困和不幸。然而,如果采取激进主义的态度,只以为自己的做法是唯一正确的,别人都是错误的,从而运用极权主义的方式来追求结果民主,其最终的结果往往是背离社会大多数人的意愿,带来事与愿违的悲惨结局。因此,程式民主虽然不是结果民主的充要条件,但它是实现结果民主的重要条件。程式民主至少可以避免专制主义的独断专行。自由主义者尊重个人选择,推崇个人自由,其逻辑的结果便是以程式民主作为政治目标;而社会主义者倡导人人平等,重视收入分配,其逻辑的结果便是以结果民主作为政治目标。

总之,民主政治的核心问题是人民的参与过程,这是实现民主的根本途径,而程序民主强调并体现了人民的参与。

(三)关于民众参与型民主与精英主导型民主的问题。

"民主"就其本源来讲,是通过全体公民的投票表决来显示多数公民的偏好和意愿,在此基础上由多数公民进行直接统治。由于现代国家国土辽阔,人数众多,直接民主制的运行成本过于高昂,代议制民主呼之欲出,即由少数民选代表

---

① 古希腊苏格拉底被投票表决处死,不能看作是结果民主。"苏格拉底是经过公民投票并以281票对220票被判处死刑的,也就是说,雅典人是通过真正的民主程序杀了苏格拉底的。雅典民主政治可以容纳若干个政客和野心家,而不能容忍一个智者,本身就是这种民主政治的最大弊害。"(王人博:《宪政的中国之道》,山东人民出版社,2003年,第14页)希特勒成为德国元首是程式民主的结果,但第三帝国的统治不能算是按照德国多数人的偏好和意愿进行的统治。

② 参考J·F·塔尔蒙:《极权主义民主的起源》,孙传钊译,吉林人民出版社,2004年。

按照多数公民的偏好和意愿进行统治。"民众参与型民主"意味着政治决策和实施的结果符合民意,表现为两个方面:其一,政治决策程序上的民众参与,具体表现为周期性的公民投票、多党竞选等一系列相应的制度安排;其二,政治决策结果上的民众参与,体现在立法、行政和司法的实践后果,是否符合多数公民的偏好和意愿,按照多数公民的偏好和意愿进行统治。

参与型民主需要选举出不负众望的代表以及管理者,那么,究竟谁应当统治管理这个国家呢?柏拉图作了回答:最优秀也是最睿智的人非哲学家莫属。然而,柏拉图理论中有一个令人疑惑的问题:我们的一切政治努力应该建立在"希望成功地获得优秀的、有能力的统治者"——哲学王身上吗? 显然,统治者并不总是仁慈和智慧的,所以,"谁应该统治"自然过渡到"统治者应如何统治"这一问题之上。熊彼特认为,民主只是一套制度性的程序,一种选择政治领导人的方法,本身并不构成目的。民主社会的人民既不能行使统治权,也不能对许多政治问题做出决定,其作用仅在于选择做出决定的"精英人物"。民主就是政治精英竞取权力,人民选择政治精英实施统治。人民与精英的关系是一种"委托—代理"关系。作为国家主权的拥有者全体人民,不可能直接全部参与管理国家的具体事务,必然要通过选举确定执政者,并把这种管理和统治的权力委托给他们。波普认为,必须彻底摆脱"由谁来统治,即由人民还是由君主、多数人还是少数人来统治"这样的问题,而应着眼于建立一套科学合理的民主制度,即是一套被统治者能够有效地控制统治者的制度或程序。"我们需要的与其说是好的人,不如说是好的制度。……我们渴望得到好的统治者,但历史的经验向我们表明,我们不可能找到这样的人。正因为这样,设计出一种即使是坏的统治者也不会造成太大的损害的制度是十分重要的。"①

所谓"精英主导型民主",是指:第一,民主并不在于"多数人的统治",而是"少数人的统治",换言之,民主不是人民直接统治,而只能是政治家的统治。第二,民主是政治精英之间竞取权力的过程。第三,精英是向大众开放的,人人都有机会成为政治精英。人民选择政治精英是有条件的,包括:具有把服务社会作为职业的意识,对政治和其他公共事务感兴趣,能够得到多数民众的信任;具备执政的本领,有管理国家和领导政府的才能,同时是某个领域里的专家;来自某个政党的领袖或利益集团的组织者和领导者,能够团结自己的政党或利益集团,提出为民众拥护的政策和纲领;具有民主的素质,能够运用民主的原则和程序进行民主的运作;具有法制观念、运用法律以及提出立法建议的能力;既具有

---

① 波普:《猜想与反驳——科学知识的增长》,傅季重等译,上海译文出版社,1986 年,第 491 页。

关怀平常人的情感，又具有不轻易受普通人情感影响的意志品质。可见，民主既是一种实现自由、平等、正义等理念的方式，也是一种选择领导人的方式和过程。通过代议制民主的设计，可以实现人民是主权者，政府是人民的创造物，国家管理人员是"人民的公仆"的目标。

（四）关于民主政治与公民政治参与的问题。

现代民主政治与公民的政治参与如影随形。所谓公民政治参与，是指普通公民通过一定的方式直接或间接地影响政府的决定或与政府活动相关的公共政治生活的政治行为。

公民政治参与的主要方式包括：（1）投票，以选举、罢免官员或决定重大国事。（2）选举，包括投票、政治捐助、政治宣传及组织选民等一系列政治行为，这是普通公民控制政府的重要的、制度化了的最为有效的手段。（3）政治表达，诸如来信来访、协商对话、集会、请愿，乃是公民主动通过各种途径表达自己的愿望、态度，从而影响政府决策。（4）政治结社，即公民参加政党和政治社团以组织方式从事政治活动。

由于政治参与是实现公民政治权利、保障人民民主的重要途径，因而被视为政治民主化的重要标志。任何现代政治体制的安排和变革，如果没有公民的参与，都不能算是完整的理想的民主政治制度。公民的政治参与在民主政治发展中具有重大意义，有助于政府最大限度地集中民意，防止决策的片面性，促进政治管理的民主化；有助于加强对政府的监督，以弥补权力制约之不足，增进政治统治的合法性；有利于培养公民的主体意识，增强公民的政治责任感，推动政治文化的发展。

公民的政治参与应该诉诸公共理性和道德，需要共识，共识的达成只能用公共理性来说服他人，需要公民之间的沟通与妥协，不应该诉诸欺诈、引诱和威胁。公民的政治参与还应该具有特殊的道德素质，应该严格区分公与私的界限，要把纯粹私人的偏好和信念同公共政治生活的信念区分开来，不能为了个人利益和局部利益而牺牲整体利益。公民的政治参与需要尊重规律，保持理性，而不是激情爆发、情绪宣泄。

实践表明，如果民众素质不高，以及群体环境欠佳，那么，政治参与就不能达到预期的目的，甚至适得其反，陷入无政府状态[①]。对我国来说，当务之急需要增强公民主体意识，培育公民独立的政治人格，提高公民的政治、思想、文化素质，促进公民合法地表达利益诉求，实现公民政治参与的有序化、理性化。

---

① 参考张明澍：《中国人想要什么样民主》，社会科学文献出版社，2013 年。

四、核伦理学概述

1. 核技术应用与核伦理问题

核技术通常包括核能技术、核动力技术、核燃料技术、核辐射防护技术等。20 世纪 40 年代以来,核武器开发与核能和平利用,构成了核技术应用的基本格局。在军备发展方面,核技术被用于制造核武器(原子弹和氢弹)。1945 年 8 月 6 日和 9 日,两颗原子弹投向日本的广岛和长崎,人类首创将核武器用于战争。据统计,因受原子弹爆炸伤害而死亡的人数,广岛超过 25 万,长崎超过 14 万;在原子弹轰炸中幸存者身上则残留癌症、白血病和皮肤灼伤等辐射后遗症。如今,核武器正朝着小型化、机动化、智能化、隐形化和实用化的方向发展。在民用方面,自从前苏联建成世界上第一座核电站以来,全球已有 30 多个国家共有 400 多座核电站。无论从经济还是从环保角度看,核能发电都具有许多明显优势,通过选用新堆型,提高安全性和降低建设造价,核能发电对缓解能源危机具有重要作用。此外,包括加速器、核探测器、成像装置、放射线医疗设备、放射性同位素及制品等民用非动力核技术广泛应用于工业、农业、医疗健康、环境保护、资源勘探等领域,在给人类带来巨大好处的同时,也存在着巨大风险。1986 年,前苏联切尔诺贝利核电站发生了核泄漏,造成大量强辐射物质泄漏,不仅污染了苏联大片地区,还波及瑞典、芬兰、波兰等国。2011 年 3 月 12 日,受强烈地震影响,日本福岛第一核电站发生放射性物质泄漏,引起国际社会对核电发展的忧虑与反思。显然,包括核武器核威慑、核泄漏事故、核辐射事件、放射性装置遗弃污染事件等,以及核非法交易、恐怖分子试图获得核物质、核装置、核技术等现象,增加核不安全、不稳定的因素,引起全球恐慌,也引发社会伦理问题。在这种背景下,核伦理学应运而生。

应该看到,核伦理学与核政治伦理学息息相关。因为战争是政治的延续或手段,政治统摄着核技术开发利用的战略决策和政策制定。政府通过政治决策和政策制定控制核产品的生产与供应,核设施的建造和运行、运输、退役设备和放射性废物处置,安全、保安、健康以及环境保护,核研究与发展,禁止核扩散和实物保护等各个环节。随着战略核武器向战术核武器(小型微型化、能量定向化和效应单一化)的转化,世界性的核军备竞争带来了核威慑问题。面对核武器、核威慑局面,如何防止核战争、避免核毁灭,就成为核伦理学研究的重要课题。

核政治伦理学是核伦理学的一个组成部分,涉及非常敏感的国内国际政治问题。核政治决策必须考虑伦理道德的因素。因为核武器具有光辐射、冲击波、早期核辐射、放射性沾染和电磁脉冲干扰、大规模杀伤破坏效能,一旦爆发核战争,将给人类带来毁灭性的伤害,所以,核政治伦理学要思考是否有必要开发核技术、核武器? 是否应该使用核武器? 要研究核利益与核道德关系,研究政治和利益的关系,探寻解决集体利益与国家利益、国家利益与人类利益之间的问题。

核伦理学是关于核技术开发利用中应该遵循什么样的伦理规范的学问,涉及核政治伦理、核科技伦理、核生态伦理、核商业伦理、核职业伦理等领域。核伦理学研究核技术开发利用中的伦理道德问题,即如何使核技术开发利用具备伦理价值评价的依据和标准,并受到伦理道德的引导和约束。核伦理学还研究核技术开发利用在给经济发展和社会生活带来巨大利益的同时,如何预测并防范核技术可能带来的巨大威胁和风险。比如说,核辐射对生态环境的伤害性及核灾难的毁灭性,要求以尊重和保护生态环境为宗旨,以人类可持续发展为着眼点,强调人在核技术开发利用中对生态环境保护的自觉和自律,强调人与自然环境的相互依存、相互促进、共存共融,应以更加强烈的道德责任关心生态环境,尊重和保护环境,不能急功近利,不能以牺牲生态环境为代价取得经济、社会、政治、军事的暂时发展或国家民族的尊严。

核伦理学还要研究一系列相关范畴,如,核科技、核资源、核开发、核利用、核战略、核武器、核威慑、核试验、核战争、核毁灭、核伦理、核道德、核政治等,研究如何在核技术开发利用活动中协调各种利益关系、如何趋利避害、扬善抑恶。

总之,应该清醒看到,核技术具有负面效应,应该提倡和传播一种安全、无害和可持续发展的核开发利用的伦理行动指南。无论出于什么理由,使用核武器参与战争,都会造成巨大灾难。

2. 核伦理问题的探讨

当今世界核技术开发利用业已形成一个巨大产业,广泛渗入社会经济、科技、生活等领域,深刻影响人类前途命运,同时有不少复杂的道德难题,引发激烈的伦理争论。

(一)关于核技术应用的双刃剑问题。

核技术是一把"双刃剑",既可以造福于人类,也可能给人类带来灾难。核技术开发利用不仅为我们提供了既清洁又经济的核能,而且以同位素和辐射技术为代表的核技术在生产与生活中获得广泛应用。核能是地球上储量最丰富的能源,又是高度浓集的清洁能源,能够缓解世界能源危机。所以,发展核电能够达到二氧化碳和二氧化硫等环境污染物的低排放甚至零排放,对保护自然环境非常有利,尤其在当下呼吁低碳经济的背景下具有特别重要的意义。核医学在医疗卫生方面具有巨大的价值,核辐射医疗装置能够治疗某些疾病,减少病人痛苦,为患者的健康服务。与此同时,苏联切尔诺贝利核电站爆炸事故、日本福岛核电站放射性物质泄漏事件,造成了严重的放射性污染危害,破坏了自然环境,也伤害了无数人的生命健康。可见,核技术应用具有善恶两重性,核能源的发展有利于人的福利,提高人民生活水平,改善人民生活质量,对人类发展具有巨大推动作用,同时,核技术开发利用总会涉及放射性物质,具有潜在的巨大危险性,不当使用以及人为的事故或破坏可能造成巨大的灾害。所以,核技术应用是一种符合社会需求的建设性力量,也要清醒地看到,在进行核技术开发利用的过程中,可能会带给我们不愿意看到的破坏性后果。所以,我们应该在进行核技术开发利用时,在战略选择上力求扬善抑恶,在核技术应用方面趋利避害,发挥核技术的建设性价值,避免核技术可能带来的破坏性后果。

(二)关于核技术应用之功利论和义务论的互补性问题。

功利论与义务论是伦理学的两大理论体系。功利论是以行为的目的和效果作为道德标准的理论,强调趋利避害作为评价一切行为的好坏标准,坚持以行为结果是否满足最大多数人的最大幸福为原则,是一种"为己利他"道德准则,即是先顾及自己的利益,再去为别人谋取利益。应该说,这种"利己不损人"的理论具有某种合理性。在核伦理学领域,这种"为己利他"原则能够为核技术开发利用提供伦理指导。这里的"利他"是指为别的国家、人类谋利益,反过来也是在为自己谋利益。在核政治伦理构建中,各民族各国都拥有核技术开发利用的平等权利,各民族各国在"为己"的同时,也应该认真做到不伤害别国,做到"利他"。世界各国的核开发利用应该共同遵守《核不扩散条约》,排除双重标准并相互监督,遵守最大多数人的最大幸福原则。

义务论是一种注重"善良意志"的绝对命令、强调道德动机纯洁性的理论,坚持"为他利己""以义制利"的原则。义务论注重社会正义,推崇道德自律,强调用道义来引导人们正确追求功利。在核技术应用方面,这种理论同样具有指导作用。在核技术开发利用中,应该具有强烈的道德责任,注重道德自律,尽量消除核技术开发利用中的负面影响。比如,核武器核战争和核电站核泄漏会带来巨大的毁灭性,甚至可能毁灭地球,人类应该把核开发利用纳入理性控制之下;在运用核辐射技术防治生物害虫时,会对某种害虫带来毁灭性杀伤,造成生态环境的破坏,所以,要在注重人类生存和发展权利时,尊重生物多样性原则,保护生态环境,保持生态平衡。

尽管功利论和义务论存在差异,但这种差异并不在于是否谋利,而是在于为谁谋利,怎样谋利。功利论只讲求道德效果,不强调道德行为动机的好坏,而义务论把道义而不是功利、每个人的品德完善程度而不是个人利益增进奉为终极标准。可见,功利论和义务论在核技术开发利用方面,都具有规约人的行为的合理性作用和指导意义,只不过一个强调客观效果,一个强调主观动机,归根到底都要求核技术应用趋利避害、扬善抑恶。

(三)关于"科学无国界,科学家有祖国"的伦理问题。

核技术开发利用离不开科学家的研究实验,特别是核武器的研制,不可避免地引出这样的问题:为什么要研制核武器?核武器到底为什么目的服务?究竟是为谁服务?是为了本民族、国家服务,还是为人类服务?究竟是为了人类的普遍利益还是少部分人的利益?如何避免核武器造成的巨大危害?

遇到这些问题时,科学家往往左右为难,无法做出选择,这是因为涉及两个互相抵触的原则,即,民族主义原则要求把国家与民族的利益放在首位,而国际主义原则则要求把大多数国家的利益及全人类的利益视为根本。历史上,当国家、民族利益与全人类利益一致时,科学家能够坦然从事科学研究;而当国家利益与人类利益发生冲突时,科学家往往陷入两难境地,大多数科学家不得不放弃道德,去为本国利益效劳。如二战中,美国在要不要将原子弹投到日本问题上,大多数科学家是反对的,但最终还是投了下去,国家利益最终战胜了科学家的良心。应该说,科学家是知道核武器具有"超杀伤能力",威胁着人类生存发展,但是,科学家首先隶属于一个国家,他们不能不考虑本国本民族的利益,这也是无可厚非的。问题是如何提升科学家的理性判断能力、思想觉悟和道德责任,以及如何改善社会环境和国家关系。应该说,对于前者,科学家可以有所作为;对于后者,科学家无能为力。因为在存在国家政体、民族区域的现实情况下,政治利益是压倒一切的、至高无上的利益。职业伦理要求科学家遵守诚实、责任、奉献的伦理规范,谋求核技术开发利用的安全健康发展,促进其造福社会和人类。科学家对核技术应用的后果应有充分估计,尽力避免因为不知情而导致的核技术负效应的产生。科学家要更具有基本的职业伦理素养,包括核职业责任、核职业技能、核职业良心。科学家和政治家、政府首脑之间应该有充分沟通,虽然不能参与政治决策,但科学家可以提供信息,提出意见和建议,保障核技术用于和平目的。

从根本上说,核武器核威慑战略是反道德、反伦理的,核政治伦理的最高目的在于坚持人类利益高于国家利益的最高原则。任何国家和地区的发展不能以损害其他国家和地区的利益为代价,尤其是发达国家不能以损害发展中国家的利益为代价,强国不能以牺牲弱国的利益为代价。

3. 核伦理的规范原则

核伦理学是以核技术开发利用,特别是核武器的研制使用与可能爆发的核战争所带来的伦理道德问题为研究对象的学问。核伦理学致力于探讨核技术开发利用的道德规范、价值原则和行为准则问题,包括核技术开发利用的决策道德依据、核技术开发利用的伦理价值、核技术开发利用的道德要求、核技术开发利用从业者的职业道德,等等。核技术开发利用需要伦理学的支持和肯定,需要伦理道德引导、约束以保证其安全且向着有利于人类的方向发展。在核技术开发利用过程中,应当遵守核技术应用的伦理原则规范,如坚持和平人道、安全无害、知情同意、信息诚实与透明公开以及利益与风险均衡等原则,而核伦理学研究的使命就是要构建有关核技术应用的伦理规范原则体系。大致说来,下面一些规范原则需要坚守。

(一)核安全责任的规范原则。

核安全问题是核伦理学研究的核心问题。核安全问题实质上就是一种对核技术开发利用的价值或效用问题,即扬善抑恶问题。从这个意义上看,确保核安全应该是核技术开发利用的最高道德境界。鉴于核技术开发应用所具有的巨大利益与毁灭性风险共存的特性,保障核技术的安全,增强核安全责任,至关重要。核安全性不仅是一个技术问题,而且是一个观念和责任问题。因为核安全保障涉及面广,既涉及参与核应用的科技人员的心理、品质、道德观念等因素,也涉及社会管理、法律、法规、制度、文化等问题。因此,必须提高科技人员的主体责任意识。这种意识要求通过自己的主观努力,自觉驾驭核风险,避免核灾难和祸害,确保核应用造福人类,实现人类的幸福与正义。就国家而言,需要在核利益与核安全问题上保持平衡,突出核安全责任。

应该清醒地意识到,核技术开发利用的风险性在于放射性物质的天然放射性,在满足人类发展需要的同时,也可能伤害人类,破坏生态环境,甚至危及人类子孙后代生存发展的条件。核武器和核泄漏已经造成无数无辜平民的死亡,无休止的核军备竞赛已使人类付出了惨重代价,鉴于此,核安全责任旨在避免这种伤害或毁灭的出现。世界各国特别是有核国家应当承担道德责任,切实履行核安全的国家承诺和责任。在处理国际事务中,应以和平方式解决争端,不能动辄威胁使用武力。世界各国应加强国内相关立法和监督管理机制,采取有效措施保护本国核材料和核设施安全,培育核安全文化,强化出口管制,提高核安全能力。核武器改变了人们对战争伦理、科技伦理的许多观念。因此,必须突出生存权和发展权、创造权、平等权,走出狭隘的民族主义、国家主义困境,树立全球意识,用全球观念构建人类和平愿景。在核伦理学视野下,核开发利用中如果危及了人类最基本的道德权利：生存权、自由权和平等权，那么核伦理学就必须运用权利原则来加以保护。核技术的安全性是核伦理研究的核心问题，因为没有安全保障的核技术应用只能是灾难。核技术开发具有潜在毁灭性风险，迫使人类必须树立核安全责任意识，必须确保核技术为人类造福而不是成为祸害。当前世界范围内的主流是和平与发展。但是只要人类还无法销毁核武器，只要不同国家、民族之间的利益博弈没有停止，核武器、核威胁、核战争就不会消失。核伦理学的意义在于，揭示核武器的危害性，期盼核武器从地球上消失，以从根本上解决人类面临的困境。

（二）正义防御的规范原则。

核伦理的正义原则涉及权利与义务的对等性关系。任何国家都具有核技术开发利用的平等权利，但是底线是核技术的开发利用不应该构成对别国的威胁，不应该给人类带来危险，否则，就涉嫌"不正义"问题。事实上，当今世界，核武器研制本身反映了国与国之间、民族与民族之间的利益冲突。在这种背景下，有的国家拥有核技术核武器很难保证不被恐怖分子控制，从而有可能造成灾难。因此，这里就有一个"正义防御"的原则规范问题。

核伦理学并不一概反对威慑战略，不过这种核威慑应该是有条件的、有限的，只能应用于正义战争，不应将其绝对化。一般来说，所谓正义战争，是指反对外敌入侵、维护国家主权和领土领海领空安全的战争，或者是争取民族独立和解放的战争，或者是联合国安理会授权采取的军事行动。"正义防御"强调：核武器的生产目的应严格限于自我防卫，不含任何扩张意图；努力减少甚至消除核威慑的潜在危险，直至最后销毁核武器；建立新的国家政治秩序，决不能把核武器视为常规武器，维持核均势；防御应该是正当的，但是不能绝对化。应该把核武器威慑作用与常规武器进攻作用区分开来，核武器威慑是指在战争爆发前从心理上压倒敌方，常规武器是在战争爆发后在肉体上起歼灭作用。只有这样，才能避免轻率冒险，防止核战争爆发。有核国家应该有限制地打击城市和军事战略目标，努力减少对非战争人员和无辜平民的伤害。从长远看，应当避免战争，并且减少对核武器的依赖性，以确保世界永久的和平。

因此，各国应该尽量避免武装力量的军事冲突，不把核武器作为处理国际冲突的手段；建立一整套有效的国际机制，敦促有核国家销毁核武器，无核国家承诺不研制核武器。在核不扩散的前提下，有核国家只能将核武器使用于战略威慑，即使必要时，也只能是正义战争，这是非常重要的原则。核伦理学强调各国核战略决策以及国际关系应该遵循人类权利、义务、信仰、习惯、法规、准则和价值标准，努力把生存、自由和幸福三者结合起来。

中国在拥有核武器之前一直受到核大国的核威胁和核讹诈，为了自卫防御，中国发展了核武器。中国一直无条件承诺不对无核国家及地区使用和威胁使用核武器,无条件承诺不首先使用核武器。中国的核战略的根本目的是反核威胁,基本原则是自卫防御,主要特点是有限发展,而最终目的是彻底销毁。中国签订了所有关于限制核武器过分发展、扩散等条约。像中国这种防御性质的发展核武器是道德的,也得到世界的肯定。

使用核武器应该遵循的原则是:不首先使用核武器。这一原则蕴含丰富意义,一方面是为了约束某些国家实行先发制人的核战略,同时也是为了给其他国家在进行核反击的时候给予道义和舆论上的支持;另一方面,不首先使用核武器原则确实包含了禁止使用乃至消除核武器的理想目标。但从伦理上看,又不能立即提出"禁止使用核武器",因为,如果我们说禁止使用核武器,那么某些别有用心的国家就会以本国受到严重安全威胁为借口,或是以其使用的核武器的威力等数据作为国际道义谴责的挡箭牌,那个时候可能会被动,甚至挨打。

(三)无害与行善的规范原则。

研制和使用核武器究竟是否道德?有人认为,对于任何一种工具,如果它能在满足人们的正当需要的同时,又不危害别人以及社会的利益,那么这种工具的存在就是合乎伦理道德的。这样,人们不禁要问:一种工具的存在何以才能满足人们的正当需要?如何才是合乎伦理道德的?其标准是在工具本身的本性即它的功能性,还是在那些制造和使用这些工具的人的目的和意图?能否以研发并使用核武器的目的和受害者遭受损失的程度等因素来决定研制使用核武器的道德标准?

这些问题的确令人困惑不解,但是,不管怎么说,无害原则却是人类道德行为的最低要求,也是核伦理学的底线原则。其实,人类道德原则不应该只是最低的底线原则,行善原则应该是人们心中追求的理想目标。

当今世界,核技术应用的正当性问题主要集中在,是为了发展核武器,还是为了和平利用核技术,发展民用核电站?核技术的正当性问题涉及核技术目的的纯正性,即动机"善"的问题。从核威慑战略看,坚持"不首先使用、不威胁、不扩散"原则,可视为善的,反之则是恶的。从和平利用看,坚持"不伤害""不增加后代负担""尊重自然生态和谐"等原则可视为善的,反之则是恶的。核伦理学揭示了核技术开发利用的双刃剑特点,即,可以为善,也可以为恶。

核伦理学要求核技术开发应用"趋利避害""扬善抑恶",要求科学家和政治家秉持道德规范原则约束控制人的行为,要求研制使用核武器遵循普遍的人道原则和生态原则,要求所有国家,不管是有核的还是无核的国家,都要自觉地坚持行善原则,恪守"善良意志",保持"纯洁动机",拥有一颗善良的心,诚如康德所言:"位我上者,灿烂星空;道德律令,在我心中"①。为了行善,即使天塌下来也在所不辞。

当前国际局势错综复杂,恐怖主义、极端主义、霸权主义以及民族和宗教冲突日益加剧,国际社会围绕国际争端和核安全问题正在努力采取措施,消除战争隐患,实现世界和平。尽管各国关于核伦理观念不尽相同,但是,坚持恪守核不扩散的规范原则、承担防止核安全事故的国际责任不能放弃。

---

① 转引李泽厚:《批判哲学的批判:康德述评》,人民出版社,1986年,第320页。

第九章　网络与伦理

一、网络伦理学概述

1. 网络的界定

当今世界,网络技术已应用于政治、经济、文化、社会各个领域,网络已渗入人们生活的各个方面,成为生活不可或缺的部分。所谓网络,是指以互联网和移动互联网为代表的现代信息技术系统集成,数字性、信息化和虚拟性是其最基本的特征。网络看似电脑终端的连接,其实是电脑终端使用者的连接,包括网民、网络监管部门、IT 企业或其他组织。网络技术构筑全球互联网,使人类进入一个信息传播全球化时代。网络改变了人们的生产方式、生存方式、生活方式、工作方式和思维方式,创造了一个崭新的"生存空间"。网络具有以下特点。

其一,虚拟性。在网络社会,网民可以使用虚拟的身份,甚至可以虚构相貌、气质、脾气、幽默感等,无须暴露自己的真实面貌,通过网络终端(如电脑、手机、笔记本、电子邮件等)以及各种即时聊天工具,传递信息、表达感情、交流思想和观点,获得某种成就感和满足感。

其二,交互性。网络的交互性是指网络主体与机器、主体与他人、主体与群体之间发生超文本形式的信息互动。网络使用者既是信息接受者,又是信息发布者。由于网络交往成本低、效益高,不受物理时空和现实条件的限制,网络主体在网络覆盖所及的国家和地区之间进行交往,其范围和层次呈现出前所未有的广度和深度,在形式和内容上实现了社会交往的质的飞跃。

其三,自由性。网络是开放的空间,无明确国家地域、无核心管理者和绝对权威,人们可以方便、快捷地通过网络技术平台,如常见的网站、论坛、聊天室、BBS、博客、QQ、微信、飞信等,随时随地获取所需要的信息,亦可用匿名的方式、虚拟的身份,发布和传播信息,自由表达自己的思想观点,不受特殊资格的限制,也不受个人身份差异的影响,充分享受言论自由的权利,尽情施展自己的才华风采。

其四,复杂性。成千上万的终端用户、网络社区、网络供应商等网络使用者,在使用网络技术服务自身的同时,自然而然形成了一种巨大的复杂的网络关系。网络主体不受身份等级等现实社会交往条件的限制,加上网络身份的匿名性、网络交往方式的多样性,势必造成网络主体之间纷繁庞杂的关系;网络个体的交往行为是主观的,是有选择性的,但网络社会关系是错综复杂的,是不依人的意志为转移的。网络是一个超级复合体,这个复合体由个体所构成,但又超出任何个体所能掌握的范围。网络交往是双向互动,网络交互关系实质是现实社会复杂关系的反映。

2. 网络伦理的特点

网络伦理是人们通过电子信息网络进行社会交往时所表现出来的一种道德关系,是一种可以用来调节网络社会中人与人之间的关系和网络社会秩序的道德观念和价值原则。换言之,网络伦理就是指人们在网络社会中应当遵守的道德准则和行为规范,现实社会的道德规范是网络伦理道德的基础,网络伦理道德是现实社会伦理道德的延伸与拓展。网络伦理具有以下一些基本特征:

第一,开放性。网络是开放的,任何个人只要拥有一部网络终端设备(电脑、手机、上网本等),就可以打破现实社会的身份、等级、地位等条件的限制,自然获得网民资格。在全球化、信息化背景下,无论是发达国家,还是发展中国家,任何人都可以顺利进入网络平台,彼此交流思想观点、价值观念、风俗习惯和宗教信仰等,相互影响,互相促进。可见,网络超越了原有的国界、地域、民族、职业以及价值观念、思维方式的界限,把具有不同个性、不同信仰、不同习俗的网民连接在一起,使不同世界观和价值观之间互相尊重、互相理解、互相碰撞、取长补短,使人们的视野越来越开阔、眼界越来越高远,有助于塑造网络世界公民身份。

第二,平等性。在网络虚拟社会,不管你具有什么样的社会身份、地位、职务和兴趣爱好,也不管你具有何种文化背景、风俗习惯、宗教信仰等,均享有平等的社会权利和义务。所有网民在享有网络所提供的一切服务和便利的同时,都应遵守网络共同体的道德规范,履行网络行为主体的义务。换言之,所有网络主体在参与网络社会活动时,都要遵循网络共同体规范,主动放弃网络规范不认可、不允许的行为方式。网络伦理对每个网民都是一视同仁的,具有同等的约束力,否则,难以构建网络社会的正常秩序。

第三,模糊性。在网络社会,由于匿名化和流动性,网络主体的身份具有不确定性;网络的虚拟性亦给网络社会控制带来不确定性。在现实社会中,无论是熟人之间的交往,还是陌生人之间的交往,一般都是面对面的,道德规范对人们的交往活动形成一种无形的监督;但进入网络社会,人与人之间的关系则表现为间接关系,人际交往只是通过被压缩了的数据符号进行虚拟交往,对网民的道德要求往往也是笼统的和模糊的。由于网络无国界、地域的限制,网民可以是任何人,对网民如何活动的规定要求亦没有这么明确严格,因此,在一个自由自在的网络空间,更需要建立一种普世伦理,塑造新型的网络公民。

第四,自律性。由于以数字化的信息为中介,网络消解了物理空间对人的束缚,加上网络主体可以匿名化和面具化,人际交往亦没有了现实环境下的紧张压力。在没有外在监督机制的情况下,道德自律可能有所松懈,法律他律强制可能失去作用。因此,客观上要求网民增强道德自觉意识,既要自我做主,又要自我管理,提高道德自律能力,约束控制自己的网络交往行为,维护网络社会的秩序。

3. 网络伦理学研究的问题

网络技术的迅猛发展,在给人们带来不可估量的便利的同时,也带来了越来越多的网络社会伦理问题。大致说来,网络伦理学研究的主要问题有:

(一)侵犯个人隐私权问题。

随着网络技术的发展,人们获取信息变得越来越简单便利,不再需要传统媒介就可以直接共享网络海量信息。任何一个人只要拥有一台电脑,就有可能进入他人私生活领域。当你正感慨搜索引擎无所不能时,当你为网络购物节省大量时间而沾沾自喜时,当你通过即时聊天工具跟好友聊得正欢时,你的个人信息已经在不知不觉中被他人共享,客观上为侵犯他人隐私的行为提供了便利条件。当下通过网络技术窥探或窃取他人隐私的行为已然司空见惯。个人隐私在网络化时代经常会暴露在大庭广众、众目睽睽之下,甚至连国家机密也未能幸免。斯诺登揭发的"棱镜门"事件表明,美国国家安全局不仅对美国本土公民进行隐私搜集和窃听,还对许多国家的政府和公民进行秘密窃听,美国因之受到了绝大多数国家的抗议和道德谴责。

可见,网络社会窃取他人的资料和信息,严重侵犯了公民个人的隐私权,给被侵害者带来心理上的沉重负担,还可能带来财产和生命的安全隐患,影响了人们的现实生活,破坏了工作秩序。此外,网络隐私侵权行为也妨碍网络社会的健康发展,如果个人隐私权得不到有效保障,势必会大大降低人们参与网络交往的热情。

(二)信息垃圾和信息污染问题。

如今在电子邮箱、网络聊天室、网站论坛,你总会收到或发现几封莫名其妙的邮件,或秘密隐藏病毒的恶意骚扰程序,或邪教组织者的煽动文书,或商业宣传广告,信息内容庞杂,种类繁多,良莠不齐,即使你耗费了大量时间和精力删除了这些垃圾信息,随即又会有更多的垃圾信息扑面而来,充斥你的网络空间。由于网络的开放性与交互性,任何人都可以自由地在网上发布信息,加上缺少有效的网络审查机制,这样,大量的无用信息,甚至有害的信息有机可乘,流入网络,各种虚假信息、低俗庸俗信息、色情暴力信息、恶意人身攻击信息等,不仅严重干扰人们查找和利用有价值的信息活动,而且造成视觉污染,影响人们的身心健康,甚至冲击人们的人生观和价值观,尤其是一些黄色信息对青少年的健康成长危害更大。

（三）网上侵权和网络诈骗问题。

网络信息资源的开放性和便利性,促进了网络资源的互利共享,但同时也造成了对信息资源的疯狂掠夺以及对知识产权的肆意侵犯,图书、论文、影视、音乐作品、软件制作等遭受盗版危害。当下,网络诈骗活动愈发猖獗,一些个人和组织以虚假的身份,利用QQ、微博等流行的网络交流软件,编制诈骗程序,伪装成银行或者电子商务的网站,发布虚假信息,篡改银行、企业的数据资料,盗取用户的银行账户和密码等,以达到获取信息、骗取钱财的目的;或盗用他人网络账号和密码、假冒他人名义、修改他人电子信息和合同条款等,以达到不可告人的目的;严重侵害公民的名誉权、财产权和人身权,扰乱了网络社会的正常秩序。

（四）信息滥用和网络成瘾问题。

不少人还没有完全理解和把握网上与网下的关系,以为现实社会与网络社会的道德要求不一样,似乎可以不需要承担自己的责任和义务,而滥用自己的权利。于是,在缺乏约束和监管的网络环境中,人性中的阴暗面、庸俗的需求以及无限膨胀的欲望渐渐显露。据调查,不少网民存在信息滥用问题,如在网上对别人进行过恶意谩骂、攻击、恐吓、欺诈等,或者散发虚假消息、散布谣言、歪理邪说乃至传播色情、暴力、反动信息;有不少网民,特别是青少年网民访问过成人色情网站,因沉迷色情网站而导致行为失范乃至犯罪的案例屡见不鲜。

网络的虚拟身份在一定意义上促使个人转向自我感受,更加专注自身内在的欲望、兴趣、心理的需求满足,不少网民沉浸在网络开放、虚拟、隐蔽、自由的空间里,沉湎于网上发帖,或者微信聊天,或者陶醉于网上娱乐,或者痴迷于网络游戏,尽情放松和放纵自己,久而久之,势必带来网络行为失范,比如一些网民在聊天室或论坛或微信中对自己的言论不负责任,所发帖子格调低下,部分内容粗俗不堪,语言低俗恶浊,甚至还有恶毒谩骂和人身攻击的语言;一些网民沉迷于网络,无节制地放纵自己,渐渐地疏远了现实生活,形成了孤僻冷漠的性格,带来人格分裂和心态失衡。可见,沉溺于网络而不能自拔必然会影响一个人在现实社会中的自我表达以及人际沟通能力,特别是不利于青少年养成良好判断与控制能力,以及提高甄别是非、明辨善恶的能力。

（五）网络信息安全问题。

网络技术的发展带来了信息的巨量增长和高效传播,同时也给网络信息安全带来严峻挑战。黑客非法入侵与病毒传播严重威胁网络系统的正常运行。在巨大商业利益的驱动下,黑客(骇客)利用自己在计算机方面的技术特长,制作和传播一些破坏性的程序代码或指令,隐藏在数据文件中或是可执行程序中,进行自我复制、破坏数据,影响计算机功能;或者攻击网络、或未经许可非法访问他人文件,使被侵害对象遭受巨大损失。当下,计算机病毒种类和数量呈现急速增长趋势,新型的、专业的、具有强大危害性和隐蔽性的病毒,以其可传播、可激发、可潜伏性的特点,严重危害网络信息安全,极大地妨碍了网络的正常运行。可以说,网络信息安全是一个关乎网络世界信息的完整性、秘密性、可用性和可控性的问题,而计算机病毒是网络安全运行的最大威胁。

二、网络社会伦理问题及其规范

1. 网络伦理问题的探讨

计算机技术的迅猛发展把人类带入信息社会,网络的普及改变了人们的生产方式、生活方式、思维方式以及学习、工作、娱乐、习惯,对社会经济、政治、文化的影响日益加深,同时,也带来了前所未有的网络伦理问题。大致说来,以下一些网络社会问题令人困惑,值得进一步探讨和研究。

(一) 关于网络技术双刃剑的问题。

爱因斯坦说过,科技是一把双刃剑,既可以造福于人类,也有可能给人类带来灾祸。网络科技也概莫能外,在给人们带来巨大利益或福利的同时,也带来了一些风险和挑战。由于网络社会的虚拟性、自由性等特征,为许多不良行为或不法分子提供了便利的平台,一些人在网上制作并传播计算机病毒、制造信息垃圾、传播谣言或流言蜚语、发布虚假广告、侵犯个人隐私、侵犯知识产权,或者进行网上人身攻击、网上赌博、网上洗钱、网络诈骗、网络盗窃、网络犯罪活动,不仅严重污染网络环境,危害网络社会的健康有序发展,而且给人们的实际生活带来负面影响。

网络给人们提供了一种平等、自由、信息共享的空间,使社会交往方式更加快捷方便,丰富了人们的思想精神生活,但同时使人们不得不受到大量重复的甚至有害的信息影响;可能因为过度依赖于网络资源,或沉溺于网络而不能自拔,结果逐渐丧失了主体能动性和自由创造的能力。

作为网络舆论,"人肉搜索"亦是一把"双刃剑",一方面,在网络民众共同参与下,对社会上的一些有悖道德法律的人或事进行追踪搜索,"快、准、狠"地起到了谴责、鞭挞假恶丑现象的作用;另一方面,"人肉搜索"作为一种网络集合行为,很容易引起网络暴力,特别是在线上和线下同时进行"人肉搜索",超越网络道德的底线,严重侵犯个人隐私。由于"人肉搜索"没有姓名可以查找,在主体身份的确认上非常困难,致使网络行为失控与网络道德失范,很难有效追究责任。

可见,网络应用有利也有弊。如何趋利避害、扬长避短,确实是一个十分棘手的问题。

(二)关于网络社会与现实社会的异同问题。

网络社会是一种数字化的生存环境,网络主体以符号化的样态存在,其身份具有匿名性、多重性和虚拟性的特点。网络社会与现实社会的最大差异在于,一个是生活在间接的"陌生人社会",一个是生活在直接的"熟人社会"。在网络社会,一个人的身份是没有标识的,谁也不知道对方是谁,人们通过数字化、符号化的信息进行交往交流,比较自由,罕有拘束,相对随意,畅所欲言,较好地满足了人们的生活兴趣、个性发展和欲望需要。但在监督机制相对弱化的网络社会,由于没有了对人的行为的严格约束与控制,人性中的种种弱点就会暴露出来,因而失去了应有的防御心理,很少顾及文化禁忌和道德规范,从而导致一些不文明的、消极行为的出现。与此相反,在现实社会,每个人都有相对稳定的身份、既定的地位和角色,比较固定的生活场所,人际关系比较直接,又都比较了解对方的情况,所以言行举止表现得礼貌、规范、文明,说话会比较谨慎,需要对自己的身份和言论负责,自然也会顾忌社会道德规范和现实的文化禁忌。因为"熟人社会"的人际交往纷繁复杂,受到道德规范和文化禁忌的束缚,所以就有可能出现"话不投机半句多"情况,做不到说真话、说实话,完全以诚相待、坦诚交流。

可见,网络社会表面上看是互相联结在一起的网络终端系统,实际上背后是掌握和操作这些网络终端系统的个人或组织,所以,从本质上说,网络社会是现实社会的一种新型表现形态。网络对于促进人的自主性、能动性和创造性发展具有不可替代的重要作用。网络社会伦理道德是现实社会伦理道德的延伸,反之,现实社会伦理道德是网络社会伦理道德的依据。网络伦理源于虚拟空间,规范网上人际交往行为,现实社会伦理规范约束调节"熟人社会"人际交往行为,构建和谐社会秩序。

总之,网络社会与现实社会各有千秋,应该扬长避短。

(三)关于网络社会的伦理悖论问题。

从理论上说,无论在网络社会还是现实社会,都应该同样同等地尊重和保护公民的隐私权,然而,实际上个人隐私权保护与网络社会监督之间存在抵触。现实社会中,公民的隐私权是法律赋予的基本权利,受到法律的保护;但在网络社会,网络技术把人们网络活动的每一个细节都存储在磁盘里,人们网上活动的痕迹可以轻而易举被发现和查明。这样,个人隐私权及私密信息很容易遭到侵犯。同时,为了保护个人隐私权,以防被他人侵犯,需要加强网络的监督管理,这就不可避免地产生个人隐私权利和社会监督之间的冲突。很明显,任何网上监督管理都离不开对网络技术所记录下来的个人网络行为痕迹的探寻和审查,这样个人隐私自然会暴露无遗。其实,"人肉搜索"同样亦有这种伦理困境。"人肉搜索"原本是要达到对某一事件当事人的调查和舆论监督,结果却变成了网络暴力,侵犯了个人隐私权,给当事人带来无法弥补的损失和伤害。

诚然,网络技术为人的自由发展提供了崭新的空间,网络的"去中心化"消解了传统权力或权威的制约和控制,人们可以不分国家、地域、民族、文化限制,自由平等地交流互动。论坛、博客、播客、微博等网络新形式的繁荣彰显了网络行为个体化、个性化的趋向,由于不受真实身份、背景、条件的限制,网络主体在网上拥有极大的意志自由,享有比网下生活更大的自由自主的权利,不管是网络交友、购物、娱乐、聊天,还是收发邮件、发帖转帖、网络创作,每个人都可以根据自己的兴趣、爱好、个性、能力,表达自己的立场观点和价值取向,对浩如烟海的网络信息进行取舍、分析、综合,甚至可以利用网络技术、编程技术、图像处理技术对网上已有信息进行自主解构、重组和再造。

但与此同时,自我中心和"绝对自由"的倾向客观上会带来某种极端行为以及道德失范。那种认为网络社会拥有绝对自由权利,监管势必损害网民自由言论和隐私权的观点,是不能成立的。为了避免一些人打着网络自由的幌子,肆无忌惮地传播虚假的、不负责任的甚至危害他人及社会安全的信息,现实社会有责任加强网络的监控和管理,以期保障网络正常运作,维护绝大多数网民隐私权和名誉权。

不管怎么样,网络社会毕竟是现实社会的延伸,在任何条件下,绝对的自由是不存在的,如果有人试图以自由为名侵犯他人的权利和利益,那就要受到社会道德的谴责和法律的追究。

当今世界,网络为"间接参与式"民主过渡到"直接参与式民主"提供了宽广的平台,同时也给"无政府主义"和"民粹主义"提供了渠道和机会。这种情况下,究竟要保护谁的隐私权? 或者,究竟要维护谁的言论自由权? 这似乎陷入隐私保护和网络自由的悖论之中。但是,人的本质在其现实性上是一切社会关系的总和,人的自由不是放任的欲望和情绪,而是经过理性思考过的欲求。网络主体应该加强道德自律性,社会应该加强监督力度,坚决限制和禁止任何侵犯他人私密信息的行为,更好地保护公民权利。

总之,网络社会的悖论说明,既要保障网民在网络上的个人隐私,又要对个体欲望作必要的约束,以确保网络社会的秩序。同时,亟须建立网络伦理道德规范,正确处理好个人隐私保护和社会监督之间的关系,解决个人隐私保护和社会监督之间的矛盾,促进网络社会的和谐、健康、有序发展。

(四)关于黑客与骇客的伦理问题。

"黑客"与计算机技术迅猛发展以及网络普及相伴而生。"黑客"是英文Hacker的音译,原意是指用斧头砍柴的工人,其本意类似于汉语对话中常常提到的"捉刀者""枪手""能手"之类词语。"Hacker"最早被引入电脑界可追溯到20世纪60年代,带有褒义,是指热心于计算机技术、水平高超的电脑专家,尤其是程序设计人员。《牛津英语词典》对"Hacker"一词的解释是:"利用自己在计算机方面的技术,设法在未经授权的情况下访问计算机文件或网络的人。"

"黑客"含义混杂,需要厘清。一般说来,"Hacker"是"一种热衷于研究系统和计算机(特别是网络)内部运作的人",泛指擅长 IT 技术,或者精通各种编程语言和各类操作系统的人群、计算机科学家。在信息安全领域,Hacker 一词带有正面的意义,如:system hacker 熟悉操作的设计与维护;password hacker 精于找出使用者的密码;若是 computer hacker 则是通晓计算机,进入他人计算机操作系统的高手。由"Hacker"一词衍生出其他相关词语,如白帽、灰帽、黑帽等。其中,黑帽黑客(black hat)实际上就是 cracker("骇客"),常指那些利用公共通讯网路,如互联网和电话系统,在未经许可的情况下,进入对方系统的人员,或者指软件骇客(software cracker);白帽黑客(white hat)一般是指那些拥有熟练电脑技术、调试和分析计算机安全系统的人,他们热衷于挑战、崇尚自由并主张信息的共享,他们有比较清楚的道德规范并常常试图同企业合作去改善被发现的安全弱点;黑客(灰帽子)则属于对伦理和法律暧昧不清的人;"红客"是指维护中国国家利益的电脑技术人员,他们热爱自己的祖国和民族,努力维护国家安全与尊严;"蓝客"是指那些追求信仰自由、用自己力量来维护网络秩序的人们。

在中国,人们经常把"黑客"与"骇客"混为一谈。尽管最初"黑客"和"骇客"(Cracker)在本质上都是指闯入计算机系统或软件者,但是,按照当下通常理解,"黑客"与"骇客"存在本质区别。黑客一般是指对计算机科学、编程和设计方面具高度求知欲、深刻理解的人,或者,纵横于网络上的技术人员,热衷于科技探索、计算机科学研究,他们大多都有自己的事业或工作,大致分为程序员、资深安全员、安全研究员、职业间谍、安全顾问等身份,所做的不是恶意破坏工作;而"骇客"("Cracker"的音译),有"破解者"的意思,即进行恶意破解商业软件、恶意入侵别人网站活动的人。可以说,"Hacker"与"Cracker"区别在于,一个是从事有建设性活动的人,一个是专门进行破坏活动的人。

从伦理上看,"黑客"比较注重严格遵守职业规范和行为准则,如:千万不要恶意破坏他人的软件或资料,否则,将导致法律责任;不修改任何的系统档,如果你是为了要进入系统而修改它,请在达到目的后将它改回原状;已侵入电脑中的账号不得清除或修改;不要轻易地将你要 hack 的站台告诉你不信任的朋友;正在入侵的时候,不要随意离开你的电脑;不要在电话中谈论你作为黑客的任何事情;将你的笔记放在安全的地方;不得修改系统档案,如果为了隐藏自己的侵入而做的修改则不在此限,但仍须维持原来系统的安全性,不得因得到系统的控制权而将门户大开;不将你已破解的账号分享于你的朋友;不要侵入或破坏政府机关的主机;黑客并不是一味地攻击用户,而是通过攻击来研究漏洞,从而大大提高系统的安全性。总之,黑客世界的高手们根本不同于骇客的"盗取行为"。

派卡·海曼在《黑客伦理与信息时代精神》一书中为生活、工作在 21 世纪的人们解析了这个世界新的运行秩序的来由和方式,让人们以全新的角度审视自己的生活方式和工作方式。黑客代表一种充满激情和创造力的态度,体现了一种反叛和挑战精神,倡导工作的娱乐性和艺术性。黑客们是斗士、探险者、游击队和数字时代快乐的冒险家,是新经济真正的建筑师。他们被妖魔化,被误解,但是他们改变了世界和它的运行方式。没有黑客,电子邮件、因特网和万维网便不可能得到普及。黑客不是"骇客",它与计算机犯罪甚至与开放源代码运动毫无瓜葛。黑客的伦理价值在于:在日益技术化的社会里,倡导创造精神和挑战传统态度,提倡充满激情和自由节奏的工作;信仰个人能以不可思议的方式创造伟大奇迹;渴求捍卫我们既有的伦理理想,如隐私和平等。总之,黑客伦理是基于娱乐、激情、共享和创造价值的思维方式、哲学观念和价值体系,无疑是当今世界最重要的创造力之一。

2. 网络伦理的基本规范

网络拓展了人际交往和社会关系的空间,也给社会带来了诸如个人隐私问题、知识产权问题、计算机病毒问题、网络信息安全问题,因此,亟须加强网络伦理学研究,构建一套与网络社会相适应的伦理道德规范。

网络伦理包括网络伦理规范和网络伦理原则。网络伦理规范,是指在网络交往中人们所遵循的能使网络社会正常运行的规则规定和行为方式,网络伦理原则包括以人为本、平等、公正、自由、无害等原则。只有确立系统而明显的网络伦理规范和网络伦理原则,才能规约人们的网络行为,维护网络社会秩序,促进网络健康、有序、和谐发展。

网络伦理学研究并阐释人们进行网络交流、交往、交易活动时应该遵循的公认的行为准则;网络伦理的建构旨在解决网络虚拟社会伦理与现实社会伦理如何调适、转换和兼容的问题;网络伦理强调那些普遍性规范,如诚实、公正和真实等;网络伦理是网络立法、执法和守法的基础和依据。

　　从网络诞生起,人们就在思考如何抵制网络不良行为,鼓励人们遵守行为规则,成为遵纪守法的网民。比如,在网络上要增强网络主体自律意识,强化知识产权意识,发表言论时要真实表达自己的观点,不违背社会公德,不违反国家法令;远离不良信息,自觉抵制任何利用计算机技术损害国家、社会和他人利益的行为。虽然网络伦理规范在不同社会阶层、不同行业、不同职业、不同人身上均有不同的内容和要求,但是,有些伦理道德规范却是普遍的、起码的、基本的,人人都需要遵守。

　　美国计算机伦理学会制定了网络十条戒律,即计算机行为规范,这些规范是一个计算机用户在任何网络系统中都"应该"遵循的最基本的行为准则:

　　(1) 不应用计算机去伤害别人;

　　(2) 不应干扰别人的计算机工作;

　　(3) 不应窥探别人的文件;

　　(4) 不应用计算机进行偷窃;

　　(5) 不应用计算机作伪证;

　　(6) 不应使用或拷贝你没有付钱的软件;

　　(7) 不应未经许可而使用别人的计算机资源;

　　(8) 不应盗用别人的智力成果;

　　(9) 应该考虑你所编的程序的社会后果;

　　(10) 应该以深思熟虑和慎重的方式来使用计算机。

　　美国计算机协会还制定了一般的伦理道德和职业行为规范:为社会和人类作出贡献,避免伤害他人,要诚实可靠,要公正并且不采取歧视性行为,尊重包括版权和专利在内的财产权,尊重知识产权,尊重他人的隐私,保守秘密。

　　美国南加利福尼亚大学网络伦理声明规定了六种不道德网络行为类型:有意地造成网络交通混乱或擅自闯入网络及其相连的系统,商业性地或欺骗性地利用大学计算机资源,偷窃资料、设备或智力成果,未经许可接近他人的文件,在公共用户场合做出引起混乱或造成破坏的行动,伪造电子函件信息。

　　在网络社会,虚拟身份与真实身份的混合常常带来自我身份的模糊性和人格的多重性,尤其是,当自我随时随地被打上技术痕迹、成为技术附庸,或者对虚拟生活的过度依赖,沉迷网络而不能自拔,以至于分不清真实生活与虚拟生活之间的差别,那就意味着"自我的丧失",这是一件令人担心忧虑的事。

　　鉴于网络的负面影响日益显现,一些社会学家和心理学家提出了自律性的行为指南,强调加强自我的自主选择能力的重要性。维吉里亚·谢(Virgnia Shea)提出了十条网络行为指南:在虚拟空间也要时刻想起真实社会中的人类,按照真实社会中的标准进行网络活动,时刻告诉自己在网络中的位置,珍惜他人的时间和网络,在网络活动中应该有良好表现,学会分享自己的知识,不帮助传播谣言和虚假信息,不要滥用自己手中的权力,尊重他人的隐私,包容他人的错误。

不难发现,消除网络对人的宰制性,需要进行自我调节,这是增强自律性、提高主体性的重要内容和体现。自我自主地调节意味着：一是自我选择,使自我成为信息采集和虚拟生活的主人,而不是被信息所淹没或沉溺于虚拟生活不能自拔;二是适度节制,使信息采集量控制在自己的处理能力之内,使虚拟生活仅作为现实生活的有益部分,防止其对真实生活的侵蚀;三是虚实协调,使虚拟生活成为改善真实生活质量的一种经验补充,如加强公民意识建设、提高社会凝聚力等。

3. 网络伦理的基本原则

网络伦理原则,是指在网络社会中人们所遵守的行为准则和道德评价标准,是网络伦理关系的集中体现。大致说来,可以概括为以下几个原则。

（1）平等和公正原则。

网络具有天然的平等特征,无论网络用户和网络社会成员在现实社会中具有什么样的身份、地位、职务和个人爱好,或者具有什么样的文化背景、民族习俗和宗教信仰,都应该享有平等的权利和义务。换言之,每一个网络用户,都应该遵守网络伦理规范,其善行应给予赞扬,其恶行应受到谴责,行为的评判标准应该是一视同仁的,绝不存在双重标准。

公平公正是人类始终崇尚和追求的重要伦理原则,也是网络伦理道德的基本原则。罗尔斯在《正义论》中指出,理想的正义社会应该是每个社会成员都有自由平等的权利,也应该尊重他人自由平等的权利。网络交往和交易必须坚持平等公平原则,反对利用或者制造信息不对称的交往和交易中的信息欺骗和歧视行为。

坚持网络社会的公正原则,一是要坚持网络主体权利与义务的统一,即每个网络主体有义务遵守网络社会的行为规范,并对其网络行为及其产生的社会后果负责;二是要对违反网络伦理规范的行为予以相应的、平等的处罚。

可见,平等和公正原则反映了互联网时代人人可以参与网络交往、充分利用网络丰富资源的权利要求。不管你是在现实社会,还是在网络社会,都应该坚持平等公正原则。

（2）自由和无伤原则。

自由是人类的崇高理想,对自由的不懈追求同样适用于网络社会。网络科技的发展为人们充分发挥自己的潜能提供了一个广阔的空间,使人们获得空前未有的自由体验。网络伦理的自由原则就是指在网络社会,网络主体有自由选择自己生活方式和行为方式的权利,可以充分表达自己的观点和看法,任何个人和组织不能干涉压制人的行为自由和言论自由。当然,这个自由原则并不意味着网络主体可以超越伦理道德规范,完全按照自己的自由意愿从事网络活动。所以,每个人要具体地、历史地看待网络自由,否则,随心所欲、为所欲为势必造成网络无序、网络混乱的状况。

同样,网络伦理还需坚持无伤原则,这是检验网络行为的最低道德标准,也是制定网络伦理规范和社会规章制度的前提。无伤原则意味着网络主体不能利用网络技术的便利条件对他人或者对网络环境造成直接或间接的伤害。进一步说,网络活动要坚持自愿和允许接受原则,反对利用私人地址,强行发布干扰、骚扰等不良信息,损害他人权益,破坏社会和谐环境。

(3)主体性和自律性原则。

网络的发展极大地彰显了网络主体的独立性、自主性和内在性的自由特性,体现了人类发明创造的智慧达到前所未有的水平,高扬了人的积极性、能动性、自主性、创造性等主体精神。按理说,网络是人的创造物,作为技术工具,理应为人类生活和工作服务。然而,现实生活中,一些人沉湎于网络生活而无法自拔,被网络所主宰,成为网络的奴隶和工具,完全失去人的主体性。

鉴于此,应该澄清目的与手段的关系,扭转这种主体客体本末倒置的状况。毕竟,网络是实现人的目的的手段,应该为我所用,而不应是我为网络所役;网络社会的虚拟生活亦不应完全取代现实社会的真实生活,只能是现实生活的补充而已。坚持网络主体性原则,就要增强主体意识,注重自我控制和调节,适度节制地进行网络交往活动。

同样,由于网络的数字性、匿名性、虚拟性、去中心性等技术和社会特点,一些人认为,网络上的自我与生活中的自我不是同一个人,网络自我仅仅是一个符号代码,并不代表真实的自己,所以,没有必要对网络行为那么顶真。因为把生活中的自我与网络中的自我完全割裂开来,忽视网络社会与现实社会道德标准的关联性,所以,一些人扮演双重人格,采用双重标准对待网络行为,结果引发网络行为失范,比如网络欺诈、入侵、骚扰、粗语、剽窃、病毒攻击,有的甚至于浏览、传播、下载、复制、制作各种色情淫秽的图文。

鉴于此,加强以“慎独”为特征的网络自律性道德教育至关重要。所谓“慎独”,就是在个人独处时,在没有任何外在监督和控制的情况下,能够遵从道德规范,恪守道德准则。这就需要增强网民的自律意识、责任意识、法制意识和安全意识,培养网民的道德判断和选择能力,提高网民的道德修养,强化网民的道德主体性和自我意识。

三、网络社会伦理道德建设

1. 网络主体的道德教育

规范网络行为、构建网络秩序,首先必须从网络道德教育入手。要弘扬正确价值观,制定并完善网络伦理道德体系,深刻领会网络伦理的基本原则;要以遏制网络失范行为为重要内容,以加强知识产权保护为重点,开展网络道德教育,增强网民在网络活动中的道德意识和道德责任,提高网民的理性认识及明辨是非的能力,避免盲目的从众心理,控制过激的言行举止;要进一步规范网络服务商行为,敦促其恪守网络行业的自律,净化网络文化环境;要深入探索网络道德教育的方法和模式,丰富网络道德教育内容,拓展网络道德教育渠道,构建社会、学校、家庭、媒体各方面相结合的网络道德教育体系,把课堂教育与课外教育结合起来,把网上教育与社会教育结合起来,把网络伦理教育与现实伦理教育结合起来。学校要把网络道德教育作为日常德育的重要组成部分,普及网络道德知识,加强网络安全教育,树立正确的网络道德观。提高家长的网络安全和网络道德意识,发挥家长对孩子网上生活的监护和指导的作用。注重网络主体个人心理情感和自我意志力的培养,加强自我心理调适,培育健全的网络道德人格。应该鼓励网民把宽容、奉献、积极乐观、善良助人等正面情感,而不是把炫耀、刻意报复、低俗情绪、恶作剧等负面情感带到网络社会;尽量避免现实人格和网络虚拟人格的分裂;实现自我人格的同一性。

总之,要善于网上学习,不浏览不良信息;要诚实友好交流,不侮辱欺诈他人;要增强自护意识,不随意约会网友;要维护网络安全,不破坏网络秩序;要有益身心健康,不沉溺虚拟时空。

2. 健全网络管理与监督机制

如今网络低俗化现象比较普遍,微信朋友圈里的粗鄙言辞,新闻网站上的媚俗标题,视频直播网站里的大尺度表演,微博上大V爆粗口,以及美女挤走了学者,绯闻顶替了事实,暴力掩藏了和谐,猎奇超越了好奇,娱乐覆盖了文化,诸如此类,不一而足。网络低俗化内容给人们带来了困扰和忧虑。如果网络社会一味追求低级趣味,仅仅关注感官刺激,推崇思想垃圾,那么人们的精神世界将会变为一片蛮荒之地。

应该清醒看到,网络是影响人们价值观以及价值判断的重要场所,不仅是一个商业平台,也是一个文化平台。所以,不管是网络内容提供者还是网络平台构建者,既要考虑商业利润,也应承担净化网络空间的社会责任。同时,在"娱乐到死"的情况下,单纯靠网站方面的自我审查和内部约束已经不完全起作用了,需要监管部门的介入,形成法律规范、行政监管、行业自律、公众监督的网络综合治理体系,才能遏制低俗化蔓延势头。

虽然网络空间是虚拟的,但它并不是法外之地。政府管理部门要加强对网络场所和网站的管理,尤其是对营利性网站的管理,有效进行监控和检查,及时清理有害信息网站。针对这类低俗化现象,国家网信办开展"净网"行动,整治关停一些暴恐色情动漫网站,打击整顿网络及微信涉嫌淫秽、色情及低俗等信息。

健全网络管理与监督机制,还需发挥社会热线举报制度的作用。当网络用户或服务商在网上发现非法、有害的信息时,就可以向热线举报,热线接到举报信息后进行调查取证,并采取相应的行动。政府要通过技术手段,包括编制高性能系统保护软件,推广网络监控技术,实行实名认证,解决当前网络伦理道德所面临的棘手问题;要充分发动社会力量,调动广大网民的积极性,全民参与,"围""堵""灭"不健康、不文明、不和谐的网站,要加强网络监管队伍建设,严肃审查流通体制,营造相对洁净的网络空间环境,从源头上严惩不法分子。总之,只有以法律为准绳,以秩序为基础,才能保障网络空间良性持续发展。

3. 网络社会法治建设

网络犯罪与网络技术相伴而生,网络犯罪具有隐蔽性强、蔓延迅速、涉及面广、危害性大的特点。实践表明,仅仅依靠网络技术的监督和伦理道德的约束,并不能有效遏制网络犯罪的发生。鉴于此,亟须加强网络法治建设,借助于法律威严和作用治理网络。

加强网络法治建设,首先要对网络行为进行具体规范,对网络违法行为作出具体界定。理清楚哪些行为是"道德"的、"合法的",那些行为是"不道德"的、"非法"的,比如利用计算机窃取机密情报或进行金融诈骗、制黄贩黄、侵犯知识产权或进行煽动性政治宣传等,就属于违法犯罪行为,然后制定并健全网络法律法规,将网民的责任、权利与义务以法律法规的形式予以明确,并加强宣传,使大众知道网络法律法规,知道在网上什么是可以做的,什么是不可以做的,做到知法、懂法和守法,从而规范自己的网络行为,构建网络秩序。

加强网络社会法制建设,还需建立专门的机构,配备专职的人员,对人们的网络行为进行监督和管理;还需建立一种举报制度,有效地收集来自各个领域的反馈信息,保证网络信息内容及其服务的健康有效发展,促进网络信息用户、内容提供者及执法部门之间的交流与合作,从而有利于消除网络不良信息。增强公众法律意识,有助于妥善处理网络社会问题,比如说,网民在"人肉搜索"方面的法律意识还不强,往往在无意间引发网络暴力行为,给无辜者带来严重伤害。网络法律法规在维护网络正常秩序中具有不可替代的作用,有利于保障网络平等、公平和自由权利的实现。网络社会是现实社会的延伸和扩展,在制定网络社会法律法规时,要综合考虑,统筹兼顾,吸取现行法律的优良之处,同时通过网民的力量征询相关法律法规的建设意见,对现有法律进行补充修改,使其更加科学、完善,健全网络法律法规体制。当然,网络社会法律法规应是对自由的维护和促进,而不应是对网络自由的破坏,网络发展的最终目的是保障自由权利的实现,促进人的全面发展。

总之,只有将网络技术监管和网络伦理建设同网络法制建设结合起来,建立一套适用于网络行为的法律惩戒机制,才能更好地维护网络秩序,形成安全、健康、和谐的网络环境。

第十章　社会与伦理

一、社会伦理学概述

1. 社会伦理学的研究对象

社会是一个由多因素、多层次构成的有机整体,是人们存在和发展的共同体形式,含有社会的经济基础、政治权力、文化精神、价值观念以及人的文明状况等内容,核心是个人与社会的关系。"社会伦理学"(social ethics)是一个总体性概念,是从社会与个人互为规定性角度论证两者之间蕴含的伦理道德价值,阐释应该信守什么样的价值理念,坚持什么样的社会原则。有学者把社会伦理划分为家庭生活伦理、人际伦理、职业伦理、公共生活伦理、市场伦理、公共健康伦理、环境伦理;也有学者把社会伦理划分为家庭伦理、企业伦理、经济生活伦理、政治生活伦理、法律生活伦理;还有学者把社会伦理划分为婚姻家庭伦理、职业伦理、经济伦理、政治伦理、制度伦理、交往伦理、科技伦理、环境伦理,等等。

随着科学技术的发展以及人们改造社会能力的不断提高,人与社会的关系变得越来越复杂,人们越来越多地关注社会发展的价值,强调社会制度安排的合理性,关心社会生活状态的积极改善。特别是当下社会公共生活的作用愈来愈突出、愈来愈重要,在这种背景下,如何合理地组织起自己的公共生活,有效地行使与保护平等的自由权利,已成为社会发展进程中亟须解决的重大问题。

社会伦理学关注社会公共生活领域并进行价值反思,如何在多元的价值冲突背景下,选择自己的生活方式?如何对社会进步和社会发展进行评价?社会成员应该具有哪些基本品质和美德?应如何追求人与自然、人与社会、人与人、人与自身之间和谐一致的关系?等等,这些均构成社会伦理学独有的研究对象。社会伦理学的真正意蕴是把社会作为一个整体进行价值审视,比如,为什么社会对于个人具有某种无法抗拒的力量?怎样处理个人与社会的关系?应该确立怎样的社会伦理规范和价值原则?社会生活应该确立哪些基本的道德规范?在相互冲突的价值之间应该怎样进行选择？社会群体行为怎样才是正当性的？社会进步究竟意味着什么？怎样调节社会的伦理秩序，以使社会既富有井然秩序，又充满生机活力？怎样才能实现自由的、正义的理想？

由此可见，作为一种价值学说，"社会伦理学"追问社会活动道义上的合理性，充分彰显社会伦理学的实践理性的特征。事实上，人们改造社会的实践活动需要道德价值观的指导，从这点上看，社会伦理学是以社会与个人关系为研究对象、以权利与义务为核心内容、以社会和谐秩序为重要条件、以人的自由发展为最终目的的学科。社会伦理学探讨的社会内在价值以及行为的伦理准则，包括：社会富强、社会民主、社会自由、社会文明、社会选择、社会判断、社会正义、社会和谐、社会进步、社会幸福和社会理想等，其中，社会正义是社会制度的首要价值，社会和谐是社会的重要价值，社会自由是人类社会追求的最高价值，无论是经济上的自由还是政治上的自由，无论社会与个人怎样发展，其根本目的都是为了实现人自身的自由发展。

2. 社会伦理的基本价值原则

研究阐释社会生活的基本价值原则是社会伦理学最重要的内容之一。一般认为，社会生活最基本的价值大致包括：富强、民主、文明、和谐、自由、平等、公正、法治，等等，这里仅就其中一些价值原则加以阐述。

第一，和谐的价值原则。和谐是重要的社会价值，是理想社会的重要标志，人们在天性中就存在着对和谐与秩序的渴望，中国古代儒家更是把和谐提升到了社会首要价值目标的位置上。那么，何谓和谐？如何构建和谐社会？这是社会伦理学要研究的课题。所谓"和谐"是指一种社会秩序，是人类精神理想的一种完美状态，其实质是一种公平、公道、适度、中道、中和的境界。当下我国正处于"黄金发展与矛盾凸显"的特殊阶段，社会存在"不和谐"的因素，如人口、资源、环境压力加大，城乡发展不平衡、地区发展不平衡、经济社会发展不平衡的矛盾比较突出，诸如社会犯罪案件、经济纠纷、民事纠纷、信访、闹访等社会问题多发频发，特别是不公平分配所造成的收入差距过大已成为当下最不和谐的因素，亟须采取措施加以解决。

构建和谐社会需要全体社会成员确立和谐理念与和谐价值，营造和谐社会氛围。和谐社会除了涉及人与人之间的和谐、人与社会之间的和谐以及人与自然之间的和谐外，还包括人与自身的和谐，即人内心的和谐、精神感情的和谐、思想道德的和谐。因此，必须正确理解和谐社会的丰富内涵，和谐是人与人的和谐、人与社会的和谐、人与自然的和谐以及人的内心的和谐的有机统一。社会的和谐既包含稳定、协调，又高于稳定、协调；既体现公平，又促进效率；既包含社会发展的动力机制,又包含社会发展的平衡机制;既是一种价值目标和道德规范,又是一种不断化解社会矛盾的持续历史过程。

促进社会关系的和谐,应该在人与他人、人与社会、人与自然的关系,建立互相尊重、互相信任的关系,使全体人民都能和谐相处;在家庭关系上倡导"和蔼可亲""家和万事兴"的和谐规范,在人际交往上倡导"以和为贵"的处世哲学,在不同主体上倡导"和睦相处",在市场竞争上,倡导"和气生财",在社会管理上倡导"以人为本"的理念,注重尊重人、理解人、关心人。尤其重要的是,心理和谐是整个社会和谐的前提。没有人的心理和谐,和谐社会注定是不可靠的。因此构建和谐社会,必须注重人文关怀和心理疏导,培育自尊自信、理性平和、积极向上的社会心态。

同时,要重视和谐文化建设。和谐文化融思想观念、理想信仰、社会风尚、行为规范、价值取向于一体,是对和谐社会的总体认识和评价。大力宣传和谐文化,包括倡导和谐意识、和谐的思维、和谐的精神、和谐的行为,以及全社会倡导的和谐理念、和谐价值、和谐关系与和谐风气等,有利于营造和谐社会环境与氛围,为构建和谐社会提供坚实的思想基础和道德支撑。要辩证地、整体性地思考、看待和谐问题。和谐社会不是没有任何矛盾与问题的社会,积极主动地正视矛盾、化解矛盾,最大限度地增加和谐因素,最大限度地减少不和谐因素,鼓励一切有助于促进和谐的思想与行为,建立健全保障社会和谐的法律与道德规范体系,使社会形成一种既充满活力又团结和谐的局面。培养和谐精神,形成和谐思维,引导公民正确处理社会生活中的复杂矛盾,用和谐的思维认识事物,用和谐的态度对待问题,用和谐的方式处理矛盾,使崇尚和谐、维护和谐成为全社会的共同追求。

第二,公平正义的价值原则。公正是一个复杂概念,涉及多个领域,有经济公正、政治公正、法律公正、道德公正等。罗尔斯认为,正义是最重要的社会价值,"正像真理是思想体系的首要价值一样,正义则是社会制度的首要价值……某些法律和制度,不管它们如何有效率和有条理,只要它们不正义,就必须加以改造和废除。"[①]正义之所以成为重要的社会价值,就是因为它是人类进步的恒久追求,是实现其他社会价值的必要前提,是实现人类幸福的根本保证。

所谓公正,是指社会权利和社会义务的合理分配,是人们对一定社会现象和社会关系的道德评价,是社会制度和社会秩序的公平公道以及由此形成的对社

---

① 参见约翰·罗尔斯:《正义论》,何怀宏等译,中国社会科学出版社,1988年,第1页。

会成员的普遍公正要求和行为规范。在实际生活中,公正对人们行为动机的形成、价值观念的选择和道德目标的达成具有直接的浸润作用。当下社会公正问题备受关注,表现在教育公平问题、收入分配问题、城乡差异问题、公民权利方面,还有社会热点问题方面,如贪污腐化、见死不救、见义不为、仇富心理、平均主义现象等,呼吁实现社会公平正义。公正是一个基本价值理念,是人类追求的普遍价值目标,更是我国社会主义的本质要求。社会公正程度直接影响社会道德发展水平,最终影响社会文明发展。

为此,必须大力发展和提高生产力水平,丰富和创造社会公正的物质基础。这是提高人们思想觉悟和文明素质的根本途径。事实证明,社会不公的根源在于生产力发展水平与人们的物质文化生活需要之间存在着差距。社会公正从根本上说是经济发展的公正问题。所以,要减少社会不公现象,实现社会公平和正义,就应该大力发展生产力,促进经济健康有序地发展。富足是一种社会基本价值,马克思认为,贫穷是人类生存发展的最大敌人,经济匮乏是人类社会不幸的根源。社会物质条件的富足在人们精神家园的构建中扮演着重要作用。加强社会主义民主政治与法治建设,构建实现社会公平与正义的制度环境。公正是党和政府执政理念和制度设计、产品分配的原则,要使人们感到公正或公平,就要利用政策、法律和法规调整好社会关系。国家及其政府必须勇于担负起社会公正之代言人的角色,并通过制度设计调整利益结构、创造社会公正。执政党要坚持公平、正义和公道,坚持立党为公,努力为缩小分配差距和改善低收入群体生活创造更好的制度空间。

必须加强公民公正意识和科学公正观的教育,完善公民的人格,培养良好的道德水准,培养公正意识(道德意识)、公正心(道德情感)和正义行为(道德行为),推动社会公正程度的提高。干部要办事公道,舆论要主持公道,市民要处事公道,形成崇尚正义、追求正派、维护规则、遵守秩序、平等待人的社会氛围,使公正这一价值取向成为深入人心的基本价值理念。由于在政治、经济、文化、社会等领域评价标准不同,客观上不存在超历史、超阶级的抽象的公正。中国特色社会主义制度为追求最高标准上的公正和最真意义上的公正奠定了基础,为保障每个人都平等地享有政治民主和人身自由权利,为每个人都享有平等的分配劳动成果的权利创造了充分条件。可见,公正对于一个国家的发展和文明水平的提高,对社会的稳定和协调发展,对个人的生存和发展等具有重要的意义。实现公正是全社会的理想和责任,无论是国家官员,还是公民个人,都应该以公正作为自己思想和行动的准则。

第三,责任的价值原则。所谓责任,是指一种担当、使命、关怀和奉献。社会的和谐与每个公民息息相关,在现代社会,责任与权利相伴而生。责任与权利的分配需要遵循一定的规范和标准,这样才能体现社会公正精神。只讲权利不谈责任的社会不可能存在;只讲权利不讲责任的公民最后将丧失权利。当一个人主动地、愉悦地承担他应有义务的时候,义务就成为责任了。亚里士多德说过,人类社会本质上是一个政治社会,所以放弃对社会关系和公共事务的关怀与责任,实际上就等于放弃自己的社会存在。责任是一个人人生观、价值观和世界观的体现,是一个人对待人生和社会环境的态度。负责任的人在自身的自由中行动,把该做的事情看作自己分内的事情,视为发自内心地主动认真承担的使命。

不可否认,当今社会,一些人受西方的自由主义、个人主义、功利主义、实用主义、拜金主义、享乐主义等思想文化的影响,社会责任感比较淡薄,在自我责任、家庭责任、社会责任方面,只知其一不知其二,尤其不了解社会责任感的内涵,对社会缺少主人翁责任感,重视个人价值和个人利益,轻视集体与社会的价值;重视权利的享受,不愿承担应尽的义务,特别是缺乏对国家和社会的责任使命,看不到人与人之间及人与社会之间的互相依存、互相依赖、互相承担责任。

鉴于此,亟须加强社会责任感教育和培养。责任感作为一种道德情感,是一个人对国家、集体、组织、他人、家庭及对自己所应承担的道德责任。培养和增强社会责任意识,是公民应该具备的基本素养和道德品质。引导公民把自我价值和社会价值有机结合起来,认识到社会价值的最大实现才是自我价值的真正实现,处理好个人利益与社会整体利益之间、权利与义务之间的关系,培养对人类命运的关爱、自觉承担更多社会责任的意识。要在立法和制度规定上进一步明确企业、团体和个人的社会责任,倡导明确的责任规范,形成一种舆论力量和道德机制。

同时,要重视"责任政府"建设。人民是真正的主人,政府合法性的基础来自人民的意愿,政府的一切权力来自人民的授权,政府应服从人民意志,保障人民的权利,实现人民的利益和幸福。官员责任就是各守其职,各负其责。官员应在其位、谋其政、行其权、尽其责,对历史负责、对群众负责,"守土有责、守土负责、守土尽责"。

鼓励公民积极参政议政,创造条件疏通表达意见的渠道,凝聚共识,建言献策;加大对社会上一些不负责任现象的监督和打击力度;充分利用广播、报刊、电影、电视、戏剧、文学、网络等现代社会舆论工具,创造积极向上、健康进取的社会舆论,在知行合一中实现社会责任感的自身的完善。开展社会志愿者、义务献血、义务劳动、捐资慈善、希望工程、智力扶贫等活动,促使人们更好地为国家尽忠、为家庭尽孝、为他人尽爱、为社会尽责。

第四,社会进步的价值原则。社会伦理学还关注社会进步问题,社会进步乃是一个价值问题,所谓社会进步,是指社会形态从低级到高级、从简单到复杂的合乎规律的发展。社会进步的标志是社会文明,表现在物质文明、精神文明、政治文明、生态文明和人的文明方面。评价社会进步的最重要的、根本的标准是社会生产力的发展。生产关系状况也是评价社会进步的重要标准,表现在所有制是否适应、促进生产力发展,人们在生产过程中的关系是否平等友好,产品分配是否公平合理,管理是否有效地配置社会资源和要素,是否充分调动人的积极性。评价社会进步亦离不开精神文化价值的评价标准,如社会制度的先进与否,思想文化、道德水准、精神文明的发展状况如何。可见,社会进步的观念不仅仅是经济的增长和发展,而应该确立人的自由发展这个社会进步的核心观念。

　　社会进步意味着社会理想的实现。社会理想是关于未来美好社会蓝图的设想,是人所钟爱的社会价值的凝聚。社会伦理学思考与研究的问题有,为什么人们会对社会理想有强烈追求? 理想的合理性与可行性之间的关系如何? 合理社会理想的尺度在哪里? 社会理想与社会现实之间的矛盾冲突如何化解? 如何克服?

　　当今中国社会的共同理想是实现中华民族的伟大复兴,即实现国家富强、民族复兴、人民幸福、社会和谐;全面建成小康社会,基本实现富强民主文明和谐的社会主义现代化国家。中国改革开放创造了同期世界上大国最快的经济增长速度、最快的对外贸易增长速度、最快的外汇储备增长速度、最快且人数最多的脱贫致富速度、最大规模的社会保障体系,人民生活水平实现从温饱到总体小康的历史性跨越,中国社会面貌发生了翻天覆地的变化,创造出令世人惊叹的中国奇迹。

　　中国社会的共同理想不仅是中国经济发展、政治昌明、文化繁荣、社会和谐,而且是让中国人民有更好的教育、更稳定的工作、更满意的收入、更可靠的社会保障、更高水平的医疗卫生服务、更舒适的居住条件、更优美的环境,让孩子们成长得更好、工作得更好、生活得更好,让中国人民共同享有人生出彩的机会,共同享有梦想成真的机会,共同享有同祖国和时代一起成长与进步的机会。中国特色道路为探索人类文明多样化发展道路开辟了更加光明的前景。有梦想,有机会,有奋斗,一切美好的东西都能够创造出来。

3. 个人与社会

　　社会是由人构成的,人是社会的主体,意味着人是社会的终极价值,同时又是其他一切社会价值的源泉。我们之所以珍爱财富、自由、平等、和谐、正义等社会价值,只是因为它们为人类群体的福祉所必需。所以,社会伦理学的研究必须确立以人为本的基本理念,并把这一基本理念作为贯穿整个社会伦理学体系的灵魂。社会伦理学研究的核心问题是关于个人与社会的关系,所谓"个人"是指现实生活中的具体的个体,就是"你、我、他"。个人是社会实践的主体,既是从事社会物质生产和精神生产的人,也是现实世界中具有鲜明个性(如性格、气质、兴趣、爱好)的人。所谓"社会"是指一种人群共同体,既是人们交往活动的形式,又是人们交往活动的产物。社会在本质上是一种物质关系,"社会生活在本质上是实践的"①。社会伦理学主张,社会发展和个人发展是休戚相关的,个人是社会的前提和逻辑起点。"任何历史的第一个前提条件就是有生命的个人的存在"②。个人是社会有机体的细胞和基因,个人的发展状况制约着社会发展的状况。反之,社会不是完全独立于人之外或之上的存在,它是与人内在地关联在一起的社会,社会为个人的存在发展提供物质生活和精神生活条件及环境,社会生活条件(包括经济条件、政治条件、精神条件)总体上制约着人的活动状况和发展水平。人是群居性的动物,人的本质在于他的社会关系。任何个人总是隶属于一定群体、集团、团体中的人。

个人与社会的关系还涉及"公与私"的关系。所谓"公"是指:社会共同体存在发展所必需的一切条件的总和,就是公共利益,具有整体性、相关性、长远性特征。所谓"私"是指私人利益,即一个人存在和发展所必需的物质生活与精神生活条件的总和,就是私人利益,具有正当性、合理性、历史性特征。现实社会,客观上存在着两种根本对立的"公私观":一种是以公为本位的公私观,主张先公后私、克己奉公、公高于私、一心为公、大公无私,"毫不利己,专门利人",这是进步的高尚的公私观;另一种是以私为本位的公私观,主张先私后公、损人利己、损公肥私、一心为私、"人不为己,天诛地灭",这是不合理、不道德、不可取的公私观。

因此,社会伦理学要研究"公与私"关系,亟须划清有关公私关系的界限:肯定人人有私,不能等同于人人自私,"有私"是一种实然性判断,而"自私"是一种价值判断,是不能混为一谈的两种不同性质的判断;当人们谈论某人大公无私时,不意味着这个人丝毫没有私,而是说这个人具有"公而忘私"的高尚品质和道德境界;世界上不存在绝对无私的人,也不存在绝对自私的人,公与私的关系是相辅相成、辩证统一的。

在"个人与社会"关系问题上,还存在"集体主义"与"个人主义"的对峙。个人主义在西方历史发展中具有举足轻重的地位和作用。个人主义具有非常丰富的内涵:在人性观上,主张人生来具有自私自利、趋利避害、趋乐避苦的本性,所谓"自私的基因";在价值观上,强调个人在社会中处于中心地位,主张个人高于社会群体,所谓"个人是目的,社会是手段""个人是真实的存在,社会是虚构的团

---

① 《马克思恩格斯选集》,第一卷,人民出版社,1972年,第18页。

② 同上书,第24页。

体"等；在政治观和意识形态上，主张私有财产神圣不可侵犯，倡导个人绝对自由，要求尊重个人尊严，保护个人财产，维护个人权利；在伦理观和人生观上，主张"个人第一、个人本位、个人至上"的原则，强调个性发展、意志自由、独立自主，注重发挥个人能动性，主张通过个人奋斗实现自我价值。

平心而论，个人主义有不同表现形态，有合理的个人主义，其重要特征是"既利己也利人"，有温和的个人主义，其重要特征是"利己不损人"，如"各人自扫门前雪，哪管他人瓦上霜"；也有极端的个人主义，其重要特征是"损人利己"，如实际生活中的以权谋私、损公肥私等现象，因此，对待个人主义，要作具体分析，既要肯定其合理性方面，如强调个人的平等、自由、权利、利益，突出个人的进取、奋斗与自我实现；又要看到其历史局限性和缺陷。同时，还要注意划清几个界线：不能把谋取个人正当合理利益的行为等同于自私自利的个人主义；不要把自我奋斗、自我实现混同于极端的个人主义；不要把私有制等同于邪恶，走出"私有制是万恶之源"的误区。

作为对个人主义的超越，集体主义是社会主义的基本原则。确立集体主义原则的依据在于：人的本质属性是社会性；人民群众是历史的创造者；无产阶级的历史使命是解放全人类。集体主义原则的现实依据是：社会主义制度是人民群众当家作主的社会制度；社会主义本质不仅要解放、发展生产力，而且要消灭剥削、消除两极分化、最终达到共同富裕；中国共产党始终代表中国最广大人民群众的根本利益。

当下须大力弘扬集体主义精神，坚持集体主义原则和价值导向，树立社会主义义利观，努力做到：尊重并保护每个人的正当的合理的利益；坚持以集体利益和社会利益为重的行为准则；在市场经济条件下，自觉地克服和抵制极端个人主义；正确处理个人利益与集体利益、眼前利益与长远利益、局部利益与整体利益之间的关系，统筹兼顾，通盘考虑，使社会、国家、集体、个人诸方面达到共赢的结果。

马克思主义的"自由人联合体"思想为我们勾画了个人与社会的关系的美好图景。由于生产力的高度发达，个体与群体的关系、个人与社会的关系不断得到改善，随着导致人片面发展的私有制被公有制的社会形式所取代，被剥削、被压迫与被奴役的现象将被消除，个人将摆脱物役状态，人的全面发展将变成现实。"代替那存在着阶级和阶级对立的资产阶级旧社会的，将是这样一个联合体，在那里，每个人的自由发展是一切人的自由发展的条件。"①人进入"自由人联合体"的"自由王国"，通过科学探索、道德修养、艺术创造等活动，实现"真善美"的价值。

①　《马克思恩格斯选集》，第一卷，人民出版社，1972年，第273页。

二、竞争与伦理

1. 竞争的内涵界定

关于竞争问题,先哲们已有所思考。霍布斯认为,在人身上,无论是条件反射式的本能活动,还是深思熟虑的自主活动,都是为了趋利避害、趋乐避苦、自我保存。自爱、利己、欲求是人的天性,这种本性必然表现为求利、求安、求荣,从而必然引发人们互相竞争,争斗不休,爪牙相见,乃至相互残杀。这样,人们就处于一种"人对人像狼"的敌对的战争状态。虽然从本性上说,每个人都会追求自己的利益与安全,但从结果上看,他们都不可能随心所欲地满足自己的要求。这是因为人们为了自身利益而追求的对象在数目上是有限的,"如有任何两人欲求相同的事物,而这事物却不能为他们共同享受时,他们便成了敌人"①。由于没有公共权力,没有法律,结果带来人的恐惧、自身利益的丧失和不安甚至是生命的死亡。多亏人类有情感和理性,能够超越这种"自然状态"。霍布斯认为,在人的本性中,人人在情感上存在一种摆脱相互为敌的自然状态的强烈愿望。同时,理性也为摆脱敌对状态提供了可能性,理性所昭示的自然法,给人类带来了希望的曙光。通过订立契约,遵守公正的道德规范和原则,人们可以保全生命、寻求和平。

在进化论中,"生存竞争"是作为生物存在的一种方式以及生物进化的一种动力而确立的。由于动物普遍具有按几何级数增殖的倾向,而食物资源和生存空间总是有限的,因此,动物必然为争取生存条件和繁殖后代而进行残酷激烈的竞争。这种竞争不仅表现为物种间的竞争,而且表现为物种内的竞争。由此,社会生物主义者把人类社会的竞争归结为生物的本能活动,把"进攻性"看作人类天性和行为的支配性因素,如洛伦茨(Lorenz)认为人类有侵犯的遗传本能,阿德勒说人的天然本能是用武器来进行杀伤,弗罗姆说进攻性是人类对死亡的直觉,人有"争斗冲动",富有好斗性、好战性,斯托尔认为人们热衷于各种竞争性体育活动,也是为了使侵犯本能得以发泄,如拳击、斗剑、摔跤乃至看足球比赛都是直接宣泄仇恨和侵犯本性,格隆顿纳把大规模的暴力和战争说成是人的进攻性的不可避免的表现形式……②他们甚至还把人的优劣性归结到生物学的遗传基

---

① 周辅成:《西方伦理学名著选辑》,上卷,商务印书馆,1964 年,第 659 页。
② 参见卡里姆斯基:《社会生物主义》,第四章"暴力和人的天性",徐若木、徐秀华译,东方出版社,1987 年。

因。认为每个人存在着能力上的自然差异,比较适于生存的人(由于他们生来具有智力的、意志的和其他的禀赋)支配着比较不适应的人和不能适应的人;贫穷、饥饿、疾病、死亡是自然的正常的现象;那些竞争失败者不是"遗传退化""品种不良""不够格的"人,就是"劣等人""无能的人""病态的人",从而"优等人"对"劣等人"的控制、"高等人"对"低等人"的剥削、"高等民族"对"下等民族"的清洗就是天经地义的了。

显然,社会生物主义者把人类一切社会行为都视为天生不变的生物遗传本能的观点是不能令人信服的。因为人类社会中的诸如暴力、犯罪、战争、阶级斗争、道德规范、信仰、理想、文化等现象虽然有其自然的生物基础,但无论如何是不能仅靠"生物本能"来解释的。相反,倒应置于丰富的社会因素尤其是经济利益因素基础上来说明。比如,阶级斗争并不是"进攻本能"的外现,而是社会出现私有制后对立的阶级争夺经济利益的体现。阶级斗争"首先是为了经济利益而进行的,政治权力不过是用来实现经济利益的手段"[1]。同样,暴力作为社会强制的特殊形式归根到底是由社会政治的利益决定的。

马克思主义从来不主张为暴力而暴力,它要求严格区别压制人民的暴力和针对剥削者的革命暴力。从长远来看,暴力作为调整人们关系的形式是随着人统治人的社会经济基础的消灭而消灭的。正如列宁所说,"整个发展过程导向消灭社会上一部分人对另一部分人的暴力统治——对人们使用暴力并不是我们的理想。"[2]由此可见,社会生物主义者"想把历史的发展和错综性的全部多种多样的内容都总括在贫乏而片面的公式'生存斗争'中,这是十足的童稚之见"[3]。

2. 竞争的根源分析

社会的竞争,从表面上看有点类似于动物的竞争,但在本质上看绝不能等同于动物的活动。竞争的根源在于:

第一,竞争根源于外部资源匮乏和人的需要之间的矛盾。竞争是一种自觉的有意识有目的的活动,其发生机制可从主体和客体两方面分析。从主体方面看,人作为一种动物,具有内在的需要(即人同外界环境进行物质、能量和信息交换的活动状态),它是生命活动的源泉,是人存在和发展的内驱力,往往表现为对实际利益的追求。从客体方面看,处于特定历史发展阶段上的人总是受到外部环境和外界资源的限制,表现为生产力发展状况不能提供满足人需要的所有资

① 《马克思恩格斯选集》,第四卷,人民出版社,1995年,第246页。
② 《列宁全集》,第23卷,人民出版社,1986年,第64页。
③ 《马克思恩格斯选集》,第三卷,人民出版社,1995年,第572页。

源和财富,这样,为摆脱恶劣环境的威胁和短缺资源的束缚而进行的竞争就不可避免。越是往前追溯历史,就越发现原始社会下的人的竞争表现为低级的野蛮的甚至是动物式的竞争。由于当时自然环境的险恶,人类不得不进行捕杀其他动物的狩猎活动,甚至在非常时期杀害婴儿和老人以供食用。后来生产力有了发展,出现了剩余产品和私有制,阶级和国家随之产生。为了谋取最有利于自身发展的条件,维护自身利益和满足自身需要,社会出现了形形色色的竞争,诸如种族间的暴力、国家间的战争、阶级间的斗争、集团间的对抗、民族间的冲突、个体间的纷争,等等。可以说,只要社会资源还未足以满足人们的生活发展需要,以及人们仍在为这些资源而烦恼和操心,那么,带有"丛林法则"的竞争就不可避免。

第二,私有制以及对私利的追求是竞争产生的社会土壤。生产关系及物质利益构成了人们行动的直接动力,也是人们思想动机背后的物质动因。因此,只要社会上还存在私有制以及人对人的剥削和压迫关系,不良的竞争关系就必然存在。由分工和交换所引发的商品经济必然伴随着更加激烈复杂的竞争,因为这种竞争直接是实现人的各种利益和满足人的丰富需要的手段。一般来说,个别劳动时间低于社会必要劳动时间的、生产技术较高的、成本耗费较低的、产品质量较好的商品生产者在市场竞争中必然占有优势,取得优胜,赢得利润并进一步发展;反之则失败、破产、淘汰。在当代商业社会,到处充满了为争夺市场、原料、资源等而进行的"大鱼吃小鱼"式的优胜劣汰的竞争。不仅存在于国与国、部门内及部门间以及垄断组织和非垄断组织的竞争,而且竞争范围扩大到价格竞争、产品品种竞争、花色竞争、质量竞争、服务竞争、技术竞争、信息竞争、广告竞争等方面。这种竞争最终带来优胜劣汰、成功与失败,从而导致社会的统治者与被统治者、雇主与雇员、主人与仆人、资产者与无产者、贵族与平民、富人与穷人、能人与庸人等的阶级对立和等级差别。

第三,道德规范的缺失和法律制度的缺陷是造成不良竞争的重要根源。社会是一个宏大的有机系统,如果这一系统的某个环节出了差错,就会造成系统的连锁反应。当社会缺乏道德规范和法律制度时,竞争就必然陷入无序状态,造成整个社会系统的破坏。比如,在"残酷斗争,无情打击"盛行的年代,人们的精神道德发生了病变,人与人之间相互猜疑、提防、冷漠、仇恨、算计、举报、揭发、告密、大批判等成为"常态",为了生存很多人不惜昧着良知颠倒黑白,指鹿为马,罗织罪名,陷害同类,使人际关系沦落到"狼与狼"的关系。又如,在人欲横流、金钱至上的当代社会,"丛林法则"使人与人的关系变成了赤裸裸的金钱关系,逼迫人们把聪明才智运用于互相撕咬的竞争中。不难想象,当一个社会的人们还普遍缺乏道德自律,良心泯灭,人性丧失时,当一个社会还普遍存在着"无法可依,有法不依,执法不严,违法不究"的情形时,人与人的竞争关系会进入一种怎样的状态。

　　第四，人们的身心状况、知识能力、意志观念等主体因素的差异也是引发竞争的重要原因。人类社会的竞争不仅仅凭借人的肉体力量和体格形态等自然遗传素质来进行，而且还借助于五花八门的手段，利用其心理素质和智商能力（如观察力、意志力、创造力等）来进行。从根本上说，人的主体因素的状况制约着竞争的发展状况。在现实世界，特定的主体总是进行着特定的竞争，既有为了肉体生存和生命延续所进行的争取必要的生活资料的竞争，又有为了诸如名誉、地位、爱情、尊严的精神享受以及为了争取更好的条件以显现诸如能力、智力、意志力、创造力等人的潜能素质和本质力量而进行的竞争。有的人为金钱、为财富、为权力、为爱情、为平等、为自由、为自我完善而竞争；有的群体为利益、为权力、为正义、为信仰而竞争；有的国家或民族为生存、为富强、为民主、为文明、为进步而竞争。从历史发展总趋势上看，发展型竞争比起生存型竞争、精神型竞争比起物质型竞争将越来越居于重要地位。

3. 竞争的利弊及其扬弃

　　竞争对人类社会的发展具有积极的意义。竞争是个体不断完善的条件，社会发展的动力，人类进步的手段。竞争促使竞争者（个体、群体乃至民族、国家）最大限度发挥积极性、能动性、主动性和创造性。在竞争中，自然界的艰难险阻被战胜了，物质资源的匮乏稀缺被克服了，精神的枷锁束缚被挣脱了，人的利益需要满足了。竞争为社会进一步发展奠定了坚实的基础。在自然经济社会条件下，竞争的程度和范围受到很大的限制，生产者的个人劳动和社会劳动几乎是直接同一的，很少同外界发生联系和竞争。随着商品经济取代自然经济，一方面生产者摆脱了对封建地主阶级的人身依附关系，获得了相当程度的独立性和自主地位；另一方面在生产和经营上同社会发生了广泛的紧密的关系——个人的生产依赖于其他人的生产，生产者之间的竞争日益激化。尽管这种竞争必然导致贫富悬殊的两极分化——那些在能力和技术上领先的生产者获得竞争胜利，从而发财致富，而那些能力低下、技术落后的生产者在竞争中惨遭失败，以致破产贫穷；但是，由于不断改进工艺，更新设备，采用新技术，扩大生产规模，劳动生产率随之提高，促进了社会发展和进步。马克思在评价资本主义历史发展过程时说："资产阶级在它的不到一百年的阶级统治中所创造的生产力，比过去一切世代所创造的全部生产力还要多、还要大。"①

---

① 《马克思恩格斯选集》，第一卷，人民出版社，1995年，第256页。

当今世界,无论是竞争的广度还是深度都有了发展。国家间竞争已表现为综合国力的竞争,即包括生产力水平的高低、生产工具和设备的好坏、生产规模的大小、社会财富的多少、科学技术的优劣、人力资源开发水平和人才素质等的竞争。个体间竞争也表现为获得优裕的物质环境和优越的发展条件的竞争,诸如争取优异成绩的考试竞争、进入名牌学府的升学竞争、谋得满意职业的就业竞争、拥有名誉利益的职称竞争,等等。此外,文艺、体育竞争也成为人类体力、智力、精神发展水平的重要标志。就我国而言,传统文化的负面效应之一是,人们普遍缺乏竞争意识、拼搏精神、开拓观念和图强思想,一味地满足现状,安贫乐道,知足常乐,安命乐天,不敢追求创新,不敢奋斗冒险,致使整个社会就像一潭死水,死气沉沉。由于汲取了否定、排斥竞争所带来的贫穷落后的深刻教训,中国改革开放以来特别重视、强调竞争,积极参与竞争活动,从而使社会充满生机活力,促进社会蓬勃发展。

毋庸置疑,现实世界的竞争状况仍不尽如人意,"物竞天择,适者生存""弱肉强食,优胜劣汰"的"丛林法则"还相当盛行,还存在着各种各样的不良竞争。例如,各种杀人、强奸、盗窃、抢劫、走私贩私、贪污受贿、造谣诬陷、徇私枉法等违反社会法律制度的竞争到处可见;各种弄虚作假、不讲信用、坑蒙拐骗、损公肥私、损人利己等不正当竞争比比皆是;各种独揽大权、垄断机会、霸占好处、以势压人、以权谋私等的不公平竞争司空见惯;还有各种违背道德规范的竞争,比如人际关系上的怀疑猜忌、背信弃义、尔虞我诈,商业活动中的以次充好、以假乱真,考试中的作弊,招聘中的作假,审判中的伪证,论文中的抄袭,成果中的剽窃,选举中的贿赂,比赛中的服用违禁药物,报道中的"有偿新闻",等等,更是触目惊心,令人不寒而栗。鉴于此,当务之急亟须遏制并消除不良的恶劣竞争。

首先,大力发展社会生产力,增加社会财富,这是消除不良竞争的必不可少的条件。马克思认为,物质生产力直接决定生产关系并决定一切社会关系,这是人类社会发展的最终决定力量和最根本的推动力。一个新的更高的生产关系只有在"它的物质条件已经存在或者至少是在生成过程中的时候,才会产生"①。因此,生产力的"巨大增长和高度发展",是建立共产主义"绝对必需的实际前提","如果没有这种发展,那就只会有贫穷的普遍化;而在极端贫困的情况下,就必须重新开始争取必需品的斗争,也就是说,全部陈腐的东西又要死灰复燃"②。鉴于此,社会主义社会应该采取一切有力措施,"尽可能快地增加生产力的总

---

① 《马克思恩格斯选集》,第二卷,人民出版社,1995年,第33页。
② 《马克思恩格斯全集》,第3卷,人民出版社,1960年,第39页。

量"①,以满足人民群众的物质文化生活需要。

其次,建立完备的法律制度对遏制不法竞争起着至关重要的作用。人类的自我意识和理性能力为制定各种"游戏规则"及法律制度提供了可能。法律制度对规约社会竞争,协调社会关系,促进人类发展起着积极保障作用。在当代中国,制度建构的相对滞后是引发各种不法竞争的根源之一。制度的创新尚在探索之中,因此,迫切需要建立公开、公平、公正、合理的法制体系,加强法制建设,完备法律体系,严肃法律规范,树立规章制度权威,推进依法治国方略的实施。唯有这样,才能有利于协调人际关系,形成良好竞争。

再次,完善道德规范和原则有利于从根本上保证良好有益的竞争。要坚持公平公正的道德准则。所有竞争者不仅应享有机会均等的权利以及追求幸福、实现利益、满足需要的自由,而且其竞争的结果也应得到毫无偏见的评价和毫不偏袒的奖赏或惩罚。要坚持善良友好的道德准则。所有竞争者应该努力做一个善良友好的人,努力做出正确有益的行为,防止或避免或消除罪恶或伤害。决不能把自己的幸福和快乐建筑在别人的痛苦和不幸的基础上,要行善抑恶。要坚持诚实正直的道德准则。诚信从来就是开展有效健康竞争的前提。一旦失去了诚信,竞争就会陷入混乱,犹如没有游戏规则的比赛必然走向混乱一样。因此,所有竞争者应以诚相待,光明磊落,相互信任,友好合作,做到说实话、不说谎、讲真诚、不作假、守信用、不违约。

最后,完善社会保障制度,实施人道福利政策。尽管人有自然所决定的表现在年龄、健康状况、体力和智力状况或精神质量上的差异,但它并不是人的社会政治方面不平等的基础和原因。历史和现实中普遍存在的克己奉公、无私奉献、舍己救人、见义勇为等行为,表明人类社会除了竞争以外还有友好合作的利他行为。因此,必须弘扬遵守公德、尊重人权、救死扶伤、尊老爱幼、团结互助、博爱仁慈的精神。对于那些由于种种原因(年老、疾病、残疾、怀孕、失业、贫困等)而不能或无法竞争者给予物质帮助,保障其基本生活权利,及时弥补由竞争带来的各种负面效应,确保社会和谐发展。

三、自 杀 与 伦 理

1. 自杀的内涵界定

关于"自杀"的内涵存在诸多定义。《大不列颠百科全书》将自杀定义为"有

---

① 《马克思恩格斯选集》,第一卷,人民出版社,1995年,第293页。

意或者故意伤害自己生命的行动";也有人认为,"自杀是指主体自主采用各种手段以结束自己生命的行为"。简言之,自杀是出自本人意愿、采取极端手段毁灭自己生命的行为。

19世纪末法国社会学家杜克海姆在《自杀论》中划分了四种类型的自杀:

第一种是利他性自杀,指在社会习俗或群体压力下,个人为了坚持某种信念、张扬某种主义或效忠某一团体或为追求某种目标、担负某种责任而自杀。如,屈原投身汨罗江,以死唤起民众的觉醒;孟姜女哭长城,殉夫自杀;日本武士剖腹自杀,以生存为耻辱;疾病缠身的人为避免连累家人或社会而自杀等。这类自杀者的共同心理是:死是有价值的,是唯一的选择。

第二种是自我性自杀,指因个人失去社会之约束与联系,对身处的社会及群体毫不关心,缺乏集体的温暖与支持,产生孤独感、空虚感,悲观绝望而自杀。

第三种是失调性自杀,指在社会动荡时期,个人与社会固有的关系被破坏,因失去改造与适应社会的能力和信心而自杀。

第四种是宿命性自杀,指个人因种种原因,受外界过分控制及支配,感到命运不能完全自控而自杀。如,监犯被困在密室中、宗教徒为上帝而献身等。

杜克海姆不仅将自杀现象作为"社会事实"来研究,更重要的是透过分析"自杀"现象的社会原因,认为自杀并不是一种简单的个人行为,而是对正在解体的社会的反应。由于社会的动乱和衰退造成了社会—文化的不稳定状态,破坏了对个体来说是非常重要的社会支持和交往,因而削弱了人们生存的能力、信心和意志,这时往往导致自杀率的明显增高。他指出个人与社会之间存在着相互牵系的纽带,这一纽带的平衡与否影响了不同类型的社会自杀率。

从心理学角度看,自杀可以区分为两种类型:其一是心理满足型。如,高僧的绝食坐化;赌气性自杀;为坚持某种主张的示威性自杀等。其二是心理解脱型。如,由于自卑、悲观、空虚、厌世、羞辱、悔恨、畏惧、绝望等,当一个人的烦恼和苦闷发展到极端,对事态产生恐惧,对生活失去信心,对现实感到绝望而采取的唯一的最后的手段。

对人来说,"生存还是死亡",永远是一个矛盾。古希腊悲剧描写了不少出于伦理谬误而导致的自杀,如《安提戈涅》就是一出以自杀事件为核心的经典悲剧。苏格拉底的哲人式自杀形成了希腊文化中的基本自杀范式,从而自杀被看作是消除无法解决之矛盾的最激烈方式,带有抗议性质。由于基督教的生命神圣的价值观影响,欧美国家在很长时间内视自杀为犯罪。但在宗教影响力下降之后,欧美的自杀率上升明显。现代西方世俗社会不仅不会对自杀者进行谴责,而且出于个人权利不容侵犯的理念,允许像《自杀方法大全》一类书籍的出版和售卖。中国传统文化中亦蕴涵了必要时自杀的道德要求。孔子奉行"杀身成仁"之道德原则,孟子赞扬"以身殉道"之士,"生,亦我所欲也;义,亦我所欲也;二者不可得兼,舍生而取义者也"。自杀行为在中国的宏大历史背景中受到尊重,最典型的莫过于"文死谏,武死战"的观念。项羽"不肯过江东"这种英雄悲歌式的自杀被后世歌咏为男子汉风度的极致体现。谭嗣同,这位激进的理想主义者虽然死于北京菜市口泥泞的刑场,但是他主动放弃生路的求死心态也是传统文化熏染的表现。汉民族有女性自杀殉情的传统,如娥皇、女英死后化身为湘妃的传说,已经把自杀上升到浪漫主义高度,在爱情方面,差不多所有的感人故事都跟自杀殉情有关:梁祝、孔雀东南飞、霸王别姬等。

自杀不是突然发生的,往往有一个过程,包括以下环节:产生自杀意念、下决心自杀、思考自杀的方式、选择自杀的地点与时间、采取自杀行为,而且,对于不同年龄、不同个性、不同情境下的人,自杀过程有长有短。

2. 自杀的成因分析

一般认为,造成自杀的主要原因有生物生理因素、心理精神障碍(如抑郁症)、社会文化因素(失望和失落感),以及人格异常(冲动性与攻击性)因素。

第一,生物生理因素引发自杀。研究发现,自杀行为与一种控制情绪的基因出现突变有关。大脑内一种名为 Serotonin2A 的感受基因一旦发生变异,会削弱大脑抗拒自杀冲动的能力,增加患者的自杀概率。应该说,有关"自杀基因"的发现,在伦理上有利也有弊,从"利"上看,人们可以及早为患者作适当看护及诊治;从"弊"上看,患者身份被验证后,可能会受到别人歧视,如不准许购买保险、驾驶飞机或驾车等,或者,雇主可能强迫雇员接受有关测试,引起道德上的争议。

痛苦的折磨可能来自生理的和心理的,为了缓解甚至终止痛苦,有可能选择自杀。器质性脑病的谵妄或痴呆都可伴有情绪不稳定的表现。有时病人在短暂而深度的抑郁性心境波动时会发生严重的暴力自伤行为。此时意识常不太清楚,病人对当时情景可能只有模糊回忆。癫痫病人,尤其是额叶癫痫病人,会频繁发生短暂而深度的抑郁发作,加上他们手头又有药品,所以发生自杀行为的危险性高于常人。

第二,抑郁症是导致自杀的主要因素。90%以上的自杀成功者有精神疾病,特别是忧郁症、酒瘾、药瘾、情感性精神疾病及精神分裂症等。慢性精神分裂症病人容易发生抑郁情绪,从而导致自杀。由躯体疾病引发的抑郁也会导致自杀企图。饮酒可诱发自杀行为,因为酒会加重抑郁性情绪波动的强度,降低自我控制能力。社会因素如婚姻破裂、恋爱不快、生离死别、经济困难,或者鳏寡、独居、无业、生活困境等因素会引发抑郁症,增加自杀危险性。调查显示,抑郁症患者有一半以上有自杀意念,患上抑郁症的人大多数"身在病中不知病",世界卫生组织预测,到 2020 年,抑郁症将成为仅次于癌症的人类第二大杀手。

第三,人格障碍者易引发自杀企图,尤其是具有边缘性或反社会性人格障碍、情感不成熟的人,其忍受挫折的能力差,遇到应激会发生感情冲动、暴力和攻击的反应。此外,内向型性格的人易自杀,瘫痪、癌症等病人容易自杀,精神病患者在发病期间自杀率尤其高。童年期的创伤性经历,特别是家庭破碎或父爱、母爱的剥夺造成的痛苦,在那些有自毁行为倾向的人身上非常多见。受虐待的妻子以及儿童虐待案的受害者更易发生自杀企图。

第四,自杀与社会环境、文化水平、生活富裕程度有关。一个人选择自杀,在大多数情况下,是因为某种社会公众的偏见与冷漠造成的。没有安全感,会使人陷入极度的恐惧,而这种恐惧比对死的恐惧还要强烈。失去社会归属感,感觉到被社会组织或社会团体抛弃、被恋人抛弃,情绪极端时可能感觉到被整个社会所抛弃,失去在社会中的坐标和定位,往往引发绝望、诱发自杀。研究发现,神经和精神病患者的自杀率较普通人群高;经济发达国家自杀率比非洲大陆高;城市的自杀行为发病率高于乡村;女性的自杀企图高于男性;婚姻关系稳固的人,其自杀发生率要比单身者低得多。

3. 自杀的伦理问题探讨

自杀行为究竟道德不道德? 这个问题历来是争论不休的。认为自杀是不道德的论据主要有:

第一,自杀违反了生命自我保存的规律。自我保存是一切生命的本能活动,保全人的生命是一个人神圣的、责无旁贷的使命,而扼杀生命是无论如何不能接受的不道德行为。

第二,自杀是一种自我失控的非理性的行为,是一种神志不清、神经错乱的精神疾病。杜克海姆说自杀是一种社会病态;德国伦理学家包尔生说自杀是一种道德病态;弗罗伊德说自杀是一种精神疾患。所以,自杀者在道德方面已经不可能考虑自杀行为的后果并承担行为责任。

第三,自杀是一种对家庭和社会极不负责任的行为。你是家庭的一员,是父母的亲骨肉,也是父母生命的延续。父母含辛茹苦地把你抚养成人,付出巨大的心血和精力。所以,自杀辜负了父母的一片心意和期待,是一种逃避责任的行为。自杀行为给家庭成员和亲朋好友带来心理打击和精神痛苦,对社会稳定和发展造成负面影响,甚至带来连锁效应。家人和朋友对于未能阻止既成自杀而深感内疚、惭愧与懊悔,也许这种内疚情绪与悲痛心情一直伴随人的一生。其实,一个人的生命不仅属于个人自己,同时也属于社会。社会为每个人的成长和发展提供了物质的和精神的条件,所以,每个人对社会发展和人类进步具有重大责任和义务。

第四，自杀行为不符合宗教的人生态度。基督教伦理学认为，上帝创造了人的生命，赋予人生意义。人没有剥夺自我生命的权利，否则，会与宗教人生态度相抵触。每一个人应恪守"不可杀人"的戒律，尊重并呵护人的生命。只要信仰上帝，珍爱生命，以爱待人，保持自尊，同时，谦虚忍受，克己驯服，刻苦努力，恪尽职守，就能克服人生的困苦灾祸，获得人生的快乐。

第五，自杀是人的胆怯懦弱的表现。亚里士多德认为，自杀的人通常是那些缺少勇敢面对惨淡人生的人，为要逃避贫穷、失恋或任何痛苦的事而死，不是勇士，乃是懦夫，因为躲避困难便是懦弱，自杀的人不是因为荣誉而选择死亡，乃是因为避免困厄。即使一个人遭受侮辱欺凌，也不能将自杀视为反抗侮辱的最好自卫方法。例如强奸，就被强奸的人说来，并不是道德的耻辱，因此，若以牺牲生命为代价来保持贞洁，那是不可取的。

与此相反，主张自杀是道德的论据主要有：

（1）自杀是人的神圣的不可剥夺的自由权利的体现。每个人对于自己的身体和生命具有自由决定的权利，当他认为自己的生命存在没有意义或毫无价值时，选择自杀就是一种明智的行为，不违背生命价值原则。

（2）选择自杀不一定是不负责任的行为。

（3）自杀属于人的一种自我评价，是个人自主行使生死权利的体现。不仅无可指责，而且是一个人追求超越性存在的途径。

综上所述，自杀是一个有争议的问题。但是，无论是反对自杀的，还是赞成自杀的，一般都不提倡自杀，并主张运用一切手段尽可能防止自杀。

4. 加强生命教育，防范轻生自杀

鉴于自杀已成为人类死亡的重要原因之一，世界卫生组织将每年的 9 月 10 日定为"世界预防自杀日"，以此警示人们，关爱生命，干预自杀。世界卫生组织强调，"健康不仅是没有疾病或不虚弱，还应是在肉体、精神和社会方面的完全良好"。

第一，尊重生命，珍爱生命。生命教育的宗旨是关注生命、尊重生命、珍爱生命、欣赏生命、成全生命、敬畏生命，根本目的在于帮助人们更好地理解生命的意义、生命的质量，强化生命尊严意识，成为一个积极的、乐观的、主动的、自信的、开朗的、友善的个体，拥有一个美好的人生。生命教育的关键在于树立全新的生命意识，比如，在强盗和歹徒面前，不提倡不顾一切的拼死一搏，而是学会如何与强盗和歹徒巧妙周旋或妥协，掌握保护自己身体与生命的技巧，规避不必要的牺牲。面对社会环境和人自身生活的危机，挽救有自杀动机和行为的人们，归根结

底要教育引导人们珍爱生命,增强生活勇气和信心,提高应对危机的能力;鼓励人们多读积极向上的书,多看成功人士的传记。生命教育不仅仅是学生的必修课,也是国民教育的内容之一,尤其是面对"前半辈子用命挣钱,后半辈子拿钱换命"的生存方式,更应加强生命教育。

第二,加强心理卫生教育,提升人们应付挫折的能力。美国心理学家格罗布等人的有关研究认为,青年期个体中70％的人表现出抑郁现象,包括绝望、悲哀和冷漠,青年期自杀的最大预兆是"严重的、长期的心理能力丧失",过多的压力导致心理抑郁、焦虑、强迫症、人际关系敏感等。因此,学校和社会要为青年学生提供一个良好的心理环境。

(1)保证青年学生与正直、善良、心理健康的人接触,以利于培养其积极的情绪。

(2)为青年学生提供健康情绪的表达机会,使青年学生的不良情绪得以合理宣泄,以免破坏性地爆发。

(3)给青年学生的社会行为创造成功的机会,以免长期遭受挫折和内心冲突。

(4)培养青年学生有效的心理防御机制,帮助他们学会如何保护自己。

(5)教育青年学生认识社会的复杂性,从而增强他们的心理耐挫力。

事实证明,学校设立心理咨询机构,开设心理课程和心理咨询,有助于预防自杀行为。进行心理咨询,可以持续、稳定地帮助青年学生摆脱各种心理困扰,消除各种心理障碍,使之及时恢复心理平衡。受不良心理因素困扰的青年学生,如果无法自我摆脱或及时得到帮助,便可能出现自杀念头。有的即使已出现自杀念头,通过咨询,配合适当的心理疗法,也能避免自杀念头发展到自杀行为。建立健全青年学生心理档案也是预防自杀的一项重要措施。心理档案主要包括该学生的智能和智商、人格特征、气质类型的发展状况等。除了长期观察、记录该学生各方面的行为表现和心理问题外,还有必要定期进行一些心理测试,以便较准确地掌握学生心理上的变化。

此外,还要有计划地组织学生工作干部、辅导员、团干部进行轮训,讲授有关青年学生的心理特点、大学生心理卫生和心理咨询等有关知识,了解和掌握人格顺应和情绪控制的基本规律,掌握有关青年期心理适应的技巧,如合理的宣泄、代偿、转移、升华等,提高应付挫折的能力。总之,在青年学生中宣传普及有关心理卫生知识是防止自杀的一个有效的办法。

第三,加强精神文明和先进文化建设,积极改善国民尤其是大学生的心理环境。在我国社会转型时期,在竞争日益加剧的情况下,各行各业、各类人群心理压力普遍加大,大学生的心理问题比较突出。在这个背景下,如果不树立正确的世界观和人生观,就会造成价值观的混乱,就会发生心理障碍,失去心理平衡,从而引发自杀率上升。因此,要加强校园精神文明建设,大力弘扬中华民族优秀传统文化和传统美德,丰富大学生课余的文化娱乐生活;大力开展各类文体活动,培养大学生奋发向上、积极进取的敬业精神;开展各种学术活动,形成浓厚的校园学术风气;组织大学生积极参加社会实践活动,在实践中引导他们正确地看待社会、看待人生。

同时,关注自杀的传染性问题。不少媒体曾报道过,因影视、广播等媒体详尽报道一些自杀事件,而使社会上自杀或企图自杀者增加的事实。香港一著名艺人跳楼自杀后,短短一个月中,连续不断出现采用类似方式而自杀的事件,其中女学生居多。研究表明,自杀的模仿性及潜意识引导现象经常发生,最容易引发模仿性自杀的新闻报道有以下特征:详细报道自杀方法;对自杀而引致的身体伤残很少提及;忽略了自杀者生前长期有心理不健康的问题;将引发自杀的原因简单化;自杀者知名度高,社会影响大;使人误认为自杀会带来好处等。

鉴于此,大众传媒在报道自杀事件时,应该持谨慎态度,尽量指出自杀不是唯一出路,以减少自杀的传染现象。应该让那些有自杀意念的人认识到,自杀不是一种正确处理困难的方法,也不是一种可以理解的选择。

总之,在我们这个提倡"以人为本"的时代,生命价值是至高无上的,敬畏生命、尊重生命、珍爱生命,提高生命质量将日益成为人们的共识以及追求的目标。

四、生活方式与伦理

1. 生活方式概念的界定

"生活方式"是一个高度概括的综合性概念,一般有广义和狭义两种理解。狭义的生活方式,是指消费生活方式,包括物质生活消费方式、精神生活消费方式以及由个人支配的闲暇时间的消费方式。而广义的生活方式包括社会劳动和闲暇时间的利用方式,对物质需求和精神需求的满足方式,参加各种社会政治文化活动和日常家庭生活的方式,以及在生产和非生产领域中同其他成员的交往方式,其中主要的是劳动方式、消费方式和交往方式。

从满足人们需要的角度看,生活方式不仅涉及物质生产与生活领域,也包括政治、宗教、家庭、闲暇、交往等领域,通常包括:人们的衣、食、住、行、劳动生产、娱乐休息、社会交往、待人接物等物质生活和精神生活的价值观、消费观、审美观以及与这些观念相适应的行为模式、生活习惯和生活规范等。生活方式,既可从物质生活方式和精神生活方式两方面来理解,也可从质和量两方面来把握。所谓生活方式的质,主要指建立在哪一种社会经济形态基础上并且以什么样的价值观为指导;所谓生活方式的量,主要指由生产力水平所决定的消费水平,具体表现为人均收入、家庭的收支状况及商品的消费量,等等。生活方式还包括交往方式,交往的扩大是社会进步的力量,交往的频繁是人的自由度增强的表现。交往是社会发展和个人发展的必要条件,共产主义"是以生产力普遍发展和与此相关的世界交往的普遍发展为前提的"①。

从根本上说,生产方式决定生活方式。"物质生活的生产方式制约着整个社会生活、政治生活和精神生活的过程。"②不同的社会、民族、阶级、阶层以及个人,他们的生活方式之所以迥然有别,归根到底是由一定社会生产方式和物质条件决定的。这表明:社会生产力,特别是其中的生产工具的革新、科技的进步直接促进生活方式的变革;生产关系的变革以及在同一生产关系中的不同地位,决定了生活方式的不同特征;生产方式的状况、水平直接影响人们生活方式的模式。马克思说:个人怎样表现自己的生活,"这同他们的生产是一致的——既和他们生产什么一致,又和他们怎样生产一致。因而,个人是什么样的,这取决于他们进行生产的物质条件"③。历史表明,原始社会生产力水平低下,人们穴居巢处,茹毛饮血,为生存而斗争,生活方式以原始、蒙昧、平等和贫乏为特征。奴隶社会,随着新的石制工具和金属工具相继应用于生产,出现了劳动分工和产品交换,产生了私有制。奴隶主享受比较优裕的物质和文化生活,而奴隶则过着牛马不如的悲惨生活。社会的生活方式以落后、愚昧、残忍、狭隘和闭塞为特征。封建社会,自给自足的自然经济使农民跟随自然季节的变化,周而复始地进行简单再生产,生活资料匮乏,社会交往简单,生活节奏缓慢,生活方式表现出比较封闭、狭隘、墨守成规、安于现状、节俭清苦的特征。资本主义社会,人们的生活节奏因适应机器运转速度而普遍加快,社会交往因商品经济发展而不断扩大,商品型生活方式代替了农耕型的生活方式。正如马克思所指出的,资本主义大机器生产方式克服了过去"流传下来的、在一定界限内闭关自守地满足于现有需要和重复旧生活方式的状况"④。

当代世界,科技的进步带来了生活方式的伟大革命。表现在:

首先,现代科技革命带来了工厂自动化、办公室自动化和家庭自动化,使人

---

① 《马克思恩格斯全集》,第3卷,人民出版社,1960年,第39—40页。
② 《马克思恩格斯选集》,第二卷,人民出版社,1995年,第82页。
③ 《马京思恩格斯选集》,第一卷,人民出版社,1995年,第25页。
④ 《马克思恩格斯全集》,第46卷(上),人民出版社,1979年,第393页。

们的闲暇生活方式无论在内容和形式上都发生了重大改变。工厂自动化极大地提高了产品质量和工作效率，减少了必要劳动时间；家庭自动化借由洗衣机、电磁灶、微波炉洗碗机、吸尘器、自动电饭煲、绞肉机等灵巧又实用的技术，把人们从繁忙的家务劳动中解放出来。

其次，科技改变了人们的生活内容、生活节奏、生活旨趣和娱乐方式。现代生物技术使人们的食物结构和饮食方式发生根本变化，更多的食品直接由工厂生产出来，不再由栽培和饲养获得；现代新材料技术实现穿着的现代化，合成纤维极大地改变了传统的棉、麻、丝、毛纺织业，使服装不再是御寒遮身之物，相反成为美化生活的条件；同时，许多特殊用途的衣服，如防火衣、防弹衣、救生衣、发光衣、变色衣乃至变温衣等丰富了衣着的功能。便携式电脑、电视机、摄像机、录像机、数码照相机、电子游戏机、互联网等现代科技产品为人们提供了丰富的娱乐技术设备，使闲暇时间变得丰富多彩。汽车工业的发展和遍布全球的高速公路为人们"自由行"提供了便利条件，交通工具的发达和电子通讯的快捷，特别是超音速飞机和高速列车的运行使地球变小，周游世界梦想成真。

最后，互联网开创了社会交往和社会服务新时代，改变了人们的日常生活方式。闲暇时间的大幅度增加，为人们的学习培训、知识更新、能力提升、科技发明、艺术创造、出国旅游、修身养性提供了充裕的时间；互联网技术的应用，扩大了信息传播的渠道，极大地改变了教育学习方式；网络新闻、电子图书馆、电子邮件、网上超市、电子商务、在家购物、远程教育、远程医疗、手机刷屏、微博论坛言论、微信朋友圈，以及电子货币（信用卡、现金卡）改变了人们的生活习惯、行为方式和思维方式；如今提高自身文化素养水平已成为社会新潮流，到处可见各种培训班、讲习班、辅导班、兴趣班等，表明人们的闲暇生活质量普遍提高。

2. 消费主义生活方式之反思

一个人的生活方式总是受其人生观和价值观影响。西方社会崇尚个人主义、自由主义价值观，追求经济主义、物质主义、享乐主义的人生观，势必带来消费主义生活方式。消费主义是现代社会的重要特征之一，作为一种价值观念和意识形态，肇始于二战后的资本主义社会，作为一种生活方式盛行于当今世界。

消费主义生活方式的准则是追求奢华的消费、体面的消遣和无节制的物质享受，试图以物质财富的占有、物欲的满足，构筑心理和精神的需求以及人生的意义。消费主义生活方式不是把消费当作一种人们正常的基本生活需要的消费，而是看成一种超出正常生活需要的、满足无限"欲望"的消费。换言之，消费的目的不是为了真实的、内在需要的满足，而是为了外在的、虚假的、受控的需要和永无止境的欲望的满足。现代消费社会的价值理念是："我消费故我在""我消费,我就有意义""我消费得越多,我价值就越大"。消费活动不再是简单地对产品的占有和享受,而是通过消费产品展示出自我存在的意义与价值。

由于技术成熟、生产规模扩大和产量提高,少数精英阶层的高档消费转向了大众消费。以年轻的白领为主的新兴时尚阶层对高档奢侈品消费趋之若鹜,动辄上万元的高价商品成为显示实力和地位的象征。这些被称为"酷一族"的年轻群体追求高档服饰和名牌轿车的消费,如路易威登、巴宝莉、爱马仕、香奈儿、法拉利、劳力士、苹果、奔驰、宝马、玛莎拉蒂等国际名牌。消费社会要求大众把消费作为一种应当履行的社会责任,为创造有效需求而宣扬超前消费、信贷消费观念。在收入相对稳定的情况下,分期付款、贷款消费、信用卡等透支消费方式成为最好的选择。"寅吃卯粮""花明天的钱圆今天的梦"成为一种流行的生活方式。一些人为了物质生活的享受而不惜透支消费,成为"负债"的一代。一部分人群出手阔绰,挥金如土,以比阔斗富炫耀自己的财富和地位,满足自己的虚荣心,有的演变为"贪大求洋""多买多用多扔"的陋习,毫无限度和无法满足的主观欲望取代了客观的必要的需求满足。

不难发现,在以市场经济为主导的、物质富裕的现代社会,消费发生了"异化",人在无形中被嵌入符号系统,彻底成为驯化了的"消费机器"。消费是一个维护符号秩序的系统,系统造就了人的需要体系,所有的人成为符号系统中的一个符号,人的踪影消失了,只剩下孤单的"消费者"。消费活动塑造人的行为动机,促使人的社会角色的转换。各种商业销售手段侵入到生活的各个角落,通过媒体以各种诱人的、中立的话语,形成一个巨大的诱惑性符码世界,控制着人们的消费行为,各种消费手段以自由选择、个性化的方式掩盖消费者的软弱无力和无处可逃的命运。一味追求物质享受贪欲的无限扩张,结果使人们养成了高消费的奢侈恶习,精神上却处于极度空虚和萎靡状态。这种生活方式势必会形成一种相互攀比的心理,为满足虚荣心和无限欲望而对社会资源挥霍浪费。这种生活方式会把人们的消费审美观引向歧途,似乎符合时尚的消费就是"美"的,就是一种"高雅的、高贵的、有品位"的象征,反之就是不美、落伍、没有品位,被人鄙视的。这种生活方式会使自我迷失在铺天盖地的时尚消费信息中,使人的主体性逐渐丧失。这种生活方式并没有给人们带来心理和精神上的真正满足,也没有使人们过上有意义的幸福生活。这种生活方式在一定程度上扭曲了人性,不仅会使有钱人更沉溺于"炫耀性消费"之中,还会把人们引诱到挥霍性、破坏性的消费之中。通过符号消费,消费主义强化了身份伦理,显示人的地位的高贵,加剧了社会阶层的分化。正是过度的信贷刺激需求所形成的消费力带来一种虚拟的、不确定的、充满泡沫的需求,举债度日的生活方式导致如美国那样的次贷危机、金融危机的爆发。

不可否认,随着经济全球化进程的加快,我国公众的消费观念、消费水平和消费方式发生了巨大变化。消费刺激生产的发展,促进生活方式的进步。从理论上说,消费具有重要的能动作用,体现在:

(1)"没有消费就没有生产。"①通过消费促进资本快速周转,加速从生产到消费的周期循环,推动扩大再生产。

(2)消费的目的是为了获得更多利润。消费证明生产出来的产品的有用性,也使生产能够继续下去。消费促进产品的升级换代,为生产开辟市场。消费的无限性带来生产者对利润追求的无止境,从而有利于获取更多的利润。

(3)正常的消费保障了劳动力的来源,有利于健康体魄与健全智力的发展。消费为人们的正常生活提供了生活必需品,有利于恢复劳动者的体力、智力和精力。随着物质生活消费水平和精神文化生活消费水平的提高,人的身体素质和精神素养将不断增强。一般来说,自给自足的封闭式的生活方式使人们养成一种保守的习惯,因循守旧,不思进取,最终有碍生产力的发展和社会的进步。而先进的生活方式带来广泛的交往活动,容易形成全新价值观念,有利于培育思路敏捷、学识渊博的人才,推动学派相互交流,促进科学技术发展。

然而,在制造需求和消费信贷的支撑下,肯定消费对推动经济发展的强大动力作用的同时,应该清醒地看到,在中国社会主义初级阶段,生产力发展水平还不高,人口多、底子薄,人均资源相对不足,整个社会还存在着比较严重的工农差别、城乡差别、区域差别,人均收入水平不高,国民收入总体水平偏低等现象。在这种情况下,宣扬和效仿这种"多买多用多扔"的消费主义的生活方式是不恰当的、不合时宜的。从根本上说,这种消费主义生活方式是一种不可持续的、畸形的生活方式,不仅会带来自然资源的浪费、环境破坏、生态恶化,严重危及子孙后代的生存和发展条件,而且会滋长享乐主义和极端的个人主义价值观,扭曲生命的价值和意义,导致人的狭隘的片面的发展。

事实证明,超前型消费、奢侈型消费、攀比型消费、炫耀型消费等生活方式违背了资源使用的效率性原则和资源分配的公正性原则。当务之急,必须坚决遏制这种消费主义的生活方式,应该树立适度消费的价值观念,倡导理性、公正、和谐的消费方式,提倡独立自主、自力更生、艰苦奋斗、勤俭节约的生活方式。

第一,坚持理性消费。贯彻落实以人为本的科学发展观,建设资源节约型和环境友好型社会,有赖于生活方式和消费模式的转变。理性消费,既不是过度消费,也不是消费不足,既不是禁欲主义的贬抑消费,也不是享乐主义的张扬消费,

----

① 《马克思恩格斯选集》,第二卷,人民出版社,1995年,第96页。

而是根据个人收入水平、"量入为出"的合理安排消费。

第二,倡导公正消费。公正消费是可持续发展战略的题中应有之义,这种消费不仅要求代内公正,而且要求代际公正。当代社会,少数人过着挥霍浪费的生活,多数人则处在基本生活要求得不到满足的境地,凸显出社会不公情况。应该提倡可持续发展的价值观念,形成崇尚节俭的社会风气,更加注重生活质量的提高,注重精神文化生活的品位。

提倡代内公正,意味着不同民族、不同国家或者是不同利益集团之间在谋求生存和发展时应该力求平等,其消费不能以剥夺他人或他国人民基本的生存权利为条件。同样,少数人只顾局部利益和眼前利益,无视整体利益和长远利益,以剥夺后代人实现其利益的机会来满足自己的利益,也势必导致代际关系的严重扭曲,严重威胁人类的整体生存。

提倡代际公正,意味着当代人在考虑自己的需求与消费时,应对未来各代人的需求与消费负起历史的责任和义务。当代人的消费不能以后代人生存和发展的牺牲为代价。为了保证人类社会的可持续发展,应该摒弃"大量生产、大量消费、大量废弃"的生产方式和生活方式。

第三,提倡和谐消费。消费主义生活方式把物质消费需求的满足当作人生的唯一目标,用对财富的占有和享用充当评价人的成就、地位和人生价值的标准。显然,这种生活方式忽视了人存在的道德精神的价值判断,丧失了对人生价值和意义的思考和追问。如果一个人囿于物质欲望的追求,过分沉溺于物质财富的占有,把毕生精力和时间用来追求消费品的享受,寻求感官刺激,那么他就会沦为物质的奴隶,走向精神的贫乏和心灵的空虚,必然成为"单向度"的人。无疑,这是一种片面的、狭隘的、低俗的生活方式。

提倡和谐消费,就是把物质生活和精神生活有机结合起来,在享受物质生活资料、满足物质生活需要的同时,应该增加精神文化消费,努力提高精神生活水平和品质,使物质消费与精神消费均衡协调发展。

3. 创建文明、健康和科学的生活方式

在我国社会转型时期,存在一些不良的生活方式,表现在:人生态度上的悲观主义,消极厌世、颓废堕落;人生目的上的享乐主义,追求肉体享乐,骄奢淫逸;消费内容上的物质主义,挥霍浪费和低级趣味;消费手段上的拜金主义和极端个人主义,贪污贿赂和非法牟利。究其原因主要有:

(1) 西方社会腐朽思想的影响。一些人对西方发达国家的生活方式持盲目崇拜心理,分不清文明健康消费方式与消极颓废消费方式的界限,盲目地模仿西方腐朽的生活方式,将个人享乐视为人生目的,恣意纵欲,陷入无止境的片时感

官刺激,丧失了生活意志和人生价值目标。

(2)封建主义思想余毒的影响。漫长的封建社会遗留下来的好逸恶劳、贪图享乐、铺张浪费、光宗耀祖等旧思想意识和价值观以及讲排场摆阔气的庸俗心理,依然支配着一些人的头脑,导致人际关系冷漠、社会责任意识淡薄。

(3)市场经济的负面冲击影响。商品交换、货币流通引发商品拜物教和拜金主义,一些人抱有一种"有钱能使鬼推磨,及时行乐莫错过"的人生态度,追求感官刺激和低俗生活,丧失生活的价值和意义,造成对社会的巨大危害。

(4)体制转换时期存在的体制漏洞和缺陷,加上某些方针政策、舆论导向的失误,给消极颓废的生活方式之滋长、蔓延创造了条件,造成了道德危机、信仰危机、社会危机。

不言而喻,这种消极颓废的生活方式对社会文明发展具有极大的危害性。

其一,妨害物质文明建设。消极颓废的生活方式是以损害、侵吞国家、集体和他人的财富为基础的,挥霍浪费了大量社会资源,阻碍了生产力的发展。

其二,妨害精神文明建设。消极颓废的生活方式腐蚀人的意志、摧残人的个性,使人远离正义、美好、崇高、善良,具有极强的腐蚀性、麻醉性和摧残性。

其三,妨害和谐社会的建设。消极颓废的生活方式致使人走上以权谋私、贪污受贿、投机诈骗、赌博、盗窃、卖淫、谋杀的犯罪道路,不仅危害自身,而且破坏家庭和社会的正常生活,严重危害社会安定。

其四,妨害生态文明建设。消极颓废的生活方式使"大量消费、大量废弃"的消费方式成为时尚,致使一部分人对自己的生活方式产生不满足感,造成环境破坏和生态失衡。

众所周知,生活方式和社会文明息息相关。社会文明的每一成果通过生活方式作用于每个人,建设物质文明和精神文明,构建和谐社会,归根到底是为了满足人们日益增长的物质和文化生活的需要。反之,个人生活方式的变革往往又是实现社会变革的重要条件。生活方式的革新,一方面,带来产业结构、产品结构的调整,成为改变消费结构、改善消费方式、开辟新的消费领域的重要依据;另一方面,革新的生活方式对精神文明和思想道德建设具有促进作用,表现在:促进精神生产健康发展,提高精神生活的水平;荡涤清除旧思想、旧道德和旧习惯,传播新思想、新道德、新风尚,形成文明、健康和科学的生活方式,为培育"有理想、有道德、有文化、有纪律"的社会主义新人创造条件。

当代中国,创建文明、健康和科学的生活方式至关重要,既是中国特色社会主义现代化建设的必然趋势,又是人的自由全面发展的内在要求。创建文明、健康和科学的生活方式,具有独特的内涵和精髓。

第一,坚持"以人为本"的基本原则。坚持以人为本,就是不断满足人民群众日益增长的物质文化生活需要,促进人的全面发展。创建文明、健康和科学的生活方式意味着以物质文明和精神文明建设为基础,坚持以马克思主义世界观为指导,以集体主义为基本原则,确立正确的价值观、人生观、道德观和审美观,反对消费主义的生活方式,抵制奢侈无度、攀比炫耀、挥霍浪费、骄奢淫逸的消费模式。

事实证明,消费主义生活方式不可持续,它使人们越来越重视谋利赚钱和物质享受,而忽视德性、品质、人格、道德水准和精神境界,把人变成为被动、贪婪的消费者,丧失了主体能动性和创造性。弗洛姆说,真正的"消费活动应该是一个具体的人的活动,我们的感觉、身体需要和审美趣味应该参与这一活动——也就是说,我们在消费活动中应该是具体的、有感觉的、有情感的和有判断力的人;消费活动应该是一种有意义的、富于人性的和具有创造性的体验"[①]。随着社会的进步发展,人的主体地位愈发凸显,人的力量和人的尊严越来越会受到重视,作为目的本身的人类能力,如思维能力、意志品格、活动能力和处世能力,以及欣赏能力、创造能力等,将会得到自由全面的发展。正如马克思所说,人的全面发展是指"社会的每一个成员都能完全自由地发展和发挥他的全部才能和力量",即是"作为目的本身的人类能力的发展"[②]。

第二,实现劳动和享受的高度统一。每个人只有在劳动中才能创造财富,享受生活。科学技术的进步、劳动生产方式的改进,必然推动产品的更新换代,扩大人们的生活交往范围,不断增加休息闲暇时间,这些无不直接或间接地促进人的进步和发展。享受是劳动者的权利,他们创造了财富,对社会作出贡献,理应得到相应的物质和文化待遇。

当然,劳动享受并不是鼓励不切实际的高档消费、过度消费、超前消费、盲目消费、一次性消费。消费主义生活方式导致人们拼命赚钱,一味追求金钱和物质财富增长,却失去了更多的家庭生活和休闲娱乐时间,感受不到精神生活的快乐和幸福,相反,感到筋疲力尽,忧心忡忡,感到孤独、苦恼和郁闷,感到人异化于物,人被机器、物质、金钱等异己力量所控制,感到精神空虚,信仰迷茫,人格尊严丧失。因此,必须摒弃这种落后、愚昧、狭隘的消费主义生活方式,创设人人从事创造性劳动、积极开拓崭新事业的生活方式,培养具有高尚情操、坚强意志和健康体魄以及思维力、智力、创造力充分发展的人才,形成科学理性、公平合理、适度健康的消费方式。幸福学专家温霍芬教授的调查显示,绝大多数人认为,"有一份好工作""有爱侣陪伴"和"对他人生活有益"是幸福的三项最重要的因素。

---

① 弗洛姆:《健全的社会》,中国文联出版公司,1988年,第133—134页。
② 《马克思恩格斯全集》,第25卷,人民出版社,1972年,第927页。

对于普通人，幸福生活的内容无外乎："拥有"——有一份好工作、有衣食住行基本条件、有良好教育、有足够休闲时间、有访亲会友时间、每年至少有一个假期；"关爱"——"与爱侣相伴""定期聚会好友""邻里和睦""疼爱家人"；"存在"——个人存在有益于他人生活，受到社会认同，事业成功，参与政党、工会、贸易协会等社会团体的活动①。

第三，宣传和倡导低碳生活方式。迄今为止，无论在概念上还是在实践中，人们对低碳生活方式的理解还处于见仁见智的阶段，大致有以下一些见解和看法。

第一种看法认为低碳生活方式就是低能量、低消耗的生活方式，强调生活作息耗用能量要减少，特别是减少生活消费中的二氧化碳排放，以减少对大气的污染、减轻对环境的破坏、减缓气候变暖和生态恶化。

第二种看法强调低碳生活方式是一种简单、简约、简朴的生活方式，提倡物尽其用的节俭精神，过一种低成本、低开支、低代价的返璞归真的生活。

第三种看法强调低碳生活方式是一种绿色消费方式，是一种可持续的生活方式。

鉴于消费主义生活方式带来高消费、高污染，要求人们适度消费绿色产品和环保产品，过一种更健康、更自然、更安全的生活。只有低碳生活方式，才能节省和保护资源，保护生态环境，有利于当代人和后代人的持续发展。

对低碳生活方式的探讨，倡导低碳生活方式，其目的和归宿在于，凸显低能量、低消耗、物尽其用、简单节俭的生活理念，弘扬环保意识和社会责任，追求一种更安全、更健康、更文明、更幸福的高品质生活。显然，低碳生活方式不同于消费主义生活方式，也有别于传统的省吃俭用的生活方式。工业文明后，社会化大生产给人类创造了越来越丰富的物质条件，同时资本的逻辑把人异化为商业利润的工具，带来了"大量生产、大量消费、大量废弃"的高碳生活方式，造成了自然资源的枯竭、生态环境破坏，严重威胁人类自身的生存和发展。宣传并倡导低碳生活方式，有助于反省"人类中心主义"，纠正、摒弃消费主义生活方式，遏制人的无限物欲和贪婪，改善人类生存环境和条件，创建文明、健康、科学的生活方式。

同样，宣传和推行低碳生活方式不是要求人们杜绝消费、降低生活水平，而是要求人们改变奢侈型、浪费型消费模式，实行理性消费、适度消费，"把钱用在刀刃上"。

显然，倡导崇尚节俭和量入为出的生活理念，适度地发展信贷规模，不仅有

① 参见《新民晚报》2006 年 2 月 17 日。

利于扩大内需,夯实经济发展基础,而且有助于把经济发展引向健康的可持续发展的轨道上。从根本上说,低碳生活方式重视人的身体健康,注重开拓人们的精神产品消费,由此带动了知识教育和能力培训等方面的消费,客观上促进了劳动者体格强壮、智力提升、身心健康,使人们享受更安全、更健康的高质量的生活。显然,劳动者素质的提高不仅是生产力发展、经济社会进步的动力源泉,而且是社会发展的终极目的。

第四,实现共性与个性的协调一致以及理性和德性的和谐统一。生活方式的共性,是指每个人克己奉公,遵纪守法,具有明确的人生理想和生活目的。当然,生活方式的共性并不是要求每个人都按照一个模式生活,相反,每个人在遵守国家法律及社会行为准则的前提下,可以保持鲜明的个性,可根据自己的兴趣和爱好安排生活,衣食住行不必整齐划一。由于各民族所处的自然环境、地理环境以及语言文字、历史传统、风俗习惯、心理素质、宗教信仰等的不同,因而人们在生活方式上存在很大差别,必须充分尊重这种差别。

中国传统文化重视人生价值意义,奉行天人合一价值观,有着艰苦朴素、勤劳节俭、精打细算、细水长流的生活传统,注重吃苦在前、享受在后,劳动享受相统一的生活观念,主张仁爱、中庸、无为、和谐、宽厚、礼让、无私和"己所不欲,勿施于人""己欲立而立人,己欲达而达人""富贵不能淫,威武不能屈,贫贱不能移"的基本道德原则,这对创建文明健康科学的生活方式具有重要借鉴价值。

因此,加强文明健康科学的生活方式的宣传和教育,共产党员特别是领导干部应该带头抵制消极颓废的生活方式,养成文明健康科学的生活方式。必须加强社会主义精神文明建设,树立科学的世界观和人生观,用科学理性、先进文化抵制并改造落后愚昧的文化;加快农村乡规民约和城市文明公约的建设,教育国民正确认识国情,在全社会弘扬积极进取的精神,克服安于现状、墨守成规的习惯,提倡科学理性消费;加强税收的立法和执法,防止两极分化向更严重的方向发展,加大惩治腐败的力度,刹住一切形式的违法乱纪的"公费消费"。

参考资料

第一章 伦理学概述

1. 周辅成编：《西方伦理学名著选辑》上下卷，商务印书馆，1964年。
2. 斯宾诺莎：《伦理学》，贺麟译，商务印书馆，1981年。
3. 章海山：《西方伦理思想史》，辽宁人民出版社，1984年。
4. 万俊人：《现代西方伦理学史》上下卷，北京大学出版社，1990、1992年。
5. 蒂洛：《伦理学——理论与实践》，孟庆时等译，北京大学出版社，1985年。
6. 张岱年：《中国伦理思想研究》，上海人民出版社，1989年。
7. 朱贻庭：《中国传统伦理思想史》，华东师范大学出版社，1989年。
8. 魏英敏：《新伦理教程》，北京大学出版社，1993年。
9. 安云凤：《新编现代伦理学》，首都师大出版社，2001年。
10. 王正平：《现代伦理学》，中国社会科学院出版社，2001年。
11. 赫尔穆特·史密特：《全球化与道德重建》，柴方国译，社会科学文献出版社，2001年。
12. 李春秋：《新编伦理学教程》，高等教育出版社，2002年。
13. 何怀宏：《伦理学是什么?》，北京大学出版社，2002年。
14. 张传有：《伦理学引论》，人民出版社，2006年。
15. 罗国杰：《伦理学》，人民出版社，2007年。
16. 廖申白：《伦理学概论》，北京师范大学出版社，2009年。
17. 王海明：《新伦理学》，商务印书馆，2001年。
18. 余潇枫等：《应用伦理学》，浙江大学出版社，1999年。
19. 叶敬德：《中国应用伦理学》，中央编译出版社，2002年。
20. 甘绍平：《应用伦理学前沿问题研究》，江西人民出版社，2002年。
21. 甘绍平：《中国应用伦理学》，中央编译局出版社，2004年。
22. 李德顺：《价值新论》，中国青年出版社，1996年。
23. 麦金太尔：《德性之后》，龚群、戴扬毅等译，中国社会科学出版社，

1995 年。

24. 孙伟平：《伦理学之后——现代西方元伦理学思想研究》，江西教育出版社，2004 年。

25. 袁贵仁：《对人的哲学理解》，河南人民出版社，1994 年。

26. 潘维、廉思：《中国社会价值观变迁 30 年(1978—2008)》，中国社会科学出版社，2008 年。

27. 茅于轼：《中国人的道德前景》，暨南大学出版社，2003 年。

28. 卢风、肖巍：《应用伦理学概论》，中国人民大学出版社，2008 年。

29. 龚群：《现代伦理学》，中国人民大学出版社，2010 年。

第二章　人性与伦理

1. 《从文艺复兴到十九世纪资产阶级哲学家政治思想家有关人道主义人性论言论选辑》，商务印书馆，1966 年。

2. 休谟：《人性论》，关文运译，商务印书馆，1980 年。

3. 马克思：《1844 年经济学—哲学手稿》，刘丕坤译，人民出版社，1979 年。

4. 卡西尔：《人论》，甘阳译，上海译文出版社，1985 年。

5. 马斯洛：《人性能达的境界》，林方译，云南人民出版社，1987 年。

6. 洛伦兹：《攻击与人性》，王守珍、吴月娇译，作家出版社，1987 年。

7. 马斯洛：《人的潜能和价值》，林方译，华夏出版社，1987 年。

8. 梁漱溟：《人心与人生》，学林出版社，1984 年。

9. 斯皮罗：《文化与人性》，陈俊等译，社会科学文献出版社，1999 年。

10. 王秀盈：《DNA 与人性的萌动》，世界知识出版社，2000 年。

11. 夏甄陶：《人是什么》，商务印书馆，2000 年。

12. 王一多：《人性与道德的思考》，重庆出版社，2000 年。

13. 徐复观：《中国人性论史：先秦篇》，上海三联书店，2001 年。

14. 黎鸣：《中国人性分析报告》，中国社会出版社，2003 年。

15. 阿瑟·亨德森：《中国人的人性》，姚锦森译，中国和平出版社，2006 年。

16. 王海明：《人性论》，商务印书馆，2005 年。

17. 张湖：《解读人性》，黑龙江人民出版社，2006 年。

18. 阿尔弗雷德·阿德勒：《理解人性》，陈刚译，国际文化出版社，2007 年。

19. 查德·道金斯：《自私的基因》，卢允中、张岱云译，中信出版社，2012 年。

20. 戴尔·卡耐基：《人性的弱点》，刘欢译，中国华侨出版社，2013 年。

21. 戴尔·卡耐基：《人性的优点》，翟文明译，中国华侨出版社，2013 年。

第三章　婚恋与伦理

1. 恩格斯：《家庭、私有制和国家的起源》，人民出版社，1954年。
2. 吴阶平：《性医学》，科学技术文献出版社，1983年。
3. 蔼理士：《性心理学》，潘光旦译，三联书店，1987年。
4. 西蒙娜-波伏娃：《第二性》，陶铁柱译，中国书籍出版社，1997年。
5. 马尔库塞：《爱欲与文明》，黄勇、薛民译，上海译文出版社，1987年。
6. 潘绥铭：《性的社会史》，河南人民出版社，1998年。
7. 史成礼、史葆光：《性科学辑要》，甘肃科学技术出版社，1996年。
8. 安云凤：《性伦理学新论》，首都师范大学出版社，2002年。
9. 李银河：《性·婚姻——东方与西方》，陕西师范大学出版社，1999年。
10. 刘达临：《中国婚姻家庭变迁》，中国社会出版社，1998年。
11. 苏霍姆林斯基：《论爱情》，李元立、关怀译，工人出版社，1986年。
12. 钟言：《爱与家庭》，南京大学出版社，1998年。
13. 瓦西列夫：《情爱论》，赵永穆等译，三联书店，1985年。
14. 徐景春：《非婚两性关系》，中国人民大学出版社，1989年。
15. 陈功：《家庭革命》，中国社会科学出版社，2000年。
16. 李银河：《中国人的性爱与婚姻》，中国友谊出版公司，2002年。
17. 刘达临：《性社会学》，山东人民出版社，1988年。

第四章　生命与伦理

1. 恩格尔哈特：《生命伦理学的基础》，范瑞平译，湖南科学技术出版社，1996年。
2. 舍温·纽兰：《我们怎样死——关于人生最后一章的思考》，褚律元译，世界知识出版社，1996年。
3. 高崇明、张爱琴：《生物伦理学》，北京大学出版社，1999年。
4. 陈志良：《复制生命——人类与克隆》，科学普及出版社，1999年。
5. 吉娜·科拉塔：《克隆——通向多利之路及展望》，王亚辉等译，上海科技出版社，2000年。
6. 库尔特·拜尔茨：《基因伦理学——人的繁殖技术化带来的问题》，马怀琪译，华夏出版社，2000年。
7. 杨焕明：《生命大解密——人类基因组计划》，中国青年出版社，2000年。
8. 贺林：《解码生命——人类基因组计划和后基因组计划》，科学出版社，2000年。

9. 胡文耕:《生物学哲学》,中国社会科学出版社,2002年。

10. 张乃根等:《克隆人:法律与社会》,复旦大学出版社,2004年。

11. 邱仁宗,翟晓梅:《生命伦理学导论》,清华大学出版社,2005年。

12. 张春美:《DNA的伦理地位》,上海书店出版社,2006年。

第五章　医学与伦理

1. 邱仁宗:《病人的权利》,北京医科大学、中国协和医科大学出版社,1996年。

2. 李本富:《医学伦理学》,北京医科大学出版社,2000年。

3. 王一方:《敬畏生命——生命、医学与人文关怀的对话》,江苏人民出版社,2000年。

4. 杜治政:《医学伦理学探析》,河南医科大学出版社,2000年。

5. 王文科:《直面人的最后时刻》,黑龙江人民出版社,2001年。

6. 郭自力:《生物医学的法律和伦理问题》,北京大学出版社,2002年。

7. 刘荣跃:《希波克拉底经典》,上海远东出版社,2002年。

8. 邱仁宗、翟晓梅:《生命伦理学概论》,中国协和医科大学出版社,2003年。

9. 沈铭贤:《生命伦理学》,高等教育出版社,2003年。

10. 吴仁兴、陈蓉霞:《死亡学》,中国社会出版社,2004年。

11. 苏珊·鲍尔多:《不能承受之重:女性主义、西方文化与身体》,綦亮、赵育春译,江苏人民出版社,2009年。

第六章　环境与伦理

1. 卡逊:《寂静的春天》,吕瑞兰译,科学出版社,1979年。

2. 梅多斯等:《增长的极限》,于树生译,商务印书馆,1984年。

3. 阿尔贝特·史怀泽:《敬畏生命》,陈泽环译,上海社会科学出版社,1996年。

4. 阿尔·戈尔:《濒临失衡的地球——生态与人类精神》,陈嘉映等译,中央编译出版社,1997年。

5. 纳什:《大自然的权利》,杨勇进译,青岛出版社,1999年。

6. 罗尔斯顿:《环境伦理学》,杨进通译,中国社会科学出版社,2000年。

7. 曲格平、李金昌:《中国人口与环境》,中国环境科学出版社,1992年。

8. 张云飞:《天人合一:儒学与生态环境》,四川人民出版社,1995年。

9. 余谋昌:《创造美好的生态环境》,中国社会科学出版社,1997年。

10. 曲格平:《我们需要一场变革》,吉林人民出版社,1997年。

11. 世界环境与发展委员会:《我们共同的未来》,吉林人民出版社,1997年。

12. 蔡拓等:《当代全球问题》,天津人民出版社,1997年。

13. 尹希成、巫宁耕等:《困扰人类的全球问题》,北京大学出版社,1999年。

14. 王维:《人、自然、可持续发展》,首都师范大学出版社,1999年。

15. 李培超:《自然的伦理尊严》,江西人民出版社,2001年。

16. 刘培哲:《可持续发展理论与中国21世纪议程》,气象出版社,2001年。

17. 许鸥冰:《环境伦理学》,中国环境科学出版社,2002年。

18. 高中华:《环境问题抉择论:生态文明时代的理性思考》,社会科学文献出版社,2004年。

19. 钱易、唐孝炎:《环境保护与可持续发展》,高等教育出版社,2004年。

20. 弗兰西恩:《动物权利导论:孩子与狗之间》,张守东、刘耳译,中国政法大学出版社,2005年。

21. 斯伯丁:《动物福利》,中国政法大学出版社,2005年。

22. 姬振海:《生态文明论》,人民出版社,2007年。

23. 刘仁胜:《生态马克思主义概论》,中央编译出版社,2007年。

24. 杨通进:《环境伦理:全球话语　中国视野》,重庆出版社,2007年。

25. 林红梅:《生态伦理学概论》,中央编译出版社,2008年。

26. 丁一汇:《气候变化对策研究》,中国环境科学出版社,2009年。

第七章　经济与伦理

1. 洛克:《政府论》下篇,叶启芳、瞿菊农译,商务印书馆,1983年。

2. 霍布斯:《利维坦》,黎思复、黎廷弼译,商务印书馆,1986年。

3. 马克斯·韦伯:《新教伦理与资本主义精神》,于晓、陈晓钢等译,三联书店,1987年。

4. 约翰·罗尔斯:《正义论》,何怀宏等译,中国社会科学出版社,1988年。

5. 马尔库塞:《单向度的人》,张峰、吕世平译,重庆出版社,1989年。

6. 亚当-斯密:《道德情操论》,蒋自强、钦北愚、朱钟棣、沈凯璋等译,商务印书馆,1997年。

7. 斯蒂格里茨:《政府为什么干预经济》,郑秉文等译,中国物资出版社,1998年。

8. 刘智峰:《道德中国——当代中国道德伦理的深重忧思》,中国社会科学出版社,1999年。

9. 厉以宁：《超越市场与政府——论道德在经济中的作用》，经济科学出版社，1999年。

10. 徐惟诚：《市场经济与道德建设》，教育科学出版社，2000年。

11. 罗伯特-哈利特：《商业伦理》，中信出版社，2000年。

12. 千高原：《企业伦理学》，中国纺织出版社，2000年。

13. 张应杭等：《企业伦理：理论与实践》，上海人民出版社，2001年。

14. 林均跃：《企业信用管理》，企业管理出版社，2001年。

15. 于绍乐：《诚信能给你带来什么》，中国商业出版社，2002年。

16. 金黛如：《信任与生意》，上海社会科学出版社，2003年。

17. 乔法容、朱金瑞：《经济伦理学》，人民出版社，2004年。

18. 王小锡：《道德资本与经济伦理》，人民出版社，2009年。

第八章　政治与伦理

1. 约瑟夫·熊彼特：《资本主义、社会主义和民主主义》，绛枫译，商务印书馆，1979年。

2. 休谟：《人性论》，关文运译，商务印书馆，1980年。

3. 科恩：《论民主》，聂崇信、朱秀贤译，商务印书馆，1988年。

4. 托克维尔：《论美国的民主》，董果良译，商务印书馆，1991年。

5. 倪世雄：《战争与道义——核伦理学的兴起》，湖南出版社，1992年。

6. 王学川：《现代科技伦理学》，清华大学出版社，2009年。

7. 约翰·罗尔斯：《正义论》，何怀宏等译，中国社会科学出版社，1988年。

8. 罗伯特·达尔：《论民主》，李柏光、林猛译，商务印书馆，1999年。

9. 洛克：《政府论》，叶启芳、瞿菊农译，商务印书馆，2003年。

10. 迈克尔·欧克肖特：《政治中的理性主义》，张汝伦译，上海译文出版社，2003年。

11. 卢梭：《社会契约论》，何兆武译，商务印书馆，2003年。

12. 霍布斯：《论公民》，应星等译，贵州人民出版社，2003年。

13. 乔治·弗雷德里克森：《公共行政的精神》，张成福等译，中国人民大学出版社，2003年。

14. 戴维·赫尔德：《民主的模式》，燕继荣译，中央编译出版社，2004年。

15. 戴维·赫尔德：《民主与全球秩序》，胡伟等译，上海人民出版社，2004年。

16. 塔格特：《民粹主义》，袁明旭译，吉林人民出版社，2005年。

17. 俞可平：《增量民主与善治》，社会科学文献出版社，2005年。

18. 王沪宁：《反腐败——中国的实验》，海南出版社、三环出版社，2005 年。

19. 詹姆斯·博曼：《公共协商：多元主义、复杂性和民主》，黄相怀译，中央编译出版社，2006 年。

20. 卡罗尔·佩特曼：《参与和民主理论》，陈尧译，上海人民出版社，2006 年。

21. 塞缪尔·P·亨廷顿：《变化社会中的政治秩序》，王冠华、刘为译，上海人民出版社，2008 年。

22. 罗忠敏：《腐败成因与防治对策——北京市典型案例分析》，北京大学出版社，2008 年。

23. 萨托利：《民主新论》，冯克利等译，上海人民出版社，2009 年。

24. 林喆：《权力腐败与权力制约》，山东人民出版社，2009 年。

25. 郝文清：《当代中国衍生性权力腐败研究》，安徽大学出版社，2011 年。

26. 任建明：《反腐败制度与创新》，中国方正出版社，2012 年。

27. 杨绍华：《把权力关进制度的笼子里——中国特色反腐倡廉制度创新研究》，中国方正出版社，2013 年。

28. 张明澍：《中国人想要什么样民主》，社会科学文献出版社，2013 年。

29. 张康之、李传军：《行政伦理学教程》，中国人民大学出版社，2015 年。

30. 习近平：《习近平谈治国理政》，外文出版社，2014 年。

第九章　网络与伦理

1. 尼葛洛·庞帝：《数字化生存》，胡泳等译，海南出版社，1997 年。

2. 曼纽尔·卡斯特：《网络社会的崛起》，夏铸九等译，社会科学文献出版社，2001 年。

3. 吕耀怀：《信息伦理学》，中南大学出版社，2002 年。

4. 李伦：《鼠标下的德性》，江西人民出版社，2002 年。

5. 严耕、陆俊、孙伟平：《网络伦理》，当代中国出版社，2002 年。

6. 黄寰：《网络伦理危机及对策》，科学出版社，2002 年。

7. 沙勇忠：《信息伦理学》，北京图书馆出版社，2004 年。

8. 汤姆·福雷斯特、佩里·莫里森：《计算机伦理学——计算机学中的警示与伦理困境》，陆成译，北京大学出版社，2006 年。

9. 徐云峰：《网络伦理》，武汉大学出版社，2007 年。

10. 刘云章：《网络伦理学》，中国物价出版社，2007 年。

11. 杨礼富：《网络社会的伦理问题研究》，吉林人民出版社，2008 年。

12. 赵兴宏：《网络伦理学概要》，东北大学出版社，2008 年。

13. 王贤卿：《道德是否可以虚拟》，复旦大学出版社，2011 年。

14. 特雷尔：《计算机伦理与专业责任》，李伦等译，北京大学出版社，2010 年。

第十章　社会与伦理

1. 威尔逊：《新的综合：社会生物学》，阳河清编译，四川人民出版社，1985 年。

2. 卡里姆斯基：《社会生物主义》，徐若木、徐秀华译，东方出版社，1987 年。

3. 迪尔凯姆：《自杀论》，冯韵文译，商务印书馆，2001 年。

4. 王玉波、王雅林、王锐生：《生活方式论》，上海人民出版社，1989 年。

5. 王雅林：《人类生活方式的前景》，中国社会科学出版社，1997 年。

6. 许启贤：《中国当代伦理问题》，教育科学出版社，2000 年。

7. 弗朗西斯·福山：《信任：社会美德与创造经济繁荣》，彭志华译，海南出版社，2001 年。

8. 赫尔穆特·施密特：《全球化与道德重建》，柴方国译，社会科学文献出版社，2001 年。

9. 程立显：《伦理学与社会公正》，北京大学出版社，2002 年。

10. 许志伟等：《中西文化中的生死观》，上海医科大学出版社，2000 年。

11. 陆学艺：《当代中国社会阶层研究报告》，社会科学文献出版社，2002 年。

12. 达纳塔·沃斯曼：《自杀：一种不必要的死亡》，李鸣等译，中国轻工业出版社，2003 年。

13. 刘济良：《生命教育论》，中国社会科学出版社，2004 年。

14. 杨雪龙：《大学生自杀风险因素评估研究》，苏州大学出版社，2005 年。

15. 鲍德里亚：《消费社会》，刘成富、全志钢译，南京大学出版社，2008 年。

16. 祖国华等：《社会伦理学研究》，人民出版社，2013 年。

后 记

　　自从 1996 年秋为复旦大学学生开设《应用伦理学导论》课程以来,一晃快二十年了。十年前,笔者将自己的教学和研究成果进行梳理、整合,撰写了《伦理学与现实生活——应用伦理学引论》一书。如今,为了满足课程教学之需要,笔者又对十年前的这本书进行修改、补充和完善,在结构体系上删除了"人生与伦理"等章节,增加了行政伦理、权力伦理、民主伦理、核伦理、网络伦理、社会伦理等章节,在篇幅上缩减了 10 万多字,使本书内容更加简明扼要、紧凑连贯,并改用了新书名:《应用伦理学引论》。

　　众所周知,伦理学是研究人的行为和人伦关系的学问,它同现实生活有着密切的联系。可以说,伦理学的所有问题都是人们实际生活中每天遇到的问题。本书的一个鲜明特点是凸显了"现实性",即对实际生活问题进行解读探讨,无疑有利于提高人们观察问题、分析问题和解决问题的能力,尤其是对大学生来说,有益于确立正确的世界观、人生观和价值观。本书的另一个鲜明特点是围绕"人的问题"展开伦理学思考和探讨。不管是人性伦理、人生伦理、性伦理、爱情伦理、婚姻家庭伦理,还是基因伦理、克隆人伦理、生死伦理、生命伦理、医学伦理、生态环境伦理,抑或经济伦理、政治伦理、网络伦理、社会伦理等内容,都突出了"以人为本"的理念,即高度关注人的生存状态,注重人的权利、人的人格、人的尊严、人的健康、人的幸福以及人的全面自由的发展。

　　本书每个章节内容不仅从事实上客观地陈述实际情况及其存在问题,而且从价值上探析判断这些事实的是非、曲直、利害、善恶、得失、优劣、正当与邪恶的关系。当然,有不少问题仍属于有争议的热点问题,短时间内还不可能有满意的答案和公认的结论。笔者只是尽可能将有关争论问题的焦点呈现给读者,以便读者独立思考、比较分析、做出判断。归根到底,应用伦理学是研究如何运用道德理论探讨现实生活中具体的、有争议的道德难题的学问,是直面现实的理论反思,其重要使命是帮助人们明辨复杂情境中的善恶是非,就充满争议的道德问题发表自己的观点,实现有效的商榷沟通、对话交流,最终达成共识。可以说,关注伦理冲突与道德悖论、探究道德难题,构成本书的又一个鲜明特点。

　　毋庸讳言,呈现在读者面前的这本书还有许多不足之处。由于工作繁忙、时间仓促,以及论域广泛,本书不少内容还比较粗糙简单,有的部分仍给人以"浅尝辄止,泛而不深"的感觉,加之笔者精力和水平有限,书中难免有错误之处。所有这些不足和缺陷,还望读者多多包涵,予以谅解,并给予批评指正。

需要说明的是,本书在写作过程中查阅了各种报纸杂志、图书资料,浏览参考了"中国知网""万方数据"等数据库的学术文献,吸收了其中不少富有价值和意义的思想观点,笔者在此一并表示诚挚谢意。

笔者还要感谢的是,复旦大学教务处以及复旦大学马克思主义学院对本书出版给予的关心和支持;还要感谢复旦大学出版社陈军老师的热情帮助,他为本书的出版付出了辛勤劳动。

陈金华
2015 年 5 月 27 日于复旦大学光华楼

图书在版编目(CIP)数据

应用伦理学引论/陈金华著. —上海：复旦大学出版社，2015.8(2024.8重印)
(复旦博学·哲学系列)
ISBN 978-7-309-11560-4

Ⅰ. 应… Ⅱ. 陈… Ⅲ. 伦理学-高等学校-教材 Ⅳ. B82

中国版本图书馆 CIP 数据核字(2015)第 141394 号

应用伦理学引论
陈金华　著
责任编辑/陈　军

复旦大学出版社有限公司出版发行
上海市国权路 579 号　邮编：200433
网址：fupnet@ fudanpress.com　http://www.fudanpress.com
门市零售：86-21-65102580　团体订购：86-21-65104505
出版部电话：86-21-65642845
上海新艺印刷有限公司

开本 787 毫米×960 毫米　1/16　印张 18.25　字数 321 千字
2024 年 8 月第 1 版第 7 次印刷

ISBN 978-7-309-11560-4/B·532
定价：46.00 元